中国演讲口才与人际沟通经典教材

中国社会艺术协会口才专业委员会指定教材

学术顾问

著名语言学家、博士生导师、华中师范大学资深教授邢福义先生
著名语言学家、博士生导师、暨南大学詹伯慧教授
著名修辞学家、博士生导师、武汉大学郑远汉教授
著名修辞学家、博士生导师、暨南大学黎运汉教授
著名修辞学家、博士生导师、复旦大学宗廷虎教授
著名语言学家、中国社会科学院资深研究员陈建民教授

教材指导委员会

主任委员　　　　**副主任委员**

　　邱新建　　　　　　李元授　颜永平　孙朝阳　宁爱中　黄春燕

委　员

刘　吉　刘德强　蔡朝东　李志勤　武传涛　刘智伟　李　梅
石　鼎　曾桂荣　谈晓明　曹　辉　谭武建　王　军　许振国
易书波　韩娜娜

教材编写委员会

总主编　　　　**执行主编**　　　　**副主编**

　　李元授　　　　　孙朝阳　李晓玲　　　　熊福林　孙兆臣

总策划　　　　**特邀专家**

　　邓楚杰　巫世峰　　　李荣建　洪　潮　石　鼎　吴茂华　张　强

编　委

易吉林　李玉超　蔡　涨　邱红光　李庭芳　姚俊峰　余　磊
李维亚　徐启明　杨玉娣　吴　秀　吴卓凡　朱淑娟　郭　珊
巫世峰　邓楚杰　孙兆臣　熊福林　李晓玲　孙朝阳　李元授

中国演讲口才与人际沟通经典教材

中国社会艺术协会口才专业委员会指定教材

总主编　李元授

我们的理念是——
口才，天下第一才
会说话，赢天下。

演讲与口才

（第四版）

主　编　李元授

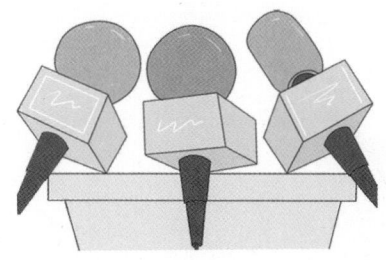

华中科技大学出版社
http://www.hustp.com
中国·武汉

内 容 提 要

《演讲与口才》(第四版),系"中国演讲口才与人际沟通经典教材"中的一本。本书是根据大中专院校"演讲与口才"课程的教学需要与师生的建议而编写的。它运用演讲学与口才学的理论,借鉴社会学、文化学、心理学、思维学、美学、传播学和语言学等相关学科的理论与方法,论述了演讲学与口才学的基本原理与主要规律。全书由"人人学会演讲,个个要有口才"开篇,主体由三部分构成:"演讲篇"有演讲与演讲学,演讲的准备,演讲稿,即兴演讲,演讲的表达技巧,演讲者的控场艺术;"口才篇"有口语表达的原则,口语听解能力与反馈,口才基本技法(上、中、下);"实践篇"有礼貌用语和会话口才。该书科学性、实用性兼备,可操作性强,主要作为大中专院校"演讲与口才"课程的教材和相关行业及企事业单位的培训教材,亦可作为广大演讲与口才爱好者的进修读物。

图书在版编目(CIP)数据

演讲与口才/李元授主编. —4 版. —武汉:华中科技大学出版社,2022.5
ISBN 978-7-5680-8144-3

Ⅰ.①演… Ⅱ.①李… Ⅲ.①演讲-教材 ②口才学-教材 Ⅳ.①H019

中国版本图书馆 CIP 数据核字(2022)第 058995 号

演讲与口才(第四版)   李元授 主编
Yanjiang yu Koucai(Di-si Ban)

策划编辑:陈培斌 兰 刚
责任编辑:陈培斌 张汇娟
封面设计:刘 卉
责任校对:张汇娟
责任监印:周治超
出版发行:华中科技大学出版社(中国·武汉)   电话:(027)81321913
         武汉市东湖新技术开发区华工科技园   邮编:430223
录 排:华中科技大学惠友文印中心
印 刷:武汉市籍缘印刷厂
开 本:787mm×1092mm 1/16
印 张:16.5 插页:2
字 数:393 千字
版 次:2022 年 5 月第 4 版第 1 次印刷
定 价:48.00 元

总　序

中国古代的哲人有言:"一言可以兴邦,一言可以丧邦。""一言之辩,重于九鼎之宝;三寸之舌,强于百万之师。"这里把国之兴亡与舌辩之力量紧密联系起来,借"九鼎之宝""百万之师"的强喻,充分揭示了口才的巨大的社会作用。二战时的美国人将"舌头"、原子弹和金钱称为赖以生存和竞争的三大战略武器;后来又把"舌头"、美元和计算机视为竞争和发展的三大战略武器。"舌头",即口才,独冠于三大战略武器之首,强调了口才的价值非同小可。我们将口才再往前推进一步,展示口才的目的是什么? 就是人际沟通。"沟通改变人生,沟通成就事业";"时代呼唤沟通,世界呼唤沟通"。这些论断和理念,让我们每一个当代人都清醒地认识到演讲口才与人际沟通的至关重要性——关系到个人的前途、国家的生存与发展。现在,我们国家已进入新时代,中国已成为世界第二大经济体,今天的中国前所未有地接近世界舞台中心,实现中华民族伟大复兴进入了不可逆转的历史进程,共同构建人类命运共同体需要中国智慧、中国方案与中国贡献,中国在国际舞台上愈来愈具有举足轻重的地位。由此看来,演讲口才与人际沟通的巨大作用更是不言而喻。

有鉴于此,30多年来,武汉大学信息传播与现代交际研究中心组织了数十位专家学者,就口才、演讲、辩论、谈判、交际、沟通、公关、礼仪、策划、营销、广告、文秘等一系列课题展开了科学的研究。在国家教育部主持的"大学生文化素质教育书系"中,李元授教授主编了《现代公共关系艺术》《交际与口才》《交际礼仪学》3部教材;还先后主编出版了"交际学丛书""人际交往精粹丛书""新世纪人才素质训练丛书""创造性人才素质训练教材""综合素质训练系列教程""中国少儿口才艺术精品教材""文化素质教育经典教材""中国演讲口才与人际沟通经典教材"等10余套丛书,共计80余本著作。我们本次推出的"中国演讲口才与人际沟通经典教材"(以下简称经典教材,共计6本,其中4本为第四次修订,2本为新增)就是其中之一。

承蒙几位全国顶尖的本学科大家担任本经典教材的学术顾问。他们是:著名语言学家、博士生导师、华中师范大学资深教授邢福义先生,著名语言学家、博士生导师、暨南大学詹伯慧教授,著名修辞学家、博士生导师、武汉大学郑远汉教授,著名修辞学家、博士生导师、复旦大学宗廷虎教授,著名修辞学家、博士生导师、暨南大学黎运汉教授,著名语言学家、中国社会科学院资深研究员陈建民教授。

诚邀十余位著名的演讲家与演讲理论家担任本经典教材指导委员会的专业指导。

出任本经典教材指导委员会主任委员的是文化和旅游部中国社会艺术协会党组书记、会长邱新建主席;出任教材指导委员会副主任委员的有中国社会艺术协会艺术顾问兼口才专业委员会名誉会长、武汉大学李元授教授,著名的演讲家颜永平、孙朝阳两位专家,中国社会艺术协会副秘书长、北京爱芝音教学设备有限公司宁爱中总经理和中国管理科学研究院商学院客座教授黄春燕董事长。

出任本经典教材指导委员会委员的有:中国四大演讲家之一的刘吉教授,上海演讲学研究会创会会长、上海市委党校刘德强教授,著名的演讲家蔡朝东先生,云南省演讲学会原会长李志勤教授,山东省演讲学会会长武传涛教授,黑龙江省演讲口才协会刘智伟主席,湖南省演讲与口才学会副会长、湖南响语演讲团李梅团长,中国资深营销培训专家、武汉大好科技有限公司石鼎董事长,著名教育与管理专家、广东省启学教育集团曾桂荣董事长,著名人际沟通专家谈晓明教授,湖北省演讲协会曹辉常务副会长,贵州省演讲研究会谭武建会长,宁夏演讲与口才协会王军会长,辽宁省演讲学会许振国会长,世界500强演讲培训专家易书波老师,还有青年演讲家、山西省演讲学会韩娜娜执行会长。

在本经典教材第四次修订再版之际,我们特别怀念"共和国演讲泰斗"尊敬的李燕杰先生。燕杰先生2017年11月16日仙逝,他生前不仅全力支持广大青少年学习演讲艺术,鼓励青少年积极参加演讲培训、演讲比赛和各种演讲实践活动,而且还热情鼓励推动演讲艺术的理论研究。有一次燕杰先生语重心长地对我说:"现在我国的演讲艺术缺乏科学的专业的理论研究,从事研究的专家太少太少,数得出来的专家就你们几位。你的理论研究成果多多,硕果累累,可喜可贺! 希望你能多培养几个接班人;希望你们能进行演讲艺术的应用研究、深度研究和比较研究,让我国的演讲理论研究水平能上一个新的台阶。我寄厚望于你们!"燕杰先生的厚望强烈地激励着我,鞭策着我,让我不敢有丝毫的懈怠。这次推出的第四次修订再版的"中国演讲口才与人际沟通经典教材",可以算作我们向燕杰先生的汇报与怀念。

在编写本经典教材过程中,我们参阅了诸多相关著作、论文,所引材料尽可能注明,其中或许有遗漏。敬请相关作者及时联系我们,以便及时修订,谨向作者表示歉意与谢意!

需要说明的是我们编写出版本经典教材(第四版),出版社不但要求修订文字,还要求与时俱进,要展示与教材内容相关的精彩视频和珍贵照片资料,立体化出书,为广大读者提供丰富的认知世界。这些视频照片资料是本经典教材核心专家以及诸多演讲家、演讲理论家热情提供的,有的是从"今日头条"和微信中下载的,我们尽可能注明出处和作者;如有遗漏,请及时与我们联系,以便下次印刷时更正。对以上所有专家谨致诚挚的谢意与崇高的敬礼!

需要感谢的是广东演讲学会对本经典教材的关心、支持与帮助,不仅及时剪辑制作了李燕杰先生等精彩演讲短视频,还积极宣传推广了本经典教材。广东演讲学会自2011年成立以来,培训事业红红火火,所编写的系列培训教材科学实用,为"党政军企校"提供了社会服务,广受好评,荣获"5A级社会团体"称号,被誉为"中国演讲界一面旗""中国演讲事业的桥头堡",真是可喜可贺! 我们谨此致以崇高的敬礼!

最后,我们郑重宣告:中国社会艺术协会口才专业委员会于2021年12月19日,在广州广东演讲学会举行了隆重的成立大会,中国社会艺术协会党组书记、会长邱新建主席出席了大会,并发表了热情洋溢的讲话;协会热烈祝贺口才专业委员会的成立,希望我们牢记习近平总书记的重要指示,"讲好中国故事,传播好中国声音",接过"共和国演讲泰斗"李燕杰先生的演讲旗帜,全国一盘棋、一条心、一股劲,努力开创演讲理论研究、演讲教育培训、演讲服务社会与演讲选手同台比拼的崭新局面!

是为序。

李元授

2022年2月22日修订于武汉大学

目　　录

导语　人人学会演讲，个个要有口才

对口才，古今中外的远见卓识者历来都给予了高度的重视。古代的中国人认为"一言之辩，重于九鼎之宝；三寸之舌，强于百万之师"，把国之兴亡与舌辩的力量紧密联系起来，借"九鼎之宝""百万之师"的强喻，充分揭示了口才的巨大的社会作用。二战时的美国人将"舌头"、原子弹和金钱称为赖以生存和竞争的三大战略武器；现在又把"舌头"、美元和计算机视为竞争和发展的三大战略武器。"舌头"（即口才）独冠于三大战略武器之首，强调了口才的价值非同小可。这些论断和观念，让我们每一个现代人都清醒地认识到口才的极其重要性——关涉到个人的前途，国家的生存与发展。因此，人人应该而且必须掌握口才这个随身携带、行之有效的，战无不胜、攻无不克的神奇武器。

口才，简言之应为口语表达的才能，是一个人素养、能力和智慧的全面而综合的反映。这种口语表达才能在人们的交谈、对话、演讲、辩论、谈判等言语交谈活动中均可表现出来，而演讲是人们口语表达才能的集中体现。

演讲是一门科学，一种艺术，也是一种能力。我们从演讲艺术的发展进程中可以看出：在历史发展的重要关头，都有演讲活动的出现。演讲是先进的社会力量在进行自己的伟大事业时不可或缺的重要武器。我们还可以看出：凡欲成大事者，无不努力锻炼、提高自己的演讲能力；凡已成大事者，无不推崇演讲能力的重要性。演讲是成千上万杰出的人们取得辉煌成就的一部分：思想家阐明观点、宣传真理，需要演讲；政治家就职施政、争取民众，需要演讲；军事家发号施令、激励斗志，需要演讲；外交家联络沟通、完成使命，需要演讲；科学家破除迷信、捍卫科学，需要演讲；教育家传播知识、推广文明，需要演讲；文学家感悟人生、表述体验，需要演讲；企业家管理经济、实施经营，需要演讲……演讲是他们展示才华、走向成功的重要武器。现在，历史的车轮已经把人类带入 21 世纪，带进知识经济的新时代。新时代是一个演讲得以充分发挥的时代，是一个需要演讲高手和演讲家的时代。在新时代，不仅杰出的人物需要演讲，即使是普通人，为了自己的成长，为了事业的发展，也需要演讲。可以说：人人需要演讲。事实上，一个人从读小学，到上中学，到大学毕业，走上工作岗位，创办企业，都经历过无数次的演讲。问题是你会不会演讲，你是不是演讲高手。

新时代的大学生们是祖国的未来、民族的希望，国家的振兴与强盛有赖于大学生和其他青年朋友。他们必须具有良好的综合素质和较高的文化品位，包括演讲与口才方面的素养。人人会演讲，个个有口才，这是最基本的要求；进而应当成为演讲与口才方面的高手与专家。我们坚信"事在人为"，只要大学生们认真学习演讲与口才方面的原理，掌握口才艺术，提高演讲水平，反复练习，并持之以恒，就有望成为训练有素的演讲高手与专家。我们编写的《演讲与口才》教材，科学性、实用性兼备，可操作性强，以帮助大学生朋友走上成功之路。

　　《演讲与口才》教材的编写，一般有两种模式：一是将"演讲与口才"作为一个整体进行综合论述；一是将"演讲""口才"进行分别探讨，分中有合，互相照应。我们是按照后一种模式编写的。这种模式条理清晰，逻辑性强，便于读者掌握要领；同时也让任课教师有所选择，有所侧重，针对性强，效果良好。如果本教材能对大学生们有所裨益，有所帮助，我们编撰者将感到由衷的高兴与欣慰。

第一章 感召听众的传播艺术
——演讲与演讲学

▶ 第一节 演讲的内涵与特征 ◀

演讲是一门科学,也是一种艺术,我们有必要进行深入的探讨。

演讲活动是一种源远流长的社会现象,始终伴随着人类文明的发展而发展。古今中外,凡是历史发展的重要关头,凡是社会激烈变革之时,演讲的特殊功能就表现得越突出。当今世界,是知识激增的时代,人类正在跨入一个由信息、新能源、新材料、生物、空间、海洋等六大群体技术构成的"信息时代",信息化社会的浪潮,以其雷霆万钧之势冲击着各国经济结构和政治格局,已经或正在深刻地影响着社会一切领域。在西方,"舌头、金钱和计算机"已成为三大战略武器。在我国,随着改革开放的不断深入,随着物质文明建设和精神文明建设的飞跃发展,演讲之风也蓬勃兴起,各种类型的演讲活动广泛开展,研究和传播演讲学日益受到人们的重视。

那么,什么是"演讲"呢?

一、演讲的含义

演讲又叫讲演、演说。"演讲"这一概念,最早见诸荷马史诗。相传双目失明的行吟诗人荷马,常年云游各地,演讲关于特洛伊战争的英雄事迹。在我国,"演说"一词较早出现在《北史·熊安生传》中:"公正(尹公正)于是有所疑,安生皆为一一演说,咸究其根本。"可见"演说"是因疑作答,寻根究底,明辨是非,以期达到释疑解惑的目的。对演讲或演说,古代有的称之为"言辞",有的称之为"谈说"。《说文》上讲:演,长流也。段玉裁《说文解字》认为:"演之言,引也,故为长远之流。"转义于语言,就是语流之意。《说文》上称:"说,释也,从言,兑声。一曰谈说。"段注云:"说释者,开解之意。"可见"演说"就是通过语流进行铺陈解释发挥。对于"讲",《说文》上解释为"和解"。段注云:"不合者调和之,纷纠者解释之,是曰讲。"这说明"讲"者有剖析矛盾、解释分歧之意。现在,在人们的语感中,"演讲"一词,与"演说"同义,就是专指人们"就某个问题对听众说明事理,发表见解"。

显然,演讲是一种言语表现,但并非所有言语表现都是演讲。人们的自言自语,感叹唏嘘不是演讲;日常的寒暄聊天,一般性的个别交谈,也不是演讲。望文生义,简单地把"演讲"解释为"表演+讲话",也未免失之偏颇。

所谓演讲,是指在特定的时空环境中,以有声语言和相应的体态语言为手段,公开向听众传递信息,表述见解,阐明事理,抒发感情,以期达到感召听众的目的。它是一种直接的带有艺术性的社会实践活动。

1. 演讲是一种具有现实性和艺术性的社会实践活动

演讲是在社会实践的直接需求下产生的,具有公共交往的性质。人们在开展政治活动、经济活动、科学文化活动以及其他种种社会交往活动中,必然要发表见解,提出主张,释疑解惑,抒发感情,以达到说服人、感染人、教育人、激励人的目的。在这种活动中,无论是演讲者、主持者抑或是听众,都有自己的目标指向和心理定式,都十分重视演讲的实际效益。就演讲者来说,当然力图当场感召听众,说服听众,达到其预定的目的。就听众而言,从社会价值观念出发,同样也希望从演讲中获得知识和启示。至于演讲主持者,本来就承担有根据特定的目的对演讲活动进行组织和安排的任务,更希望演讲活动各方面协调、和谐,圆满成功,达到最佳的实际效益。一场富有吸引力的好的演讲,不仅可以生动地反映生活,揭示真理,帮助人们正确认识客观规律,同时也可以培养人们美好的道德情操,促进人们奋发向上,给人以强烈的美的享受。演讲活动所发挥的认识作用、教育作用、美感作用,正是社会实践的直接需求,同时,这本身也正是实实在在的社会现实生活,具有直接的现实指导意义。

演讲,不仅是一种现实性的社会实践活动,而且是一种带有艺术性的社会实践活动。科学通过生动的逻辑思维使人认识抽象的真理,艺术往往通过形象使人认识真理。在演讲活动中,演讲者为了最大限度地达到自己的目的,使听众心悦诚服,精神感奋,必须做到"晓之以理,动之以情,喻之以利,导之以行"。为此,常常要借助于戏剧、音乐、绘画、相声、小说、诗歌等多种文学艺术手段为其服务。当然,它虽然具有多种文学艺术式样的一些特点和因素,但它毕竟不同于小说、诗歌、戏剧、音乐、绘画、雕塑等文学艺术现象。文学艺术作品常常运用典型化手法,形象地间接地反映社会生活,但其本身并不等于现实生活;而演讲则是直接地表现生活,其本身直接体现着现实生活内容。

2. 演讲必须在特定的时空环境中进行

所谓"特定时空环境",一般指的是演讲者和听众都处在一定的时间和空间环境中。如"街头演讲",演讲者与听众同时处在街头;"法庭论辩演讲",演讲者与听众同时处在法庭的氛围之中。一般说,演讲活动都要有相应的场合、相当的听众、适当的布置、合适的讲台、良好的音响效果和一定的时限。一定的时空环境反作用于演讲,制约着演讲的内容、语言和表情动作等等。一旦时空环境发生转移和变化,演讲的内容、语言和表情动作等也必须随之转移和变化,以适应新的时空环境。在科学技术飞跃发展的今天,时空观念发生了离异性变化,时间在超强度地缩短,空间在奇迹般扩大。广播、电视,拓宽了人们的空间范围,同时也缩短了人们的时间差距,运用广播、电视可以把不同时间不同地点的演讲者和听众组合起来,使传统的演讲出现了新的发展和突破。如广播电视演讲,从表面上看,听众、观众似乎并未直接与演讲者处在同一时间和同一环境中,但从根本上仍是处在特定的时空环境中,演讲者仍然必须有强烈的现场感,宛若置身于听众之中,也要考虑听众对演讲的情绪反映和态度评价,尽管各种反映和评价不一定立即在现场流露出来。因为在设置着麦克风和摄像机的演播室内演讲,本身也就是处于特定的时空环境中。从宏观的角度来讲,任何一个演讲者都无法逃脱他所处的时代环境对他的制约,离开了这些,演讲也就失去了它的存在价值。

3. 演讲离不开有声语言与体态语言

语言是人们彼此交流思想以达到互相了解的一种极其重要的交际工具,人类社会生活的任何方面,都直接或间接以语言为工具。有声语言就是在演讲活动中传递信息、表达思想最主要的媒介和物质表达手段,它是演讲者思想感情的载体,以流动的方式,运载着演讲者的主张、见解、态度和感情,将其传达给听众,从而产生说服力、感召力,使听众受到教育和鼓舞。离开了口语表达,就无所谓演讲。要达到以理服人、以情感人、以智育人、使听众心领神会的效果,演讲者的语言必须晓畅易懂,富有魅力。好的有声语言不仅准确清晰、圆润和谐,而且绚丽多彩、生动有趣,以其跌宕起伏、音义兼美的艺术魅力,形成一种境界,使言辞的表现力和声音的感染力均达到最佳状态,从而使听众受到德的熏陶、智的启迪、美的洗礼。

除有声语言之外,演讲还必须辅之以相应的体态语言。所谓体态语言,就是指在一定程度上能辅助有声语言表达思想感情的眼神、表情、体态、手势等等。演讲中,应以有声语言为主,相应的体态语言为辅。恰当的面部表情、身势、手势,以及其他一切能在一定程度上表达思想感情的动作,可以使演讲"剧化",使听众不仅听觉器官发挥作用,而且视觉器官也同时发挥作用,从而弥补有声语言的不足,增强表现力和感染力。有声语言和体态语言有机地紧密结合,相得益彰,共同发挥作用,演讲便能生动感人,形成一个统一和谐的传达系统。

总之,演讲是一种直接的带有艺术性的社会实践活动;在特定的时空环境中,演讲者凭借有声语言和相应的体态语言,郑重地系统地发表见解和主张,从而达到感召听众、说服听众的目的。

二、演讲的基本特征

1. 三方人物·四重联系·五个环节

演讲不同于平时交谈。人们日常交流思想、联络感情、协调行动,常常是讨论式的,你一言,我一语,往往互为前提、相互引发、交织进行。这种现实生活中你、我、他面对面的言态交际,带有许多随机成分和散漫性。而演讲则不同,它的最基本组成形式是由"演讲者"和"听众"两方面人物组成。较为庄重的场合,通常由"主持者""演讲者"和"听众"三方面人物组成。在演讲过程中,总是一人在台上系统地把自己有准备、有组织的思想观点公开传向一定数量的听众,中间不容许七嘴八舌地插话,即使是辩论演讲,也必须是逐个系统地讲完。在这种"一人讲,众人听"的传播格局中,人们之间的联系并不是简单的单向式的,而是表现为一个多联系多层次多侧面的网络系统。演讲主持者、演讲者和听众三方面人物构成四重联系:演讲者与听众之间的联系,听众与听众之间的联系,听众与演讲主持者之间的联系,演讲主持者与演讲者之间的联系。这四重联系在演讲现场中直接显示出来,同时以其或隐或现的形式,形成反馈回路,直接作用于演讲。比如,演讲者在台上滔滔不绝地发表演讲时,他的思想感情、举止神态都直接作用于听众和演讲主持者。演讲主持者和听众接收到这些信息,或欣然赞许,开怀大笑;或心存疑义,无动于衷;或惊或喜,或悲或叹,都会在现场流露出来。显然,这种对演讲的情绪反应和态度评价,会自然地反馈到演讲者,为其所察觉。演讲者与听众如能协调适应,具有引力,演讲就可望成功。同样,演讲主持者与听众、演讲主持者与演讲者的联系对演讲现场的影响也是显而易见的。主持人若思维敏捷,善于辞令,能审时度势,随机应变,恰当地控制会场的情绪和气氛,使演讲者和听众同时受到鼓舞,就往往能使演讲生色增辉,圆满成功。反之,若主持者不懂演讲规律,安排失当,木讷迟钝,自然会有损演讲效果,令人遗憾。至于听众与听众之间的联系,对演讲的影响也不可忽视。听众之间是否融洽协调、文明礼貌,直接影响到现场秩序和气氛。良好的现场秩序和气氛是演讲成功的重要条件。

从信息传播的角度来看,如果把演讲活动从演讲者萌发演讲动机开始至演讲产生一定影响或达到一定的目的为止,看成是一个信息活动的完整过程,那么,这个全过程实际上可归纳为以下五个环节。

(1)信息源——形成演讲内容的思想;材料的搜集、积累并在这个过程中萌发演讲的动机;在这种动机的诱惑下,进一步对有关内容的思想材料进行搜集和积累,从而构成扎扎实实的演讲内容。

(2)传播者——演讲者,这是演讲活动的主体。

(3)媒介——口语和相应的体态语言。

(4)受传者——听众。

(5)效果——演讲的成效。

演讲是一个信息循环流通的过程,演讲者通过口语和体态语的媒介将演讲信息传达给听众,听众必然会产生一定的心理反应,形成反馈信息,再传送给演讲者,从而对演讲信息的再输出产生影响。演讲的三方人物、四重联系、五个环节可用图 1-1 表示。

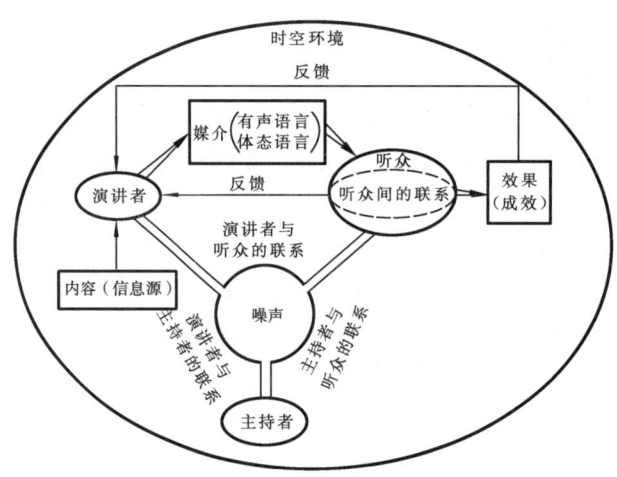

图 1-1　三方人物·四重联系·五个环节

显然,要使演讲顺利进行,必须使各方联系和各个环节有效地连接,密切配合。这中间演讲者是主体,听众是客体,连接演讲者和听众之间的纽带就是内容和传递内容的媒介。当然,内容是最重要的因素,离开了它,就无所谓演讲了。

2. 独白式的现实活动言态表达

由于演讲是“一人讲,众人听”的口语表达方式,因而演讲者在发表见解、叙事说理时,不可能像平时交谈那样互为前提、相互引发,也不可能像平时交际时常采用某些不言自明的神传意会来代替语言。演讲者必须通过自身的有声语言材料和相应的体态语言来逐条逐款层层展开。要讲清思想观点的来龙去脉，就不是三言两语可以奏效的。因此，演讲者的语言总是独白式的，经过认真组织、过细斟酌、系统成篇的，有着很强的内在逻辑。开头如何引人入胜，结尾如何耐人寻味，中间如何完美无疵地将自己和听众的情绪推向高潮；叙事、抒情、说理、论证如何做到自然和谐、天衣无缝，如何以其深刻的思想性和精巧的文采美来吸引听众、感染听众，拨动听众的心弦，弹奏出最动听的乐曲，这一切都要求演讲者苦心构思，巧妙组合。演讲者这种独白式的言态表达方式，又是有声语言和体态语言的结合体，它要求语言、声音、眼光、动作、姿态有机地结合，浑然一体，做到用词准确、语调动听、表情丰富、动作适度、仪态大方、感情充沛，使人产生一种"思风发于胸臆，言泉流于唇齿"的美感。因此，它必须遵循一定的美学原则，讲究音韵、修辞、气度等等，具有一定的艺术色彩。总之，一次成功的演讲，其语言必须具备以下要素：措辞准确，声调清晰，体态得当，感情真挚，结构完美。

值得说明的是，演讲虽然是艺术化的独白式的言态表达，但这种"艺术化"有一定的"度"，它是受现实活动的目的和效果制约的有限的艺术，实际上只是一种手段性的艺术，如同技能技巧一般。如果超越了这个"度"，把演讲搞成评书、单口相声或诗朗诵一般，那就不伦不类，失去了演讲的真实性。评书、单口相声、诗朗诵虽然也是"一人讲，众人听"，但是它们属于艺术范畴，是艺术活动，是艺术活动中的言态表达形式；而演讲是现实活动，它是现实活动的言态表达艺术，而不是艺术活动的言态表达。

3. 适应面广，实用性强，极富鼓动性

作为社会公众交往的演讲，它的适应面很广，不管是政治、经济、军事、外交、法律，也不管是学术、理论、宗教、道德或其他社会问题，都可以作为信息源，成为演讲的题材；不论是老、中、青、少，还是工、农、兵、学、商，只要具有听讲能力，都能成为信息的受体，作为演讲的听众。演讲主要凭借口语表达，不需要过多的物质准备，对场地的要求也不高，礼堂、课堂、广场，甚至街头巷尾，都可以进行。因而，它能紧密地配合形势，适应现实任务的多种需要，及时地开展宣传鼓动、就职施政、争取民众、发号施令、激励斗志、传道授业、答疑解惑、布置任务、安排生产等活动。事实上，演讲是最经济、最灵便、最直接、最有效、最实用的宣传教育形式之一。

演讲极富鼓动性。它是以政论为主体的语言实践活动，要求旗帜鲜明，主题显露；赞成什么，提倡什么，反对什么，泾渭分明，毫不含糊。它说明问题，深入浅出；阐述主张，纵横捭阖；判断、推理、论证，逻辑严密；加之辅以表情、姿态、声调和手势，更增强了语言的表现力和感染力。它能紧紧吸引听众，产生较大的鼓动作用。在现代演讲中，其功能尤为显著。由于现代自然科学和社会科学的高度发达，演讲的信息包容量极大地增加了，大至宇宙，小至分子原子；远至太古，遥及未来；社会机制，人生奥秘，都可成为演讲的"热点"。演讲者可挣脱传统观念的束缚，以其新的生活体验、新的行为方式、新的知识结构和新的思路，通过向历史和现实的纵深掘进、开拓，反映出崭新的生活真实和时代意义，具有高屋建瓴的气势。在纷繁复杂的生活中，演讲显示出导向功能，激励人们为实现宏伟目标，坚韧不拔，开拓前进。

▶ 第二节　演　讲　学 ◀

一、演讲学的研究对象

在频繁的演讲实践中,人们不断总结经验,探索规律,研究技巧,日积月累,逐步概括归纳,形成系统的演讲理论,即是演讲学。演讲学以演讲活动为研究对象,研究演讲规律,探讨演讲方法和技巧,是一门社会科学。

演讲活动既然由三方人物、四重联系、五个环节组成,那么,作为总结演讲规律,探讨演讲方法和技巧的演讲学,其研究范围也必然离不开这几个方面。简言之,演讲学就是以这三方人物、四重联系和五个环节的方方面面为研究对象的一门社会科学。着眼于三方人物,演讲者是演讲的主体,听众是演讲的客体,演讲主持者实际上兼有主体和客体因素,演讲学要研究主体的要素是什么? 客体的要素是什么? 作为主体和客体联系的纽带是什么? 如此等等。着眼于四重联系,演讲学要研究演讲者如何向听众表达信息、如何控制场面、如何利用信息反馈、演讲者应有哪些修养,主持者如何协调演讲者和听众的关系、主持者应有怎样的修养,听众的心理状态如何,演讲的内容与演讲的时空环境的关系怎样,如何充分发挥演讲的功效……着眼于五个环节,演讲学要研究演讲者如何准备、讲稿怎样撰写、演讲如何分类、如何选题、如何组材、如何记忆、如何设计开头、如何形成高潮、如何安排结尾、如何掌握口语和体态语言的表达技巧、怎样判定演讲的效果、如何赏析……概括起来讲,演讲学要研究的基本内容是:①演讲与社会实践的关系,诸如演讲的地位和作用等;②演讲活动本身的规律,诸如演讲的分类、演讲的准备、演讲稿的撰写等;③演讲的基本技能技巧、控场技巧和主持演讲的技巧等;④演讲的评判和鉴定的规律和方法。

二、演讲学具有新质特征

演讲学融会了多种学科的要素,集中了多种艺术形式的特征,有很强的综合性、工具性和实践性。演讲学不仅与哲学、逻辑学、语言学、心理学、美学、伦理学、社会学等有着密切的联系,综合应用了这些学科的基本理论和知识,而且它还与戏剧、曲艺、朗诵等艺术形式有着密切联系,借鉴和移植了它们的一些表演技巧和方法。此外,演讲学甚至还与自然科学的发展密切相关,这不仅指演讲词的内容常常涉及自然科学,而且指在信息传达技巧等方面也都与自然科学有着或多或少的联系。在知识激增的今天,各门学科都在迅猛发展,人类生活异常丰富,生活节奏也急剧加快,综合了多种自然科学和社会科学的演讲学来说,同样要不断向着更高阶段、更高层次和更高水平的方向发展。

如同斧头和计算机能为社会各阶级和各阶层的人服务一样,演讲学所研究的基本理论和技能,也可以为社会各阶级各阶层的人所运用。它是为全人类服务的工具,不只是被西方人认为是"三大战略武器"之一,也是人们走向社会,从事一切社会活动的阶梯。不论尊卑贵贱,不分种族肤色,不分性别职务,只要不是白痴,只要不是哑巴,只要具有一定的思维表达能力,谁都可以运用演讲学的基本理论和技能来表达各自的立场、观点或看法,传递信息,交流感情,总结和传播在生产斗争和科学实验中所取得的经验。其工具性的特征是显而易见的。当然,也正如斧头和计算机本身并不具备阶级性,但利用斧头和计算机的人却是有阶级性的一样,在演讲活动中,演讲者、听众和演讲主持者都有自己的目标指向和心理定式。演讲者往往都负有阶级、阶层和社会集团的使命,尤其是那些政治色彩浓厚的宣传鼓动演说,其阶级性更为突出。例如,第二次世界大战的罪魁祸首希特勒,运用演讲这一工具,煽动群众,蛊惑人心,挑起德国人的复仇情绪,加速了德国法西斯化,从而加快了第二次世界大战的爆发,导演了一幕历史大悲剧。而温斯顿·丘吉尔受命于危难之时,面临德军强大的攻势,于1940年5月13日发表的"出任首相后的首次演说",以言简意赅的语言、持重而热烈的态度,强烈地表达了誓与德国法西斯斗争到底的决心和必胜信念,其演说鼓动性极强,激发起了人们同仇敌忾,奋起保卫祖国、击溃法西斯的决心。

正因为演讲学具有综合性和工具性的特点,因而它具有很强的实践性。同样一把斧头,在木匠手中和在一般人手中,其效果完全两样。木匠挥斧自如,得心应手,想把木头劈成什么样子就能劈成什么样子;而一般人就只能"望斧兴叹"了,充其量不过"班门弄斧"而已。显然,仅仅懂得如何握斧,如何使劲,是远远不够的,还必须有长期的实践,使知识转化为技能技巧。演讲也正是这样。如果谁幻想仅仅看一些演讲理论的图书,背一些演讲词句,知道一些演讲技法,就能登堂入室,发表高见,语出惊人,那显然是不现实的,充其量只不过是不至于张口结舌而已。要想口若悬河,语惊四座,不经过刻苦的实践和锻炼是不可能的。常言道:"台上几分钟,台下数月功!"历史上许多被誉为"铁嘴""剑舌"的卓越超群的雄辩之才,都是经过了艰苦顽强的实践锻炼的。只有在演讲理论的正确指引下,持之以恒地进行顽强刻苦的实践锻炼,使演讲的理论知识转化为演讲的技能技巧,才能使演讲水平不断提高。

三、演讲学是古老的科学

说演讲学古老,是指它由萌生到形成、发展、繁荣已经历了漫长的岁月。远在公元前25世纪,埃及人伊雷斯法老的老臣普塔霍特就曾写了如何说话的教喻,这可算是演讲理论的萌芽。从公元前5世纪中叶到亚里士多德写出《修辞学》可说是演讲术的逐步完善和形成时期。继亚里士多德之后,古罗马共和时期的政治家、演讲家马尔库斯·图留斯·西塞罗(公元前106年—前43年),写出了《布罗特》《著名演讲大师们》《论演讲家的最好类型》《论演讲家》等著作,对演讲学的建立起了重要作用。此后,杰出的演讲家、教育家马尔库斯·法比留斯·昆体良(公元35年—95年)在总结前人演讲理论和演讲实践经验的基础上,写出了《演讲术指南》,并制定了教授演讲术的教学法,对演讲理论的发展作出了重大的贡献,使演讲学的研究进入了一个新时期。由于科学的发展和社会的需要,近代和现代,演讲理论研究愈加受到重视,产生了一些官办和民办的演讲学研究机构,许多演讲学的理论专著和刊物相继出现,使演讲活动出现了空前繁荣兴盛的局面。20世纪以来,演讲活动更是普遍开展,演讲理论纳入了严格的科学研究轨道。

演讲活动在我国也有着悠久的历史。我国古代虽然没有这类专门性的系统理论著作,然而,散见于许多文献和典籍中的有关演讲和论辩的言论和论述却是十分丰富的。我国历史上最早的一次有记载的演讲是《尚书》中的《甘誓》,这是约在公元前21世纪,夏启与有扈氏战于甘的战前誓师演讲。《甘誓》除开头两句叙事外,后面全为夏启的演讲。这篇演讲虽然简短，却符合"言有物，言有序，言有文"的言辞标准。而同样载于《尚书》中的《盘庚》3篇，则是我国文学记载史上最早最典型的演说词。盘庚为迁都所作的3次演讲，内容丰富，说理有力，感情充沛，言辞尖锐，比喻得当，反映出当时我国演讲已经达到了相当高的水平。到春秋战国时代，我国社会由奴隶制向封建制过渡，生产迅速发展，政治剧烈震荡，思想活跃，学派林立，形成了"百家争鸣"的局面。诸子百家论道讲学，辩疑驳难，纵横游说，使我国的演讲在实践和理论上都有很大的发展。孔子认为"言之无文，行而不远"（《左传·襄公二十五年》），提倡"辞达而已矣""情欲信，辞欲巧"（《礼记·表记》）。还说"质胜文则野，文胜质则史，文质彬彬，然后君子"（《论语·雍也》），足见孔子主张语言要有文采，能通畅地表达思想感情。他同时反对巧言过实，哗众取宠，指出"巧言乱德"（《论语·卫灵公》），"君子耻其言之过其行"（《论语·宪问》）。孟轲继承并发展了孔子的观点，提出"言近而旨远"（《孟子·尽心》），"不以文害辞，不以辞害志"（《孟子·万章上》）这种主张深入浅出、内容决定形式的观点也是很正确的。值得一提的是，墨子对演讲理论的贡献颇为突出。他在《小取》中谈到要"论求群言之比"，即要讲究各种表达方法的比较，选择最恰当的表达方法，并且列举了七种方法，诸如"或"（即表达上的或然判断）、"假"（即假言判断的表达）、"效"（即摹形拟声）、"辟"（即譬喻移觉等）、"侔"（即对照排比等）、"援"（指类比推理）、"推"（指推理联想等）。同时，他还主张言辞谈说要有标准、有目的。他在《非命上》中说"故言必有三表""上本之古者圣王之事""下原察百姓耳目之实""发以为刑政，观其中国家百姓人民之利"。此外，韩非、老子、庄子也都对演讲有过精辟的论述。秦以后，由于封建王权的加强和奏章言事的定制，致使我国演讲活动和理论研究受到桎梏，形成断断续续的发展状况，这中间东汉的刘向在《说苑·善说》中专门阐述了"谈说之术"，就研究演讲的必要性、谈说的基本内容和方法进行了较全面的论述。南北朝的刘勰在《文心雕龙》中，把《议对》《论说》列为专章加以论述，最先把演说作为一门学科加以研究，建立了一套演说理论。对演说与时代的关系，演说的主题、道理、技巧、风格等作了较全面精辟的论述。

　　鸦片战争以后，阶级矛盾和民族矛盾加剧，为拯救国家危亡，鼓吹变法维新，动员民族革命，演讲活动迅速发展。康有为、梁启超、谭嗣同、孙中山、秋瑾等，不仅是著名的思想家、政治家，而且是出色的演讲家，对我国近代史上演讲事业的复兴和发展起了积极的推进作用，为我国现代演讲活动的繁荣和演讲理论的发展创造了良好的条件。"五四"运动以后，新文化运动风起云涌，革命事业蓬勃发展，演讲蔚然成风，革命者成功地利用演讲形式为革命斗争服务，宣传科学、民主，宣传革命理论，涌现出一大批卓越的演讲家，诸如李大钊、陈独秀、鲁迅、恽代英、闻一多、毛泽东等等。演讲活动的发展，推动了演讲的理论研究，当时，余楠秋的《演讲学概要》、程湘帆的《演讲学》、杨炳乾的《演讲学大纲》、彭燮的《演讲术》影响较大。新中国建国后，曾在较长一段时期内由于众所周知的原因，本来应该大有发展的我国演讲活动和演讲理论研究处于停滞状态，特别是在"十年动乱"中，"乱世之音怨以怒"（《诗经·大雅》），恶言秽语、强词诡辩乘虚而入，演讲活动与演讲理论出现了历史的倒退。令人欣慰的是，党的十一届三中全会以后，随着思想解放运动的深入和两个文明建设的蓬勃发展，我国社会主义的演讲事业终于再次勃兴，涌现出李燕杰、邵守义、曲啸、张海迪等一批有影响的演说家，同时相继出现了各种演讲团、演讲研究会和演讲协会；演讲理论研究受到了应有的重视，许多学校开设了演讲课，而且创办了《演讲与口才》杂志,该杂志的创刊与发行,对普及演讲知识和深入研究演讲理论起着积极的推进作用。邵守义的《实用演讲学》和《演讲学》教材,季世昌、朱净之的《演讲学》,李燕杰的《演讲美学》等演讲理论专著的出版,也有力地推动了演讲活动的广泛开展,促使演讲理论研究向纵深发展。现在,演讲已经成为经常性的活动,广大群众纷纷走上讲台,从容大方、潇洒自如,以生动感人的激情,流畅优美的语言,倾吐着自己的心声,传递爱国、理想、奉献的情操,高扬科学、民主、文明的风尚……现代演讲的巨大声浪,组成了时代的最强音!

四、演讲学是发展的科学

说演讲学是发展的科学,不只是讲我国现代演讲学正处于起步阶段,主要是指随着现代科技的发展,传统的演讲学必然出现新的发展和突破。

当今,人类正在跨入"信息时代"。在信息社会中,人们的生活节奏将进一步加快,社会交往将更加频繁,对交际的高速度、高效率的要求将越来越迫切,信息的供求量将急剧地增加。因而,作为连接演讲者与听众之间的纽带——演讲内容,将越来越要求"货真价实"了。也就是说,人们希望投入最少的时间,获得最大限度的有用信息,从而产生最理想的效益。这就要求演讲内容所包含的信息质高量大,这种要求必然会导致演讲的布局谋篇和其他技巧的创新与发展。

信息社会将是一个高度知识化的社会,对劳动者的素质要求也越来越高,人们的劳动技能将不再是以体力为基础,而是以智力因素为基础。前苏联信息论学者布里留恩在《科学与信息理论》中指出:一方面,信息对于任何一个接收者都具有同一数值的绝对性;另一方面,信息对于不同接收者按其对信息的领会能力和以后的利用能力,则又是具有不同数值的相对性。据此,我们认为,在实际演讲中,同一演讲内容,对于不同听众来说,其信息量是不等值的。那么,面对高度知识化的听众,演讲者究竟要怎样主动自觉地作出相应的调整和努力,从而最大限度地提高演讲传播的信息利用率呢?

在社会生产力发展水平低的情况下,演讲活动的范围较小,且是面对面地进行。随着社会的进步和科技的发展,特别是现代声传技术的发展,情况就大不相同了。除了保留面对面的演讲方式外,演讲活动还可以借助电话、电视、电影和广播等,突破时间、空间的局限,把不同时间不同地域的演讲者和听众进行不同的组合。同时,语言的留转技术和转换技术的发展,还使口语交际超出了单纯的人际范围。例如,人机对话已成为最新、最快、最科学的信息传递方式。因而,对人的口语表达必然要提出更高的要求。

凡此种种,自然会产生多种多样的演讲活动和风格迥异的演讲技巧。试想,在这种情况下,演讲学的理论研究工作和科学实验能不"水涨船高"吗?可以肯定,演讲学必然有较大的发展。

▶▶ 第三节　演讲的社会功能 ◀◀

一、政治斗争的有力武器

演讲历来是政治家发表政见、阐明观点、批驳论敌、争取盟友的有力武器,特别是在社会处于激烈变革的年代,这种社会作用更显得突出。谋臣启奏、策士应对、诸侯施令、辩士游说,无不以演讲作为手段。刘勰在《文心雕龙·论说》中写道:"一人之辩,重于九鼎之宝,三寸之舌,强于百万之师。"也有"一言可以兴邦,一言可以误国"之说。英国作家麦卡雷说:"舌头是一把利剑,演讲比打仗更有威力。"出身寒微的拿破仑,在群雄角逐的时代,年仅27岁就获得当时法国3000万人民的崇拜。他不无骄傲地说:"一支笔、一条舌,能抵三千毛瑟枪。"当然,这些不过是社会矛盾发展的"必然",通过个人语言的"偶然"而起作用的结果,但毕竟是通过个人语言的"偶然"。

在特定的社会条件下,语言的力量确实是惊人的。汉代刘向在《说苑·善说》中,就列举了许多事例:"昔子产修其辞而赵武致其敬,王孙满明其言而楚庄以惭,苏秦行其说而六国以安,蒯通陈其说而身得以全。夫辞者,乃所以尊君、全身、安国、全性者也。"足见演说的政治威力之大。

历史上,很多口若悬河、能言善辩之士,凭着一条剑舌,活跃在政治舞台上,他们有的劝阻战争,化干戈为玉帛;有的怒斥奸佞,以正气压倒歪风;有的巧设比喻,以柔克刚,争取盟友;有的反唇相讥,绵里藏针,瓦解敌阵。诸葛亮"舌战群儒"和"智激周瑜"就是家喻户晓老少皆知的故事。《三国演义》还在第九十回描写了诸葛亮"兵马出西秦,雄才敌万人,轻摇二寸舌,'骂'死老奸臣"的故事。蜀魏两军对阵时,魏臣王朗到阵前来劝降,也就是这个舌战群儒的诸葛亮,把王朗说得一钱不值,王朗气盛,羞愧不已,一头撞死在马下。诸葛亮的"三寸不烂之舌",当真抵住了成千上万的敌军!

古希腊的德摩西尼是一位杰出的民主政治家和爱国主义者,他充分而有效地把演讲运用于激烈的政治斗争之中,发挥了巨大的社会作用。公元前4世纪中叶,马其顿腓力二世向外侵略扩张,企图鲸吞希腊。为了唤醒同胞,拯救祖国,德摩西尼满腔激愤,慷慨陈词,发表了8篇著名的《斥腓力演说》,这些演说,措辞尖利,揭露深刻,极大地鼓舞了人们反抗侵略、保家卫国的爱国激情。他的8篇演说,合称为"腓力匹克",后来被引申为普通名词,专指激昂愤慨猛烈抨击政敌的演说。

1963年8月28日,美国黑人民权运动领袖马丁·路德·金在华盛顿特区组织领导了一次25万人的集会和游行示威,反对种族歧视,要求民族平等。当游行队伍到达林肯纪念堂前时,他发表了著名的《在林肯纪念堂前的演讲》。在这次演讲中,他首先热情洋溢地赞扬了100多年前林肯签署的《解放宣言》,然后,话锋一转,指出100多年后的今日,黑人仍处在水深火热之中,号召黑人奋起斗争,并且以诚挚抒情的语调,描述了黑人梦寐以求的平等、自由的理想:"黑人儿童将能够与白人儿童如兄弟姊妹一般携起手来""上帝的灵光大放光彩,芸芸众生共睹光华!"这篇演讲内容充实,感情炽烈,气势磅礴,产生了极强的感染力,是一篇反抗种族歧视、争取民族平等的战斗檄文,大大推进了美国黑人的民权运动。

正因为演讲与政治活动联系密切,具有极大的组织、鼓动、激励、批判和推动作用,所以,人们不仅利用演讲来为特定的政治目的服务,而且也广泛关心各国政界、军界和知名人士的演讲,从中了解和研究其演讲所透露的信息,预测今后的发展趋势,制定相应的对策。

二、经济活动的理想筹码

经济与政治关系密切,政治动态常常直接或间接影响经济的发展。因而,从事经济活动的人,常常能从演讲,特别是各国领导人的演讲内容中,捕捉到有关经济的信息,从而预测经济发展动向,以便采取相应的措施,调整对策。同时,在经济活动中,企业的领导人,也常常要运用演讲,把企业活动的奋斗目标、方针、措施,向本部门的职工传达,使领导的决心变成职工的具体行动,从而推动企业各项工作的全面开展。在我国经济体制改革中,许多由群众民主选举产生的领导,上任时往往发表就职演说。例如,有一位建筑公司新任经理,一上任就向本单位干部和职工代表作了生动的演讲。他郑重宣布:"新班子上任,不只是烧三把火,而是靠众人拾柴燃起建设四化的熊熊烈火。"然后就如何调动"泥瓦匠"的积极性,提出了几项措施:首先,"从提高建筑工人地位做起";其次,抓紧解决职工住房问题,"让住芦席棚的都住进新楼房",同时,限期改造和兴建食堂、澡堂、探亲房和托儿所……总之,这位新任经理紧紧围绕着如何调动职工积极性从而达到提高经济效益的目的展开论述,使干部和职工代表备受鼓舞。此后,该公司迅速出现"众人拾柴"的局面,"燃起建设四化的熊熊烈火"。

在贸易洽谈中,生动的演讲常常能把客户的注意力引到与产品价格相对应的价值上来,使对方感到他们将得到好处,而不是付出代价。在涉外经济活动中,演讲是获取经济新闻的重要渠道。当今,公共关系学已成为一门新兴的学科,在公关活动中,演讲与口才有着十分重要的意义。日本企业家把青年在大街上说唱叫卖而毫无愧色的表现作为合格人才的首要条件,这正好反映了演讲在经济活动中的重要作用。在美国甚至开办了直接以演讲活动来盈利的公司。据 1984 年 4 月 15 日《参考消息》报道,美国纽约帝国大厦,有一家名叫哈利·沃克的特殊公司,这是一家专门提供演讲服务的演说公司,它拥有 6 间办公室,十几位雇员,生意十分兴隆,年收入纯利竟高达 1000 多万美元。这不仅说明了演讲的重要,为世人所瞩目,而且也表明,演讲本身也像商品一样进入了经济活动的市场。

三、鼓舞士气的战斗号角

演讲也常常是军事家用以动员部队、鼓舞士气、激励斗志的战斗号角。战争开始前的组织发动,激烈战斗中的添力鼓劲,战争结束后的祝捷庆功,指挥员总要发表简洁而极富鼓动力的演讲,一字千钧,震撼人心。古今中外,这样的事例不胜枚举。例如,公元前 209年(秦二世元年),陈胜在大泽乡起义时对他的"徒属"发表演说:"且壮士不死即已,死即举大名耳,王侯将相宁有种乎!"话虽不多,容量极大,鼓动性极强。将"徒属"称为"壮士",使其精神境界升华,最后一句画龙点睛,一反传统观念,表示了对"王侯将相"的蔑视和对自己力量的信任。这句话既是斩钉截铁、富有哲理的断语,又是富于启发的提问,产生了极大的感染力和激发力。徒属们当即表示"敬受命"。于是揭竿起义,达到了陈胜当众演说动员起义的目的。又如,1944 年 6 月,盟军司令官蒙哥马利元帅在诺曼底登陆中对担负突击任务的士兵发表的演说,对士兵产生了极大的鼓舞。他说:"你们在干一件无与伦比的大事业。世界将通过你们完全变一番模样,历史将为你们树立一座丰碑,写上:你们是迄今最优秀的军人!这场世界上从未有过的拔河比赛,这些即将开辟第二战场的军人们所负的责任是成功地执行自己的任务,并最后作为一个自豪的人,回到家里同亲人团聚。"他的话顿时激发了士兵们大无畏的战斗精神,士兵们高呼:"元帅的贝雷帽和演讲给了我们扑向死神的力量。"

在军事活动中,演讲不仅在冲锋陷阵方面发挥作用,而且军政首脑关于战争形势、任务、战略、战术和军队建设的分析,以及军队内部的政治活动,诸如英雄战斗事迹报告和战斗经验报告等,也都广泛运用演讲作为手段。

四、传播知识的有效途径

演讲是高级的、完美的口语表达形式,能最大限度地发挥语言在传授知识、探讨学问、宣传成果、交流经验方面的作用。当今,尽管科学技术高度发展,知识传播的途径迅速增多,但作为直接运用语言进行交际的演讲,由于现场的作用,能对人体感官作多重的综合刺激,高度调动人们的注意力,促进思维活动,并且使听众在情绪、情感、意志等方面同时受到影响,从而加深对演讲所传播的科学知识的理解,增强学习效果,因而它始终是传播科学文化知识,提高文化素养的有效途径。

学校是传播科学文化知识的基地。虽然一般的课堂教学不能算是演讲,但它毕竟具有许许多多演讲的因素。因此,从某种意义上讲,课堂传道授业,也可以说是演讲功能的体现;同时,在学校教学活动中,作为课堂教学的辅助和补充,经常开展的各种类型的学术讲座,却是非常正规的演讲。这种演讲通常是由具有一定修养和造诣的学者、权威担任主讲,由于他们具有相当的权威性和可靠性,因而其可信度高,能造成良好的心理定式,引起学生的兴趣。这种演讲对深化课堂教学内容,繁荣学术研究,促进科学文化的普及起着十分重要的作用。此外,学校广泛开展的读书演讲、电影故事演讲、专题辩论演讲、调查访问演讲以及其他专题演讲,对培养学生的观察能力、分析综合能力、表达能力也都具有十分积极的作用,可以促使青年学生向多学科多领域迈进。

五、思想教育的最佳形式

社会的发展从各个方面以各种不同方式影响着人们的心理状态和精神面貌。特别是青年,受时代的影响表现得更为明显。当代青年兴趣广泛,思想活跃,乐于探索,勤于思考,勇于进取,敢于标新立异,且十分自尊、自信,不喜欢空洞的说教和粗暴的训斥。演讲的魅力正在于"晓之以理,动之以情,授之以知,导之以美,明之以实,联之以身"。因此,对群众,特别是对青年一代进行前途、理想、道德、纪律的教育,演讲是最理想的形式。古希腊学者、唯物主义哲学家德谟克利特有一句名言:"用鼓动和说服的语言来造就一个人的道德,显然是比用法律和约束更能成功。"运用演讲的特殊手段和魅力来"鼓动和说服"听众,正符合当今思想政治工作的要求。现在我国已广泛运用演讲形式进行革命人生观教育,以及共产主义道德教育。李燕杰、曲啸、邵守义、刘吉等人的卓有成效的演讲,受到全社会极高的赞誉,被称为"善于打开人们心灵的专门家"。许多人听了曲啸的演讲,热泪盈眶,夜不能寐,引起深刻的反思。李燕杰在国内外作了500余场精彩的演讲,直接听众达70余万人次,他以生动的语言,火一般的激情,融理论、历史、文艺和社会现实于一炉,讲述理想、道德、情操,激发起人们的满腔政治热情,真正起到了"鼓动和说服"的作用,产生了极大的社会效益。

再者，积极开展演讲活动，也是青年自我教育的好形式。事实上，青年演讲者从产生演讲动机、组织演讲材料，到当众演讲的整个过程，也就是自我教育、提高认识的过程。同时，由于青年人之间有着许多共性，青年人自己现身说法，听众能在心理上产生亲切感，在思想上产生强烈共鸣，从而取得"频率共振"的良好效果。

六、人才考核的重要尺度

演讲既是培养现代人才的有效途径，也是考核人才的重要尺度。从培养人才的角度来看，如前所述，演讲具有传播知识和进行思想教育的功能，对培养人才具有重要作用。此外，由于演讲本身在内容方面和形式方面的特殊要求，还可以有意识地通过演讲实践来训练人们的思维能力、观察能力、分析能力、应变能力和口语表达能力。众所周知，语言是思维的外壳，是思维的手段。没有丰富的思想、敏捷的思维，何来精彩的演讲？研究表明，思维具有独立性、广阔性、层次性、探索性和实践性等五个方面的主要品质。由于演讲活动正是以语言为手段来表达思维的活动，它可以使思维的五个方面的品质得到全面的训练和发展。同时，演讲还可以使大脑的各个功能区域，诸如感受区域、判断区域、储存区域和想象区域等处于良好的活动状态，运转协调，促使思维力、观察力、分析力、表达力、应变力都得到发展。因而，它是培养思维、开拓智力的有效途径。

水银遇热膨胀，我们可以借助水银膨胀的现象来测量温度的高低。同样，人的能力可以通过演讲来训练培养，那么，我们也可以从演讲这一角度来度量人的能力的高低。尽管社会对不同人才的能力构成要求不尽相同，但演讲能力却是各种人才都必须具备的。许多政治家、理论家、实业家的卓越才能不仅表现在他们的文韬武略、理论创造和经济实践之中，同时还表现在他们的演讲魅力之中。可以说，演讲是一个人思想水平和各种才华技艺的集中"亮相"。有鉴别能力的人，往往可以从人们的讲话中，测量其修养程度和实际本领。美国的大学，不管是理工类还是文史类，都把基础作文法和演讲学规定为必修课。日本、新加坡等国规定：政府工作人员要进行3个月到半年的演讲训练才能上岗工作。足见他们对演讲的重视程度。

现在已是21世纪，历史的车轮已将我们带进了知识经济的新时代。现在，各方面的竞争十分激烈。各单位的竞争上岗或社会上的人才招聘均离不开演讲，演讲往往是考核人才的重要尺度。人们通过演讲，不仅可以看出你的口头表达能力，而且还可以看出你的分析问题、解决问题的能力，你的临场应变能力与人际交往能力，甚至可以看出你的人生追求、思想境界与道德风范。总之，人人都要学会演讲，努力掌握演讲艺术，提高演讲水平。

思考与训练

1. 为什么说"演讲是一种具有现实性和艺术性的社会实践活动"？"三方人物·四重联系·五个环节"是什么意思？怎样给"演讲"下一个科学的定义？

2. 演讲学具有什么新质特征？为什么说演讲学是一门既古老又年轻的科学？

3. 演讲具有哪些社会功能？怎样理解"演讲是经济活动的理想筹码"？

4. "演讲是人才考核的重要尺度"，下面是一位转业军人谋职的竞选演说，它展现了演讲者怎样的优势与才能？

各位评委：

我叫马××，19岁参军，历任坦克车长、排长、连长、参谋、团副参谋长、参谋长，在部队曾多次立功受奖。今年上级决定我转业，听说开发区公开招聘干部，我决心参与竞争，一展自己的抱负。

我认为自己很适合开发区办公室主任这个职位。也许大家会问：你一个军人，懂得地方工作吗？懂得办公室的工作吗？我可以毫不犹豫地告诉大家，竞争这个位置我起码有以下九个优势。

一、严格的军旅生活，培养了勇于进取的意识。我当兵20年，前10年从士兵到连队的指挥员，后10年从参谋到参谋长，既靠组织的关怀培养，也靠自己的不懈奋斗。我在军校接受过系统培训，完成了大专文化课程。多次参加大军区专业技术和参谋业务比赛……由此培养了我不甘人后的精神。

二、受过多方面的摔打与锻炼，比较熟悉办公室的工作。我是参谋长，其实就是部队首长的军事办公室主任。……所以，我感到从参谋长到办公室主任的转换过渡比较容易。

三、抓工作讲章法，善于总结经验。我有一定的文字功底，养成了总结工作积累经验的习惯，尤其在任参谋长期间，重要的文电都亲自拟定。……

四、严格、缜密的部队工作，培养了较强的办事能力和组织协调能力。……

五、军人的职业磨炼了我的性格，部队打硬仗的传统锻造了我的毅力，使我养成了良好的工作作风。比如，周密的组织计划，埋头苦干的求实精神和主动配合的协作观念等。我想这些作风在地方尤其是在经济开发区的工作中，同样是非常需要的。

六、团结观念强。……能做到对上服务和对下服务一样热情，一样周到。

七、肯干勤学，适应性强。部队人员更替勤，谁不肯干谁掉队。……现在虽然还不能说是经济内行，但我自信凭着个人现有素质加肯干勤学精神，定能克服困难，成为一个称职的办公室主任。

八、没有"左邻右舍"干扰，便于尽快开展工作。我是一名军人，初来乍到，一条汉子闯世界，没有困扰和掣肘我工作的"关系网"。我认为这恰恰是一个十分有利的因素。……

九、在部队接受20年的献身精神教育，个人家庭有些什么困难和问题，自我克制和自行克服的能力比较强，所以，不会在家庭、孩子问题上给组织添更多的麻烦。

由于这些优势，如果组织信赖，这次竞选成功后，我即可迅速上岗，立即进入角色。……

以上是个人的情况和打算，供各位评委参考。大家知道，我就是不参加竞选，组织上也会给我安置相应的工作的，但我感到，人总是要干点自己追求的事业。我的前 20 年已奉献给了国防事业,这后半生应该献给国家的经济建设。我感谢组织上给我提供这个机会,也希望组织给我提供一个实践的场所。

　　谢谢各位评委。

5. 下面是一篇婚宴演讲,请看婚宴主持人是怎样将庆典一次次推向高潮的。

各位亲戚、来宾、朋友们:

　　××大厦的邓××小姐与××教育学院的廖××先生的婚礼现在开始!

　　请各位朋友记住 1992 年元月 12 日这个特殊的日子,因为这个日子将一对新人呈现在你们面前。在源远流长五千年文明的中国,"12"历来是一个吉祥幸福的数字,因而今天的天公十分作美,和风吹拂,细雨润心。在这风调雨顺的花季中孕育的爱情、缔结的婚姻何愁不茁壮成长呢?

　　生我者父母。今天在座的有这对新人的父母,为养育这对新人,他们费尽十二分的辛劳。现在让新人向父母大人三鞠躬,十二万分感谢父母的养育之恩,并祝四位老人健康长寿一百二十年!

　　助我者朋友。过去的日子里,在座的各位朋友曾给予这对新人许许多多无私的帮助,他俩表示十二万分的感激!现在和未来的时光里,他俩仍希望各位朋友善意地批评教导、真诚地提携奖掖。现在请允许这对新人向各位朋友三鞠躬。

　　升华靠我们自己。命运始终掌握在自己手中。现在请新人互拜,祝愿对方以百米的冲刺速度去超越前人、超越自我!

　　"但愿人长久,千里共婵娟。"这仅仅是一种良好祝愿。今天,这种良好祝愿将在他俩身上得到实现:试看人长久,婵娟千里共!

　　现在,请各位举杯,为这对新人的幸福日子一百二十万年长,干杯!

第二章 成功演讲的必要环节
——演讲的准备

▶ 第一节 信息与动机 ◀

一、信息与动机的关系

信息是一个综合概念。简言之,信息就是消息。它既不是物质,也不是能量,而是关于外部世界各种事物变化着的状态及其规律的描述,它具有知识秉性,是使人们得以了解、适应和控制外部世界的东西。

演讲与信息的关系十分密切。演讲的信息主要指演讲的内容和材料。演讲活动实质上就是传递和接受信息的过程。演讲信息不仅是演讲的内容和材料,而且常常是演讲者萌发演讲动机的重要原因,演讲总是为一定的目的和动机所驱使,为演讲而演讲是不可取的。可以说,信息是萌发动机的激素。

印度前总理尼赫鲁之女甘地夫人,在其自述中记载过两次截然不同的演讲经历。一次是她在英国学习时,应邀参加一次会议。会上,英国国防部长克·梅农突然当众宣布请她讲话,她毫无思想准备,惊恐万分,只得在哄堂大笑中结束了她的前言不搭后语的"演讲",并发誓今后不再在公众面前讲话。另一次是在南非,东道主要她在招待会上演讲。她执意推脱说:"不行,我一句话也不准备讲,只有依了这条件,我才赴会。"招待会定于下午 4 点举行,整个上午,甘地夫人参观非洲铁路工人生活区,铁路工人生活艰苦的情况深深地触动了她,使她"心有所结"如鲠在喉,非一吐为快不可。当主持人宣布"尼赫鲁小姐不讲话"时,她竟改变初衷,一跃而起,主动滔滔不绝地讲了起来,而且讲得非常成功。甘地夫人的两次演讲,生动地表明了信息与动机的关系。在南非,如果没有整个上午的参观访问,没有铁路工人生活的大量信息促使她萌发演讲的动机,并给她提供演讲内容,她怎能一跃而起并且获得演讲的成功呢?

信息是动机萌发的基础;而动机一旦产生,就必然要围绕动机进一步收集和整理信息。因此,动机又是收集和整理信息的原则和依据。

动机来源于对信息的理解,演讲动机实际是演讲的最初目的。动机产生后,由于进一步对信息收集和整理,所萌发的演讲动机也会逐步明朗化、具体化。因此,收集和整理信息的过程,也是演讲的目的明朗化、具体化的过程。

信息萌发动机,也是因人而异的。对同一信息,不同的人有不同的理解。不同的认识深度,能产生不同的效应:有的人置若罔闻,熟视无睹;有的人则能激起浓厚的兴趣,产生强烈的冲动,积极思考,寻求解决的办法。这与演讲者各自的知识积累、兴趣爱好、阅历修养等有着密切的关系,不是任何信息都能促使任何人萌发演讲的动机,也不是每种信息都只能萌发出一种演讲动机。

二、演讲的选题

萌发了演讲的动机,就基本上确定了演讲的最初目的;根据这个最初目的,必须选择议题,确定中心。这个环节非常重要,它直接决定着演讲的主题和价值,影响着演讲的成败。

所谓议题,就是演讲的内容。选题就是选择话题,确定谈哪方面的内容。演讲者总是通过阐述、分析、论证议题来表情达意的。那么,究竟如何选题呢? 我们认为,选题的基本原则应如下。

1. 体现时代精神,顺应历史潮流

演讲的目的在于宣传、教育、组织和激励群众。因此,选题一定要有时代意义,必须紧紧抓住人们普遍关心的问题,抓住社会现实中急需解决的问题。比如思想政治方面的重大问题,与现实社会息息相关的社会风气和道德修养问题,以及反映科学文化发展动态、推动科学文化事业发展的问题等等。要讲出时代感,讲出新意,演讲者必须考虑演讲的场合、环境、现实状况,以及自己对该问题的历史、现状的了解程度,并给以科学的分析、综合和解释,符合历史发展的规律。

2. 适合听众要求,内容有的放矢

选题要有针对性,要能深刻影响听众,极大地感染听众。由于民族不同,性格各异,职业有别,年龄差距,以及生活环境和文化修养不同,演讲的听众存在着很大的心理差异、风格差异、感情差异等。选题时应考虑不同类型听众的需要,根据不同民族、不同职业、不同层次的听众的知识水准、兴趣爱好、风俗习惯等来确定。只有选题适合听众的心理、愿望,才能调动听众的注意力,唤起听众听讲的热情和兴趣。例如,对青年人谈男女恋情,谈如何看待流行歌曲等问题很合他们的口味,但对中老年人就未必合适。显然,如果对山区老农大谈高能物理,谈得再好恐怕也不会受欢迎;倘若换成水土改良,情况就会大不一样。

为了适应不同类型听众的需要,选题要考虑"适应度"。选题的"适应度"较大,适应的听众面就较宽;反之,"适应度"较小,适应的听众面就较窄。一般来说,议题的专业化程度越高,其适应度就越小。

3. 切合自己的身份,不妨"驾轻就熟"

选择演讲议题,应切合自己的年龄、身份、气质,适合自己的知识水平和兴趣。这样,演讲者便能自然地融入自己的思想感情,"得心应口",措辞、语调、口气也就自然、生动、有声有色、富有活力,给人以新鲜感和亲切感;否则,如果硬要去讲那些不切合身份、气质、年龄和知识水平的议题,就必然是力不从心,即使勉强讲了,也必然是生吞活剥、生硬呆板、无法感人。

演讲者不妨"驾轻就熟",选择自己比较熟悉、最感兴趣的议题。这里所说的"驾轻就熟",不是指搬用僵死的套话、空话,也不是指套用固有的框架格式,而是指选择自己比较熟悉、比较了解、比较感兴趣、体会比较深的议题,选择与自己的专业、知识面比较接近的议题。这样容易讲深讲透,讲出水平,讲出风格。兴趣来之于实践,来之于对社会现实和

客观事物的了解。比较熟悉、比较感兴趣的议题,常常是曾经思考过或有一定了解和研究的议题。可见,演讲者要使自己的演讲门路宽,演讲时左右逢源,平日的思考和知识积累是十分重要的。

4. 注意演讲场合,考虑预定时间

演讲内容要与演讲场合气氛相协调,也就是要考虑演讲的时间和空间环境。时空环境不仅指演讲现场的布置,也包括时间、背景、组织和听众等因素。显然,在喜庆的场合大谈悲凉,在悲哀的氛围中大讲欢愉都是荒唐的。

选题还应考虑可供演讲的时间。根据心理学的研究,一般人的大脑在 1 小时以内,只能解说或接收一两个重要问题。因此,演讲选择议题必须集中凝练,富有特色,时间要掌握得恰如其分。如果是参加演讲比赛,更有必要了解限定的时间;否则到临场时修改内容,增添删汰,就会手忙脚乱,甚至无所适从。此外,参加有多人演讲的场合,还要考虑自己演讲所安排的顺序是在会议的开头、中间还是结尾,并且还要了解在自己演讲之前的演讲者和在自己演讲之后的演讲者的情况。这些都与听众的心理定式和情绪有密切的关系,不可忽视。

三、演讲主题的确定

选定了议题,就有了演讲的大方向,但仅有大方向还不行,还必须确定一条具体的途径,必须确定主题。主题是演讲的灵魂,它决定演讲思想性的强弱,制约材料的取舍和组织,影响到论证方式和艺术调度。它是选题的具体化明朗化。没有明确的主题,演讲就如同没有灵魂的偶像,即使讲得天花乱坠,也会让人不知所闻,不得要领。

演讲的主题要集中。一般来说,一篇演讲只能有一个主题,必须围绕这个主题展开阐述,否则就容易出现焦距模糊、思想枝蔓的毛病。主题要求鲜明、正确、新颖、深刻。鲜明,是指主题要贯穿于全篇,能够给听众留下深刻的印象,引起强烈的反响;正确,是指其观点见解具有积极意义,能使听众受到教益,取得良好的社会效应;新颖,是指见解独特,给人以醒目之感,对听众具有诱惑力和吸引力,能激起听众的兴趣和注意;深刻,是指提出的主张和见解能揭示事物的本质,能使听众受到启迪,从感性认识提高到理性认识。而要做到这些,必须在选定角度和发掘深度上下工夫,做到立意深远。庄子云:"语之所贵者,意也。"元代陆辅之《词旨》指出:"命意贵远,用字贵便,造语贵新,炼字贵响。"可见立意的重要。

例如,曾经荣获 1984 年"全国十六省市演讲邀请赛"一等奖的林波的演讲《不倒的碑》,最初确定的主题是"缅怀先烈,悼念先烈"。这个主题虽然鲜明、正确,但很一般,缺乏新意,也不够深刻。后来几经讨论,大家认为,作者的外祖父(革命烈士)宁死不屈、死而无憾的精神,同她外祖母('双枪老太婆'原型人物之一)蒙冤受屈、矢志不移的精神都说明了一个问题:因为他们有纯正的入党动机,所以才会洒热血仰天大笑,历万劫不改初衷。特别是其外祖母自新中国成立以来便受到不公平待遇,甚至被劝退党,而她仍旧按时交纳党费,仍然努力为党工作。这种信念是多么坚定!几经讨论,最后把主题确定为"端正入党动机,矢志不渝为党奋斗终生"。这样一提炼,角度改了,主题深化了,当 20 世纪 80 年代金钱观冲击着正确的人生观和价值观的时候,特别是当时在部分人中产生信仰危机的时候,其针对性和教育意义就更显得突出了。

四、演讲的标题

标题不等于主题。标题是标明演讲稿的名称,是演讲稿不可缺少的有机组成部分,是演讲的"眉目"。好的标题,具有风流蕴藉"眉目传神"的特点,给人留下鲜明的印象,引起听众浓厚的兴趣;如同"指路标",使听众产生有正确指向的定式,为演讲的顺利开展创造条件。所以,训练有素的演讲者都十分重视制作标题的技巧,讲究标题的艺术性。

标题一般在主题确定以后拟出,它可以说是主题和内容的最大限度的浓缩。如果按不同的标准进行分类,标题也可分为各种不同的类型。从结构形式来分,标题可以有正题、副题和插题。一篇演讲通常只有一个正题,如范曾的《扬起生命的风帆》。有时内容较复杂,或另有所指时,便在正题下边加上副题。副题与正题相互补充,相得益彰,如《画龙还要点睛——谈文章的标题》。有些篇幅较长、内容较复杂、涉及面广的演讲,有时在段落或章节之间用上插题。插题往往反映了各部分的基本内容。事实上,插题可以看成是演讲的纲目。如李燕杰的《爱情与美》就用了插题"恋爱的真谛""爱情的格调"等。

如果按演讲标题的制作技巧和功能来分,演讲标题的类型有揭示主题型、设问引发型、界定范围型和象征比喻型。揭示主题型的题目,往往警策醒目,能使听众产生有正确指向的心理定式,与演讲者在进行同步思考,如《为改革高唱赞歌》《尊重知识,尊重人才》。设问引发型的标题,能引人注目,启发听众积极思考,如《娜拉走后怎样?》《知足者常乐吗?》。界定范围型的题目,限定了演讲范围的可能涉及的问题,如列宁的《共青团的任务》、鲁迅的《美术略论》。象征比喻型的题目形象生动,诱人联想,如《草——地质队员的象征》《叶的事业》《科学的春天》《生命之树常绿》等。

如果按照演讲标题的语法结构来分,演讲标题还可分为主谓型、动宾型、联合型、偏正型等。此外,演讲标题还可以按其他标准划分,这里就不一一赘述了。

演讲的标题不是演讲者信手拈来,随意拟定的。新颖、生动、恰当而富有魅力的演讲标题,是演讲者经过认真思考反复推敲而成的。它们有的含义深远,耐人寻味;有的思辨性强,饱含哲理;有的鼓动性强,掷地有声;有的豪情满怀,激励斗志。要拟好标题,大体应注意以下几点。

1. 贴切自然

演讲标题的含义要清楚,与内容切合,能概括演讲的基本内容或提示主旨,不可"文不对题"或"题不及意"。如标题《美在生活中》就明确地揭示出演讲的主题,且富有哲理,能启迪听众思考。同时,标题"大小"要适度,不宜过宽,太宽则难以抓住中心;也不宜过窄,太窄则容易束缚思想。例如《气论》,就显得空泛含糊,令人费解。

2. 警策醒目

演讲标题的字数不宜过多,用语要干净利索、简短明快,不能拖泥带水,还要力求新奇、生动、醒目。新奇便富有吸引力,使听众产生急欲一听的心理;新奇不等于晦涩深奥,艰深难懂,使人感到沉闷,激不起听众的兴趣。如《四化与废话》将含义相差甚远的概念强行组合在一起,出人意料,用语利索活泼,很有诱惑力。这个标题新奇却不晦涩,题旨鲜明,听众很容易领会到它的含义。

3. 富有启发

演讲标题要有积极性,有时代精神,适合现实要求,令人鼓舞,催人奋进;要耐人寻味,富于启发,能抓住听众渴望听讲的急切心情。同时,题目要饱含情感,爱憎分明,能引起听众感情上的共鸣。如《让中华腾飞》《改革何惧担风险》《身残未敢忘忧国》等题目,热情洋溢,掷地有声,鼓动性强,能激起听众积极向上的热情。

第二节　材料准备

一、演讲材料的收集

(一)收集材料的意义

如前所述,演讲动机的萌发、主题的确定与信源的关系十分密切。从材料与主题的关系来看,材料是观点形成的基础,观点从材料中来。这种从材料中抽象出来的观点一旦形成,就成了进一步收集材料的依据。同时,思想观点的阐述,也以材料做支柱,离开了真实、具体、生动、新颖、典型、充分的材料来阐明思想观点,演讲就会如瘦骨嶙峋的"小瘪三"。只有大量地广泛地收集材料和占有材料,才能使演讲获得成功。概括地说,材料和观点的关系是:信源材料萌发动机,并形成观点;广泛收集材料以观点为统帅;利用生动典型材料阐述观点。这三重反复可用图 2-1 表示。

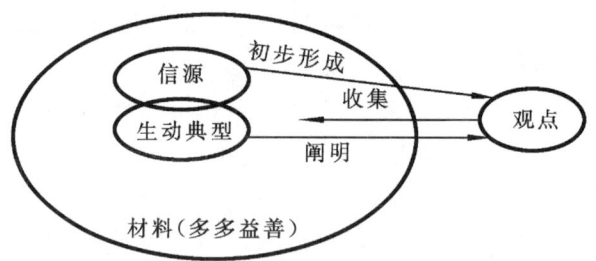

图 2-1　材料与观点的关系

在这三重反复的过程中,还可能形成小的多重回路,使观点不断得到修正、补充、完善、明确,从而达到内容丰满、有血有肉、令人信服的目的。

可见,善于收集材料对演讲是非常重要的。在这方面很多人引用过林肯用高帽子和维德摩迪用大信袋收集材料的有趣故事。美国第 16 任总统林肯,经常戴一顶当时流行的高帽子,随时将所见、所闻、所感的材料记在碎纸片、旧信封及破包装纸上,然后摘下帽子,放进里面,再把帽子戴上,闲暇之时,便分门别类,加以整理,抄进本子以备用。他的特点是收集材料十分及时。维德摩迪是美国 19 世纪的大演说家,他准备了许多大信封,封面上标着醒目的标题,倘若遇到好材料,便及时抄录下来,放入适当题目的信封内。这可算是开分档储存有用材料之先河。他们的成功演讲与平时"做有心人",注意及时地收集材料有密切关系。唐代诗人刘禹锡诗云:"千淘万漉虽辛苦,吹尽狂沙始到金。"没有"千淘万漉"的辛勤劳作,怎能有"吹沙见金"的喜悦呢?

当然,收集材料的过程,本身就是一个鉴别筛选的过程;要慧眼识宝,善于识别、确定材料的性质、价值和作用。否则身在宝山不识宝,即使有好的材料,也会熟视无睹,轻易放过。

(二)收集材料的途径与方法

获取演讲材料的途径很多,概括起来,主要有两方面:一是获取直接材料;二是获取间接材料。所谓直接材料,是指演讲者自己的经验和思想。常言道:"事事留神皆学问。"在日常生活、工作、学习中,处处留神观察,认真体验,便能获得许多材料。由于亲身经历,所见所闻所感是真切动人的最好材料。另外,亲自调查得来的材料,也属直接材料,由于这种材料出现频率较高,司空见惯,有时容易被忽略,因此,必须养成勤记录、整理的习惯。这种材料虽然不是自己的经历,但由于经过亲自调查,对事件产生的背景、经过、结果清清楚楚,讲起来便头头是道,得心应手,极易赢得听众。所谓间接材料,主要指从图书、报刊、文献中所得的材料。这是最广泛的材料来源。借鉴这些材料要以敏锐的洞察力进行思考、琢磨,不可人云亦云;要从中发掘新意,使之具有新的色彩。

收集材料是一项琐屑的基础工作,必须常记不懈持之以恒,同时也要得法。收集的材料可以记纲要、大意,也可摘录;一般记在笔记本上或卡片上,但以记在卡片上为好,这样,便于整理归类,使用灵活。不管是获取直接材料还是获取间接材料,都要做到广泛采撷,精于筛选,善于归档整理,使之条理化、系统化。这里特别要引起注意的是,要善于利用收集的材料进行归纳、研究、分析,发掘出新意,提出自己的观点和见解。

(三)收集材料的原则

1. 定向

收集材料要把准方向,防止盲目性和随意性。生活千头万绪,书报浩如烟海,时间和精力不容我们有见必记,有闻必录,这不仅没有必要,也没有可能。我们必须把准方向,有计划、有针对性地收集。所谓把准方向就是围绕论题进行,根据论题划定的区域范围,按计划、有重点地工作。选择的论题要大小适中,不宜太窄,也不宜过宽。太窄,往往会漏掉与之相关的材料,使用时没有回旋余地;太宽,往往难抓住主线和重点,造成内容芜杂臃肿,削弱和冲淡主题。例如,作一次题为"岗位成才"的演讲,不妨把收集目标集中在下列方面:从名人先哲的著作中收集有关成才的论述及有关部分和整体关系的论述;从教育学和心理学的图书中收集有关成才理论和有关青年心理特点及其发展趋势的论述;从历史图书中收集有关青年在工作中立志成才的故事;从报刊和现实生活中收集,特别是收集本单位青年在本职岗位上所作贡献的先进事例等等。确定了这样一个范围和方向,收集材料就会顺利得多。

2. 充分

材料要充分。演讲要求大量地详尽地收集和占有材料,既要纵向了解事物发生、发展的经过,又要横向了解事物各方面的联系;不仅了解事物的正面材料,而且还了解事物的反面材料,以便多方位、多角度进行分析、比较,这样可以避免认识上的主观性和片面性。材料越充分,思路就越开阔,论据就越充分,就越能正确有力地阐明观点,产生令人信服的雄辩力量。特别是学术演讲和法庭演讲,更要求论据充足,旁征博引。材料不足,往往难以言之成理,很难达到预定的目标。

3. 真实

所谓真实,就是指材料的客观性,即所选材料是客观世界确实存在的、符合历史实际的。只有真实的材料才最有说服力,才最有利于人们形成坚定的信念。任意臆造和虚构材料,势必与事实发生撞击,势必被揭穿。为了保证材料的准确性和可靠性,必须交代材料的出处。如引用事例必须讲清是什么人、什么时候、在什么地方、干什么事、为什么以及怎么样,即恪守5个"W"和1个"H"——Who(什么人),When(什么时候),Where(什么地方),What(什么),Why(为什么),How(怎样)。这样可增强真实感,提高信息的可信度和影响力。同时要知人论事,既不夸大事件的意义和拔高人物思想,也不低估事件的价值和贬损人物品德。对于选做论据的书面材料,要严格检查、核对;要善于鉴别,去伪存真;切忌抄转讹传,张冠李戴,引起哄笑。

4. 新鲜

新颖别致,是就听众的感觉而言的。新奇感是促使人们注意的心理因素。演讲者立论高妙,演讲材料新鲜,就能较好地激起听众的新奇感,引起注意。这对深化主旨、充实内容都有着十分重要的意义。演讲者"人云亦云",重复使用别人用滥了的材料,就会令人感到乏味,甚至反感。因此,要尽力防止和避免材料的雷同,要造成新鲜感。一方面要留心收集现实生活中新近发生的事情,同时也要善于收集那些过去早已发生但并不为人所知的事例。此外,还要善于观察分析,抓住现实中看似一般的材料,从中挖掘出新意来。这些当然不是信手可得的,而必须有耐心,有韧劲。鲁迅先生在这方面为我们树立了很好的榜样。他常借古讽今,十分生动。如《由中国女人的脚,推定中国人之非中庸,又由此推定孔夫子有胃病》的演讲,运用了大量历史材料和现实材料,古今结合,使人感到异常新鲜有趣。

5. 典型

选取的材料,既要求真实、新鲜,还要求典型。真实具有可信度,新鲜具有吸引力;而典型则由于其深刻揭示事物本质,具有代表性,有较强的说服力。演讲的目的在于说服人、鼓动人,因而要认真审慎地收集那些最能说明主旨、最具代表性的事实材料和事理材料,防止和避免材料的平淡化。

典型材料与一般材料是相比较而存在的。只有在充分掌握许多材料的基础上,才有比较余地,分出高下。在与众多材料进行比较时,要发现典型材料,关键在于演讲者的观察分析能力和思想认识水平。比如,为了说明树立正确的审美观和人生观的重要性,有人在众多的材料中选取了一位女大学生自杀的材料。这位女大学生相当爱美,常为自己的单眼皮伤脑筋,后来自费做手术,不料手术无效,眼睛反而显得更难看。她陷入了极度苦恼之中,无法解脱,竟一死了之。显然,这种愚蠢的轻生行为竟然发生在一位正在受着高等教育的人身上,这充分说明树立正确的审美观和人生观的必要性。

6. 具体

具体,是相对抽象笼统而言的。有些材料虽然真实、新鲜、典型,但由于详略处理不当,尽管讲清楚了来龙去脉,也使人感到"不够味""不解渴"。这恐怕就在于叙述太简略笼统所致。出现这种情况的原因,对于事例性的感性材料来说,往往是忽视了对重点材料的必要的渲染;从记叙的诸要素看,常常是对 Why(为什么)和 How(怎样)交代得不够。如果把 Why 和 How 的内容进行较为详细的阐述,作必要的渲染,就会显得具体,给人留下明晰的印象。比如讲"他带病坚持工作,最后累倒在车床旁",给人的印象就较笼统。如果进一步把他为什么带病工作,如何做的,怎样累倒的,累倒后又怎样,当时的现场怎么样等作必要的交代和渲染,给人的印象就具体得多。

7. 感人

在演讲活动中,要注意选取能提高听众兴趣和打动听众感情的材料。在现实生活中,许多感人的事情都是看似违背常理,出人意料,不可思议,但又是在情理之中。例如,有位演讲者在演讲时引用了一位老师上课老是跑厕所的事。这种事显然违背常理,令人好笑。可是,当你知道这位老师身患膀胱癌,长期尿血,直到他被抬上病床,大家才发现他揣了一大摞病假条却从不请假时,你会觉得看似违背常理的事情,其实在情理之中。演讲者用这件事来表现这位老师的高风亮节,十分生动感人。在现实生活中,有许多这样的事例,关键是要善于发现这种有违常理事例的特殊性。此外,演讲要感人,讲人们的奋斗经历,讲与听众切身利益相关的事,容易达到目的。

总之,收集演讲材料要力求做到定向、充分、真实、新鲜、典型、具体、感人。很多优秀的演说家在这方面为我们做出了很好的榜样。请看,美国著名的废奴主义者,奴隶出身的弗·道格拉斯(1817—1895 年)于 1846 年 5 月在伦敦发表的一次演讲的部分内容:

……这就是美国的奴隶制;没有结婚的权利,没有受教育的权利——福音的光辉透不进奴隶幽暗的心灵,法律禁止他读书识字。如果一个母亲教她的孩子认字,路易斯安那的法律就宣布她将受到绞刑。倘若一个父亲想让他的儿子识几个字母,他立即会受到鞭笞,而在另一场合之下,法庭可以随时把他处死。

……

奴隶主的残忍是罄竹难书的。……饥饿、血腥的皮鞭、锁链、口衔、拇指夹、猫抓背、九尾鞭、地牢、警犬,都被用来迫使奴隶安于他在美国为奴的处境。……(在美国)报上也时常刊登如下广告,叙述有的逃奴颈上戴着铁圈,脚上拴着铁链;有的浑身鞭痕;有的带着火红烙铁烧成的烫伤——他们的主人把自己的名字的开首字母烫进他们的皮肉里。……不久前发生过这样一桩事。一个女奴和一个男奴在缺乏任何法律保护作为夫妻的条件下结合在一起。他们的同居得到了他们主人的同意,而不是由于有权利这样做,他们成立了一个家。主人发现,为了他的利益起见最好把他们卖掉。但他根本不询问他们对这件事的愿望;他们是不予以考虑的。在拍板声中一男一女被带到拍卖台旁。喊声响了:"瞧啊,谁出价?"想一想,是一对夫妇在待价而沽呀!女的被领上拍卖台,她的四肢照例是野蛮地展现在买主们面前的,他们可以像相马一般的任意察看她。丈夫无能为力地站在那里,他对自己的妻子毫无权利;处置权是属于主人的。她被卖掉了。他接着被带到拍卖台上。他的双眼紧盯着走远的妻子;他以恳切的目光望着购买他妻子的那个人,乞求把他一起买去,但是他终于被别人买去了。他就要同他相亲相爱的女人永别,无论他说什么话,无论他做什么事,都不能使他免于这次分离了。他恳求他的新主人允许他去跟他妻子告别,但没有获准。在极度痛楚下,他挣扎着从新买他的主人那里冲向前去,打算同他的妻子话别;但是他被挡住了,并且当头挨了狠狠的一鞭,他马上被抓了起来。他太伤心了,所以当命令他出发的时候,他像死人一般倒在主人的脚边。……

这篇演讲,淋漓尽致地揭露了美国奴隶制度的罪恶,真是催人泪下！这与演讲者精当的选材有密切的关系。

二、演讲提纲的编列

编列演讲提纲,是演讲前的重要准备工作。它常常是临场发挥的重要依据。提纲编列的好坏,直接影响到演讲成功与否。所谓编列提纲,实际上就是确定框架,以提要或图表方式列出观点、材料以及观点和材料的组合方式。

大体来讲,编列演讲提纲有如下作用。

1. 确定框架

编列提纲能把演讲的整体轮廓用文字固定,明确下来。事实上,拟订提纲的过程,正是认识不断明朗化条理化的过程。通过拟订提纲,可以对论题的设想不断加以修改和补充,使构思更为周密、完善。确定了整体框架,演讲者便能心中有数,逐层展开,不致东一句西一句,言不及义。

2. 进一步选材组材

编列提纲的过程,也是进一步选材和组材的过程,是演讲内容逐步具体化的过程。演讲题目、结构层次、典型事例、引文材料以及其他有关资料,都要具体地在提纲中体现出来。在这个过程中,必然要对材料作进一步的筛选和补充。

3. 训练思维

编写提纲的过程,正是演讲者积极思维的紧张过程。在这个过程中,演讲者必然要认真思考,分析演讲的主题、材料、层次、结构和其内在的逻辑联系,促使思维的条理化和科学化。因此,这个过程事实上正是培养和锻炼思维的过程。

4. 避免遗忘

编写提纲也是不断熟悉材料的过程,特别是在不用讲稿仅用提纲进行演讲时,提纲更是起着提示启发、避免遗忘的作用,成为临时发挥的重要依据。

根据演讲的具体目的和要求,以及演讲者对材料的掌握情况等,演讲提纲的编列可粗可细。内容简单,材料易掌握,可编粗略些;内容复杂,材料丰富,就宜编得详细些。粗略的概要提纲,要以极其简练的语言,扼要地列举出演讲的主旨、材料、层次和大意等;详细提纲则要求比较具体,应基本上是讲稿的缩影。

一般来说,演讲提纲中要列举如下内容。

(1)演讲的标题。如有副题和插题,均应分别列举出来。

(2)演讲的论点。演讲的中心论点必须明确清晰地列出。中心论点所包含的分论点,以及分论点下属的小论点,也应用简明的语言逐层列出,应根据事理的内在逻辑关系依次排列。

(3)演讲的材料依据。阐明主旨的事实材料和事理材料,也应用简明的语言或恰当的符号在相应的部位列出。事实材料主要指例证、数据等;事理材料包括科学原理、科学定律、文件精神、法律条文、名言警句等。这些事实依据和理论依据能使演讲持之有故,言之成理,具有说服力和感染力。因此,必须逐一列出,不可忽视,以免遗漏。

(4)演讲的整体结构。演讲提纲的编列要依据演讲的内在逻辑体现出演讲内容的先后次序。例如,如何开头,如何结尾,重点内容如何突出,如何过渡,结构层次如何安排等。事实上,演讲提纲就像事先构筑的语流渠道,决定着演讲语流的走向。

有些演讲在提纲编列之后,就可以进行演讲。依纲发挥,常常能收到很好的效果。但为了谨慎起见,使演讲更趋圆满,常常需要在提纲的基础上写出详尽的演讲稿。如何撰写演讲稿,将在后面单独列章阐明。

▶ 第三节　精 神 准 备 ◀

要搞好演讲,除了要做好充分的材料准备之外,还要有充分的精神准备,即在思想上、心理上、态度上要有足够的准备。

一、急切的发表欲

从心理学的角度看,影响解决问题的因素很多,动机状态、定式作用、个性特征、知识经验等等都是。动机对解决问题的作用显而易见,它是促使人去解决问题的动力。动机对人愈有意义,他为解决问题而作的探索就愈紧张、愈积极、愈强烈。因此,在演讲之前,演讲者对于自己演讲的意义要有充分的认识。若有急切的发表欲望,当进入演讲环境时,他就会形成一种准备演讲的心理状态,形成较强的心理定式。按照心理定式固定和强化的规律,如果演讲材料准备充分,演讲者对内容熟悉,就会使演讲的心理定式得到巩固和加强。

二、去掉侥幸心理

演讲特别讲究社会效益。演讲者应有高度的社会责任感,需要事先付出巨大的心血和劳动,不能存在侥幸心理寄希望于偶然产生的灵感,而要以严肃认真的态度对待。从产生动机、选取材料、组织材料到走上讲台、发表见解,几乎每一个环节都必须认真对待。即使对演讲稿已经是烂熟于心,也不能马虎随便;否则,万一出现差错,就会不尽如人意。美国总统林肯的《在葛底斯堡国家烈士公墓落成典礼上的演说》总共只有 10 句话,但林肯却整整准备了两个多星期,甚至在马背上的时间也不放过。直到演讲前夕的后半夜,他还在斟酌演讲的内容,并到秘书希沃德的房间,高声试讲,征求意见。第二天早饭后,他仍然继续斟酌;在去公墓参加典礼的路上,还抓紧最后时刻,思索、温习那只有 10 句,然而却是永放光彩的演讲词。作为美国的总统,作为早已享有演讲家盛名的林肯,在公墓典礼上讲几句话,不要说已经准备了两个星期,就是毫无准备,即席演讲,也并不困难。然而他却以高度的社会责任感,在日理万机的情况下,抓紧一切时间,一丝不苟、认真刻苦地准备,终于使这篇感情深厚真挚、文采朴实优雅的演讲,轰动全国,饮誉世界。他的这种认真刻苦的精神很值得学习。

三、树立自信心

演讲是对演讲者心理素质适应性的严峻考验。演讲时,演讲者常常因为不适应演讲环境而产生胆怯畏惧心理。这种怯场心理往往在准备阶段就产生了。究其原因是,自卑感太强,平日养成了谨小慎微、胆小怕事的习惯;准备不足,心中无底,顾虑重重,怕忘记讲稿,怕遇见强者,怕场上出现特殊变故。毫无疑问,怯场心理对正常发挥演讲技能是非常有害的,必须克服。美国诗人爱默生说:"自信是成功的第一秘诀。"对演讲来说也是这样。要使演讲成功,必须克服怯场情绪,树立自信心。所谓自信心,就是个体对自己认识活动和实践活动的结果抱有成功把握的一种预测反应,是一种推断性的心理过程。它是演讲者重要的心理支柱。自信心可以坚定自己的意志,可以充分发挥自己的创造性,在复杂挫折的情况下,头脑清醒,随机应变。值得注意的是,这里所说的自信,是指建立在熟悉演讲基本规律,了解演讲时空环境和对自己演讲的基本内容有充分把握基础上的科学的自信,而不是那种对自己、对实际、对知识、对听众都缺乏应有了解的非理性的盲目的自信。

四、熟记讲稿

演讲时要做到胸有成竹、从容镇静,侃侃而谈,必须熟记讲稿,反复试讲。特别是脱稿演讲,更应该在这方面下工夫,花气力。对于演讲中最为精彩、节奏较快的部分,尤其要烂熟于心,出口如流。心理学认为:记忆是心理过程,记忆包括识记、保持、回忆或再识等三个基本环节。识记是识别和记住事物的过程;保持就是已获得的知识、经验在脑中巩固的过程;而回忆或再识则是在不同的情况下恢复过去经验的过程。从信息加工的观点来看,识记就是信息的输入和编码的过程,保持是信息的储存和继续编码的过程,而回忆或再识则是提取信息的过程。这三者是互相联系、互相制约的。没有识记,谈不上保持;没有识记和保持,也就谈不上再识或回忆。识记和保持是再识或回忆的前提,再识或回忆则是识记和保持的结果与表现。要记好演讲稿,同样要抓住这三个环节。

熟记和记忆讲稿的方法很多。具体采用哪种方法,往往取决于演讲的内容和演讲者的记忆习惯。熟记和记忆讲稿的方法大体有如下几种。

(一)以意领先,抓纲带目

"意犹帅也",从意义入手,把握住中心思想,了解各部分的内在逻辑联系,提纲挈领,抓纲带目,既把握住了内容,又掌握了结构,能进一步加深理解,在理解的基础上进行记忆。这样,便能快速、准确、高效地记住内容。一般来说,理论性较强的演讲,习惯于进行逻辑思维和理论思考的人,常采用这种方法来记忆。

(二)从情入手,以情带理

在记忆的过程中,强烈而真实的情感如同"催化剂",能使记忆加深。这是因为人的情感与大脑两半球的活动联系着,现实的第一信号和第二信号(即以词为条件的刺激物)都能引起各种情感的活动。演讲稿的语言,常常具有浓厚的感情色彩,能唤起演讲者的喜怒哀乐的情感,从而在语气、语调、音量、音速等方面得到体现。因而,情感有利于记忆。一般来说,感情色彩浓厚的演讲,平时感情丰富的人,常用这种从情入手、以情带理的方法进行记忆。

（三）形象记忆，化抽象为具体

形象的回忆是人们记忆的一种基本表现和方式。运用形象记忆法，先把所需记忆的重要概念抽取并排列起来，然后在头脑中浮现出这些概念所代表的具体事物的形象，最后，再用联想把这些具体形象连接起来，可以达到增强记忆的效果。例如，要记住下面这段话："青年朋友们，我们肩负着历史的重托。是千里马，就应嘶风长鸣；是龙种，就应冲腾起舞。当今的世界有着千变万化的流行色，而只有这，自尊、自信、自强、自立，才是我们精神世界的流行色。我们要争当出头鸟，竞做弄潮儿，把我们的青春、热血、大智大勇，自觉投入新时代的大熔炉里去，为中华的第三次腾飞发光发热吧！"只要我们依次记住"青年""肩负重托""千里马""流行色""出头鸟""弄潮儿""大熔炉"这些形象，那么整段话的内容就能顺利地记住了。中间的抽象概念，如文中的"自尊、自信、自强、自立"，也可以依次记"自尊""自信""自强""自立"这四者的外在形象特征。总之，依次记住形象性的词句，或把抽象的概念变成具体的形象，脑子里闪现蒙太奇式的画面，能迅速熟记所需记忆的内容。

（四）高声朗诵记忆法

高声朗诵对熟悉和记忆演讲稿十分有效。其原因在于：一是朗诵发出声音这个主动动作和自己双耳听到声音这个被动性的动作同时进行，能使视觉器官和听觉器官同时活动，增强了对大脑的刺激效果；二是它可以排除其他杂念对大脑的干扰，使思维及相关器官高度紧张、集中，使人能专心致志地记忆；三是演讲主要是口语表达，高声朗诵能使演讲的口语表达得到事先的训练，更有利于演讲口语的流利晓畅。

（五）机械记忆法

记忆人名、地名和历史年代时，常常使用机械记忆法。这种记忆方法，其速度、精确性、巩固性等都不如理解记忆，但如果运用得当，也比较方便。机械记忆方法大致有以下几种。

1. 谐意记忆

例如，要记住圆周率 $\pi=3.1415926535897932284626\cdots\cdots$ 确实很难。有群调皮学生，老师为了惩罚他们，要他们把圆周率背到小数点后 22 位。有位聪明的学生于是编了一首谐音打油诗，迅速地把它记下来了。他是这样编的："山巅一寺一壶酒，尔乐苦煞吾，把酒吃，酒杀尔，尔不死，乐而乐。"这首诗不仅谐音，而且构成了一个小情节，很容易使人记住。又如有人一接触到电话号码 3944，头脑里便立即出现了大雪纷飞，祥林嫂倒在雪地里的情景。原来这人迅速把数字转换成了"三九逝世"。

2. 编顺口溜

例如，周恩来同志曾把我国 30 个省、市和自治区的名称编了一段顺口溜："两湖两广两河山，五江云贵福吉安，四西二宁青甘陕，还有内台北上天。"

又如，对于四角号码字典规定的各种笔形的代号，有人就编了下面的顺口溜："横一垂二三点捺，又四插五方框六，七角八八九是小，点下有横变零头。"掌握这个口诀，就掌握了笔形代号。

3. 运用对照

例如，日本领土面积约为 37 万平方公里，正好等于湖南省面积（21 万平方公里）与河南省面积(16万平方公里)之和。又如,莱茵河与易北河长度均为1127公里,这个长度也正好是非洲冈比亚河的长度。

4. 抓住特征

例如,蒙古灭金是公元1234年,这个年号正好是1234的自然排列。又如,鲁迅生于1881年,这个年号正好是由18和它的相反的数81构成。

此外,记忆的方法还有很多。例如,日本高木重郎所著《记忆术》中,介绍有标钉记忆法,又称培哥法和连锁记忆法。这些方法其实质还是机械记忆,这里不一一赘述。

五、反复试讲

从记熟演讲稿到演讲获得圆满成功,这中间还有很长一段距离,试讲便是其中重要的环节。"临阵磨刀,不快也光",模拟现场进行试讲就像戏剧的彩排一样。通过试讲,不仅可以较全面较透彻地了解自己演讲风格和演讲水平,同时也可以发现自己演讲中可能出现的疏漏,以便及时采取相应的措施,还可以进一步加深和巩固演讲的内容,使自己的演讲更顺畅、纯熟、优美、动人。事实上,试讲的过程,就是演讲者把自己记熟的内容外化的过程,使谙熟于心的无声的东西变成抑扬顿挫的有声的语流;是对演讲稿进行实践修订的过程。

试讲的方法很多,既可像林肯那样对着树桩或成行的玉米反复练习,也可像孙中山那样对着镜子反复琢磨;既可面对亲朋好友反复斟酌,也可对着录音机侃侃而谈。具体采用哪种方法,要因人因时而异。总之,要通过试讲,明确自己的长处,善于发现自己演讲的弱点和不足,采取切实有效的措施,认真加以改正,以力求做到临场演讲时,语言规范,口齿清楚,态势恰当,富于表情,达到扣人心弦、撼人胆魄的效果。

思考与训练

1. 怎样确立演讲的主题? 如要给演讲拟一个好标题,应把握哪些要点?

2. 怎样收集演讲材料? 收集材料应掌握哪些原则?

3. 演讲时树立自信心为什么特别重要? 熟记讲稿有哪些行之有效的办法?

4.《救救我们吧》是越南民主共和国主席胡志明于1920年12月在法国社会党第18次代表大会上的演讲。这篇演讲的主题是什么? 全文是怎样表达主题的?

各位同志们,我今天来到这里本来是为了和同志们一起为世界的革命事业献出一份力量,但是,我以社会党党员的资格,带着深刻的痛苦来到这里,反对帝国主义者在我的家乡所犯下的滔天罪行。(很好!)同志们都知道,法国帝国主义入侵印度支那已经半个世纪,为了它的利益,它以刺刀征服我们的国土。从那时起,我们不仅遭受耻辱的压迫和剥削,而且还遭受凄惨的虐待和毒害。更明白地说,我们遭受了鸦片、酒精等的毒害。但在几分钟内,我不可能把这伙资本主义强盗在印度支那的暴行全部揭露出来。监狱比学校还多,任何时候都挤满了囚犯。任何本地人员只要有社会主义思想就都被捕,而且有时候不需要经过审判就被杀害。所谓印度支那的公理就是如此。在那个地方,越南人被歧视,他们没有得到像欧洲人或者欧洲国籍的人所得到的那些保障。我们没有新闻自由和言论自由，连集会和结社的自由也没有。我们没有在外国居住或到外国旅行的权利；我们要生活在黑暗蒙昧中，因为我们没有学习的自由。在印度支那，殖民主义者为毒害我们，使我们愚昧无知，千方百计地强迫我们抽鸦片和喝酒。他们已经害死和屠杀了成千越南人来维护原来并非属于自己的利益。

同志们，2000多万越南人民，等于法国人口的半数以上，就是遭受这样的待遇。奇怪的是，他们还是得到法国保护的人呢！（掌声）社会党必须为支持被压迫的殖民地人民而进行切实的活动。（欢呼声）

5. 下面是曲啸同志的演讲《心底无私天地宽》的一段话。这段话是用什么方法将材料组织起来的？

1957年，大学毕业后8天，就被错划为"右派"，送去劳动教养。

1961年10月，摘除"右派"帽子，解除了教养，只身来到兴安岭脚下一个新开辟的农场，成了牧马人。

由于他的身份不适合在边疆工作，又被遣送到辽宁，在一个劳改农场教小学二年级。

"文革"开始，又被定为"现行反革命"，判刑20年。

1979年1月，冤案得到平反。

1981年调到营口教育学院工作。

1982年入党。

平反后找到妻子、孩子。一家生活状况的述说……

第三章　成功演讲的重要基础
——演讲稿

　　演讲准备的一个重要环节是写好演讲稿。所谓演讲稿,就是指演讲者在演讲之前,根据口头发表的需要写出的文稿。它是进行现场演讲的主要依据。事实上,选题立意、选材组材、编列提纲等,都是撰写演讲稿的研究范围。鉴于前一章已经对上述内容作过介绍,本章所说演讲稿的撰写,是指提纲编列以后的成文过程。

　　演讲者在提纲编列之后,为了保证演讲成功,常常要依据提纲的要求以及口语表达的需要,将所要讲的话原原本本地写出来,使演讲的内容更实在更具体。演讲稿实际上是由"心声"变为有声语言的中介,它既是以无声的语言(文字)记录的演讲者的心声,又是演讲者将"心声"转化为有声语言的凭借。演讲者在演讲现场的演讲就是将演讲文稿这种无声语言转变为诉诸听众听觉的表情达意的活语言的过程。

　　演讲稿实质上就是一种特殊的应用文。由于演讲是一种辅之以姿态动作的讲话,演讲的内容与形式的构成必然具有自己的特点,因而,演讲稿与一般文章相比,无论是在传播对象、构思立意、选材组材,还是在题材结构、语言运用等各个方面,与一般文章既有联系又有区别,它可以说是成文性的口语、口语化的文章。

▶ 第一节　演讲稿的作用与特性 ◀

一、演讲稿的作用

　　有人认为,演讲无需演讲稿,写个提纲,打个腹稿就行;认为有了成文的演讲稿,就会囿于文辞,照本宣科,使演讲失去其生动性和灵活性。显然,这种看法是片面的,这是由于对演讲的特点和演讲稿的作用缺乏全面了解的缘故。诚然,照本宣科念稿式的演讲会使听众厌烦、反感,是拙劣的、不可取的。但是,我们决不能因为演讲稿可能导致这种消极影响而忽视了它在演讲中的积极作用。事实上,成功的演讲,大都是备有完整的文稿的。演讲稿的积极作用主要表现在以下几方面。

1. 对选材和提纲的实践性进行检验,进一步保证内容的完善

　　人们认识问题有一个由此及彼、由表及里的逐步深入完善的过程。演讲者完成了材料的收集、整理和提纲的编列以后,对演讲内容已经有了大体轮廓,但它毕竟只是一个框架,而不是完整的文稿。如果仅仅根据提纲去讲,就有可能因为选材、组材和提纲的疏漏而出现一些不尽如人意的地方;也可能由于认识的原因而出现临时性更改,打乱阵脚;还可能出现对于判断的程度、范围等的表述失当等等。按照提纲写出讲稿,实际上就等于按照提纲进行默讲。这种默讲不像临场演讲那样,一旦讲出就变成最终形式。在这个过程中演讲者有充裕的时间对自己的讲话进行修改,使它完美适切。因此,这个默讲的过程实质上就是对选材、组材和提纲编列是否恰当的一次实践性检验,也是认识进一步深化、思想进一步明朗化条理化的过程。通过撰写演讲文稿,可以进一步修改、完善充实演讲内容,保证演讲的质量,保证内容的完美,使观点和材料得到高度的统一。

2. 避免临场斟酌词句,增强语言的感染力

演讲主要是以有声语言和相关的态势语言来表达思想。有声语言不仅具有传声性,而且具有表情性。演讲者不仅通过声调的高低强弱、语气的轻重缓急生动具体地反映客观事物,而且可以通过声调、语气或动作表情等把"只可意会,难以言传"的东西表达出来,使听众心领神会。然而,在没有讲稿的情况下,演讲者在演讲现场临时把思想转变为有声语言的过程很短,没有足够的时间来斟酌词句,必然会出现一些"嗯""嗯""呀""呀",凌乱、啰嗦、模糊和不必要的重复等毛病。为了防止口头语中的各种偏差,必须减少现场临时斟酌词句的情况,预先写好演讲文稿。因为根据提纲撰写演讲文稿,事实上是把默讲变成书面语言,其实质是把口头语言变成书面语言。在这个过程中,经过认真、仔细的揣摩,那种词不达意、言不及义的现象能得以克服。在正式演讲时再将这种书面语言的讲稿转变为有声语言时,就能达到"出口成章"的程度,使语言表现力大大增强。

3. 保证思路畅通,帮助消除怯场心理

编列提纲为演讲的语流疏理了河床,规定了流向;而成文的讲稿,则具体地描绘了语流的状况。演讲者由于预先设计好了蓝图,心中有底,思路畅通无阻,便可以消除演讲时的种种顾虑和恐惧心理,轻松自如,有利于专心一意加强态势技巧,全力发挥主动性和灵活性,使演讲声情并茂,圆满成功。

4. 帮助限定时速,避免时间松紧失当

演讲通常有时间限制,总是要在一定的时间范围内完成。如果没有准备好演讲稿,时间往往难以掌握得当。要么前松后紧,开头大肆发挥,扩展内容,到后来就大删大砍,虎头蛇尾;要么前紧后松,开头讲得太简略,到后来拖拖拉拉,画蛇添足,令人生厌。有了演讲稿,可以按字数的多少来计算演讲的时间,演讲者在自己的思维中加进文字之外的语言成分,便可以计算演讲的速度,有计划、从容不迫地在限定的时间里完成演讲。

5. 促进演讲规律的研究

演讲是一门独立的学科,演讲稿的写作有别于一般文章的写作,也不同于平常讲话记录。演讲稿虽然是书面表达的形式,却要特别考虑口头表达的需要和临场的需要;它虽然最终用口语发表,但却又具有规范、严谨的特点,有更为明确的目的性和清楚的条理性。无论是从发表形式还是从内容构成上看,演讲稿的撰写都有其个性特征。这种特征是受演讲的特点影响和制约造成的。因此,通过对演讲稿的撰写和研究,还可以促进和加深我们对演讲的各种技能技巧的研究,正如河床规定了水流的走向,而水流的冲刷又对河床的形态产生相应的影响一样。

二、演讲稿的特性

演讲的特性决定了演讲的文稿具有独特之处,主要表现为声传性、临场性和整体性。

1. 声传性

演讲稿是根据口头发表的需要而写出的文稿,是现场演讲的依据,是由"心声"变为有声语言的中介。因此,声传性是演讲稿的显著特点。

为了发挥演讲稿声传的特点,撰写演讲稿要做到"上口"和"入耳"。所谓"上口",就是指词句适合口语表达,讲得顺口,自然流畅,具有平时交谈时"讲"的特征。所谓"入耳",是指听起来明白易懂,没有什么障碍。演讲稿只有做到了"上口""入耳",经得起说和听的考验,才能达到声传的目的,起到交流思想情感的作用;否则,忽视了任何一面,都会有损于感情和信息的交流。

2. 临场性

演讲稿既是供演讲用的,就必然要考虑演讲的时空环境,要考虑听众的情况和可能出现的种种反应。因此,演讲稿不仅要考虑内容的针对性,还要具有应变性。也就是说,在保持内容完整的前提下,要适当注意内容的伸缩性。比如储备几个能说明问题的例子或生动幽默的趣闻轶事,以便在必要而恰当的时间插入。事实上,演讲稿开头、主体和结尾的撰写都取决于演讲的内容、环境和听众的情况,要充分考虑它的临场性。

3. 整体性

演讲稿不仅具有声传性、临场性的特征,而且有其自身的完整性。可以说,演讲稿是演讲者的思想修养和知识水平等方面的综合表现。一篇完美成功的演讲稿是由许多相关因素构成的,三方人物、四重联系、五个环节构成了演讲活动的完整联系。演讲稿作为口语表达的准备,同样必然受各种因素互相联系、互相依托的影响。比如,撰写演讲稿首先要明确目的,立定格局,否则就漫无中心,头绪混乱;同时要感情真挚,语言动人,否则,就令人厌倦,缺乏感染力。此外,声音的变化和姿态动作等等也都直接或间接影响着演讲的质量。如果写演讲稿只注意了某一方面而忽视了其他方面,都无法使演讲完美成功。例如我们只注意演讲声传的特点,仅仅在语言和修辞上下工夫,而忽视了题材结构等其他因素,就不能体现演讲稿的整体性的功能。这种顾此失彼的状况,必然导致演讲的失败。

▶ 第二节　演讲稿的结构 ◀

演讲的文稿,不是主题和材料的简单相加,而是它们严谨巧妙的结合。第二章已介绍了演讲主题的确定和材料的选取以及提纲的编列。事实上编列提纲的过程就是确定框架、考虑观点和材料的组合方式的过程,提纲本身就包括了演讲标题、演讲的论点、演讲的材料以及演讲的整体结构等。人们常常用健美的人来比喻完美的演讲词:高尚的灵魂好比演讲的主题,丰满健壮的血肉如同演讲的材料,而支撑这个血肉之躯的骨骼就是演讲稿的结构。正因为组织结构起着支撑主题思想和材料,使之组成一个完美的整体的作用,所以必须从既能准确充分表达内容和主题,又能使听众明白易懂饶有趣味的角度出发,对演讲稿的结构进行深入的探讨和研究。

人们认识客观事物,常常是遵循从已知到未知、从简单到复杂、从现象到本质的规律进行的;同时,各种客观事物、客观事理本身都有其各自的内在规律和逻辑联系。演讲要能准确充分表达内容,使听众明白易懂,也就必须遵循人们的认识规律,符合事物的内在逻辑,所以,演讲稿的篇章结构并非随心所欲任意为之,而必须选择一种使听众容易理解的顺序来组织和安排材料。即是既符合认识的规律,又符合事物的内在联系。这样,便能引起听众顺着演讲者的思路主动思考,领会演讲的精神实质。

演讲文稿总是由开头、中间和结尾三部分组成。由于演讲往往以论说为主,因而,一般地说,演讲词开头总是提出问题,中间分析问题,结尾解决问题。这三个部分必须配合恰当,形成有机整体。开头如何勾勒提要,定好基调;中间如何逐层分析,形成高潮;结尾如何自然收束,发人深省,都必须认真揣摩。元代乔梦符说:"作乐府亦有法,曰凤头、猪肚、豹尾六字是也。"他虽然说的是乐府诗的做法,其实,写演讲词也是这样。

一、开头

凤凰头,小巧美丽。演讲词开头应该短小精巧,新颖诱人。古人云:"善于始者,成功已半。"演讲的开头,在通篇演讲中处于领先的特殊位置,在演讲者和听众之间架起一座沟通思想情感的桥梁,为演讲的成功开辟道路。出手不凡的开头,能唤起听众的兴趣和求知欲,产生巨大的吸引力,紧紧抓住听众的兴头,使听众非听下去不可。好的开头,能为全篇演讲定下基调——是庄重严肃,还是喜庆欢快,抑或诙谐幽默,往往一开始就给人以清晰的印象。精巧的开头,画龙点睛,勾勒提要,能自然顺畅地引领下文,把听众带进声情并茂的演讲情景中去,造成有利于接受演讲观点的心理定式。然而,要做到开头出语新奇,语惊四座,并非一朝可得。初为演讲者,在开头时常常不是出言陋俗,陈词滥调,就是堆砌辞藻,言不及义;要么就驾空抒情入题太缓,甚至不切题旨。

那么究竟怎样设计和安排演讲的开头呢?这主要取决于演讲的内容、环境和听众的情况。内容和时空环境的多样性决定了演讲开头的多样性。常见的演讲开头有下列几种。

1. 设问式开头

聪明的提问是智慧的标志,是通往知识宝库的桥梁。演讲者一开始就提出一个或几个出乎意料的问题,触发听众神经元的亢奋,能够迅速地唤起听众的兴趣和注意力,引起人们深思,自然地激发听众的参与意识,缩短演讲者与听众的距离,使两者的思想感情得以迅速沟通。同时提问能加深听众对问题的记忆和理解。

比如,1980年复旦大学举办的"青年与祖国"的演讲比赛,当时由于种种原因,会场嘈杂难静。其时有位同学上台,他刚讲个开头,就立即扭转了混乱局面,紧紧抓住了听众的心。他说:"我想提个问题。"台下听众立即被他这种新奇的开头形式所吸引。他停顿了一下,继续说:"谁能用一个字来概括青年和祖国的关系呢?"这时,台下听众议论纷纷,情绪活跃。他立即引导说:"可以用'根'字来概括这种关系。"接着,他讲述上海男人名字喜欢用"根"字的原因,并归纳说:"我们青年有一个共同的姓,就是'中华';有一个共同的名,就是'根'。'中华根'应该是中国青年最自豪、最光荣的名字!"话音刚落,全场顿时掌声雷动。这样的提问开头,新颖别致,出人意料,让人耳目一新,激起听众浓厚的兴趣。

还有一位同志在进行爱国主义教育演讲时,是这样开头的:"我常想起拿破仑在1816年曾说过的一句话:'中国是一个多病的沉睡的巨人,但是当她醒来时,全世界都会震动!'"接着便出乎意料地发问:"大家说,中国这个沉睡的巨人现在醒了没有?"会场立即活跃起来。有的说:"醒是醒了,可是让'四人帮'一棒子又给打昏了。"有的说:"醒了。"有的说:"没醒!"听众迅速转入这场讨论。这时,演讲者立即将话题收回,谈自己的看法,很自然地突出了演讲的中心内容。

采用设问开头的方式,关键在于问题要提得好,提得恰当。从信息论的观点来看,提问的过程是信息传递的动态过程。提问的信息要与对象、场合相适应,同时讲究内容的合理性和确定性,要使听众感到新鲜、出乎意料,能激发听众积极思考,而且与后面阐述的问题联系紧密,能巧妙而自然地引发出演讲的主体内容。否则,泛泛地为提问而提问,问题设计不当,或者故弄玄虚,反会弄巧成拙,不仅不能使人感到新颖别致,反而让人觉得浅陋俗套。

2. 叙事式开头

演讲者一开始就讲述新近发生的奇闻怪事、令人震惊的重大事件或生动感人的故事,这种开头,由于故事具有情节生动、内容新奇等特征,容易赢得听众的关注,并能造成悬念,激起听众的兴趣。

例如,《救救孩子》的演讲,就是以叙述两件具体事件开头,然后展开论述的:

去年 5 月 24 日的《新民晚报》披露了这样一个事实:一个四年级小学生每天要带父母亲手剥光了壳的鸡蛋到学校吃。有一次,父母忘了给鸡蛋剥壳,差点憋坏了孩子。他对着鸡蛋左瞅右看,不知如何下口。结果只好原蛋带回。母亲问他怎么不吃蛋,回答很简单:"没有缝,我怎么吃!"无独有偶,据某杂志载,一个将要留学法国的地质学院研究生,因为害怕出国后,没有人照料自己的生活而吓得全身痉挛,有时竟连续 5 个小时。神经学专家的结论是:"病人发病的根源在于社会生活能力差,出国反而造成了极大的心理压力……"这个结论,我想不应该只是针对这位患有"出国恐惧症"的研究生,所有的教师,所有的家长,是否也应该考虑一下我们的学生的社会生活能力究竟怎样? 今后他们能自立于社会,贡献于社会吗?

演讲者选用两件看来酷似笑话、令人啼笑皆非的事实开头,十分生动,富有吸引力,引人深思。听众很自然地被引入"教育改革势在必行"的议论中去。

用故事触发兴趣的开头,要求做到:

第一,叙事简明扼要,短小精悍,不可啰嗦拖沓;

第二,事情本身要有针对性,耐人寻味,能触发听众的兴趣;

第三,所叙事情要与中心论题密切相关。

忽视了这些,就可能弄成虎头蛇尾,开头云天雾地,海阔天空,而听众不得要领,不知所云。

3. 解题式开头

这种开头扼要地解释、说明演讲题目的含义,能自然顺畅地转入正文的论述。

例如,在某次"演讲与口才培训班"结业典礼时,一位民警同志紧接在一位营业员之后发表演讲,他借营业员演讲的结尾,引出自己的开头。承接顺畅自然,显得生动有趣。他说:

同志们,刚才那位营业员同志说,欢迎大家到百货大楼来,可我呢? 却不欢迎大家到我那里去,因为我是长春市公安局交通警察大队的。提起交通警察,有人给我们送了个雅号——"马路枴子"。好吧,今天,我就专题讲一讲《好一个马路梆子》。

这样风趣的开头，不仅扼要地说明了题目的含义，也具有即兴的特点。

解题式的开头，要避免冗长啰嗦，同义反复。同时，在承接前面演讲内容时，要力求出新，不落俗套，不要矫揉造作，故作谦虚，也不要巧涂脂粉，自吹自擂。

4. 明旨式开头

这是常见的开头方式。这种方式开宗明义，开门见山，概括主要内容，直接揭示主题，说明意图。

例如，《战士的爱》简洁明快地这样开头：

> 听到这个题目，在座的许多同志也许会联想到爱情。是的，爱情是神圣的，也是美好的。可是，我今天所要讲的，却是一种更高意义上、具有更强生命力的爱。这，就是战士的爱！

明旨式的开头，常常使用名言、警句、谚语等。因为这些话言简意赅，富有哲理性，发人深思，对演讲内容能起提纲挈领、画龙点睛的作用。例如，《生命之树常青》的开头：

> 伟大的诗人歌德曾有这样一句话："生命之树常青。"是的，生命是阳光带来的，应该像阳光一样，不要浪费它，让它也去照耀人间。

明旨式的开头，要尽量做到集中突出，语言准确凝练，不宜转弯抹角，过多渲染铺垫，否则就容易造成开头臃肿而与主体比例失调。这种开头方式往往在比较庄重严肃的演讲中使用。

5. 抒情式开头

这种开头意在渲染气氛，以情感人，使听众迅速受到情绪感染，注意聆听演讲内容。这种开头多采用排比、比喻、比拟等修辞手法；多用诗化的语言，有的干脆直接引用诗歌，因而自然优美，形象生动，引人入胜。

例如，《我是夜幕的一颗星》的演讲是这样开头的：

> 水兵喜欢把自己比作追波逐浪的海燕，飞行员喜欢把自己比作搏击长空的雄鹰，而我们警卫战士却喜欢把自己比作夜幕上闪亮的星。不是吗？当在皓月当空，万籁俱寂的夜晚，疲劳的人们已进入梦乡，祖国大地的每个角落里不都闪烁着警卫战士一双双警惕的眼睛吗？它就像天上的星星一样，不知困倦地注视着大地，搜寻着每一个可疑的目标……

这段类似散文诗的开头，构思巧妙，比拟得当，语言形象生动，创造出了诗一般的意境。

抒情式的开头，一定要有真挚的感情，不可矫揉造作，驾空"抒情"。如果一上台，满口学生腔，"无病呻吟"似的"嗯嗯啊啊"一通，就会让人大倒胃口。

6. 示物式开头

这种开头方式多在军事演讲、法庭演讲或学术演讲中使用。它通过展示实物，首先给听众一个感性的直观印象，然后借助具体实物，提出和阐述自己的见解。如军事演讲首先向听众展示军用挂图或战场实物，学术演讲首先展示科研成果或图表，法庭演讲展示证物等等。这样开头，由于增强了演讲的直观性和实体感，更有利于内容的表达和逐步深化。

例如，《拼搏——永恒的旋律》这篇演讲，演讲者一开头就说：

今天我给大家带来了一样礼物。(举起一个小铜盒)我珍藏它已五年多了。它不仅使我改变了自己的命运,更使我明白了自己肩上重担不止千斤。你们一定想知道它是什么? 那就请听一个关于我自己的真实的故事……

这样示物开头很自然地给听众留下悬念。接着,演讲者便以铜盒为线索讲了下去。讲到关键处,激动地打开铜盒,拿出内装的用血书写的"拼搏到底"四个字,使听众产生强烈的感情冲动。最后,演讲者说:"历史、时代坚信我们会用钢铁的意志,坚实的行动勇往直前! 因为我们共同拥有一个永恒的旋律——这就是拼搏!"再次高举血书。

除以上介绍的方式外,演讲的开头还有其他的方式。比如,议论式、归纳描述式等。总之,演讲的开头不可忽视,要求简短切题,有魅力,力求一开始就给听众造成一种良好的心理定式,切忌套话和陈词滥调;要有真挚感情,切不可故作谦虚,或耳提面命。

二、主体

主体是演讲稿的主干部分,篇幅较大。要使演讲的观点站得住,立得牢,就必须做到内容充实丰满,有血有肉,要围绕中心论点,处理好论点与论据间的关系,合乎逻辑地逐层展开论述,做到结构严谨,层次清楚,过渡自然。在这一部分中,要组织和安排好演讲高潮,使演讲者和听众在情感上产生强烈的共鸣,达到使"快者掀髯,愤者扼腕,悲者掩泣,羡者色飞"的出神入化的境界。

(一)安排好讲述层次

层次是结构的基础,是作者传递信息、表达主题过程中形成的相对完整、相对独立的思想单位。撰写演讲稿、安排层次的过程,实际上就是对所选材料进行归类的过程。要根据客观事物内部联系的特征和共性来合理安排层次。比如,事件一般有发生、发展、结局等几个阶段;问题一般有提出、分析和解决等几个过程;人物有成长变化的历史;场景有空间位置的特征等。因而,层次安排常以时空为序,以逻辑线索为序;或以认识过程为序,形成时空结构层次、逻辑结构层次和心理结构层次。

安排层次要注意通篇格局,统筹安排,给人以整体感;要主次分明,详细得当,给人以稳定感;要互相照应,过渡自然,给人以匀称感。同时,演讲稿主要是用以讲给人听的,是转瞬即逝的,结构层次不能太复杂,要给人以明朗感。

演讲稿的层次排列形式可分为纵向组合结构、横向组合结构和纵横交叉结构。

1. 纵向组合结构

它是指按照时间的推移来排列层次,包括直叙式和递进式两种。

1)直叙式

直叙式是以时间先后为序,或以事情的发生、发展或变化过程为序。这种结构层次比较单一,事情的来龙去脉很清楚。运用这种方法,要注意突出重点,兼顾一般,切忌平均用力,平铺直叙。

2)递进式

递进式是按事理的展开或认识由浅入深的递进过程来安排结构层次,或按演讲者感情发展的脉络来安排层次。按事理展开,多采用"叙事—说理—结论"的模式,即摆情况,作分析,下结论,也就是提出问题,分析问题,解决问题。按照由浅入深的递进过程安排层次,其内容则呈螺旋式层层深入,由表及里。这样的安排,说理透彻,说服力强。按照演讲者感情发展的脉络来安排层次,内容起伏跌宕。

徐良的《血染的风采》就是采用纵向结构安排层次的。他以自己的成长经历为线索,按时间先后顺序来安排。其主要层次如下:

1982年考入西安音乐学院(编织着一个艺术家的梦)—1985年底申请入伍(说明为什么投笔从戎)—最初的军旅生活(找到了大学生与战士的差距)—血与火的考验(认识到军人的天职在于无私的奉献)—负伤之后(感激党、人民和战友的关怀)—军人亲属们的伟大贡献。

这篇长达两个多小时的演讲,脉络清楚,有条不紊,在叙述中适当加以抒情议论,声情并茂,道出了他成长的轨迹和战士们及其亲属对祖国和人民的无私奉献,显示了20世纪80年代军人的风采。

2. 横向组合结构

这种组合结构,或按事物的组成部分展开,或按空间分布展开,或按事物的性质归属关系展开。按照不同的排列展开方式,横向组合可分为简单列举式和总分并列式。

简单列举式即是围绕主旨,把选取的材料逐条逐项并列排出。它们从不同角度来表现演讲中心。总分并列式则常遵循总分思路辐射式地展开,并列的各部分按事物的逻辑关系分类安排,分别围绕主旨阐述一个问题,或说明事物的一个侧面。

演讲者王理《人贵有志》的演讲就是采用横向组合结构,其主体部分列举了四个小标题:

一、目标高

1. 引用高尔基的名言:"一个人的奋斗目标越高,他的才力就发展得越快,对社会就越有好处。"我国古语:"志当存高远。"

2. 目标高,更要符合坚定正确的政治方向。如栾弗提出的"三士":政治上成为共产主义战士,业务上成为博士,身体上成为大力士。

二、立志坚

1. 引用爱迪生的话:"伟大人物最明显的标志,就是他坚强的意志。不管环境变化到何等地步,他的初衷和希望不会有丝毫改变,而终于克服障碍,以达到期望的目的。"

2. 在逆境下立志不屈的各种范例。

三、生活俭

生活态度、生活作风历来是人们思想状况的晴雨表。刘邦入关,"财产无所取,妇女无所幸,此其志不在小"。

列举事例:毛泽东,周恩来,南北朝时的范慎,北宋的范仲淹、司马光,明初的宋濂等生活俭朴的事例。

四、惜分秒

列举名人事例:列宁、鲁迅、英国诗人爱德华·扬、英国女作家埃半蒂·勃朗特、科学家爱因斯坦珍惜分秒的事例。

《人贵有志》这篇演讲,中间主体部分采用的是横向的、并列式的结构。它列出四个小标题,分别论述目标高、立志坚、生活俭、惜分秒,有的小题中又分出小层次,引用经典名言和动人事例加以论证,由于组织得当,过渡自然,衔接紧凑,使得全篇演讲结构完整,充分阐发了主旨,给听众留下很深的印象,可谓横向组合结构的范例。

采用横向组合结构,要力戒开中药铺似的罗列现象,而要注意发掘各部分材料间的必然联系,发挥整体效应。

3. 纵横交叉结构

有些内容丰富、容量较大、时间较长的演讲,常采用此种结构。它以时间顺序为主线,穿插横向组合材料;或者以横向组合为主,其间穿插纵向组合材料。先按纵向组合容易看出事物发展的全过程,先按横向组合则易于分析出事物各部分之间的联系和区别。采用这种结构,不宜搞得太复杂;否则,听众难于理解。李燕杰的《爱情与美》采用的就是纵横交叉式结构。

（二）组织与安排演讲高潮

演讲最忌平铺直叙,而必须有波澜起伏,要在感情上紧紧抓住听众,在理论上说服听众,在内容上吸引听众。在演讲的过程中,要组织和安排一个或几个演讲高潮,形成强烈的"共振效应"。演讲高潮实际上就是演讲者和听众感情最激昂、精神最振奋的地方。它是运用典型的事例,准确的、阐释精当的议论,深刻的哲理,确切的修辞,生动的语言,真挚的情感,得体的动作所组成的强烈的兴奋点。它是崇高美、哲理美和诗意美达到的高度和谐统一。例如有一篇标题为《在血与火的征途上》的演讲,演讲者在介绍了一位烈士腹部中弹,毫无畏惧地把肠子压在腰带下面继续冲锋,最后用自己的身体滚雷,为战友开辟通路的英雄事迹后,深情地说:

> 这些风华正茂的青年战士,如果活到将来,有谁敢说他们之中不会有将军、部长、博士? 可他们刚刚活到新中国的好时辰,就告别人间,把蓬勃的生命和美好的理想,托付给活着的人们,化作向四化进军的足音和号角,化作一对对情影在湖面荡舟的安宁和温馨……

这扣人心扉、感人肺腑的叙述和议论,为听众创造出了一个动人的意境,把演讲自然地推向高潮,使许多听众不禁潸然泪下。

再请听《井下工有颗金子般的心》这篇演讲是怎样推向高潮的。演讲者在讲述矿工无私奉献的动人事迹时,辅以浓烈的感情抒发:

> 我们矿山行业有一个专业术语:品位。它是一个百分之一的比值。它不正是井下工人精益求精认真工作无私无畏的最好写照吗? 到 1988 年底,我们招远金矿在全国首家实现了建矿以来累计产金 100 万两! 100 万两,就是整整一节火车车厢的黄金! "一寸光阴一寸金。"这 100 万两黄金,不正是几千名井下工奉献青春和年华的最好证明吗?

接下去,演讲者用了一连串的设问和排比:

> ……当你真正喜欢上金首饰的时候,你是否喜欢这些有着金子般心灵的采金人? 当你美滋滋地戴上金戒指的时候,你可否知道,由于作业中的高压风、水的侵蚀和风钻的强烈振动,多少个凿岩机工得了白指病? 当你乐颠颠地戴上金

耳环的时候,你是否聆听到了井下工渴望理解、向往友谊、憧憬爱情的心声? 当
你笑盈盈地挂上金项链的时候,你是否也把苦中求乐甘愿奉献的井下工挂在了
心上? ……

这些设问和排比,渲染了情感,升华了主题,有很强的感染力和震撼力,把演讲顺利地推向
了高潮。

组织和安排演讲高潮要做到语言简洁明快,切忌拖泥带水,冗长啰嗦。体现高潮的名
言警句要从真实可靠的事实和事理中自然发出,切忌牵强附会。

三、结尾

结尾是演讲稿的自然收束。"豹尾"正是形象地说明结尾要雄健有力,言止意长,回味
无穷。明代学者谢榛说:"起句当如爆竹,骤响易彻;结局当如撞钟,清音有余。"(《四溟诗
话》)明代学者黄政枢也说:"好的结尾,有如咀嚼干果,品尝香茗,令人回味再三。"(《春觉
斋论文》)可见结尾和开头一样重要。如果演讲的开头和高潮很精彩,结尾又出人意料,耐
人寻味,则是锦上添花,给人以美的享受。

怎样设计和安排演讲的结尾呢? 常见的类型和方法如下。

1. 总结式结尾

这种结尾,扼要地总结演讲内容,能起到提醒、强调的作用,给听众留下完整的总体印
象。例如,在 1986 年吉林省青年电视演讲赛中荣获命题一等奖的权红的演讲稿《世界也
有我们的一半》是这样结尾的:

　　……听听我这个没当成的女记者的心声吧:

　　我相信,女性是伟大的!

　　我也相信,男性是伟大的!

　　我更希望我们都相信,伟大的男性和伟大的女性加起来才是伟大的人民!

　　他们的自信、自尊、自爱焕发出来的巨大搏力才是伟大的文明!

这个结尾恳切、热情、概括,点化主旨,给听众留下了清晰、完整而又深刻的印象。

2. 感召式结尾

这种结尾多是提希望,发号召,表决心,立誓言,祝喜庆,贺成就,以激起听众感情的波
涛,给人以心志的激励。

例如,古希腊著名演说家德摩西尼发表的《斥腓力演说》这样结尾:

　　敌人正在对我们铺罗设网,四面合围,而我们却还呆坐着不求应付。同胞
们,我们究竟要到什么时候才能采取行动? 当雅典的航船尚未覆灭之时,船上的
人无论大小都应该动手救亡。一旦巨浪翻上船舷,那就一切都会同归于尽……
即使所有民族同意忍受奴役,就在那个时候我们也要为自己而战斗。辞令的灵
魂就是行动! 行动! 再行动!

这个结尾慷慨陈词,号召人们拔剑奋起,反抗马其顿王腓力二世的入侵。

又如,中国羽毛球队的韩健所作的《在失败面前挺起胸膛》的结尾:

　　此时、此刻,祖国需要我,我怎么能在功成名就之际捧着桂冠品味人生。我
深知,我将来可能败得更惨,但我不怕,因为怕失败的人永远不会成功!

这样结尾,情真意切,字字千钧,充分表现了演讲者为了祖国的荣誉敢于战胜失败、赢得成功的决心。

3. 抒情式结尾

这种结尾常常是演讲者在叙述典型事例和生动事理后,油然而生的激情。以抒情方式结尾,言尽而意未尽,留有余韵,给人启迪。

例如,郭沫若的《科学的春天》的结尾:

> 春分刚刚过去,清明即将到来。"日出江花红胜火,春来江水绿如蓝。"这是革命的春天,这是人民的春天,这是科学的春天! 让我们张开双臂,热烈地拥抱这个春天吧!

这样结尾,热情奔放,以诗一般的抒情语言激励人们向科学进军,拥抱科学的春天,具有很强的鼓动力。

4. 警言式结尾

即通过引用谚语、成语、格言、警句、诗词等方式结尾。这种结尾言简意赅,多有韵律,使内容显得充实丰满,具有哲理性和启发性。

例如,李燕杰的《国家、民族与正气》的演讲,其结尾是:

> 青年朋友们,爱我们的国家吧,爱我们的民族吧,同心协力,把我们民族的正气,把我们中华民族奋发图强的爱国主义精神极大地发扬起来! 最后,用几句名人名言作为结束语:
>
> 谁不属于自己的祖国,他就不属于人类!
>
> 爱国主义的力量多么伟大呀! 在它面前,人的爱生之念,畏苦之情,算得是什么呢?
>
> 我无论做什么,始终在想着,只要我的精力允许我的话,我就要首先为我的祖国服务。
>
> 真正的爱国主义不应表现在漂亮的话上,而应表现在为祖国谋福利,为人民谋福利的行动上。

李燕杰的这篇报告寓理于事,攫取力强,最后采用名人名言结尾,恳切热情,紧扣演讲题旨,升华主题,字字句句掷地有声。

5. 呼应式结尾

这种结尾与开头呼应,使整篇演讲首尾圆合,结构完整。例如,《井下工有颗金子般的心》的开头是这样的:

> 你了解井下工吗? 井下工,顾名思义,是在矿井下作业的工人。这是当前最危险的工种……他们不仅承受了人们的种种误解,还以自己有力的臂膀擎起了整座矿山! 可以自豪地说:在我们招远金矿,有多少井下工,就有多少颗金子般的心!

接着,讲述了三个生动感人的事例,歌颂了矿工无私无畏的奉献精神。最后,是这样结尾的:

> 朋友们,黄金是宝贵的,比黄金更宝贵的是井下工那颗颗金子般的心! 如果我们的整个社会、行行业业的每个人都能在自己的岗位上竭诚尽力,无私奉献,

那么四化何愁不成？……

最后，用一句既是祝福也是希望的话作为结尾：

　　　愿我们都有一颗金子般的心！

这篇叙事性演讲，题目很"实"很"俏"，开头、结尾，处处照应，首尾圆合，增强了演讲的鼓动力和激奋力。

值得注意的是，使用呼应式的结尾，不应与开头简单地重复，而应加深主旨，耐人寻味。

从不同的角度来谈结尾，样式还有很多，诸如议论式结尾、象征式结尾、呼告式结尾、幽默诙谐式结尾、示物式结尾等等。总之，结尾要有一定的高度，如异峰突起，要韵味深刻，使听众情绪激动感奋，切忌虎头蛇尾或画蛇添足，努力避免陈词俗套和语言干巴。

▶ 第三节　文采与修辞 ◀

演讲稿具有较强的逻辑性，也具有一定的艺术性，对语言艺术有较高的要求。有了好材料，有了好结构，还必须通过优美动人的语言来表达。深刻的思想，精巧的结构，最终都要靠优美动人的语言文字物化，才能得以体现和传播。要使演讲稿富有文采，必须讲究修辞。

修辞包括选词炼句和合理运用辞格。

选词炼句一般指句式的选择、语音的调配、词语的锤炼等。演讲稿的语言应准确、鲜明、生动；音节和谐，上口入耳；语句精练，晓畅易懂。要使演讲"上口""入耳"，一般来讲，句子不宜过长。句子过长，讲起来费劲，听起来吃力。宜把长句改为适合听的短句，把倒装句改成一般主谓句，把生僻的词换成常用的词。同时，要慎用文言和方言词语；对于艰深的专业术语和抽象的科学概念，要尽可能用浅显明白的语言进行解释，做到深入浅出。在语音方面，要避免因同音词而产生的误解，应把单音词换成双音词。因为单音词声音短促，容易出现同音异义的现象；选用双音词，声音较长，词义明晰，留给听众的印象较深。这些都是演讲语言最基本的要求。

恰当合理地运用辞格，是美化语言的重要途径。所谓辞格，"是用以表达一定的思想内容、具有特殊的修辞效果和某种语言形式的修辞方法"。辞格不仅表达通顺、准确，而且生动形象，音韵和谐，表意深刻，富有艺术性和审美价值。它能使枯燥变生动、抽象变具体、平凡变神奇。因此演讲中恰当使用辞格，能为演讲增辉添色。演讲中常用的辞格有比喻、比拟、排比、层递、对比等。

一、比喻

比喻就是打比方。它是运用具体、通俗、浅显的事物或道理来说明抽象、深奥的事物或道理的一种修辞方式。它具有深刻、形象和幽默诙谐的特点，可以增强语言的表现力和感染力，也能增强语言的抒情色彩和喜剧效果。它把精彩的论述与模型拟象的描绘融为一体，既给人理性上的启迪，又给人以艺术上的美感。它可以说是语言艺术中的艺术。这种辞格运用范围很广，在演讲中恰当运用能收到理想的表达效果。

例如，《攀枝花的金字塔》这篇演讲，演讲者在列举了大量事实的基础上以"金字塔"暗喻攀枝花的伟大成就，以"十块丰碑"来比喻攀枝花的发展历程，并以此作为抒情的落脚点，显得很有气势。结尾处进一步点明"……攀枝花也犹如一座金字塔崛起在共和国的版图上……永恒而神秘的金字塔属于过去，属于未来，更属于我们年轻的攀枝花！"这种比喻恰当自然，语言恳切有力，给人印象深刻。

又如，《我的理想之路》这篇演讲，热情地歌颂了人民教师。结尾处用了一连串的比喻：

> 作为未来教师的我，没有太高的奢望——只求用知识的雨露去浇灌幼苗。
> 像红烛，将全部心血化为光焰，去照亮青少年一代那美好的心灵；像春蚕，为谋求人类的幸福，吐尽最后一口丝。

这里把传授知识比喻为用"雨露去浇灌幼苗"，把"教师"比喻为"红烛""春蚕"，比喻贴切，赞美了人民教师的伟大奉献精神，表达了对人民教师的无比崇敬的情怀。

再如，在《我的思考与奋起》这篇演讲中，演讲者将曾经缠绕自己的苦闷比喻为"就像一个圆点，四处延伸着的是大小不等的问号……"当苦闷解脱时，他"顿时觉得眼前的问号渐渐地被拉直了，变成有力的惊叹号。我第一次感到我对马克思主义是那么无知，可真有点'相识恨晚'之感"。这样一前一后的比喻，形成了一种动态过程，前者是后者的前提和铺垫，后者为前者的引申和扩展，两者配合，生动地展示出思想转变的过程。

运用比喻要贴切得体。要根据对不同本体的爱憎感情，恰当选择具有不同褒贬色彩的喻体，决不能用假恶丑的事物来比喻真善美的事物。当然，也不能用真善美的事物去比喻假恶丑的事物。比喻要有生命力，不在于量而在于质，在于推陈出新。比喻要新鲜、奇特，切忌陈词滥调。英国作家王尔德说得好："第一个用花比美人的人是天才，第二个再用的是庸才，第三个就是蠢材了。"只有那些新颖绝妙的比喻，才能给人深刻的印象。

二、比拟

比拟是拟人和拟物的合称。把物当作人来描写，赋予人的行为和思想感情等，叫作拟人。把人当作物来写，或把甲物当作乙物来描写，叫拟物。比拟富有形象性、生动性。在演讲中，恰当地运用比拟手法，能寄情于物，托物言志，引起听众的共鸣和深思；能表达强烈的爱憎感情，增强语言的感染力和战斗力；能渲染气氛，起烘托作用。

《大学生演讲选评》一书中选有优秀演讲词《信念的力量》，其中有这样一段：

> 翻开中国的历史看看吧，中华民族经历了多少深重的灾难……长江在哭泣，黄河在哀号。广大的中国土地上，多少人流离失所，妻离子散；多少人逃荒要饭，家破人亡。

"长江""黄河"是中华民族的象征，说"长江在哭泣，黄河在哀号"是震撼人心的拟人手法，生动形象地表现出祖国沉重受难的历史，发人深思。

再如，《在师范毕业生典礼上的演讲》中有这样深情的语言：

> 如今，你们就要离开母校了，尽管情丝不绝，可你们在四年的风雨中练硬了翅膀，现在也该驮回去一幅春天的图画了……

人无翅膀，这里"练硬了翅膀""驮回去"就是"拟物"手法，用描写动物的词语来描写人物，表现出师范生锻炼成长的过程和他们将载着母校的重托走向工作岗位的热情。语言中流露出对毕业生的无限依恋和激励的感情。

运用比拟手法一定要正确恰当，要抓准被比拟物和比拟物之间的相似点，特别是褒贬色彩要恰当。例如，海燕、苍鹰，英勇顽强，常用来比拟革命英雄；豺狼狐狸，凶残狡诈，常用来比拟奸贼坏人。爱憎好恶，十分鲜明。

三、排比

三个或三个以上结构相同、字数相近、语气一致、意义相关而互相平行的词语或段落，连续排列在一起，就构成了排比。排比可分为短语排比、句子排比和段落排比三种类型。它在演讲中运用广泛，既可以用来铺陈描述，又可用来议论说明，还可用来抒发情怀，使演讲增强语势，增强节奏感和旋律美，增强条理性和严密性，提高演讲的说服力和感染力。

例如，《镶嵌彩灯的女性》的演说词中，有这样的话：

> ……从地质队诞生的那一天起，"献身地质光荣，找矿立功光荣，艰苦奋斗光荣"就与地质队员融为一体，谱写了一曲动人的凯歌。……我相信，只有那些曾经或正在致力于献身地质这项伟大事业的人们，才会有那么一种冲动，一种自豪，一种喜悦，一种激情——如大海翻腾，如群山呼啸，如岩浆喷发，如涓涓溪水……

这里运用排比和比喻，表达出了与"三光荣"融为一体的地质队员的豪迈感情，节奏鲜明，旋律优美。

运用排比手法，在形式上要做到结构相同，句式整齐，字数相近，音节匀称；在内容上要表意确切明了。各句间语意平行，不可因词害意，重复啰嗦。

四、层递

层递与排比相似，两者都能使语言富有条理性和感染力。不同点在于：排比的词句之间，语意是平列的；而层递的词句之间，语意有层次和级差，它是按照所表达的语意轻重、程度深浅、数量多少、范围大小、时间先后，逐层依次排列在一起的。恰当运用层递手法，能使言语富有层次感和条理性，能产生层层深入、步步推进的修辞效果。

例如，《矿山魂》在结尾处的抒情议论：

> 朋友们，当你想写一首诗，想唱一支歌，请别忘了那高高的井架，那飞旋的天轮，那800米深处的一片赤心，那湛蓝天下的巍巍矿山魂！那就是——可贵的主人翁精神！

井架—天轮—赤心—矿山魂，由具体形象到精神世界，语言逐层加深，表达了对矿山主人翁精神的热情赞美。

选用层递手法，要注意内容上的锤炼，要精心选择在语言上确有轻重、在范围上确有大小等层次差别的词句，根据表达思想内容的需要，按照递升或递降的顺序来排列，次序不可混乱。

五、对比

把两种不同事物或一事物的两个不同方面放在一起进行比较,就是对比。从内容上分,对比可分为两体对比和一体两面对比。对立统一的两种事物或概念的对比叫作两体对比。存在于同一事物中的两个对立面之间的对比,叫作一体两面对比。演讲中恰当地运用对比手法,能使形象突出,能较全面地表现演讲者的观点,深刻揭示事物的本质特征。正义与邪恶,英勇与怯懦,伟大与渺小,一经对照,泾渭分明,给人印象极深。

例如,英国政治家赖白斯在伦敦参事会上所作的关于劳动情况的演讲,就巧妙地运用了对比手法。据说,他在演讲中突然停顿,取出金表,一声不响地站在那里看着听众,在场者对他的举动迷惑不解。他一直停顿了一分十二秒之久。就在听众几乎都坐不住的时候,他突然大声说道:"诸位适才所感觉的局促不安的七十二秒的长时间就是普通工人垒一块砖所用的时间。"赖白斯这里确实匠心独具,高人一等。他巧妙地利用这种停顿进行了一次生动的时间对比,形成弦外之音,言外之意,收到了独特的修辞效果。

再如河北省的一位中学生所作的《祖国需要奉献》的演讲,中间有这样一段:

一位年近古稀、身患绝症的老人,主动拿出250元钱认购了三年才能归还的保值公债;一个年轻有为,在改革大潮中涌上浪尖的经理竟贪污受贿达17万元。

我哭了,是对奉献者的爱,对索取者的憎!

这里把奉献者和索取者摆在一起,进行了强有力的对比,高尚与卑鄙泾渭分明,爱憎之情溢于言表。

除上述几种辞格之外,对偶、借代、设问、反问、反复、拈连、移就等辞格在演讲中也常用到。人们在表达某种思想感情、某层中心意思时,往往将多种辞格综合运用,以便取得多方面的修辞效果。例如,《到军校去》这篇演讲中有这样的话:

亲爱的同学,您想成为一名能征善战的勇士吗?到军校去!年轻的战友,您想成为一名叱咤风云的将军吗?到军校去!敬爱的首长,您想把握未来战争的脉搏吗?到军校去!

这里把"设问""排比""层递""反复"等修辞手法融在一起,使之具有不同辞格的特点,有着多种表达功能!"设问"引人入胜,"排比"气势磅礴,"层递"使感情逐步强化,"反复"更突出了"到军校去"的题旨。几种辞格融为一体,言简意赅,具有很强的鼓动性。

▶ 第四节　理义与谋略 ◀

如前所述,撰写演讲稿,要有明确的主题、充足的材料,设计出恰当的结构,采用合适的修辞手法;要使主题、材料、结构、修辞等方面共同配合,形成有机的整体,即是达到形式和内容的高度统一。众所周知,内容决定形式,内容是首位的。因此,主题是统帅全篇的灵魂。而主题无非是作者想要传达的某种信息,讲述的某种道理,表达的某种感情。同一个道理,同一种信息,由于时空环境不同,对象各异,要用不同的感情方式来表达,有时委婉规劝,有时愤怒斥责,有时循循善诱,有时平静舒缓。演讲者爱憎分明的感情总是自觉或不自觉地渗透在演讲稿的各个方面。所以,理义和感情,实际上是使演讲稿达到形式和内容高度统一的凝固剂。

从某种意义上讲，演讲稿的主题确定后，构思便是促使演讲者达到演讲目的的总的策略。即如何使理义和感情发挥其独特的作用，征服听众。而要拨动听众心中的"琴弦"，直言往往不及巧说为妙，巧说既"出人意外"又"入人意中"，使人折服。

演讲的策略和技巧很多，归纳起来，主要有如下几种。

一、欲擒故纵，出奇制胜

所谓欲擒故纵，就是首先故意避开目标，使人放松戒备，然后抓住要义，一举擒拿，达到目的。它往往异峰突起，获得出奇制胜的效果。一些演讲中所用的西门豹治邺的故事，就是运用擒纵法的典型事例。西门豹要破除迷信，却不明言，反而故意装成十分虔诚的样子，与大家一同为河伯送女，等到看过河伯妇之后，他突然对三老、巫祝说："是女子不好，烦大巫妪为入报河伯，待更求好女，后日送之。"便相继把巫妪及弟子、三老一一投入河中。他巧妙地借神权迷信来打击神权迷信，以出其不意的突然一击，严惩了害人者，挽救了受害者，使广大群众猛然惊醒，陋俗得以破除。

在演讲中，特别是在论辩性较强的演讲中，擒纵之法经常被采用。其原因在于它符合"情随境迁"的心理活动过程，易于收到事半功倍的奇效。演讲得常常把基本主题组织到另外一些能为听众接受的主题中去，使听众产生一种印象，似乎演讲者与听众在观点方面是相近的，造成演讲者与听众心理吻合的情境，使演讲者的观点自然被听众顺利接受。例如，林肯在伊利诺伊州的演讲中就采用了擒纵法。

19世纪中叶，美国维护奴隶制与反奴隶制的斗争空前激烈。1858年，伊利诺伊州南部奴隶主对废奴主义者十分愤恨，声称林肯若来演讲，必置之于死地。林肯并没被吓倒，他十分自信："只要他们给我谈几句话的机会，我就可以把他们说服。"他在演讲的一开头，运用的就是擒纵手法：

> 南伊利诺伊州的同乡们，肯塔基州的同乡们，密苏里州的同乡们——……让我们大家以朋友的态度来交往。我立志做一个世界上最谦和的人，决不会去损害任何人，也决不会干涉任何人。我现在对你们诚恳要求的，只是请你们允许我说几句话，并请你们静心地听。你们是勇敢而豪爽的，这一点要求，我想一定不致遭到拒绝。现在让我们诚恳地讨论讨论这个严重的问题吧。

面对强悍的反对者，林肯开头没有直接批评，而是以"纵"的手法，先颂扬他们勇敢豪爽，和他们套近乎，为他们唱赞美诗，渐渐地消除他们的戒备心理和敌对情绪，使演讲得以顺利进行，最后竟赢得了喝彩大潮。

二、悬念吸引，呼应作答

叙事性较强的演讲，往往设置悬念，紧紧地吸引着听众，使听众对事物发展和人物命运产生强烈的关切心情，急切希望能得到解答。悬念能调动听众的想象力、思维能力，使听众从质疑、释疑中受到启迪。没有悬念，难于吸引听众的兴趣。

悬念的设置在演讲中也需要呼应，往往是先把疑问悬置起来，引起听众对某一事态的密切关注，演讲者却引而不发，故意暂不理会，让听众念念不忘，做出种种猜想；在蕴蓄一段时间后,再行作答,与开头呼应,揭开谜底,产生一种出奇制胜的效果。

悬念常常带有一定的偶然性和突发性,既要新奇,又要真实;解除的过程必须入情入理,交代清楚。没有根基的悬念,无异于空中楼阁,自我否定。

从某种意义上讲,严谨的逻辑推理,首先设置疑问,然后逐层剖析,也是一种"悬念吸引"。演讲者常常喜欢用设问开头,实际上就是对"悬念吸引"的青睐。

《含泪的忏悔》这篇演讲,主旨在于用具体事例,说明孝敬父母是我们民族的传统美德,是社会主义精神文明建设的一个组成部分。演讲者一开头就说:

> 朋友,我站在这个演讲台上,像被押上那"良心"法庭的被告席,忏悔,羞愧,无地自容,心在绞痛。

这几句饱含感情的话,立即会在听众的心里引起疑问:为什么忏悔、羞愧、无地自容、心在绞痛?犯了什么严重错误要被押上"良心"的法庭?很自然地使听众产生急于得到解答的迫切心理。然而,演讲者接着并没有立即正面回答,而是以大量事实讲述母爱;然后话题一转,讲述仅仅十天,自己的"孝情都起了质的变化"的情况,点出开头"像被押上那'良心'法庭的被告席"的缘故,使听众留下强烈的印象。

又如前节所述,以举起一个小铜盒为演讲开头的《拼搏——永恒的旋律》,一下子就在听众心中造成一种悬念,究竟铜盒里藏着什么?直到关键之处,演讲者才把谜底揭开,使听众产生强烈的感情冲动。

三、主动出击,先声夺人

演讲者事先估计听众可能从某方面质疑、反问,在演讲时先主动引出疑问,并加以驳斥,这样便形成了主动进击、先声夺人的局面。这种策略可以从多方面帮助树立自己的观点。例如,《请看看我们头顶的月亮》这篇演讲,有力地批判了那种崇洋媚外的民族自卑心态。演讲者在列举了时下又兴起的颇为走俏的买卖——免费推销外国人的"最高指示"后,摆出了那些崇拜"外国月亮"的人可能提出的"质疑":

> ……说到这里,恐怕那些正在目不转睛观看"外国月亮"的先生们又要转过来教训我们:你这是严重的讳疾忌医,阿Q!各位,这能说是讳疾忌医吗?这能说是奉行阿Q主义吗?不!我们没有必要这样做,我们非常迫切需要外国朋友真诚的批评,公正的评价,但绝不是歪曲和侮辱!

接下来,演讲者列举了我们奋扬国威于世界的典型事例,并且说:

> 大量雄辩的事实足以证明:中国,不但有骄傲的昨天,更有自豪的今天;中国不但可以面无愧色地屹立于世界民族之林,而且也有能力,也有信心为全人类的发展,贡献出自己的力量!……

演讲者就这样采取主动进攻的手法,先声夺人,批判了民族自卑感,赞扬了民族自尊和自信,显得十分深刻有力。

四、委婉风趣,曲径通幽

同一个道理,在不同情况下,可以有不同的表达方式。一般来讲,直径近,曲路远。然而,有时候人们常避直就曲,采取"以迂为直"的谋略。诚如英国军事理论家哈利所说:"在战略上,那漫长的迂回道路,常常是达到目的的最短途径。"这种谋略,在演讲中也常运用。明明目标在东而先向西选取一种"抵触情绪"最弱的方式,打开说服的"突破口",避其锋芒,迂回诱导。比如,直接讲"天才是在民众中产生的,没有民众就没有天才",可以讲得理直气壮,也可以讲得委婉风趣。请看鲁迅先生在《未有天才之前》的演讲中是怎样讲的:

> 有一回,拿破仑过阿尔卑斯山,说:"我比阿尔卑斯山还要高!"这何等英伟,然而不要忘记他后面跟着许多兵;倘若没有兵,那只有被山那面的敌人捉住或者赶回,他的举动、言语,若离了英雄的界线,要归入疯子一类了。所以,我想,在要求天才的产生之前,应该先要求可以使天才生长的民众。

他借用一个比喻,不仅从正面说明了民众是天才产生的基础,而且从反面说明天才离开了民众,就要"归入疯子一类"。这种批评,委婉风趣,很有说服力。

从某种意义上讲,借用比喻来说明道理,本身就是一种迂回手法,曲径通幽。刘勰说:"喻巧而理至。"新奇而含义深刻的比喻,就像寓言一样,意在言外,引人深思。这类例子很多,这里就不一一赘述了。

其实,人们惯常使用的"归谬法",也可以说是一种以迂为直的手段。想指出对方的错误,不妨先假定对方错误的论题是正确的,然后顺着这个论题引申,推导出更为荒谬的结论,让人一看就明白,毋庸置疑。例如,谚语"如果有胡子就算学识渊博,那样山羊也可以上讲台了",显然,山羊不能上讲台。可见以胡子来判断学识水平是荒谬的。据说楚庄王特别喜欢养马,有匹马因过肥而死了,楚庄王要以"大夫"的葬礼为该马办丧事。大臣们纷纷劝阻,楚王不依,并声称"谁敢再劝,杀他的头!"于是谁也不敢开口了。优孟得知此事后,闯入王宫,仰天大哭。楚庄王惊诧不已:"优孟,你为何哭得这样悲伤?"优孟说:"大王心爱的马死了,用'大夫'的葬礼太不够排场了,应该用国君的葬礼。用玉石做棺,以佳木为椁,让各国使节都来送葬,给它造一个富丽堂皇的祠堂。用金牛金羊祭祀,封它最高的封号。"优孟见楚王疑惑不解,便接着说:"这样,人们就都知道了,大王把马看得比任何人都高贵万倍。"楚庄王听出话里有话,问道:"难道我的过错有这么严重,我该怎么办好呢?"优孟笑道:"依我说,用铜锅做棺椁,使炉灶做棺套,用葱姜上供,给它穿上火做的袍子,埋进人肚里,这是最好的葬礼。"聪明的优孟,正是巧用了"归谬法"。他开始虚张声势,为死马大哭,撩人眼目,绕着弯子进入正题,然后一步一步引申到了荒唐不过的境地,终于让楚庄王醒悟,应允了把死马烹食。试想,如果优孟一开始直接批评庄王的错误,恐怕早就"人头落地",还谈得上烹马而食吗?

演讲策略还有很多,诸如抑扬并举、波澜起伏、转折灵动、巧妙穿插、气势夺人、绵里藏针等等。总之,要因时、因地、因人而异,不可机械套用。

第五节　演讲稿的修改

对演讲稿初稿往往要进行修改。修改是写演讲稿的最后环节,也是提高演讲质量的重要途径。演讲稿的修改过程,一方面是对所讲内容进一步加深认识的过程,另一方面也是对讲稿的表现形式的进一步选择的过程。人们认识事物,总是在不断深化不断反复的过程中逐步达到主观认识与客观实际统一的。人们叙述事物,阐明道理,表达感情,究竟采用什么形式,才能完美地表达出来,达到内容和形式的统一,也存在着一个不断摸索探讨的过程。企望"一挥而就""文不加点",显然是不现实的。所谓"文不厌改",正说明了"改"的重要。许多著名演讲家,都十分重视讲稿的修改。例如,美国总统罗斯福,每篇演讲草稿写出后,往往要修改十几次,到最后完稿时,有时第一稿中的话甚至全改光了。他如此谨慎认真起草和修改,在演讲史上已传为佳话。重视讲稿的修改,其实也是演讲者高度责任感的具体表现。

演讲稿的修改顺序,与演讲稿的起草顺序和听众听讲的顺序并不相同。演讲稿起草时,人们是遵循存在决定意识的运动规律,从材料开始,即先有信源,然后根据材料提炼主题,再根据主题的要求组织材料,最后通过语言进行表达。而听众听演讲的顺序则是首先通过接受语言信息,了解演讲的内容,再根据内容来领会演讲者的用意所在。那么,修改的顺序如何呢?它必须统观全局,从大处着眼,先校正主题,然后根据主题要求,采取增、删、调、变、修等手段,由内容而结构、而语言进行修改。它遵循着"先整体,后局部""先观点,后材料"的法则,顺着"观点—材料—语言"的顺序进行。

从修改的范围看,演讲稿的修改,主要包括内容和形式两个方面。具体来讲,即校正观点、增删材料、调整结构、变换手法、修饰语言等。

1. 校正观点

首先通读全文,看演讲意图是否表达清楚。每篇讲稿,必然有一个统帅全篇的基本观点,有时还可能有几个与之相应的小观点。这些观点都应该正确、鲜明、新颖,且具有普遍的指导意义。检查和修改,首要的方面就是校正、提炼和深化演讲的主旨。如果发现主题涣散,观点模糊,立意不高,则必须坚决改正,不可抱残守缺。否则,必然导致演讲的失败。

2. 增删材料

材料是形成演讲稿的基础,观点统帅材料,材料说明观点。材料要求充分、典型、新鲜。修改材料主要采取"增、删、换"的方法。如果某些事实材料和事理材料不充分,演讲内容就会显得单薄,瘦骨嶙峋,因此,必须增添和补充一些材料,使内容显得完整、充实、丰满。如果材料过多,形成堆砌,就会使演讲内容显得臃肿、拖沓,甚至冲淡或淹没主题,对此必须削枝强干,删除多余的材料。如果某些材料未经验证,某些材料比较空泛、不够典型,某些材料显得陈旧、不够新颖,就要采取断然措施,加以调换,重新精选。"增、删、换"的最高准则,就是要实现材料和观点的高度统一。

3. 调整结构

结构是演讲稿的骨架,是根据演讲主旨要求,将材料构成有机整体的组织形式。内容决定形式,形式为内容服务。层次安排、段落划分、过渡衔接等等,均要求能更好地为表现主题、突出主题服务。如果发现结构松散、残缺不全,或者轻重倒置、前后脱节等现象,必须进行修改调整,做到结构严谨,合乎逻辑,详略得当,过渡自然。

4. 变换手法

演讲虽然以说理论证表情达意为主,但其手法也是多种多样的。根据演讲的对象、时间长短、环境状况等情况,应采取不同的策略,力求新颖生动、丰富多变,克服程式化的单一表现手法。

5. 修饰语言

演讲的语言要求准确、鲜明、生动。语言的推敲润色,必须舍得下工夫。千锤百炼,方能愈臻完美。特别是要"上口入耳",既有利于讲,也有利于听。要从全文需要出发,把它放在整篇文章的具体语言环境中去衡量;尽量改掉那些含混不清、生僻拗口、紊乱花哨、晦涩简古、平板乏味的语句。同时,要注意标点符号的正确运用,力争准确无误地表达思想感情。

演讲稿修改完成后,要通过试讲进行全面检验,最后誊清完稿。

思考与训练

1. 演讲稿有何特性? 有什么作用?

2. 为什么要重视演讲稿的结构安排? 有人说比较理想的演讲稿结构应当是"凤头、猪肚、豹尾",这种说法对吗? 为什么?

3. 为什么说"要使演讲稿富有文采,就必须讲究修辞"? 在演讲时常用比喻、比拟、排比、层递、对比这几种辞格,它们各有何功能?

4. 一般来说,演讲时常用哪些谋略? 这些谋略有什么作用?

5. 下面是两个不同演讲的开头,各自运用了什么手法? 取得了怎样的效果?

①余德馨《受骗的上帝》:

> 我演讲的题目是:受骗的"上帝"。
>
> 这可是个离经叛道的题目。说它"离经",是因为在信教的人看来,《圣经》明明白白地写着,一切是上帝创造的,上帝又怎能受骗呢? 说它"叛道",是因为唯物主义的观点是:从来就没有什么救世主,又哪来上帝? 更哪来受骗的上帝呢? 不!"上帝"是有的,"上帝"就是你、我、他。有一句名言:"顾客是上帝。"我们每个人,一生下来都必然是消费者,也就是直接或间接的顾客,因此,我们大家都是上帝——当然,这个"上帝"是打引号的,不然我在这儿就成了牧师布道了。
>
> 好,现在我来谈谈咱们消费者作为"上帝"的受骗情景吧!

②刘劲松《让生命永远有价值地燃烧》:

> 朋友们:
>
> 我记得作家奥斯特洛夫斯基讲过这样的话:"生命赋予我们一种巨大的和无限高贵的礼品,充满着求知和斗争的志向,充满着希望和信心的青春。"是呀,青春,多么美妙、亲切的字眼,它曾激励着多少青年人为使她更加闪光而努力地拼搏。
>
> 今天,当我准备参加这样一个主题演讲会时,我感到自己的心猛然间受到了一种强烈的震动,似乎还从未有像今天这样如此清晰地感觉到:我已经走到了生命之中最可宝贵的辉煌灿烂的里程。

6. 下面是两个不同演讲的结尾,各自运用了什么手法? 取得了怎样的效果?

①浩云《论"男子汉"》的结尾:

> 所以,真正的男子汉,不仅须博大、精深,有理性的头脑,能开创一番事业;不仅须刚毅、坚强,有无畏的精神,敢蔑视一切困难,他也须能宽容,具善意,有爱心。正所谓"无情未必真豪杰,怜子如何不丈夫"也。但愿我们的世界,因为会有

更多的男子汉的出现,而充满了男性的美,男性的力度,男性的清醒与坚定,也充满了男子汉深厚宽广的爱。

②徐宁《叶的事业》的结尾:

伟大诗人泰戈尔有这样一段名言:"花儿的事业是甜蜜的,果的事业是珍贵的,让我们干叶的事业吧,因为叶总是谦逊地垂着她的绿荫的。"幼教事业又何尝不是叶的事业呢?每一个幼儿教师,都像是一片绿叶,在党的阳光下进行光合作用,孕育着花,孕育着果,孕育着神州大地的万千桃李。

让所有年轻的爸爸、妈妈都放心把孩子交给我们吧!我要把我的爱、我的智慧和我的整个生命都奉献给他们。假如命运允许我选择一百次,我还是要选择幼教事业!

我也愿所有的年轻朋友,都尽自己的力量,干好叶的事业,花的事业,果的事业,共同为我们欣欣向荣的祖国增一分明媚的春光,添一片绚丽的色彩。

第四章 成功演讲的应变效应
——即兴演讲

第三章"演讲稿"讨论的是在演讲之前，经过深思熟虑、精心准备的带稿演讲。还有另一种演讲，事前不一定能深思熟虑，不能精心准备讲稿，只是临时打好腹稿，作即兴演讲。本章试作具体探讨。

▶▷ 第一节 即兴演讲的含义与特点 ◁◀

一、即兴演讲的含义

即兴演讲，又称即席演讲或即时演讲，它是演讲者在某种特定景物或某种人物、气氛的激发下而产生的一种临时性的演讲。这种演讲方式，是在事先无准备、事先没有拟稿的情况之下进行的演讲活动。早在 20 世纪 30 年代，我国演讲家杨炳乾曾有论述："即时演说者，演说家事先无为演说之意，而忽遇演说之时机，不能不仓促构思，以即时陈述也。"作即兴演讲，确有一定难度，最见功力，一般人难以把握。

即兴演讲最突出的特点是"即兴"，它具有明显的"临时性"，所以在一般的情况下是没有讲稿的，甚至连个演讲提纲也没有。但这并不是说演讲者在对自己讲什么和怎么讲都心中无数的情况下，就冒冒失失地进行演说了。其实演讲者在临时决定要演讲时，只用了极短的时间，就在心中编好了演讲"提纲"，打好了"腹稿"，然后登台按照预定的思路边想边讲。如 1946 年 7 月 15 日，闻一多先生在昆明市云南大学至公堂李公朴先生的追悼会上所作的《最后一次的演讲》就是一篇著名的即兴演讲。

随着时代的发展，即兴演讲的范围越来越广，使用频率越来越高，诸如主持会议、宴会祝酒、婚丧嫁娶、答记者问等均少不了即兴演讲，我们不可等闲视之。

二、即兴演讲的特点

即兴演讲具有以下三个明显的特点。

1. 具有临场性

即兴演讲不能像命题演讲那样事先拟好草稿；也不能像论辩演讲那样事先进行调研，模拟训练。演讲者往往是当即打腹稿，临场发挥。例如上海市委党校刘德强教授在上海大学文学院担任客座演讲教师的时候，有一次进行课堂自由演讲训练。W 同学对上海市的交通拥挤、住房紧张和环境污染等现象极为不满，登台以《发牢骚万岁》为题发表了一番演讲。紧接着，刘教授进行了如下的即兴讲评。

同学们：

刚才 W 同学的演讲《发牢骚万岁》，讲得很好。首先好在演讲题目准确地反映了演讲的内容。正如大家所听到的，W 同学通篇的演讲都是在发牢骚。如"××搞不好了！""×××搞不好了！"其次，我要说发牢骚从某方面来讲也是一种关心。因为发牢骚无非是对现状不满，希望现状能改变得好一些。而敌人对我们工作中出现的问题是绝不会发牢骚的，他们恨不得我们的问题更多些，现状更糟些。如果一个战士打靶，10 发子弹没有一发打中靶心，指战员们肯定会替他着急，有的人还可能会发牢骚："哪能搞个，一枪也打勿到靶心，浪费了介许多子弹！"（上海话）而敌人绝不会发牢骚说："哪能搞个，一枪也打勿到我的胸口！"（台下发出笑声）

发牢骚与提建议都是对现状不满，都是希望现状能变得好一些，那么请问发牢骚与提建议两者有没有区别呢？（台下发出小声议论声）当然有区别。我认为它们之间至少有两点区别。其一，建议是积极的，而发牢骚是消极的，建议能体现建议人的诚心和友好态度，并且能给人指出前进的方向，使人容易接受。发牢骚人的诚心，相对来说就显得不够了，而且态度似乎也不够友好，这也不利于对方的接受。其二，毛泽东同志曾说过"牢骚太盛防肠断"。意思是说：经常发牢骚，对自己的身心健康是不利的。据现代医学研究证明，一个人老是发牢骚，整天闷闷不乐，会得一种很难治好的病。（台下发出笑声）

所以，我衷心地希望同学们今后多提意见，少发牢骚。（台下响起热烈的掌声）

演讲以 W 同学《发牢骚万岁》的演讲题为媒介，在肯定"发牢骚"具有"关心"的一面之后，又通过"发牢骚"与"提建议"两者之间的对比，指出"发牢骚"有其消极的一面，最后点题（希望同学们今后多提建议，少发牢骚），使同学们感到生动、活泼、语重心长。

2. 具有敏捷性

演讲者必须在短短的时间里，迅速选择话题，进行构思，组织材料，针对具体的对象和情景，发表适切的演讲。即兴演讲的敏捷性是由临场性这一基本特征决定了的。

即兴演讲者的快速构思必须抓住"选题"和"定格"这两个关键。否则，漫无边际地去想，反而会把思维搞乱，影响构思的速度和质量。

所谓选题，即话题。它包括两层意思：一是选择主题；二是确定题目（命题式即兴演讲则为"审题"）。选题的好坏直接关系到即兴演讲的成败和价值的大小。所谓定格即确定即兴演讲的格式，给即兴演讲划一个框子，演讲时根据定好的"格"（框子）填上适当的词语即可。即兴演讲者如能做到快速"选题"和"定格"，登台演讲时根据已有的思路边想边讲，边讲边想也就不会很难了。

即兴演讲的定格常用开头、主体、结尾"三格法"。

例如，曹海霞同学在吉林省中学生的一次即兴演讲赛中，抽到的题签是《妈妈的眼睛》。在审题时，她首先确定这篇演讲主要表达的是母女之情，同时也应着力表现对祖国、对人民的深切热爱。其次为演讲定格。首先，开头借题签发挥，引入正题："当我手捧着题签，望着上面'妈妈的眼睛'这 5 个字时，我的脑海里立刻浮现出一双美丽明亮的眼睛，那就是妈妈的眼睛。"其次,主体从三个方面阐述母亲给予自己的勇气和力量:"当我感到孤独的时候,我想起了妈妈慈祥的眼睛,它告诉我生活中到处充满着爱,它让我去寻找纯洁的友谊";"当我在挫折和痛苦面前叹息和失望的时候,我想起了妈妈闪耀着希望之光的眼睛,它引导着我从失望的迷谷中走出……使我勇敢地接受生活的磨难和考验,鼓舞我在困难面前奋然崛起";"当我面临突如其来的侵凌,我想起了妈妈那双坚定的眼睛,它给了我无穷的智慧和勇气"。由于选材恰当,饱含激情,演讲者出色地为听众塑造了一个慈祥、善良、坚毅、顽强的伟大母亲的形象。最后是结尾,向听众发出呼唤:"朋友们,世界有黑暗更有光明,请你到大千世界中去追寻最能给你力量的美好事物吧! 就像我找到了妈妈的眼睛一样,它不但能给你温暖,激励你的斗志,还能净化你的灵魂,温馨你的感情。让我们共同去追求吧! 哦,妈妈的眼睛……"此时,演讲者已成功地把一个孤女对母亲的怀念升华为对真善美执着追求的拳拳之情。

3. 具有简练性

这是就演讲者所使用的语言来说的。演讲者要以简洁、生动、形象的语言去征服听众。这也是由即兴演讲的临场性这一基本特征所决定的。

1993 年 8 月,中国运动员在第四届世界田径锦标赛中一举夺得女子 100 米、1500 米、3000 米和 10000 米的金牌,震动了世界体坛,教练马俊仁即兴回答记者的问话就非常简洁得体:

外国记者问:"3000 米比赛结束后,中国三名队员为何显得不十分高兴? 是否担心赛后的药检过不了关?"

教练马俊仁答:"东方人有东方人表达胜利的方式,我们中国女孩,比较含蓄。说实在的,在途中跑时,别的国家的选手有 5 次包抄我们,打乱了我们的计划和节奏。三名队员没有显得十分高兴,为的是没有打破世界纪录。……如果有人硬要中伤中国队员服用禁药,我会送他一颗酸葡萄吃的。"

(《中国体育报》1993 年 8 月 23 日)

即兴演讲中如能引用一些名言警句、历史典故、神话寓言等往往会收到词约意丰、事半功倍的效果。

▶ 第二节　即兴演讲的类型与要点 ◀

一、即兴演讲的类型

即兴演讲可分不同的类型。就其方式而言,可分为主动式即兴演讲与被动式即兴演讲;若按演讲主题而选择的相对自由度来说,可分为命题性即兴演讲、随意性即兴演讲和论辩性即兴演讲。

1. 主动式即兴演讲

所谓主动式即兴演讲,指演讲者被临场的情景所激动而主动发表的演讲。如 1860 年 11 月,林肯当选为美国第 16 任总统。次年 2 月 11 日,他在车站面对斯普林菲尔德热烈送行的群众,触景生情,发表了满怀激情、迎接未来的告别演讲:

朋友们：任何一个人，不处在我的地位，就不能理解我在这次告别会上的忧伤心情。我的一切都归功于这个地方，归功于这里的人民的好意。我在这里已经生活了四分之一个世纪，从青年进入了老年。我的孩子们出生在这里，有一个孩子埋葬在这里。我现在要走了，不知道哪一天能回来，或者是不是还能回来。我面临着的任务比华盛顿当年担负的还要艰巨，没有始终伴护着华盛顿的帮助，我就不能获得成功。有了上帝的帮助，我决不会失败。相信上帝会和我同行，也会和你们同在，而且会永远是到处都在，让我们满怀信心地希望一切都会圆满。愿上帝保佑你们，就像我希望你们在祈祷中会求上帝保佑我一样，我向你们亲切地告别。

即兴演讲必须是有感而发。无论是其他人的演讲，触动了演讲者的感情，还是会场上的气氛，触动了演讲者的感情。总之，这种演讲必须如鲠于喉，不吐不快，无病呻吟的演讲，没有真情实感的演讲，会使听众生厌的。

2. 被动式即兴演讲

所谓被动式即兴演讲，指演讲者原本不准备演讲，但被会议主持人或其他人临时邀请所发表的演讲。

赛场即兴演讲是被动式即兴演讲的典型。

被动式即兴演讲，要强调"切题"与"超旨"。

所谓"切题"，指紧扣主题不偏不离，不枝不蔓；所谓"超旨"，指超出"公共主题"，不能人云亦云、老生常谈，要题材新颖、与众不同。

1944年12月，丘吉尔出访美国，正逢圣诞节。在白宫举行的集会上，继罗斯福总统发言之后，丘吉尔应邀作了如下的即兴演讲：

各位为自由而奋斗的劳动者和将士：

我的朋友、伟大而卓越的罗斯福总统，刚才已经发表过圣诞前夕的演说，已经向全美国的家庭致友爱的献词。我现在能追随骥尾讲几句话，内心感到无限的荣幸。

我今天虽然远离家庭和祖国，在这里过节，但我一点也没有异乡的感觉。我不知道，这是由于本人的母亲血统和你们相同，抑或是由于本人多年来在此地所得的友谊，抑或是由于这两个文字相同、信仰相同、理想相同的国家，在共同奋斗中所产生出来的同志感情，抑或是由于上述三种关系的综合。总之，我在美国的政治中心地——华盛顿过节，完全不感到自己是一个异乡之客。我和各位之间，本来就有手足之情，再加上各位欢迎的盛意，我觉得很应该和各位共坐炉边，同享这圣诞之乐。

但今年的圣诞前夕，却是一个奇异的圣诞前夕。因为整个世界都卷入了一种生死搏斗之中，使用着科学所能设计的恐怖武器来互相屠杀。假若我们不是深信自己对别国领土和财富没有贪图的恶意，没有攫取物资的野心，没有卑鄙的念头，那么我们今年的圣诞节，一定很难过。

战争的狂潮虽然在各地奔腾，使我们心惊肉跳，但在今天，每一个家庭都在宁静的、肃穆的气氛里过节。今天晚上，我们可以暂且把恐惧和忧虑抛开、忘记，而为那些可怜的孩子们布置一个快乐的晚会。全世界说英语的家庭,今晚都应该变成光明的和平的小天地,使孩子们尽量享受这个良宵,使他们因为得到父母的恩物而高兴,同时使我们自己也能享受这种无牵无挂的乐趣,然后我们担起明年艰苦的任务,以各种的代价,使我们孩子所应继承的产业,不致被人剥夺;使他们在文明世界中所应有的自由生活,不致被人破坏。因此,在上帝庇佑之下,我谨祝各位圣诞快乐。

丘吉尔《在美国度圣诞节的即兴演讲》紧扣主题,从"血统""友谊"和"感情"三个方面阐述了英美两国之间的手足之情,以及"各位欢迎的盛意"给自己带来的"同享这圣诞之乐"。但是,丘吉尔的即兴演讲并未停留在类似"双方之友谊"和"圣诞之快乐"这些"公共主题"上,而是紧接着由"圣诞快乐"联系到"战争的狂潮",并指出英美两国人民只有在这场反法西斯侵略中担负起"艰苦的任务",不惜付出"各种的代价",才能"使我们孩子所应继承的产业,不致被人剥夺;使他们在文明世界中所应有的自由生活,不致被人破坏"。这样就把节日的祝愿与战争的动员自然地结合在一起,使主题得到进一步的升华,达到了"切题"与"超旨"的高度统一。

即兴演讲要把握好"切题"与"超旨"的辩证关系;"切题"而不"超旨",演讲必然流于公式化,从而缺乏振聋发聩之力;"超旨"而不"切题",演讲必然成为套话,从而缺乏实事求是之意。

3. 命题性即兴演讲

这种类型的即兴演讲主要在演讲比赛中运用得比较多。演讲者按抽到的题目要求,只作 3～5 分钟的准备就上台进行演讲。如 2000 年 5 月在昆明举办的首届"红河杯"全国演讲大赛,进入决赛的 20 名选手就是通过即兴演讲的形式来决定选手的最后的名次,选手抽到的题目有《正气歌的联想》《施恩不图报》《人、家、国》《假如我当官》《人生舞台》等。

4. 随意性即兴演讲

随意性即兴演讲,这主要表现在日常生活中的学习交流、工作中的协商切磋,会议上就某一个问题的讨论争执,或在大会上应邀讲话等等,发言者被眼前发生的景象或情态所感染而激发兴致和灵感所作的一种即席演讲。它是人们在社交活动中最常见、最普遍的一种说话形式。

5. 论辩性即兴演讲

论辩性即兴演讲,是指两个或两个以上持有对立或各不相同的观点的说话者,面对面地进行针锋相对的争论的演讲。如商务和贸易谈判、法庭辩论、赛场论辩等。

随着人类社会的发展,人们社交活动的日益扩大和频繁以及演讲与口才水平的不断提高,对人们即兴演讲能力的要求也就越来越高。即兴演讲的运用范围也越来越广泛,如竞聘答辩、欢迎致辞、宴会祝酒、来宾介绍、婚事贺喜、电视谈话、新闻发布、干群对话等等。

二、即兴演讲的优点

随着时代的发展与社会的进步,即兴演讲这种方式越来越受到人们的青睐,其优势越来越明显,表现为以下三个方面。

1. 内容针对性强

即兴演讲的内容都在现场准备,贴近现实生活,贴近观众、听众心理。主题的确定,材料的选择,轻重主次的安排,都从观众、听众的需要出发,不易脱离实际。

即兴演讲是动态性强的语言交流活动,边看边想边讲,并根据现场反馈及时调整所讲内容,尽量多提供受欢迎、有用的信息,效果事半功倍。

它没有闭门造车的弊端,也少有隔靴搔痒的空话,有的放矢,实实在在,易于接受。如果再加上重视就地取材,当场捕捉话题,更能激起全场的强烈共鸣。

2. 与听众交流多

即兴演讲多半是在现场有感而发,灵感常常来自听众、观众席上。演讲者与听众、观众之间互相配合默契,共同营造一个良好的信息与思想感情的交流环境。台上、台下心理距离小,交流的方式方法多种多样,小到一个会意的眼神,大到和听众、观众握手、拥抱,甚至穿插台上、台下之间的简短交谈,往往气氛格外热烈。

即使在命题演讲之中,"振臂一呼,应者云集"的高潮阶段,往往也是演讲者暂时抛开原来准备的内容或精心设计的态势语言,尽情即兴发挥的关键时刻。

3. 形式更自由

即兴演讲常常是在某个特定的生活场景中进行,而生活场景又多种多样,有的较严肃,有的较宽松,于是演讲形式也不拘一格,只要方便、自然。演讲场地、会场布置、声光设备等等,没有固定的模式,大到万人集会,小到数人座谈,都可以发表即兴演讲。演讲者也不一定始终站在台上,可以选择自认为合适的位置。

即兴演讲是否只适合日常社交生活,而不适合重大政治活动呢?那也不尽然。政治活动要求会场气氛较庄重、严肃,但除了各级领导干部之外,广大人民群众的参政、议政积极性也在日益提高,这是政治民主化的必然趋势。人民群众对国家大事与企业大事各抒己见,发挥主人翁的作用,发言的态度要严肃、认真,但发言场合、讲话的方式仍可不拘一格,仍以即兴、方便、自然较合适,过于拘谨,就难以畅所欲言。

三、即兴演讲的难点

知识、思维、语言(口语),是演讲成功的三大要素。即兴演讲最需要的是优良的思维品质。在思想的条理性、周密性、敏捷性之中,即兴演讲最需要的又是思维的敏捷性。如果思维的敏捷性差,即使知识储备丰厚,也很难迅速灵活调动;正如同即使有良将精兵,战争打响,却很难调到前线灵活指挥使用。敏捷的反应,市场竞争最需要,但却是我们民族性格、思维品质的薄弱环节。其形成过程,有深刻的社会根源与深远的历史根源。要彻底改变,非朝夕之功。

在日常社会生活中,即兴口才用途最广。但在考场、比赛场上,即兴演讲水平又最低,远不如命题演讲,也不如论辩演讲。有的青年人命题演讲考试可得高分,参加全省和全国性的大型命题演讲比赛可获一等奖,但参加即兴演讲比赛却多次中途讲不下去,只好向观众、评委表示歉意,然后退场。出现这种情况主要是由于即兴演讲的难度大、要求高、准备时间短,概括起来有以下三个方面的原因。

1. 准备仓促,很难精雕细刻

即兴演讲与命题演讲、论辩演讲不同,没有过多的时间准备。命题演讲有充分的时间写稿、记稿,酝酿感情,直到"吃透"讲稿滚瓜烂熟方登台。论辩演讲甚至模拟练兵多次才出场。即兴演讲常常带有突然袭击的性质,但这并不意味着可以信口开河。即使仓促准备,仍可在极有限的时间内,在脑海里快速构建一个理论框架;站在讲台上,再补充具体材料,边想边讲,虽然很难精雕细刻,但仍可使整个演讲浑然一体。

2. 篇幅短小,容量有限

短暂的即兴演讲,最短的不到一分钟,一般只有二三分钟,长的不过十来分钟,容量有限。所以,即兴演讲只能从小见大,以少胜多;主题单一,高度凝练、集中,不节外生枝;选材严,开掘深,不旁征博引;言简意赅,字字如金,句句中的,言必及人。否则,整个演讲就会像一盘散沙,易撒难收。

3. 多数人缺乏即兴演讲的锻炼

社会生活、劳动人事制度、教育制度等多方面的原因,使人们的即兴表达能力长期得不到充分的锻炼和提高。在我国,从一家一户的小农经济到大工业生产的计划经济,未经过市场经济激烈竞争的洗礼,一种小型的安宁生活又被另一种大型的稳固生活所取代。一个人只要参加工作,成了国营企事业单位的正式职工,生老病死就全由工作单位包下来。虽然生活水平不高,但总算万无一失,生活节奏不快,工作节奏不紧张,没有竞争带来的生活压力、精神压力,所以善于临机应变的能力也就可有可无、可强可弱。

学校教育长期重知识传授,轻智能培养,对心理素质、思维品质关注更少。从小学一年级到大学高年级,每逢考试,复习功课多为背书、背笔记。学生身经百考之后,机械记忆能力可谓强项,但观察能力、分析能力大多平平,临机应变能力和口头表达能力就普遍更低了。

市场经济竞争激烈,情况瞬息万变,反应太迟钝者,迟早必败。目前教育界对家庭教育、学校教育的缺陷,已经开始重视,处在这样一个新旧交替的时代,临机应变能力暂时较差,即兴演讲(包括应对口才)的水平暂时较低,也就不足为怪了。但是我们可以预见到,只要充分重视综合素质教育和心理素质的改善以及思维品质的提高,中国人的智慧将获得空前的大解放,攻克即兴演讲的思维障碍,也就不难了。

第三节　即兴演讲的要求与准备

一、即兴演讲的要求

即兴演讲以它少而精、小而活、快而准的特点,符合着时代的潮流,迎合着人们快节奏的生活方式,因此,这种演讲方式深得听众的欢迎。而正是即兴演讲的个性特点与特殊功能,决定了即兴演讲的特殊要求。

(一)对即兴演讲者能力的要求

即兴演讲能力是一种高级的演讲能力,是最能反映演讲者修养和功底的。因为即兴演讲场合常有变化,听众的职业、年龄、生活阅历和文化教养也不尽一致,即使是在一次演讲会的过程中也常常产生各种预想不到的情况。即兴演讲能力强的人,能在错综复杂的场合,泰然自若,侃侃而谈。他们能从当时当地听众的实际情况出发,及时调节演讲内容和演讲方式,从而提高演讲的效果。而即兴演讲能力弱的人,则不能随时变通。或者拘泥于原来的讲稿,脱离变化了的实际;或者即席变化,但讲得词不达意,语无伦次,错漏百出,降低或损害了实际效益;或者不能临场发挥,无法即席发言。

一个人的即兴演讲能力,要能够达到缘事而发、应付自如的程度,而且能做到天衣无缝、出口成章,确实有一定难度,需要下一番苦工夫。这是因为,即兴演讲面临的具体课题多变,它要求演讲者必须确有真才实学、知识渊博,具有较高的才情禀赋。同时,即兴演讲面临的情况比较复杂,这就要求演讲者必须具有最佳的心理素质,特别是要有良好的意志品质,能够控制自己的情绪,调节自己的心境,集中自己的神思来完成演讲。并且,即兴演讲的触发性、临时性、短暂性特点,特别要求演讲者头脑清醒、机智、思维敏捷、词汇丰富,能够迅速捕捉话题的精义和要害,理出头绪,列出提纲,快速组织语言。

总的说来,即兴演讲能力的形成,既需要有一定的功底,又需要反复的实践锻炼。否则,即使勉强即兴演讲,也难以产生好的效果。因此,要真正成为一个优秀的演讲者,就必须十分注重即兴演讲能力的锻炼和培养。

(二)对即兴演讲内容的要求

对即兴演讲内容的要求,主要有以下两点。

1. 材料必须新颖

"文章最忌随人后",即兴演讲更是如此。一次即兴演讲没能给别人留下什么印象的原因,往往是因为内容缺乏新意。不"新"就无魅力可言。如你讲的,也是重复别人的,人云亦云;或是反复地去讲一些人们早已熟知的内容,炒剩饭,说废话,老调重弹,拾人牙慧,就会令人生厌。而要讲出新东西,就要讲那些别人想说而说不出或者没有想到过的道理;要讲那些大家正在思索,但还没有被正确地提出来的问题;要讲那些人们想脱口而出,但还没有找到合适语言表达的心声。这样就容易缩短演讲者和听众的距离,使听众产生共鸣而有所获、有所得。

2. 立意必须深刻

即兴演讲的立意要深刻,指讲话的认识要深、意义要深、体会要深、开掘要深,这样才能给听众以深刻的启迪。而要立意深刻,就要选择一个合适的角度。因为同样的一件事情,它可以包含几个意义。我们可以根据不同的目的来确定演讲的立意。要使立意深刻,演讲者确定中心论点的角度就要尽量少而集中,要小中见大。所谓少而集中,是要求演讲者从生活中的平凡现象着眼,由此及彼,以点带面,抓住最本质的一点,触类旁通,引申扩展,上升到理论高度,使其小而实、短而精、细而宏、博而深,令人回味无穷。所谓小中见大,是指要求演讲者力求说出点新意,哪怕是说出一星半点的火花和闪光,也会使道理增色生辉。

(三)对即兴演讲方法的要求

对即兴演讲方法的要求,主要有以下两点。

1. 构思要敏捷

即兴演讲因为要在事先无任何准备的情况下,临时构思发表演讲,所以必定要求构思敏捷。要真正做到"构思敏捷"是不容易的,正像诗人陆游所说:"汝果欲学诗,功夫在诗外。"构思敏捷是以智慧和常识为基础的。构思敏捷,要做到三点:一是要注意培养敏锐的观察能力和分析、归纳、概括能力；二是构思时要选取本人熟悉的人、事、物、景为话题，因为只有自己熟悉的事物，大脑反应才迅速、快捷；三是构思时要选取听众熟悉的、感兴趣的事物和听众关心的热门话题，这样才能与听众产生共鸣。这样，演讲者构思时就能文思如泉涌，并且话语能滔滔不绝，长流不息。

2. 语言要简洁

即兴演讲，本来篇幅就不长，而短短的几分钟演讲，要给听众留下深刻的印象，就特别要求语言要简洁，不能说废话、空话、套话，不能冗长啰嗦。并且，使用的句子不能过长，修饰语不宜用得过多。如果在句子中修饰语用得过多，就会使句子变得冗长累赘。而即兴演讲，语言稍纵即逝，句子太长，后半句还没说完，前半句子就可能淡忘了，听众就会觉得抓不住句子的主干，迫使听众把心思用在理解长句子的意义上，从而影响整个演讲的效果。所以，即兴演讲宜用短句，少用修饰语。要使即兴演讲的语言简洁，不是单纯地把长句换成短句，而是要锤炼词句，要杜绝一切空话和废话，要节省话语，含而不露，留有余地，力求做到言简意赅。

二、即兴演讲的准备

这里着重介绍即兴演讲的智力准备与心态准备。

（一）智力准备

俗话说"养兵千日，用兵一时"，没有日积月累的学习和锻炼，就不可能有妙语连珠、语惊四座的即兴演讲。

即兴演讲比备稿演讲的要求更高，对一般的演讲者来说，具有相当的难度，最见功力，即兴演讲者必须拓展知识广度，开掘思想深度。一名演讲者对所学的专业，掌握得越全面越好；对专业以外的知识，也应尽其所能地了解。因为演讲是一门综合艺术，要求演讲者具备比较全面的知识结构。谈今论古、评说时事，需要历史知识；幽默风趣、吸引听众，需要文学知识；语言简洁、形象生动，需要语言知识。要以自己的热情去感染听众，讲到爱就要满腔热忱地爱，讲到恨就要痛心疾首地恨，要把这些爱憎分明的情感表现出来，又必须具备一定表演艺术……知识犹如一张网，它结得越大，捕捞成功的机会就越多。

即兴演讲者应具备以下四种能力。

1. 应具备敏锐的认识能力和分析能力

能辩证地看待问题，分析问题。面对即兴演讲的命题，能宏观地把握住它，迅速作出准确的判断，由表及里，由浅入深，由近而远，得出深刻的认识，作出正确的判断。

2. 应具备较强的综合材料的能力

即兴演讲者要在很短的时间里，把符合主题的材料粗略地组合在一起，形成一条主线，边讲边修改。增添符合主题需要的资料，摈弃游离主题需要的内容。

3. 应具备丰富的想象力和联想力

即兴演讲，临场发挥特别重要，应注意观察现场和听众，摄取那些与演讲主题有关的人物、事件和情景，因地设喻，即景生情，做到借题发挥，驰骋想象。尽量做到新颖、独到，别具一格。

4. 应具备较强的应变能力

即兴演讲事前无充分准备，临场极易出现意外，如紧张、忘词、说错词等。遇到这种情况，只有沉着冷静，巧妙应变，才能扭转被动局面，反败为胜。

总之，精彩的即兴演讲，绝非一日之功。"台上十分钟，台下十年功。"要能娴熟地应对即兴演讲，需长期积累知识，不断提高自己的认识能力、综合能力、联想能力和应变能力。

(二)心态准备

即兴演讲中，演讲者的心理素质直接关系到即兴演讲的成败。即兴演讲要求演讲者在精神上"放松"，这是即兴演讲成功的前提。"放松"的关键在于"自信"。

1. 放松心态

演讲者在即兴演讲时，应该表现得轻松、客观，坦然自若，这样才能较充分地发挥出自己的演讲才能。演讲者要使自己精神放松，首先应该养成"在乎而又不太在乎"的态度。因为，演讲者如果"过分在乎"，心中充满"杂念"，就会觉得问题严重，从而产生紧张情绪，使自己的精神无法很好地集中到演讲上来，导致演讲时不能讲出应有的水平。

2. 充满自信

放松的关键在于"自信"。演讲者对自己的观点应该坚信不疑，对自己的即兴演讲能力应该充满信心。不要去想对自己不利的反面因素，不要去想自己这次演讲可能会失败。这样，你就能全身心地投入演讲，充分发挥自己的潜能，使演讲获得成功。因为你所得到的，往往不是你所需要的，而是你头脑中不断出现的。

即兴演讲的"自信"，关键在于充实与积累。其中就包括前面所提到的智能方面的准备，以及下面将要讲到的平时的训练。

(三)知识准备

我们平时就要广泛积累演讲材料。这就要求我们平时要做有心人，"家事、国事、天下事，事事关心"，广泛收集演讲材料。平时思考多，即使临场上台演讲也不会慌张。要注意收集历史资料，对那些重要的历史事件、人物的有关情况要熟记，并分门别类地进行整理；注意收集当今的资料，对当今国内外发生的重要事件、人物的有关情况要了如指掌，到即兴演讲时方可信手拈来，恰当用上；注意收集现场的材料，设法熟悉演讲对象，注意观察现场的所见所闻，增加演讲的即兴因素，从而征服听众。

▶ 第四节　即兴演讲的方法与技巧 ◀

一、即兴演讲的方法

"文无定法，大体有之"，对即兴演讲来说也是如此。即兴演讲大体上都由开头、主体和结尾三个部分组成，亦即前面所提到的"三格法"。即兴演讲的格式化构思，有利于演讲者的快速选题和建立演讲的框架。下面介绍即兴演讲的几种基本格式与方法。

(一)借题发挥法

俗话说"万事开头难"，即兴演讲的"开头难"就曾使不少演讲者望而生怯。可是，如果我们能抓住一个"媒介",来一个"借题发挥",马上就能从尴尬中解脱出来。

借题发挥是即兴演讲中最基本的方法,它的要诀是"媒介＋联想"。即兴演讲中的"媒介"可以是人、事、物,也可以是语言、环境等其他对象。

1. 以人为媒介展开联想

某校邀请在戏剧《光绪政变记》中扮演慈禧太后的演员郑毓芝同志作演讲,大会主持人作了即兴介绍:

同学们,今天我们好不容易把"老佛爷"慈禧太后请来了!(掌声、笑声,听众情绪顿时热烈起来)"老佛爷"郑毓芝同志在戏台上盛气凌人,皇帝、大臣、太监见了都诺诺连声,磕头下跪;在台下却和蔼可亲,热情诚恳。她方才和我谈起,还曾扮演过《秦王李世民》中的贵妃娘娘,话剧《孙中山》中的宋庆龄。她是怎样把这些截然不同的人物演得栩栩如生的呢?下面就听她的演讲。

(听众凝视主席台,热烈鼓掌)

主持人以郑毓芝为媒介,联想到她曾扮演过的截然不同的人物,以及这些人物与她本人之间的不同性格,这就使听众产生了极度的好奇,留下了神秘的悬念。

2. 以事为媒介展开联想

上海市浦东新区刚成立的时候,浦东新区的体制一时尚未理顺,川沙县又将并入浦东新区管辖,原数以千计的川沙县干部不可能全部分流到新区政府工作;而来自浦西的大批干部又面临着和即将分流到新区政府机关工作的原川沙县干部共事的局面。如何协调和解决这些新组合的干部队伍的团结问题,显得十分重要。

上海市副市长、浦东新区管委会主任赵启正同志应邀在浦东新区"钻石城"举办的新区干部联谊会上作了精彩短小的即兴演讲:

我今天能和大家欢聚一堂,非常高兴。因为从此以后,我们就是一家人了。(掌声)

浦东开发开放,对世界来说,我们是吸引外资;对外省市来说,我们是打"中华牌";对浦西来说,我们是东西联动;对浦东来说,我们是城乡一体化。到了浦东,我们就要勇敢地朝前走!(掌声)

你们年轻人是希望的一代!(赵启正用手指着无形中排在会场右边的年轻干部)

你们中年人是现在的骨干!(赵启正用手指着无形中排在会场左边的中年干部)

(赵启正风趣诙谐地又用手摸着自己的头顶说)我们头发秃了,但还能干!(全场爆起了一阵热烈的掌声)

(接着,赵启正欣然挥笔写下"城乡一体,共同振兴"八个大字,并签了自己的名字,并笑着说)城乡一体,共同振兴,要靠大家,所以大家都来签名。

(结果签名本上留下了老年人、中年人和青年人一串长长的签名。)

赵启正以干部联谊会大家欢聚一堂为媒介,联想到今后大家也应该成为"一家人"。并进一步联想到要成为"一家人",老、中、青就要团结一致,共同振兴浦东。对世界要吸引外资,对外省要打"中华牌",对浦西要东西联动,对浦东要城乡一体。赵启正精彩短小的演讲不仅使会场增加了团结欢乐的气氛,同时也对新区的干部提出了希望并进行了鼓励。

3. 以物为媒介展开联想

在上海市"钻石表杯"业余书评授奖会上,《书讯报》主编贾伟同志作的即兴演讲:

> 今天,我参加"钻石表杯"业余书评授奖会,我想说的一句话是:钻石代表坚韧,手表意味时间,时间显示效率。坚韧与效率的结合,这是一个人读书的成功所在,一个人的希望所在。谢谢大家。

贾伟同志的即兴演讲以"钻石表"为媒介,由"钻石"联想到"坚韧",由"手表"联想到"时间",又由时间联想到"效率",最后联想到"坚韧与效率"的结合也正是一个人读书的成功所在。

4. 以言为媒介展开联想

1929 年 1 月间,剧作家田汉应南京市郊区晓庄师范学校校长陶行知的邀请,率领他的"南国社"剧团,前往晓庄演出。

当晚,全体师生和周围的农民前往观剧。演出前,陶行知致欢迎辞说:"今天我是以'田汉'的资格欢迎田汉。晓庄是为农友而办的学校,农友是晓庄师生的朋友,我们的教育是为'种田汉'而办的教育。所以我是以一个'种田汉'代表的资格在这儿欢迎田汉。……"借陶行知的话题,田汉在致答辞中说:"陶先生说,他是以'田汉'的资格欢迎田汉,我实不敢当!我是一个假'田汉',陶先生是个真'田汉',我这个假'田汉'能够受到陶先生这个真'田汉'以及在座的许多真'田汉'的欢迎,实在感到荣幸!"接着田汉联想到农民的高贵品质,表示一定要向真"田汉"们学习,让艺术同"田汉"大众携起手来。田汉精彩的答辞博得了听众的热烈掌声。

5. 以景为媒介展开联想

在号称"海天佛国"的普陀风景区,一群游客登上当地最高的佛顶山,个个疲惫不堪,默默无语。这时一位导游面对浩瀚无垠、海鸥轻翔的大海作了一番即兴导游演讲:

> 朋友们,脚下那锦鳞片片、白帆点点的水面就是东海,多少年来,这海拥抱着、冲刷着佛顶山,以它特有的英姿启迪着人们:海是辽阔的,胸怀无比宽广;海是厚实的,什么都能容纳;海是深沉的,永远那么谦逊……朝着大海,烦恼的人会开朗,狭隘的人会豁达,浮躁的人会沉稳……

这位导游以大海为媒介联想到人的一生要像大海一样"胸怀无比宽广""什么都能容纳""永远那么谦逊"……听着这充满豪情和哲理的演讲,游客们感慨不已,情趣顿生。

(二)其他手法

即兴演讲除了"借题发挥法"之外,还有"提纲挈领法""平中见奇法""四步法"和"三段法"等,不过它们大多是由"借题发挥法"演变而成的。它们的基本方法仍然难以离开"媒介+联想"。

1. 提纲挈领法

提纲挈领法又称"片言居要法",即兴演讲时先举出一个成语、俗语或警句来表达自己的观点或主张,接着就以它为红线,进行层层阐述。

如果你和单位的同事参观在农业、工业和商业等方面搞得都很不错的 W 乡镇,参观后乡镇负责人举办茶点招待,席间需由你代表参观团谈谈感想。你不妨这样开头:"俗话说'无农不稳,无工不富,无商不活',刚才我参观了 W 乡镇无污染菜园,又参观了 W 乡镇的电缆厂、制鞋厂,最后又来到这美丽豪华的宾馆,我们都有一个共同的感觉,这就是 W 乡镇农业、工业和商业都发展得很好,难怪 W 乡镇人心能如此稳定,生活如此富裕,经济如此活跃……"

2. 平中见奇法

平中见奇法即对一个平平常常的词语赋予新的解释,或经过"加工处理"使其产生一种相反的含义。

如果你应邀去参加电台或电视台举办的集会,会上主席要你谈谈如何做好节目主持。你不妨说:"我连一天的节目也没主持过,而在座的都是'身经百战'的节目主持人,我来讲如何搞好节目主持,这是典型的'班门弄斧'。不过,我想'弄斧'还就是要到'班门',因为只有这样才能得到大大小小的鲁班的批评指正啊! 好,下面我就谈三点看法……"

人们从"知足者常乐"中引出"不知足者常不乐",从"有的放矢"中引出"无的放矢""有矢无的",从"官僚主义"中引出"兵僚主义"等皆属此类。

3. 三步法

三步法即平时所说的"提出问题,分析问题,解决问题"。这种方法好学好懂,也符合事物发展的规律,新中国成立前革命前辈常用这种方法作即兴演讲。当今一些即兴演讲也常用此法。

例如,《谈精神文明建设》可以分为下面三部分。

第一部分:什么是精神文明建设。

第二部分:为什么要开展精神文明建设。

第三部分:怎样开展精神文明建设。

又如,《学习徐虎精神》也可以分为下面三部分。

第一部分:什么是徐虎精神。

第二部分:为什么要学习徐虎精神。

第三部分:怎样学习徐虎精神。

4. 四步法

这是美国公共演讲专家理查德所惯用的格式。理查德认为即兴演讲应该记住提醒自己的四句话,亦即四个步骤。这四个步骤如下。

(1)喂,讲得精彩些!(提醒自己开头就要吸引听众。)

(2)为什么要费这个口舌?(指出与听众的利害关系。)

(3)举例说明。(可采用"选字组合法"加强记忆,即将每个例子题目的第一个字组合成一个"词语"便于记忆。)

(4)怎么办?(对听众提出希望。)

根据理查德"四步法"的说法,交通安全问题的演讲可以这样进行:

第一部分,上星期四,特购的 450 具晶莹闪亮的棺材已运到了我们的城市……

第二部分,不讲交通安全,那订购的 450 具棺材,也许在等待着我,等待着你,等待着我们的亲人……

第三部分,举一些有关治安、交通和小学生方面的事例。

第四部分,告诉听众你想要他们做些什么,要讲得具体点。

二、即兴演讲的技巧

在一般情况下,即兴演讲事先并不准备,更不可能预先写好演讲稿。但是,没有准备并不等于演讲者在对讲什么和怎样讲都心中无数的情况下便登台演讲,更不等于可以信口开河,随意胡诌,而是心中有"数",心中有"底"。这个"数"和"底"就是指腹稿。即兴演讲准备时间再仓促,也有一定的打腹稿的时间。即使是"命题测赛式"即兴演讲,通常至少也要给一分钟的准备时间。那么,有一分钟,就可以进行一分钟的准备。就要充分利用这一分钟来迅速构思腹稿。脑子再灵活的人,反应再快的人,进行即兴演讲也要构思腹稿。即使是想一句讲一句,也是在构思了讲话的基本框架、思路和要点的基础上随想随说的。想一句讲一句,指想一句语言,表达一句语言。"想"的是语言,而不是思路。

腹稿构思是进行即兴演讲的基础,也是必不可少的最关键步骤。但即兴演讲的腹稿构思,与一般文稿构思相比,有很大的特殊性。最为突出的是构思时间非常短,有时甚至只有一分钟,来不及,也不可能反复思考、反复修改、反复斟酌,而需要迅速构思,一气呵成。因此,即兴演讲的腹稿构思,比一般文稿构思的难度要大得多。但是,任何事情,有内涵就有特点,有特点就有规律,有规律就有诀窍,即兴演讲的腹稿构思同样如此。根据人们即兴演讲的实践经验总结,即兴演讲的诀窍主要有以下几点。

1. 借引媒介,引出话题

即兴演讲中的"媒介",是指与场景、主题有紧密关联的,能迅速沟通演讲者和听众心灵的人,或事,或物,或名言,或警句。所谓借引媒介,是指借引这些人、事、物、名言、警句来开头,从而引出话题,并达到沟通演讲者和听众心灵的目的。

借引媒介、引出话题的方法有三种:一是根据具体的场景、主题来借引"媒介",确定话题;二是选择听众所熟悉、易理解的事物为媒介,以激发听众的共鸣,迅速沟通演讲者与听众的心灵,引出话题;三是选择与演讲主题有关、能充分表达演讲者此时此地特定思想感情的事物为媒介,做到客观媒介与演讲主题和谐一致,从而托出话题。

借引媒介、引出话题时,还要注意如下几点:一看宗旨,即看场景的主题、会议议题、邀请人的意向等来就题发言,不说外行话,不说题外话;二看听众,即看听众的年龄、职业、文化程度等,有针对性地借引媒介,引出话题,比如听众都是学问渊博的儒雅之士,就不妨引经据典,旁征博引,以此引出话题;三看需要,即了解自己讲话之前有谁讲过什么,还有什么没有讲或讲得不充分、不完善,需要拾遗补缺,补充发挥的,要弄清楚需要自己讲什么,自己可以讲什么,不要讲起来云天雾地,不着边际;四看自己,主要是看借引的媒介要适合自己的身份。

2. 展开联想,搜集材料

在即兴演讲的腹稿构思过程中,在借引媒介、引出话题后,接下来是构思该讲些什么内容,这就需要材料。演讲者要在大脑里快速搜集储存的信息。演讲者的大脑在搜集信息材料时,联想便是最基本的思维形式。它由某一事物联想到另一事物,发生连锁反应,源源不断地再现储存的信息,提供所需的材料。因此,即兴演讲的腹稿构思,必须展开丰富的联想。实际上,每一个正常人都能迅速展开联想。因为,在即兴演讲的腹稿还未成形之前，一般来讲，演讲者的大脑中都有一个短暂的内部语言的运动过程。在这个内部语言的运动过程中，即兴演讲者在具体时境的各种有关信息的刺激下，都会迅速地展开联想。只是不同的人，因储存信息量的多少和优劣，决定了信息提供的速度和质量。但是，不管平时积累、储存信息的多寡与优劣，在即兴演讲场合，通过展开联想，恢复记忆的方式提供演讲的材料，无论如何比临时编织、现场组织要快得多。并且，虽然任何联想都是建立在记忆基础上的思维运动，但由于即兴演讲的联想，是在演讲主题的氛围中进行的，是借助即兴情感的推动，把演讲主体的感知（体验）和理解联结在一起，将现场场景、氛围、主题、时境所提供的特定条件跟自己记忆中的同演讲主题有着内在联系的各种富有感情色彩的生动事例、幽默故事、风趣话语、名人警句、哲言隽语、诗词、歌赋等材料自然结合起来的。因此，这种联想的表象，就不再是曾经感知过的旧存表象的简单重现，而是经过加工、组合和改造了的新的信息形象。这种新的信息形象，就可成为此时即兴演讲的材料源或材料本身。

构思腹稿中联想的主要方式有两种：一种是接近联想；另一种是自由联想。所谓接近联想，是指因事物在性质上或形态上相似而产生的联想，比如，若话题是"你心目中的男子汉"，则由此联想到毛泽东、陈毅、孙中山、项羽、拿破仑、高仓健；联想到巍巍昆仑、滚滚长江、滔滔黄河、苍松翠柏、金戈铁马等等。所谓自由联想，指围绕话题进行的无拘无束的畅想，不拘泥于眼前场境，超越时间和空间，一任情感驰骋，接连不断地展开想象，从而在最大的范围发现事物与事物之间联系的联想。这两种联想的方式，既可以单独使用，也可以交叉使用。

3. 布点连线，理脉成文

在展开联想时，演讲时大脑里所显现的信息材料，大多是与话题有关而独立的、零乱的、散碎的、互不联系的材料。这些互不联系的、似乎无关却又有关的事物，比如一两个表述观点的核心词语、一两句能概括观点的格言警句、一两个小典故等等，我们称之为腹稿内容的"点"。所谓布点，就是将这些互不联系的、独立的、零乱的、散碎的"点"的材料，迅速地略加筛选后，选择出自己所要采用的部分，作为组成演讲词腹稿的内容的"点"。然后围绕主题，并考虑到各"点"之间的联系，合理布局，快速组合，最后连贯成文，即所谓的连"线"。因为布点时的联想是快速思考，思考中所布各点往往是零星散乱的，不是有序和有机的，需要合理组合。连线的任务，就是把所布的各点，根据一定的逻辑关系放在恰如其分的位置上，使之成为一个有机的系统，从而理脉成文。

布点连线、理脉成文的方式主要有三种：一是串珠式，即用横缀的方式把各点的内容连接起来，使之成为像"项链"或"门帘"那样，一线串珠，串联一体；二是楼梯式，即用直进深入的方式，把各点连缀起来，使之成为步步高、层层深的一体；三是网式，即指导各点内容，有纵有横地连缀起来，使之既有时空顺序，又有逻辑层次，形成纵横交错的"网式"结构体。第三种方式较为复杂，只有思维能力很强、思维品质特别优异的人，才能纯熟地驾驭此法。

▶ 第五节　即兴演讲的训练与把握 ◀

一、即兴演讲的思维训练

即兴演讲对一个人的思维能力的要求是很高的,努力做到思维敏捷,需要平时加强训练:要快速思维,反应灵敏,随机应变;要联想丰富,联想相关的人和事,使演讲内容丰富;善于发散思维,解决问题时能在同一个方向上流畅地想出多种不同类型的方案,能在不同的方向上想出多种不同类型的方案,增强演讲的说服力和统摄力。

即兴演讲的思维训练方法很多,现在介绍几种有效的方法。

(一)即兴演讲的思维训练的含义

《美国杂志》曾发表过美国著名影星道格拉斯·范明克的文章,介绍了他和查理·卓别林、玛丽·璧克馥几乎每天晚上都要做的一种即兴思考游戏:

> 我们每个人都在一张纸条儿上写一个题目,然后把这张纸条叠起来混在一起。每人抽出一张条子,他必须立即站起来就条子上的题目讲上一分钟。我们的题目次次不同。有一天晚上,我不得不讲讲"灯罩"这个题目。如果你认为这个题目不费吹灰之力,那你只要亲自试试就知道了。我好歹总算讲了下来。

> 但问题的关键是,自从我们三个人开始做这个游戏以后,都锻炼得思维敏捷了。我们懂得了五花八门的丰富知识;然而,比这更使人高兴的是,我们是在锻炼对任何一个题目经过片刻就调集起知识和思想的能力,我们是在学习怎样即兴思考。

戴尔·卡内基通过演讲教学实践,证明这种练习功用有二:一是它可以向班上的人证明,他们能够即兴思考;二是这种经验使他们在做有准备的演讲时,更为气定神闲,更有充分的信心。他们明白,就算在做有准备的演讲时,最坏的情况发生,脑中突然一片空白,他们仍然有即席演讲的根基,仍能侃侃而谈言之有物,直至重返原先的思想轨迹。

戴尔·卡内基曾在训练班上多次重复过这样的话:"今晚将给每人一个不同的题目,要他演讲。不过,要到站起来演讲时才会知道自己的演讲题目是什么。祝各位好运!"

通过训练,戴尔·卡内基说,虽然有时会计师要讲做广告,而广告员却要讲幼儿园;有时老师的题目是银行业务,而银行家的题目却是学校教学……但是,他们并没有泄气,他们都尽量使这些话题适应自己所熟悉的事情和知识。他们最初的努力也许不会使他们讲得头头是道。不过,他们确实站了起来,确实开始了演讲。有些人也许觉得简单,有些人也许觉得困难,但是他们并没有放弃努力。他们都发现:自己远比想象中表现得更好。这对他们是一种兴奋和刺激,他们知道了自己可以发挥出一种原先不相信自己会具备的能力。

(二)发散性思维训练

发散性思维又称求异性思维。心理学认为,思维的发散是使信息朝各种可能的方向扩散并引出更多的新的信息,从而达到创新,这是培养创造性思维的重要途径。发散思维有三个维度,即流畅性(指发散的量)、变通性(指发散的灵活性)和独特性(指发散的新奇成分)。其中的关键是变通性,因为有了变通,思维就会更加流畅;有了变通,才能逐步做到独特。发散思维是创造性思维的基础,所以演讲者要想使演讲做到"新奇、独特、有创造性",就必须进行发散思维的训练。进行发散思维训练中常出现的两个问题:第一个问题是只会直线思维,思路狭窄,不善于从逆向方面来论述,所以不免老生常谈、平淡无奇;第二个问题是随意粘连,无法收束,其实培养创造性思维,除了培养联想发挥和应变反应之外,还应培养思维的集中能力,不能开"无轨电车",否则会离题万里。常用的发散思维训练有连接法、连点法和联想法等。

1. 连接法

连接法是承接着上一位演讲者的话茬继续往下说的训练方法。例如:

①《坚定的信念是成功的前提》

同志们:

上海市奉贤县邬桥镇有一家电器厂,各方面的工作开展得都不错,这家电器厂有个很好的厂名叫作"强人电器厂"。我想这"强人"两个字不仅是代表了厂的名称,同时还表达了该厂职工对事业成功的坚定信念和执着追求。该厂过去名不见经传,现在经过全体职工的努力拼搏,已能生产各种高质量的漆包线和变压器等产品,其中电脑稳压电源、紫外线消毒箱等科技产品已走出上海,打入国际市场,深受广大用户欢迎。

一个人,一个企业,一个地区,一个国家,只有首先具备了坚定的信念,对自己的事业充满信心,[请接着往下讲]

②《岁末聚餐会致辞》

各位,谢谢你们让我有机会说几句话。今晚在座的,都是个性相投的同仁。为了祝贺一年中平安无事,也为了忘却一年来的辛劳,所以特别请大家在百忙中抽空参加这个聚会。现在,我先以主办人的立场表示感谢。

不久以前,[请接着往下讲]

③《"祖国与我"演讲赛上的讲评》

尊敬的校长、各位老师、同学们:

今天我很高兴能够到上海大学担任"祖国与我"主题的即兴演讲赛的评委,我和在座的师生一样受到了一次深刻教育。

刚才,突然听到主席宣布要我对这场演讲赛作个小结,我感到有点茫然……可是通过刚才10位参赛同学的即兴演讲,柳暗花明又一村,我豁然开朗了。[请接着往下讲]

戴尔·卡内基在训练学员即兴演讲时就用过这种连接法。卡内基叫一位学员以绝妙的词语来开始叙说一个故事。比如,这位学员说:"前几天我正驾着直升机,突然注意到一大群飞碟正朝我靠近。于是我开始下降,可最靠近的飞碟里却有个小人开始向我开火,我……"

说到这里,铃声响起,表示这位演说者的时间已经结束。接下来的另一位学员必须把故事接下去。等到班上每个人都进行了一段演讲时,这个连接训练也就圆满地结束了。

实践证明,连接法对于培养事先无准备的演讲技巧是行之有效的。

2. 连点法

连点法是将头脑中闪现出的人、事、物的散点按照一定的顺序和结构连缀成篇的训练方法。

假如你出席某市企业新闻工作者协会成立大会。这次大会是在某厂新建的俱乐部会议厅召开的。将你头脑中闪现的散点连缀成一段精短的演讲词。

散点为:①主席台上盛开的杜鹃花;②到会的众多的新闻工作者;③十分漂亮的会议厅。

请看上海市新闻工作者协会主席王维同志在类似场合所作的即兴演讲:

> 我来参加会议,没有想到有这么好的会场,这个会场不要说是企业报记者协会成立大会,就是记协成立大会也可以在这里召开。没有想到有这么多的企业报记者、编辑参加这个大会,它说明企业报社的同仁是热爱自己的组织、支持这个组织的。没有想到,今天摆在主席台上的杜鹃花这么美丽。鲜花盛开,这标志着企业报记者协会也会像这杜鹃花一样兴旺、发达……

王维同志的即兴演讲通过三个"没有想到",将会场、人员、鲜花这三个"散点"有序地连缀在一起,从而揭示了企业报记协的实力,赞扬了会员们的凝聚力,并表达了对企业报记协的美好祝愿。

连点的方法有纵式、横式和纵横结合的网式三种,演讲者可酌情灵活使用。

3. 联想法

联想法是由一事物想到另一事物的训练方法。它可以是由当前的事物回忆起有关的另一事物,或由想起的一件事物又想到另一件事物。善于联想的人在即兴演讲时可以充分利用发散性思维的特点,闻一知十,触类旁通,使即兴演讲具有流畅性和变通性,甚至可以作出具有独特性的精彩的即兴演讲。

联想训练有利于创造能力的提高。科学家哈定说,一切创造家几乎都是幻想家。所以,即兴演讲的训练,一要尽量展开想象,它不是儿童幼稚的表现,而是思维具有活力的标志;二要开拓知识面,知识面越宽,想象的思路也就越广;三要经常进行联想训练,它有助于发展想象力。

苏联心理学家哥洛万和斯塔林次研究证明,任何两个概念都可以经过四五个阶段,建立起联想的联系。例如:木质—树林;树林—田野;田野—足球场;足球场—皮球。又如,"天空"和"茶杯",它们似乎是两个毫不相干的概念,但是只要经过三步中间的联系,就可使它们发生联系:天空—土地;土地—水;水—茶杯。

研究证明,每个词(概念)平均可以同将近 10 个语词发生直接的联想联系。只要经过三、四步中间联系,发生联系的语词可分别达到1000个和10000个。

因此,在一般情况下,经过三、四个至多是五个阶段,两个毫无关联的概念都能发生自然的联系。经常做联想训练将大大地发展我们的想象力,有力地提高我们即兴演讲的能力。例如:

(1)出示一根玻璃棒,要求演讲者通过联想,在一分钟之内说出它像什么,说得越多、越准确,就越好;

（2）出示一块手表，要求演讲者通过三、四个阶段的联想，讲述妇女工作的重要性；

（3）以公路两边农村新建的漂亮住房为媒介，宣传中央提出的"城乡一体化"的精神。

联想的种类很多，有接近联想、相似联想、对比联想和因果联想等。

接近联想是指在空间或时间上相接近的事物之间所形成的联想，如由水库想起水力发电机，由10月想起国庆节。

相似联想是指有相似特点的事物之间形成的联想，如由鲁迅想起高尔基，由徐虎想起雷锋。

对比联想是指有对立关系的事物之间形成的联想，如由光明想起黑暗，由警察想起小偷。

因果联想是指有因果关系的事物之间形成的联想，如由火想起热，由城市交通的井然有序想起交通民警的奉献精神。

联想的形式和方法有纵式、横式和网式（即"纵横式"）三种，在即兴演讲时，演讲者可酌情灵活应用。

二、即兴演讲环节的把握

即兴演讲的特点，决定了即兴演讲准备时间的仓促。但是，准备的临时性并不意味着演讲者在台上可以信口开河，胡说一通。演讲者应该把握住即兴演讲的基本环节，方能在演讲台上应付自如，潇洒自然。一篇精彩的即兴演讲，离不开吸引人的开场白、充实的主体内容、有力度的结尾，这便是我们进行即兴演讲必须把握的三个环节。

1. 吸引人的开场白

演讲的开场白，是向听众抛出的第一条彩带，听众往往从开头判断演讲者的优劣。美国演说家洛克伍德桑佩曾说过："在整个讲话过程中，做到轻松地、巧妙地与听众交流思想是困难的，然而，做到这一点的关键，是讲话开头的用字和表达。"即兴演讲尤其如此。由于即兴演讲的时间很短，听众没有过多的时间思考、回味演讲的全部内容，往往把注意力放在演讲者的开头几句话。

怎样才能使即兴演讲的开场白更具有吸引力呢？明代谢榛说："起句当如爆竹，骤响易彻。"即兴演讲的开场白，切忌套话、废话、虚话和陈词滥调，而应该采用直入式，如破空而出，直接跃入演讲的核心，迅速抓住听众的注意力。也只有如此，才能迅速搭起演讲者与听众之间的第一座桥梁，从而为整个演讲的成功奠定基础。

2. 充实的主体内容

即兴演讲的篇幅短小，而在短小的篇幅内要讲出充实的主体内容，实属不易。从方法上说，要抓住以下三点。

一是要注重交代演讲与听众之间的利害关系。心理学家多柏雷宁认为，引起人们注意的原因有三种：一是外界刺激；二是人内在的兴趣；三是人们已有的经验。听众听演讲，总是希望从中能听到和自己切身利益有关的内容，总希望从演讲者那儿得到某些启示。所以，在主体部分应该向听众说明听众与演讲内容的关系，点明和阐述演讲者发表这个演讲的理由和根据，对演讲与听众之间的利害关系阐述越明了，吸引力就越大。

二是运用生动形象的事例。为了使短时间内发表的即兴演讲内容充实、丰富，还需要尽快列举典型事例，使你的论点形象、简洁、生动地印入听众的脑海。事例往往能帮你从苦苦的思索中解脱出来,而且还能加深听众的记忆,激发兴趣,开拓主题。事例是抓住注意力的有效手段,是加强演讲说服力的有力证明。在生动形象的典型事例运用的同时,再加以精辟的分析,作出"点睛"的议论,演讲的主体部分也就有血有肉了。

三是要有感而发,情真意切。即兴演讲是即席而起,有感而发。没有感情的演讲是苍白无力的。古人云:"感人心者,莫先乎情。"而要做到情真意切,叙事时就要使听众如临其境,把"感情再生出来";说理时就必须情理相生;抒情时应当情理兼备。要把自己的所思、所感、所爱、所憎传达给听众。

3. 有力度的结尾

即兴演讲最困难的是结尾。因此,即兴演讲者在开始即兴演讲之前,就要考虑好结尾。即兴演讲,既要求有一个新颖巧妙、吸引人的开头,又要求有一个干净有力、响亮的结尾。这是即兴演讲与命题演讲的又一个区别。命题演讲的结尾讲究"留有余味""余音绕梁",而即兴演讲则要求有一个力度很大的响亮的结尾。演讲的结尾有许多种,但是在即兴演讲中用得较多的是号召式、希望式和展望式结尾。因为这几种结尾方式有气魄,气势浩大,鼓舞人心,令人振奋,能给人留下深刻的印象。

▶ 第六节　即兴演讲案例评析 ◀

【例一】

(美)迈克尔·乔丹:奥林匹克生涯已经结束

朋友们:我经常强调说,一旦我失去动力或不需要再证明什么了,我就应该退役。现在是我离开的时候了,这并不是我不爱这项运动,我只是觉得我已经达到了自己事业的顶峰,我没有什么可再证明的了。

我不知是否会复出,退役的意思就是从今天开始我想干什么,就可以干什么。如果这意味着今后要复出,我也许会的。我不把这扇门关死。如果公牛队还需要我,我也许会重归赛场。如果我日后复出,也不会效力于另一支球队,因为我的心已经属于它了。

我的奥林匹克生涯已经结束了。

我第一次得 NBA 总冠军后,我父亲就劝我退役。我们当时的看法有很多不同,因为我认为,作为球员我还有许多东西要去证明。第三次夺得总冠军后,我们又谈了一次,我被你们说服了。

我时刻在承受着新闻媒介所带来的压力,我不会因为他们而离开球场的,这是我自己的抉择。即使我父亲没有去世,我也会作出同样的决定。父亲的去世使我看到了自己的未来,但痛苦会一天天地淡漠下去的。是他的不幸提醒了我,人的一生是何等短暂,该如何珍惜。我不能太自私,要用更多的时间去陪我的亲人,包括我的妻子、孩子,我需要过一种正常的生活。

我退役以后,很多朋友对公牛队的实力表示怀疑,但我并不担心,这好像父亲送儿子上大学。当然,我不是他们的父亲,我告诉他们要相信自己。我认为我们有很多获胜的机会。我也坚信,肯定会有更多的球星诞生的。

我需要一件工作吗？我从来没有考虑过，现在也不想要，我现在要看一看小草是如何成长的，然后再把它们割掉，我当然要经常去看公牛队的比赛，可我不会告诉伙伴们我什么时候去看。我想，我不会完全过一种正常的生活，只不过公众的关注比以往少一些，我会怀念篮球比赛的，我会怀念夺取冠军辉煌的时刻，会怀念每年与队友们待在一起的八个月的美好时光。

【评析】

美国著名的篮球运动员迈克尔·乔丹在宣布退出篮球运动生涯时发表的即席电视告别演说就是一篇典型的即兴演讲。这是迈克尔·乔丹所作的告别演说。

迈克尔·乔丹在即兴演讲之前并未拟草稿，也没有经过深思熟虑，只是急于把自己的主要意思和此时此刻的激动心情告诉给电视观众：应该退役—倘若公牛队需要也许会复出—退役的思考过程及退役的深层原因—坚信公牛队的实力—今后自己要好好生活，但仍关心公牛队，怀念篮球比赛。告别演说具有临场性的特点，迈克尔·乔丹语言流畅，饱含深情，深深地感染着每一位观众。

【例二】

白岩松：在哈工大的即兴演讲（节选）

有这么一对儿夫妇，吃完饭就坐那里看电视，看完了，就洗漱一下睡觉，日复一日、年复一年就这么过着。也许有的同学会说：太枯燥了吧，该离了吧？但真正的生活就是这样，就是这样平常，生活如此，创业如此，大学生们走入社会之后注定要花大部分时间做平平常常的事。那对夫妻在年老的那一天会彼此含着热泪感谢对方与自己携手相伴一生、彼此温暖一生，而同学们也会在平平常常的生活中等来生命中只占百分之五的激情与辉煌时刻！（掌声）因此，同学们要做好准备，毕业后准备好迎接平淡。

同学们在大学里一定要多做梦，甚至可以梦游，（笑声）比如现在一谈爱情我脑子里只会闪现我爱人的照片，而你们则可以设想一千位俊男靓女的样子……这就叫作虚位以待。我年少时看了三毛的书也想周游列国，没准还能碰上个女荷西。（笑声）但是所有这些梦想都属于你们这个年龄段，我现在没有资格做这样的梦了，我现在所处的是人生的舍弃阶段，而你们所处的是人生的选择阶段，不要放弃做梦！（长时间的掌声）更别忘了替这个社会、替这个国家做梦，能全身心地做这种梦，一个人一生中没有几次这样的机会，等你人到中年上有老下有小时，想做梦你也力不从心了，因此趁现在抓紧做梦！

有人说现在大学生找不到工作，怎么会呢？我有时候就想不通，真的如此，那我国岂不是比美国更发达了……因为我们的大学生都在待业呀！（如雷的掌声）其实大学生不是找不到工作，而是找不到一步到位的最满意的工作！实际上你就是一个骑手，毕业后你就应该先骑上一匹马，只要你优秀，你就能找到更棒的马！（长时间的掌声）

季美林老先生的一席话给我印象很深，采访他时，他说："我已经如此老了，但我的道路前方仍有百合花的影子，人生的前方要永远有希望、有温暖才行。"再举个例子,狗赛跑怎么比? 怎么让狗跑起来、跑得快? 每个狗嘴前边都吊着个骨头,我们每个人也要给自己放块骨头,(笑声)精神的骨头!(热烈的掌声)

【评析】

央视名嘴白岩松曾应邀到哈尔滨工业大学做了一场即兴演讲(本文为节选)。在台上白岩松即兴发挥,妙语连珠,赢得了大学生们的阵阵掌声。

作为央视名嘴的白岩松,在哈尔滨工业大学这个大学校园里,面对着莘莘学子一双双充满渴望的眼睛,并没有大谈特谈自己奋斗与成功的过程,而是从大学生们要树立正确的人生观与理想观这个角度入手,分别从"要学会过平淡的生活""要多做梦""要有正确的就业态度""人要有精神"这四个小题分而论之。这些小观点的提出,与学生们的实际生活息息相关,因此,引起了大学生们的关注与共鸣。

在演讲中,白岩松运用了其特有的幽默感,博得了同学们阵阵热烈的掌声,同时也表达了自己对青年问题的独到见解和言语中透着的强烈的责任感。针对青年学生不甘于平淡的普遍心理,白岩松并没有呆板地去说教,他先是从一对夫妻的平淡生活讲起,以家庭中普遍存在的现象为例,巧妙地过渡到青年学生的生活态度问题上,朴实的话语、简单的道理使人一听即明。

谈起青年人的理想问题,白岩松没有用艰深的术语予以阐述,而是实实在在地用"做梦"替代了"理想"这一主题,二者的置换反映出了白岩松对演讲主题的匠心。在选例时,他由己及人,用对比的手法突出了"青年人要有理想"这个主题。这种"做梦"的说法,比起课堂上的正面说教,更让学生们容易接受。

接下来,白岩松谈到广大学生最关心的话题——就业。他把找工作比喻为"找马",另辟蹊径。"骑马找马"具体地概括了大学生们应有的择业观念,易于学生理解,因此也更能起到说服的作用。

最后,白岩松引用了季羡林老先生的一段话,旨在告诉大学生们,虽然前路荆棘满地,但只要有一点点希望,就要不惜一切,勇往直前,直至理想的彼岸。人总是要有精神的,生命不息,奋斗不止。在阐述这一道理时,他用了一个极其生动的比喻——"狗赛跑",意在启发青年朋友要有精神,要有目标,如此生动而形象的比喻怎能不受学生们的欢迎呢?

在语言的运用上,白岩松时而张扬,时而含蓄,时而激越,时而温婉,真是收放自如,张弛有度。在篇幅不长的演讲中多次赢得了学生们的掌声。

白岩松的即兴演讲,真正达到了锦心绣口、妙语连珠的至善至美境界。他善于从现场中捕捉话题,取之有道而又用之有术,加上自身的幽默感,使现场始终洋溢着轻松、活泼的气氛。这场演讲展现了白岩松个人的语言及人格魅力,可称作是即兴演讲的典范。(郑蔚萍评析)

【例三】

马云:"英雄会"上秀口才

单看外表,马云貌不惊人。但就是这个看似弱不禁风的人,在"中国互联网最寒冷的冬天",以自己的智慧、激情和行动,创造了"阿里巴巴"的营销奇迹。身为阿里巴巴集团董事局主席兼首席执行官的他,频频在央视《赢在中国》《我们》《创业英雄会》等栏目亮相,指点创业,纵论英豪。这不,2008 年 3 月 16 日,"我能创未来——中国青年创业行动"的第一场创业英雄会在北京开锣,马云应邀出场,又大"秀"了一把口才。

说心得:概括精当,要言不烦

在节目现场,作为创业精英,马云侃侃而谈,与大家分享自己的创业心得。他说——

> 梦想,是创业的起点。有梦想,就要有行动。很多人是"晚上想想千条路,早上起来走原路",如果不给自己的梦想一个实践的机会,梦想永远只是梦想。此外,创业者还要想清楚一个问题:我想干多久,我能干多久? 我想与所有创业者和准备创业的人分享一句话,就是我每天都跟自己讲的那句话:今天很残酷,明天更残酷,后天很美好,但绝大多数人都死在明天晚上,看不见后天的阳光。所以,我们还要努力坚持。

创业是个千头万绪的大话题,创业者的心得更是五味杂陈,岂是三言两语就能说个清楚,道个明白? 但马云就是马云,你看他用简洁明了的话语,紧扣三个密切相关的创业关键词——"梦想、行动、坚持",阐释创业成功之道,显得有条不紊,层次分明。

他把"梦想"比喻为创业的"起点",十分贴切。接着谈行动的重要性:"晚上想想千条路,早上起来走原路。"化用西方谚语,讽刺辛辣,道出了很多人易"患"的"创业病",从反面告诫创业者行动的重要性,否则"梦想永远是梦想",知易行难的道理不言而喻。最后强调"坚持"的作用:"今天很残酷,明天更残酷,后天很美好",运用递进句式,强调了"创业艰难百战多"的现实,也揭示了"总有希望在前头"的哲理。"死在明天晚上,看不见后天的阳光"的比喻,一语道破了绝大多数创业失败的原因,也说明了"我们还要努力坚持"的必要性。

马云诉说创业心得,可谓要言不烦。他一番概括精当的话语充满睿智,是真切的体验、深刻的感悟,更是无私的分享、坦诚的忠告,使人颇受启迪。

谈"忽悠":辩证剖析,逻辑严密

在节目的互动环节,一名来自中央财经大学的学生问马云:"您特能忽悠,忽悠得大家热血沸腾,我想知道,您的'马氏忽悠法'对创业到底能起多大作用?"马云笑了笑,回答说——

> 我不知道忽悠是贬义词还是褒义词,但是我想,如果你相信,就觉得这不是忽悠;如果你不相信,什么事情都是忽悠。创业靠的是坚定的信念,你可以忽悠别人两天三天,但是你要忽悠谁一年两年,甚至十年二十年,是很难的。所以我觉得,创业不能靠忽悠,得靠脚踏实地,想到、说到、做到才是关键。

"忽悠"一词本是东北方言,经赵本山在春晚舞台上传播后,成了口耳相传的流行语。"忽悠"含义比较宽泛,有"设套、欺骗"的意味,还有"鼓动、怂恿"的含义,近于贬义。因此,面对大学生貌似调侃实则犀利的提问,"久经沙场"的马云当然不会被"忽悠"进去。

你看他接过话茬,以话赶话,顺水推舟,应对有方。先是装傻充愣,摆脱圈套,说"不知道忽悠是贬义词还是褒义词",淡化了提问者用词的感情色彩。再虚晃一枪,"就汤煮面",以"但是我想"一转,用"如果你相信……如果你不相信……"两个并列假设句,表明了自己的看法:如果你自己对一切创业理论都持怀疑态度,当然什么金玉良言也听不进去,那么,病根就在自己了,巧妙地反"忽悠"了提问者一把。最后表明态度,亮出观点,用转折句"破"了"创业忽悠论"后,就势以因果句"立"了"脚踏实地观":时间可以检验一切,单靠被忽悠出的短暂的热情,创业的动力并不能持久,强调创业的关键是"想到、说到、做到",同时也含蓄地说明了自己的创业理论经受住了检验。如此辩证剖析,有理有据,逻辑缜密,因而显得滴水不漏。

答老牛:反弹琵琶,别出心裁

担任客串主持的牛根生问了马云一个问题:"如果从唐僧的徒弟中选择一个创业合作伙伴,你选谁?"马云的回答是"猪八戒"。"为什么要选猪八戒?"牛根生追问道。马云笑着回答说——

> 创业是一个很痛苦的过程。创业者很孤独很寂寞,一个人要学会安慰自己,要用左手温暖右手,要不断寻找让自己快乐的事情。实际上像猪八戒这样的人,在很多的创业团队里都需要,他是一路幽默,一路开心。用欣赏的眼光看这样的同事,你就会很愉快,整个创业过程就会变得轻松许多。当然,猪八戒当领导是有点欠缺,但只要善于发现他的这些强项,就能让他在团队中发挥应有的积极作用。我觉得,创业途中有这样的人,是一种福气。我挺愿意跟猪八戒这样的人合作。

按常理,从唐僧的三个徒弟中挑选创业合作伙伴,大家一般都会选择意志坚定、本领高强的孙悟空,或者为人随和、任劳任怨的沙和尚,而好吃懒做、爱发牢骚的猪八戒则是优化组合、竞争上岗中首先要被淘汰的对象。马云却反其道而行之,别出心裁地选择了猪八戒。

"用左手温暖右手"的说法,十分形象,将创业者的孤独感渲染到了极致。而猪八戒"一路幽默,一路开心"的特质,正是创业团队所需要的。马云以一个优秀领导者的眼光,看到了猪八戒身上不为人知的"强项"——可以让痛苦的创业过程变得"轻松许多",得出结论——创业团队里有这样的人,"是一种福气"。马云运用逆向思维,反弹琵琶,对创业过程中要"人尽其才、物尽其用"的道理进行了新颖生动的诠释,彰显了自己超凡脱俗的"人才观",出人意料却又在情理之中,让人耳目一新。

心思如奔马,纵横驰骋;话语如流云,潇洒飘逸。马云不但是商业奇才,而且是说坛俊杰,他能说会道、能言善辩,口才堪称一流,真不愧为"口能言之、身能行之"的时代骄子!

(彭真平评析)

【例四】

俞敏洪的演讲风采

俞敏洪,新东方教育科技集团董事长兼总裁,曾被《亚洲周刊》评选为"21世纪影响中国社会的10位人物"之一。从大学到机关,从"赢在中国"节目现场到露天广场,俞敏洪在不同的地点,对不同的对象进行演讲,活力与激情共舞,掌声和笑声齐飞。那么,俞敏洪的演讲到底有什么样的独特魅力,让听众如痴如醉呢?

1. 话锋机敏,用智慧启迪人

在"赢在中国"36强进12强的最后一轮选拔赛现场,惨遭淘汰的选手符德坤在退场时,情绪激动地讲述起了自己的奋斗历程,以表示心中的不甘。听完符德坤的激情陈述后,作为评委的俞敏洪发表了这样一番即兴点评:

> 我从你的经历中看到你的挣扎、成长、变成精英,但是你太在意自己的个性和感受了。为什么要觉得别人会鄙视你呢?比如我当初被北大处分的时候,我也觉得每一个北大人都在鄙视我。其实,好多人都根本不知道我是谁!你内心有一些虚弱,所以才会建一个盔甲,就像你说的蜗牛的壳一样,(这)是你自己加上去的。如果你再多点勇气的话,就可以把这个壳去掉,长出一双翅膀,在天空中翱翔。我用了10年的时间,才把自己背上的壳去掉,既靠天,又靠地,还靠自己。我觉得你要有这样的大气!如果把刚才的气势拿出来,你一定能做成很大的事情,但前提是要把自己背上的壳去掉,一定要做到这一点!

"赢在中国"活动是一场淘汰赛,竞争激烈,参赛选手心里有压力,也有不平。因此,俞敏洪先是很客气地对这名选手表达了尊重,接着话锋一转,用一句反问:"为什么要觉得别人会鄙视你呢?"明确表达自己不同的看法,让听众心头一震,不禁反问自己。然后他用自己的经历现身说法,引出"你内心有一些虚弱,所以才会建一个盔甲"的看法,这句话既有力度,又形象可感。"盔甲"的比喻,生动地揭示了内心虚弱者的外在特点,真是"一语惊醒梦中人"。最后,他为对方开出了一剂去壳的良方:"既靠天,又靠地,还靠自己。"用一组并列关系的短句,强调了创业成功的客观和主观因素。

这段演讲,话锋中显示出机敏,言语中蕴含着智慧,俞敏洪用自身实例来增强说服力,用比喻来提高表现力,赢得了符德坤及现场听众的热烈掌声。

2. 以小见大,用感悟告诫人

说来你也许不信,俞敏洪成功的力量来源于小时候他看见父亲做的一件事情:那时,身为木工的父亲,常把别人废弃不要的碎砖乱瓦捡回来。久而久之,他家院子里就多出了一个乱七八糟的砖瓦堆。直到有一天,他父亲在院子一角的小空地上,用那堆碎砖乱瓦左拼右凑。没过多久,一间四四方方、干净漂亮的小房子居然拔地而起,和院子形成了一个和谐的整体。当谈到梦想和实践的关系时,俞敏洪回忆往事,深有感触地说:

> 从一块砖头、一片瓦片到一堆砖瓦,最后变成一间小房子,阐释了做成一件事情的全部奥秘。一块砖、一块瓦没有什么用,一堆砖瓦也没有什么用,如果你心中没有一个造房子的梦想,即使拥有天下所有的砖瓦也是一堆废物;但如果只有造房子的梦想,而没有砖瓦,梦想也没法实现。只要不放弃,日复一日捡碎砖乱瓦,总有一天,你会有足够的砖瓦来造心中的房子。

没有以成功人士自居,更没有高谈阔论的说教,俞敏洪把自己对生活的感悟,用正反对比的手法,向我们娓娓道来:"如果你心中没有一个造房子的梦想,即使拥有天下所有的砖瓦也是一堆废物;但如果只有造房子的梦想,而没有砖瓦,梦想也没法实现。"俞敏洪联系人们的生活,把积累砖瓦比作实践,把造房子比作人生的理想,得出只有把理想和实践结合起来,才能成就自己事业的道理。生活化的说理,小中见大,虚实结合,形象透彻。他将大道理蕴含在浅显易懂、形象可感的小事例之中。

3. 铺张扬厉,用激情感染人

俞敏洪总是在演讲中告诉人们,该在生命的每一段都留给自己希望和梦想,带给自己

激情和创造性,成就一个独特的魅力四射的自己!且听俞敏洪在2008新年祝词中的一段话:

> 清点一下自己的日子,也许对我们未来的岁月会有好处。让我们一起来算一算,在2007年,我们多少次抬头看过蓝天白云;多少次注视过月亮的阴晴圆缺;多少次在黑夜里数过天上的星星;多少次听过雨点落在屋顶的声音。如果没有,美丽的大自然对于你是不存在的。

> 让我们再来算一算,在2007年,你有没有读过让自己感动的故事;有没有朗诵过让自己流泪的诗歌;有没有学会唱动人的歌曲,哪怕只对自己唱;有没有写过真情的文章,哪怕只让自己欣赏。如果没有,深刻的人类情感对于你是不存在的。

> 也许我们能够为自己找到借口:我们的工作太忙了,我们的应酬太多了,我们的处境太难了,我们的住处太吵了。但每个人的生命只有一次,生命不允许你找借口,它不会因为你有借口让你再活一次。我们要回答的问题是:生命只有一次机会,我们能够活得更好吗?

> 面对2008年,希望大家更加进步,希望大家更加健康,希望大家更加热爱生命,更希望大家活出人生的精彩来。

俞敏洪的新年祝词,摒弃格式化的语言,一扫陈腐之气,诗一样的语言,洋溢着他诗人一般的热情,给人一种全新的感受。"我们多少次抬头看过蓝天白云……"一个个疑问,都蕴含着一幅自然的美景;"你有没有读过让自己感动的故事……"一个个疑惑,都留有生活的印迹;"我们的工作太忙了……"一句句揣测,都是现实的写照。每一段中几个问句,形成排比,铺张扬厉,气势如虹,强化听众对心灵的追问,引领芸芸众生关注自然、关注情感、关注生命。"希望大家更加进步……"俞敏洪的最后一组祝词,如同新春的鼓点,不断地敲击出我们心底的活力,让平凡的生命迸发出不可遏制的激情。

俞敏洪用自己鼓动人心的演讲,滋补着千万年轻人的心灵,激励着他们走向成功,实现梦想!(张斗和评析)

思考与训练

1. 什么是即兴演讲?即兴演讲有哪些特点?

2. 即兴演讲可分几种类型?即兴演讲有何长处?即兴演讲的难点在哪里?

3. 即兴演讲的主要要求有哪些?我们在进行即兴演讲时应做好哪些准备?

4. 我们在进行即兴演讲时要掌握哪些方法与技巧?

5. 我们在即兴演讲之前,最好能进行必要的思维训练。即兴演讲思维训练的方法主要有哪些?

6. 湖南省邵阳市委书记郭光文是即兴演讲的高手,他常常脱稿演讲,即席讲话,赢得听众掌声阵阵,满堂喝彩,《演讲与口才》杂志多有刊载。《诚邀天下邵商,共建美丽邵阳》就是他在2012年邵商大会开幕式上的即席讲话。你读后获得哪些教益与启示?

各位邵商,同志们:

全市干部群众高度关注、广大邵商朋友深情期盼的邵商大会今天隆重开幕了! 在此,我谨代表中共邵阳市委、市人大、市政府、市政协和邵阳军分区,向大会的召开表示衷心的祝贺! 向莅临会议的各位领导和各位邵商表示热烈的欢迎!

据不完全统计,目前邵阳人在世界各地经商达到一定规模的有百万之众,总资产超过了 4 万亿元,接近我国去年国内生产总值的八分之一。他们中资产达到千百亿元者并不鲜见,资产达到数十亿元者为数不少,资产达到好几亿元者不计其数。在全国地级以上城市中,大多建有邵阳路和邵阳街。在越南、泰国和老挝等国家的湖南产业园中,邵阳商人占据了主体地位。在这里特别值得指出的是,许多邵阳商人致富不忘家乡:有的兴办企业,服务地方百姓;有的筑路修桥,造福子孙后代;有的开发房地产,美化古城宝庆;有的建校办学,培育祖国未来。他们为邵阳的经济社会发展作出了重要贡献。

我们可以毫不夸张地说:哪里有邵阳商人,哪里就有商贸市场;哪里有商贸市场,哪里就有邵阳商人。邵阳商人是邵阳资源禀赋的集中代表,邵阳商人是邵阳经济发展的希望所在,邵阳商人是邵阳对外形象的重要窗口,邵阳商人是邵阳传播文明的光荣使者,邵阳商人是邵阳全市人民的时代精英。我们从邵阳商人身上看到了千古名城宝庆的蓬勃生机,我们从邵阳商人身上看到了湘中重镇邵阳的美好未来。我们邵阳的各级党政领导和广大父老乡亲为拥有这样一个强势的经济群体而感到无比骄傲和十分自豪!

各位邵商,同志们,爱乡之情人皆有之,认祖归宗古今亦然。美国开国之君华盛顿晚年谢绝第三次连任总统,毅然回到家乡办起了威士忌酒厂,到他去世时酒厂已经成为美国的最大酿酒企业;法国为民族独立解放和伟大复兴事业作出历史性贡献的戴高乐总统,1964 年辞职后,他立马回到家乡兴办慈善事业,关怀鳏寡独孤,把自己一生的全部积蓄献给了家乡人民。我国人民对乡情的敬重是世界上任何国家都无可比拟的。汉代由泗水亭长迈上皇帝宝座的刘邦,他登基后的第一件大事就是"光宗耀祖、衣锦还乡",后人据此编成的《高祖还乡》的戏剧至今传唱不衰。明代寒门出身的朱元璋称帝后,便把自己的家乡安徽凤阳定为中都。民主革命先驱、国民党元老于右任 1964 年在台湾临终时,望着祖国大陆悲痛地喊道:"葬我于高山之上兮,望我故乡;故乡不可见兮,永不能忘!"其思乡心之诚和情之切,真可谓是感人肺腑、催人泪下。以全心全意为人民服务作为自己唯一宗旨的中国共产党人,在乡情乡恋上的所作所为,更是感天地、泣鬼神。我们伟大领袖毛主席在新中国成立后 50 次回湖南调查研究、体察乡情,尤其是每逢身体不适甚至弥留之际,首先想到的是回家乡治病和疗养,仿佛只有家乡的山水和亲情才能养育生灵和起死回生。

回归故里,馈报桑梓,党国政要皆是这样,商界巨头更是如此。世界股神巴菲特富可敌国,但他一直居住在他的家乡内布拉斯加州的奥马哈。奥马哈的《世界先驱报》是美国最大和最有影响力的报纸之一。2011 年当其因世界金融危机面临破产时，巴菲特毫不犹豫地以两亿美元重金买下了家乡的这份"艰难"。今年8月30日是巴菲特的82岁生日，这天他捐款31亿美元支持家乡的非营利组织和儿童早期教育，以此消除不平等的社会现象。爱国华侨领袖陈嘉庚少小跟随祖父南洋经商，当其稍有收成时就回乡倾囊办学。从清光绪年间到新中国成立，他在福建办起了厦门大学和集美学村等一系列学校，其办学育人时间之长、规模之大、捐资之多和毅力之坚实为中国乃至世界所罕见。

今天在座的各位邵商包括普天之下的所有邵商，无论你们身居何地，无论你们处在何时，无论你们从事何业，无论你们资产何数，但各位都有一个共同的名字，那就是"邵商"。本人在这里可以坦率地讲，由于财富的增多，你们完全有钱改变自己的生活和命运，然而你们绝对无法更换自己的故乡和祖先。因为，在我们大家思想上秉承的是"宝古佬"的文化，在我们大家胸膛里澎湃的是"宝古佬"的热血。我们既有着共同的地域性格、共同的地域乡情和共同的地域认知，更有着共同的地域呼唤、共同的地域责任和共同的地域使命。当前，邵阳正处在加快发展的关键时期，如期实现市委十届三次全会提出的把邵阳建设成为"世界著名的旅游胜地、享誉中外的文化名城、国家重要的交通枢纽、湘桂边陲的物流中心、我省西南的生态屏障、产业兴旺的经济强市、民主法治的和谐社会、全面小康的幸福家园"的目标，不仅已经成为810万邵阳人民的美好愿景和自觉行动，而且正在成为21000平方公里土地上的壮丽画卷和生活现实。奋进中的邵阳，彰显出史无前例的发展潜力和增长空间，蕴含着千载难逢的合作舞台和无限商机。因此，我们深情地希望广大邵商回家乡投资兴业，替宝庆增光添彩，为把我们的共同家园邵阳建设得更加美丽而努力奋斗！

谢谢大家！

［见《演讲与口才》杂志.2013(4)］

7. 我们见识过婚礼上的热烈场面，领略过婚礼上精彩的即兴演讲。这里转载的是来自解放军的李本钱的《在婚礼上的即兴演讲》，这篇即兴演讲有何特点？你亦可介绍一下你见到的婚礼上的精彩的即兴演讲。

各位首长、各位来宾：

寒霜已至枫叶红，铁树总有开花时。在伟大的人民空军成立57周年这个光辉的日子里，我终于光荣地结束了单身生活，在44岁的年龄，第一次勇敢地走向了婚姻的殿堂。请允许我和我的新娘陈素华，向各位首长、各位战友，向长期关心我的婚姻大事的地方领导和朋友们致以节日的问候，欢迎大家的光临！

此时此刻，我思绪万千，感慨多多。在通向婚姻的道路上，我苦苦追寻了20多年，20多年的平凡生活中，我的感情生活极不平静。有阳光下嫩草出土的快意，也有冷风中头撞南墙的失意；有赤膊上阵的莽撞，也有草草收场的悲凉。总之，有泪流，有伤心。但是，我始终抱着铁树总能开花的信念，发扬人民空军创建时期"马拉飞机"的伟大精神，乐观向上，顽强搏击，于是，今天终于站在了婚姻殿堂的门槛上。

没有父母的养育之恩，没有哥哥姐姐的精心呵护，没有在座的各位首长和朋友的鼎力扶持，关键是没有新娘的"献身精神"，铁树开不了花，我也结不了婚。因此，请让我深情地说一句：感谢父母，感谢首长，感谢大家，感谢新娘！

生活美好，爱情甜蜜。婚后，我还要向已婚的兄弟姐妹们学习，争取把损失的时间补回来。争取从明天起，向朋友们发出"珍爱家庭，远离酒桌"的倡议，广泛深入开展"百日无滴酒"活动，争取在我制定的第一个五年计划内，与新娘一道加倍努力，勤奋工作，让祖国的百花园里也有属于我们的一朵。

各位嘉宾：爱情诚可贵，友谊价更高。各位对我们的厚爱，我将永远铭记。再一次感谢你们！

人说婚姻是围墙，我说墙内有花香。永别了，我的单身生活；永别了，我的铁树总不开花的日子。祝愿未婚的兄弟姐妹们早觅知音，共渡爱河；祝愿已婚的每个家庭花团锦簇，一路芬芳！

伟大的亲情、友情、爱情万岁！

伟大的铁树开花精神万岁！

谢谢大家。

［见《演讲与口才》杂志.2008(9)］

第五章 声情并茂的语言艺术
——演讲的表达技巧

演讲的表达过程,就是演讲内容通过演讲者传达给听众的过程。演讲者事先准备的内容是待传递的信息,演讲者的口语和体态语正是信息传递的载体。演讲者依赖口语和体态语将信息传递出去,听众也依赖演讲者的口语和体态语来接收信息。演讲,作为以口语为主体的信息传递过程,离开了演讲者的口语和体态语,就无存在可言。同时,演讲是一种具有较强审美价值的艺术化的宣传教育形式,它要求其表达既具有准确性,又具有艺术性。如果不重视演讲的表达艺术,即使内容再好,演讲也难以成功。

▶ 第一节　演讲的口语表达技巧 ◀

众所周知,演讲需要口才。所谓口才,就是口语表达能力。它是演讲的必要条件。演讲表达的主要特点是"讲",对演讲者来说,写好了演讲词,不一定就讲得好,正如作曲家不一定是演唱家一样。有文才,善于写出好的演讲词的人,不一定有口才,不一定能讲得娓娓动听。真正的演讲家,既要善写,还要会讲,即既要有文才又要有口才。从某种意义上说,口才比文才更为重要。如果演讲者讲话哼哼哈哈,拖泥带水,"这个""那个"一大串,那么,即令有超凡脱俗的智慧,有深刻广博的思想内容,也无济于事。当今社会是开放的信息社会,新型人才不仅要有开拓进取精神,而且还要有出众的口才。

"冰冻三尺,非一日之寒。"良好的口才,往往是经过严格的口语训练培养出来的。许多著名的演说家,他们的口才都是经过刻苦磨炼培养出来的。例如,古希腊的演讲家德摩西尼,为了校正发音含糊不清的毛病,曾口含鹅卵石,对着大海练习朗诵。他的这种刻苦精神,将永载演讲史册,令人肃然起敬。

演讲口才的训练,不仅要勤练、苦练,而且要巧练。所谓巧练,就是要练习得法,摸清规律,掌握要领。例如,日本前首相田中角荣,小时严重口吃,说话困难,后来他分析了口吃的原因,常到深山练习大声说话和朗诵,并争取登台演戏。朗诵和演戏是口头语言和体态语言综合运用的最佳形式,它不仅要求准确、自然,而且要优美感人。通过这种高标准的训练,他不仅克服了口吃毛病,而且练出了口才,成为著名的演说家。

一、口语表达技巧的基本要求

演讲的语言从口语表述角度看,必须做到发音准确、清晰、优美,词句流利、准确、易懂,语调贴切、自然、动情。

（一）发音准确、清晰、优美

郭沫若说:"语言除意义外,应该要追求它的色彩、声调、感触。同义的语言或字面有明暗、硬软、响亮与沉郁的区别。"（转引自郑颐寿《文艺修辞学》）

以声音为主要物质手段的演讲,对语音的要求就更高,既要能准确地表达出丰富多彩的思想感情,又要悦耳爽心,清亮优美。为此,演讲者必须认真对语音进行研究,努力使自己的声音达到最佳状态。

一般来讲,最佳语言应该是:①准确清晰,即吐字正确清楚,语气得当,节奏自然;②清亮圆润,即声音洪亮清越,铿锵有力,悦耳动听;③富于变化,即区分轻重缓急,随感情变化而变化;④有传达力和浸彻力,即声音有一定的响度和力度,使在场听众都能听真切,听明白。

演讲语言常见的毛病有:声音痉挛颤抖,飘忽不定;大声喊叫,音量过高;音节含糊,夹杂明显的气息声;声音忽高忽低,音响失度;朗诵腔调,生硬呆板等。所有这些,都会影响听众对演讲内容的理解。因为讲话是线性的,不间断进行的。话一出口,当即就应被人听懂,时间差不允许听众有反复斟酌思考的余地。听众只要稍微停顿,间断思维的序列就会跟不上演讲的速度。

要达到最佳语言效果,一般来讲,要做到如下几点。

1. 字正腔圆

字正,是演讲语言的基本要求,要读准字音,读音响亮,送音有力。读音要符合普通话声母、韵母、声调、音节、音变的标准,严格避免地方音和误读。例如将"鞋子"(xié zi)说成"孩子"(hái zi),将"干涸"(gān hé)说成"干固"(gàn gù),将"拙劣"(zhuō liè)说成"绌劣"(chù liè),将"栉风沐雨"(zhì fēng mù yǔ)说成"节风沐雨"(jié fēng mù yǔ)。这样读错、讲错字音,一方面直接影响听众对一个词、一个句子,甚至整篇内容的理解;另一方面也直接影响演讲者的声誉和威信,降低了听众对演讲者的信任感。在读准字音的同时,要尽量做到腔圆,即声音圆润清亮,婉转甜美,富有音乐美。

2. 分清词界

词分单音节和多音节词。单音节词不会割裂分读,而多音节的词则有可能割裂引起歧义。例如:"一米九个头的冯骥才伫立在空荡荡的山谷里。"这句话中的"一米九个头"本意是"一米九的个头",念时应为"一米九——个头",如果词界划分不当,很容易弄成"一米——九个头",把"个头"(身材)一词割裂为"个"(量词)和"头"(名词)两个词,因而产生歧义。演讲者如出现这种错误,便会令人忍俊不禁。

3. 讲究音韵配搭

汉语讲究声调,声调能产生抑扬急缓的变化,本身就富有音乐美。"平仄以成句,抑扬已合调,扬多抑少则调匀,抑多扬少则调促。"(谢榛《四溟诗话》)好的演讲,平仄错落有致,抑扬顿挫,显得悦耳动听。汉语的音乐美和节奏感还与语气停顿和押韵有关。现代汉语中双音节词占优势,大大增强了语言的响度和节奏感。演讲中若能准确地交替使用单音节词和双音节词,语音音节便显得和谐自然。如果在适当的地方,有意押韵,更能产生一种声音的回环美与和谐美,讲起来上口,听起来悦耳,似有散文诗的风韵。此外,恰当地运用象声词和叠声词,进行渲染烘托,也能收到声情并茂的功效。

(二)词句流利、准确、易懂

听众通过演讲活动接受信息主要诉诸听觉作用。演讲者借助口语发出的信息,听众要立即能理解。口语与书面语之间有较明显的差距。有人说,书面语言是最后被理解,而口语则需立即被听懂。与书面语言相比,口语具有如下特点:首先,句式短小,演讲不宜使用过长的冗繁的句子;其次,使用通俗易懂的常用词语和一些较流行的口头词语,使语言富有生气和活力;再次,不过多地做某些精确的列举,特别是过大的数字,常用约数。此外,较多地使用那些表明个人倾向的词语,诸如"显而易见""依我看来"等等,并且常常运用"但是""除了"等连接词,使讲话显得活泼、生动、有气势。如果我们硬性把"铁锹"说成"一种由个人操作的手握挖土器",把"草原"说成是"一个天然的平面",这样做,如果不是故意作难听众,有意不让听众理解,那就是特意和自己过不去,使自己的演讲归于失败。当然,讲究表意朴实的口语化,绝不能像平常随便讲话那样任意增减音节,拖泥带水,吭吭巴巴,这样便损害了口语的健康美,破坏了语言的完整性。

(三)语调贴切、自然、动情

语调是口语表达的重要手段,它能很好地辅助语言表情达意。语言若没有轻重缓急,就难以传情。同样一句话,由于语调的轻重、高低、长短、急缓等的不同变化,在不同语境里,可以表达出种种不同的思想感情。例如,"啊,多美啊!"用舒缓的语气可以表达出赞颂之情,如果用漫画化的怪腔怪调来念,则表现出讥讽嘲笑之意。因此,演讲者正确选择和运用语调对表达思想感情有着十分重要的意义。

一般来讲,表达坚定、果敢、豪迈、愤怒的思想感情,语气急骤,声音较重;表达幸福、温暖、体贴、欣慰的思想感情,语气舒缓,声音较轻;表示愉快、责备,语调先强后弱;表示不平、热烈,声音先弱后强;表示优雅、庄重、满足,语调前后弱中间强。只有这样,才能绘声绘色,传情达意。

语调的选择和运用,必须切合思想内容,符合语言环境,考虑现场效果。语调贴切、自然正是演讲者思想感情在语言上的自然流露。所以,演讲者恰当地运用语调,事先必须准确地掌握演讲内容和感情。著名电影演员李默然在吉林演讲讲习班上说:"我主张以情托声,就是用情感把你的声音托出来。"他以朗诵艾青的诗《我爱这块土地》为例,朗诵最后两句:"为什么我的两眼含着泪水?因为我对这土地爱得深沉。"如果以声带情,用大音量读,可以震动人,但感情不深沉;如果以情托声,前面读的是高昂的,到这两句突然有一种凝固的感觉,一个小小的停顿,接着小音量地读,便能把这种"爱得深沉"的感情表达出来。这段经验之谈,正说明了要情动于衷,才能声形于外。只有当演讲者对所讲的内容理解至深,有真情实感,语调才能用得贴切自然动情。

二、口语表达技巧的训练

(一)语音训练

演讲者要想取得良好的发音效果,必须加强语音训练。"声乃气之源",发音的基础之一是呼吸。响亮、动听的声音与科学的呼吸训练是分不开的。演讲者要善于掌握自己的发音器官,自觉地控制气息。一般来讲,采用胸膛式呼吸较好,这种呼吸是通过横膈膜的收缩和放松来进行的,气量大,能为发音提供充足的动力。平日可结合生活实际进行练习,为正确吐字发声打好基础。

吐字发音要做到音节正确、准确,完全符合普通话的发音标准。戏曲艺术所谓的"吐字归音"训练,其目的就在于美化音色,使字音纯正、清晰、响亮、圆润,富有表现力。它要求发音时咬准字头(即读准声母),吐清字腹(即读清韵头、韵腹)和收准字尾(即读准韵尾)。"吐字"时,发音力量集中于"字头"上,"归音"时要读准每个音节的韵尾,即要求"到位"。总之,发音时要正确把握住每个音节的发音部位和发音方法。演讲者平日要经常进行这方面的训练。同时,为了做到语句流畅,干净利落,出口成章,可根据自己的发音难点,选择一些绕口令和有一定难度的语言片断,进行快口训练,力求做到吐字准确、快速、流畅,快而不乱,语气连贯,不增减词句。

音量大小变化有利于准确地表达思想感情。演讲者要学会准确地控制和把握音量大小的变化。在情感激荡的地方、意思重要之处,音量要大些,反之则要小些。音量大小变化要自然、流畅,要是感情的自然流露。同时,音量大小变化也要恰当、适度,不能大到声嘶力竭,也不能小得无法听清。此外,演讲者平日还要学会准确地把握高音、中音、低音的运用规律,以便恰如其分地表达自己的思想感情。高音具有高亢、明亮的特点,多用来表示惊疑、欢乐、赞叹等情感;中音比较丰富充实,多用来表示平和舒缓的感情;低音则比较低沉、宽厚,多用来表示沉郁、压抑悲哀之情。这些训练最好是通过朗诵进行。

（二）语调训练

语调包括停顿、重音、升降、快慢等要素。语调训练是口语表达训练的重点和难点。演讲者应在这方面加强训练。

1. 顿挫

在口语表达中,停顿既是一种语言标志,也是一种修辞手段。同样一组音节,因停顿不同,意思完全不一样。例如,"我赞成他也赞成你怎么样?"可以说成:"我赞成他,也赞成你,怎么样?"也可说成:"我赞成,他也赞成,你怎么样?"两种停顿,表达了两种完全不同的意见。可见,停顿不只是演讲者在生理上正常换气的需要,也是表情达意的需要。停顿得当,不仅可以清晰地显示语意,而且可以调节语言节奏,给听众留下回味的余地。

停顿不当,往往影响语意的表达。例如:"南郑县大胆|更新用人制度。"在"大胆"后停顿就会令人莫名其妙。按原意应在"县"字后停顿才妥。又如"班禅大师、赵朴初、×××等参加了座谈会。"这一句中"班禅大师""赵朴初"与"×××"系并列关系,用顿号隔开,念时需要停顿。如果在"班禅大师"后不停顿,念成"班禅大师赵朴初"就是大错特错,把并列关系变成了同位关系了。可见,当停则停,不当停则不停,不可滥用。此外,在演讲中,停顿太少、太短,或过多、过长,也都会影响思想感情的正确表达。

停顿一般分为语法停顿(又称逻辑停顿)、感情停顿(又称心理停顿)和特殊停顿。语法停顿既能满足演讲者自然换气润嗓的需要,也能使演讲的语句、段落层次分明。语法停顿一般用标点符号表示出来,按标点停顿,但有时在较长的主语和谓语之间、动词和较长的宾语之间、较长的附加成分和中心词之间、较长的联合成分之间,虽然没有标点符号,也可作适当停顿。这种停顿往往是为了强调某一观点或突出某一事物。例如,"本来可能成为发明家的人无声地卷起了设计图纸。"根据不同的理解和不同的语速,可以有几种不同的停顿方法。试作比较("|"表示无标点的停顿):

"本来可能成为发明家的人|无声地卷起了设计图纸。"(语速较快)

"本来可能成为发明家的人｜无声地卷起了｜设计图纸。"（中速）

"本来可能成为｜发明家的人｜无声地｜卷起了｜设计图纸。"（慢速）

感情停顿是为了表达复杂或微妙的心理感情。感情停顿常常以拖长音节发音，欲停不停或适当延长时间来表现，并且常常辅之以体态语言，使感情表达得更加自然清楚。例如：

"把挫折的苦果｜——变成人生的补药。"这句话在"苦果"后拖音，似停非停，为后面的"变成"昂起而蓄势，便自然地表达出坚韧果断之情。演讲稿《把挫折的苦果变成人生的补药》中有这样几句：

现在，我尚不能写出｜"笼天地于形内，摄万物于笔端"的文章，亦不能讲出｜恢宏豪壮的语言，（注析：这两句在"出"字后的停顿，既有突出后面做宾语的较长的偏正词组的作用，又表达出有自知之明的恳切态度。）可我｜正满怀信心，矢志不渝地朝着理想之地奋进。（注析：在"我"字后作稍长停顿，便能表达出坚定的信心。）

有时，为了加强某些特殊效果或应付演讲现场的某些特殊需要，演讲者常常采用特殊停顿，最有名的例子，莫过于前面所提到的英国政治家赖白斯在伦敦一次参事会上就劳动问题演讲时，中途突然停顿72秒的事例。这种根据表意需要而设计的特殊停顿，可谓匠心独具，高人一筹，收到了出奇制胜的效果。仿效这种做法的还有一例：有次演讲比赛，一位女士走上讲台，在黑板上写出一道醒目的标题——"论坚守岗位"，便走下讲台，扬长而去。这时，全场听众哗然，焦急、气恼、猜测、议论，大家莫名究竟。大约过了三分钟光景，演讲者再次登台，诚挚而郑重地说："同志们，如果我在演讲时离开是不能容忍的话，那么工作时间纪律松弛，玩忽职守，擅离生产岗位，难道不应该受到谴责吗？"这时，听众恍然大悟。评比结果，她以超常的演讲表演和精巧的构思赢得了一等奖。

这种特殊停顿不能落俗套，滥用可能产生捉弄听众之嫌。

一般来讲，在列举事例之前，略作停顿，能引起听众独立思考；在作出妙语惊人的回答之后，稍作停顿，可使人咀嚼回味；在讲述奇闻轶事和精彩见解之后，在听众赞叹之余，特意停顿，可加深听众印象，引起联想；在话题转移之际或会场气氛热烈之时，稍稍停顿，可加深听众记忆，给听众以领会抒情之机。同时，恰当的特殊停顿，也可以使演讲者本身赢得调整情绪的时机。

2. 轻重

说话的声音有强有弱。用力大，气流强，声音就大，就重；用力小，气流弱，声音就小，就轻。每个句子都是由词语构成，每个词语在句中的表意作用各不相同。在演讲时，人们常常把某些词语讲得比一般词语重些或轻些，这样便能起到强调突出的作用。利用声音的强弱对比、重读或轻读某些表现重点内容的词语，从而起到强调突出作用，这种口语表达技巧就是重音。若按声音强弱划分，重音可分为轻读型重音和重读型重音，凡读音比一般词语读音轻些的叫轻读型重音，凡读音比一般词语读音重些的叫重读型重音。例如："如果世界上真有不知疲倦的人，我们敬爱的周总理呵，一生休息得最少最少。""不知疲倦""敬爱""周总理"应采用重读型重音来读，读得重而深厚，而"最少最少"宜采用轻读型重音来读，读得轻而深沉。

若按表现思想感情、内容重点或句子语法结构来划分,重音可分为感情重音、逻辑重音和语法重音。例如:

我深知:自己没有当官的本领,更没有"争官"的嗜好。

我只想:要老老实实地干好本职工作,自己的一举一动要对得起良心,对得起群众。

"深知"和"只想"宜采用轻读型重音,表达出诚挚恳切的感情;"没有""更没有"宜采用重读型重音,表示强调,突出清廉正直品德;"老老实实""干好"用重读型重音,突出全心全意、踏踏实实工作的精神;"一举一动"宜用一字一顿的重读,与后面接连两个重读"对得起"相配合,显示出襟怀坦白的胸怀。这些词语的重读,既突出了语句的轮廓,也显示了语言的感情层次和内在的逻辑关系。一般来讲,表示复句的关联词语和具有修辞特征的词语要重读。

3. 抑扬

语调有高低抑扬的变化。同一句话,往往因为语调不同,表达的意思也大不一样。同样一句"今天是星期天",用平直调子念,表示直陈其事;若用高升调来念,则表示出疑问惊讶之情。演讲者要熟悉各种语调的特点,掌握语调变化的规律。一般来讲,汉语语调变化显示在句末。大体可分为四种语调,即平直调、高升调、曲折调和降抑调,其特征见表5-1。

表 5-1 语调变化特征

语调名称	表示符号	语调特征	应用句型	表达心理感情	例 句
平直调	→	平稳舒缓,无明显高低变化	陈述说明性语句	庄重、严肃、闲适、冷淡	菊花品种很多→
高升调	↗	语势由低向高	疑问句、反诘句、某些感叹句	疑问、惊讶、反诘、激昂、愤怒、呼唤、号召	何愁无知己↗
降抑调	↘	语势由高到低	祈使句、感叹句、某些陈述性语言	祈求、命令、肯定、自信、沉重、悲痛	他的理想一定能实现↘
曲折调	∿	语势曲折,升降起伏多变	双关语句	夸张、幽默、讽刺	他十分可爱,连头上的癞痢都非常传神∿

事实上,在实际运用中,语调升降变化情况十分复杂,演讲者要充分把握演讲时自身的潜意识,把握演讲内在思想和感情脉络。这样才不会错用语调,导致言不及义,语不合情。请读《血染的木棉花》中的一段:

谁不想分享↗

家庭温馨和

欢乐?

谁愿意在↗
刑场上举
行婚礼?

谁不爱↗
生活?

谁不爱自己↗
的生命?

可是↘
我们的先烈!→为了我们
抛头颅,
洒热血,↘
奉献出自
己的一切!↘

这段话前四句是排比疑问句,都要用高升调,整个语势一浪高过一浪,表达出激昂慷慨的感情;接着"可是"一转,使用降抑调,语势走势由高而低,表达出对先烈的缅怀之情。这样前呼后应,抑扬起伏,具有较强的说服力和感染力。

4. 缓急

语速的变化也是表情达意的重要手段。正常谈话,每分钟讲120～150个字。演讲的速率不能太快。太快,一则听众难听懂,二则也使人产生怀疑,认为演讲者怯场。因为人们胆怯时往往语速较快。当然讲话也不能太慢。太慢就显得拉腔拖调,给人以愚笨、迟钝、缺少教养的感觉。但演讲的速率不能总是"一崭齐",要做到急缓有致。语调的快慢,往往与表达内容、环境、气氛、心理情绪、修辞手法以及句段重要与否有关。根据内容的要求和感情表达的需要,演讲的速率一般可分为快速、中速、慢速三种,其具体特征见表5-2。

表 5-2 语速变化特征

语速	适合的内容	适合的环境	适合的心理情绪	适合的句段	适合的修辞手法
快速	叙述事情的急剧变化;质问斥责,雄辩表态;刻画人物机智、活泼、热情的性格	欢快,紧急命令,行动迅速,热烈争执	急促,紧张,激动惊惧,愤恨,欢畅兴奋	不太重要的句段	排比,反问,反语,叠声
中速	一般性说明和叙述感情变化不大	感情平静	平静,客观	一般句段	一般陈述
慢速	抒情,议论,叙述平静、庄重的事	幽静、庄重	安闲,宁静,沉重,沮丧,悲痛,哀悼	重要句段	比喻,引语,双关,对偶,粘连

请读下面这段演讲词，注意语调快慢的变化。（波浪线表慢速，直线表快速，其余为中速。）

　　是啊，雕塑家奉献美，有了大卫，维纳斯；音乐家奉献美，有了《英雄交响曲》《国际歌》；科学家奉献美，有了卫星，导弹，宇宙飞船；工人奉献美，有美的产品；农民奉献美，有美的食粮；教师奉献美，有造福于人类的满园桃李……而军人，军人也在奉献美，奉献美的生活，美的社会。

　　军人更奉献个人的利益、生命和家庭。于是，军人的美便在牺牲中崇高无上，便在奉献中灿烂夺目！

　　军人与大山为伍、与蓝天做伴、与碧海相随；军人整齐、和谐、刚毅、威严；军人勇于牺牲和奉献。作为军人，我们可以自豪地说：美在军营，美是军人！

这段话，以诗化的语言，热情洋溢地展示出军人的美，整个基调是抒情，语气舒缓。前边一串排比铺垫，语速较慢，逐层蓄势。讲到军人的美的本质时，语速逐渐加快，以满腔热情赞美军人的崇高品质。这样慢中有快、快慢相间，增强了语言的气势和节奏，富有鼓动性和感召力。

演讲语速要做到快慢得体，缓急适度，快而不乱，慢而不拖，快中有慢，慢中有快，张弛自然，错落有致。这样，便能显示出语言的清晰度和节奏感，使演讲具有音乐美。

5. 节奏

对艺术来说，节奏是各种不同要素的有秩序、有规律、有节拍的变化。朱光潜在《谈美书简》一书中指出，节奏是主观与客观的统一，也是心理与生理的统一。它是内心生活（思想感情）的传达媒介。据此分析，演讲者思想感情起伏变化结构的疏密松散，语调抑扬顿挫、轻重缓急以及演讲者的举止等要素，有秩序、有规律、有节拍的组合，便形成了演讲的节奏。常见的演讲节奏有轻快型、持重型、平缓型、急促型、低抑型等，其特点见表5-3。

表 5-3　节奏变化特征

节奏类型	主要特点	适应范围
轻快型	轻松，欢快，活泼，语速较快	欢迎词，祝酒词，贺词
持重型	庄重，镇定，沉稳，凝重，语速较慢	理论报告，工作报告，开幕词，闭幕词
平缓型	平稳自如，有张有弛，语速一般	学术演讲，座谈讨论
急促型	语势急骤，激昂慷慨，语速快	紧急动员，反诘辩论
低抑型	声音低沉，感情压抑，语速迟缓	悼词，纪念性演讲

　　总之，语调的抑扬顿挫、轻重缓急，并非彼此孤立，总是密切联系、互相渗透。例如，演讲者情绪激动，语调自然高昂，语速较快，停顿减少，重音增强，语势急骤，形成急促型节奏。

第二节　演讲的体态表达技巧

体态语言也是人类社会交际的信息载体，是演讲语言的组成部分。演讲者不仅要有较强的口语表达能力，而且要善于用动作、表情来辅助说话，也就是要善于用体态语言来表情达意。教育家陶行知曾说:"演讲如能使聋子看得懂,则演讲之技精矣。"这正说明体态语言在传神达意方面具有极其重要的作用。

演讲者登上讲台,首先给听众的是视觉形象。仪表,姿态,神情,动作,全都呈现在听众面前,演讲者灵活自如、优美协调的体态动作,能很好地辅助口语,弥补有声语言表达的不足,使有声语言表达的内容更准确、更生动、更完整。特别是有些"可以意会难以言传"的信息,往往通过一道眼神、一个手势,便能使听众心领神会。因此,在表达情感、情绪和态度方面,体态语言甚至比口头语言更明确、更具体、更富有感染力。演讲者将体态语言和有声语言有机地融为一体,便能够充分地表达内容,感染听众。同时,由于体态语言以具体的形象诉诸听众的视觉,优美传神的体态动作不仅具有显著的表意功能,而且它也能形成现实的艺术美,给人以美的艺术享受,是演讲者文化素养和美学观念的直接反映。

如果忽视体态语言的表达,用传经布道式的木然表情或哑语般的滑稽动作,就会使听众降低听讲兴趣,影响信息的传播,甚至切断和堵塞信息通道。演讲者应尽力掌握体态语言的表达艺术,使深刻的语言、得体的表情和灵活适当的手势融为一体。

体态语言是信息的载体。所以它不仅是演讲者传递信息的手段,也是演讲者了解听众思想动态,获得反馈信息的重要依据。事实上,人的体态语言最能表达人的个性。不少人把安静看成是听众认真听讲的标志,殊不知听众心不在焉,心猿意马者大有人在。听众虽然没讲话,熟悉人体语言的演讲者都可以通过观察听众的体态语言,了解听众对演讲的反应。如听众东张西望,显然是心不在焉;如果听众往后一靠,双手交叉在胸前,可能是对演讲不甚欣赏。遇到这类情况演讲者就应采取措施,重新提起听众的兴趣。

一、体态表达技巧的基本要求

作为人类交际信息载体的体态语言,既要求准确、鲜明、生动,又要求端庄、高雅、大方,符合生活美学的标准。具体而言,它要求如下。

(一)准确、适时

所谓准确,是指体态语言的表达与口语表达协调默契,符合演讲者的思想情感,能正确地表达出演讲的内容。准确、适时正是体态语言的价值所在。

每一个体态动作都具有一定的词汇含义和表意功能。我们一定要准确地把握,恰当地运用。在现实生活中,某一动作所表示的某种词汇含义和感情色彩,都是人们约定俗成的结果。例如:在我国,摇头表示否定,表示反对;点头表示肯定,表示赞同;挥手表示再见;招手表示呼唤;竖起拇指表示赞赏;翘起小拇指表示蔑视……正因为有这种相对稳定的词汇含义,因此,体态语言常常能替代口语。但是,它毕竟不像口头词语那样意义明确,而是具有象征性和虚拟性的特点。况且,在表示具体概念和事物的时候,体态语言和其表达的含义也并非一一对应,所以体态语言必然要为口语表达所制约,而不能像聋哑人那样单纯使用动作。只有当体态语言动作与口头表达紧密配合、协调默契时,才能真正显示出其准确的表意功能。

正因为体态语言的词汇含义和感情色彩是人们约定俗成的,所以它的使用有一定的时空范围。同样一个体态动作在不同的民族、不同的国度、不同的时代,有着不同的含义。例如,同样是点头摇头,我国是"摇头不是点头是",摇头表否定,点头表肯定;而有的民族就恰恰相反,"点头不是摇头是",点头表示否定,而摇头却表示肯定。又如,当我们伸开食指和中指时,一般是表示数目二。自从英国首相丘吉尔首创用这个手势表示"victory"(胜利)后,几乎全世界都用这个手势表示"胜利"及"和平"。所以,准确地运用体态语言,就必须既根据内容表达的需要,又注意时代特征和一定的社会习惯。

由于体态语言具有象征性和虚拟性的特点,所以演讲者运用它时,常常是发挥着"模糊语言"的效用。所谓准确运用体态语言,从某种意义上讲,它所追求的正是与口头语言相和谐的意境,而不可能过多过细、过于繁琐地去具体模拟。例如,我们可以用一只手托在胸前表示"我"或"我们",其实同样的动作,也可以用来表示"由衷感谢"和"心领神会",又何尝不可以用这个动作表示"心有余悸"和"心情激动"呢? 如果我们在演讲时硬要把"我们""由衷感谢"和"我们""心情激动"设计成几个不同的体态动作来做"准确""具体"的表示,那就是欲"精"不达,适得其反了。

受口语所制约的体态语言,应该与口语表达配合协调默契,也就是说应该适时。如果体态语言的表达与口语表达相互错位,出示得太早或太迟,那将会是滑稽可笑的。例如,我们呼口号时,常常同时用举拳的动作相配合。但如果我们把口语表达与体态语言的表达割裂开来,或者先呼喊后举拳,或者先举拳后呼喊,中间形成一个较大的时间空隙,那显然会"漫画化"成为笑柄。同样,在演讲时,每一个体态动作都必须密切与口语表达相配合,而要达到这种境界,主要靠感情投入。只有当演讲者把全身的热情和精神都投入思想的表现中去时,才能打破拘束和生硬,动作与口语便自然协调默契,浑然一体。

(二)优美、适度

运用体态语言、动作要做到端正、高雅,符合生活美学的要求。人们听演讲,除了获得信息、受到启迪之外,也需要获得美的享受。演讲者的体态动作,不可能像戏剧舞台动作那样一招一式地要求,那样会过分夸张,喧宾夺主,与演讲的风格很不协调;也不应该畏首畏尾,动作生硬呆板。演讲的体态动作要做到姿态优美,恰如其分,符合人们的审美习惯。

优美自然的体态语言,符合演讲的内容特点和人们的审美习惯,是道理、感情和体态三者的和谐统一。优美自然的体态语言也必然要符合演讲者的性别、年龄、经历、职业及性格等特征。因性别的不同而形成体态语言风格上的差异是显而易见的。例如,男性演讲,两手叉腰,双腿分开,昂首挺立,凝视前方,显得威武雄壮,刚毅有力;如果女同志也摆出这个架势,人们不说她是"母夜叉"才怪哩! 女性演讲,步态轻盈,手势轻柔,动作轻巧,两目含情,显得温柔妩媚;如果男性这样,那就成了阴阳怪气的"么姨妈"了。同样,年龄不同,也在体态语言方面得到反映。青年血气方刚,朝气蓬勃,情感外露;老年人老成持重,沉着镇静,感情含蓄。不同性格、不同职业的人,言行举止差别很大,表现在体态语言方面,有的灵活轻快,有的庄重稳健,有的缓慢斯文,有的刚毅有力。总之,由于各自的思想修养和个性特征不同,各自的体态语言便自然有差异。演讲者在演讲时,一定要使自己的一举一动,一招一式,都与自己演讲内容相符,与自己的性别、年龄、职业以及个性特征相吻合。当然也要顾及特定的演讲环境、听众的接受能力和审美情趣。例如,表示自己时,宜用手掌指自己前胸,而不可用拇指或食指指自己的鼻尖,前者显得谦虚端庄,而后者则有点盛气凌人,不太符合我国听众的审美心理。

凡事"过犹不及",优美的举止总是自然适度的。超过一定限度,就会发生质变,优美也就变成丑陋了。体态语言一定要恰如其分。所谓适度,即身体姿态、动作幅度、眼神流动、面部表情等等,一般都要控制在一定的范围之内,以辅佐口语达到充分表情达意为度,不宜过分夸大,甚至"放肆"。否则就会当众失态,有伤大雅,有失身份。手势动作,不可过大或过小。过大,显得"张牙舞爪";过小,又显得"缩手缩脚"。

(三)精练、适宜

体态语言毕竟是口语的辅助手段。使用时切忌过多过滥,喧宾夺主,而应尽量做到少而精。动作、手势、眼神都必须经过严格选择,有内在的依据,能准确、优美地充分表达出演讲内容。对于那些词语意义不强的习惯性动作和毫无意义的下意识动作应尽量剔除。正如演讲者必须剔除口语中的"那个、那个"之类的口语渣滓一样。

手势频繁,动作重复单调,令人眼花缭乱,无形中分散了听众的注意力,引起听众反感。例如,演讲者在台上盲目地反复走动,手拿报纸卷个不停,或者不停地舞拳挥手,不断地抓耳挠腮,抠鼻揉眼等,都是演讲的"败相"。这些机械乏味的动作,不仅不能发挥体态语言的作用,反而会破坏演讲的整体效果。

精练适宜的体态语言,把理性、情感和言词有机地结合在一起,做到生动形象,简洁明快,疏密有致,宛如演奏乐曲时的鼓点那样,准确而醒目,给人美感,引人回味。

二、仪表与风度

仪表是指人的身材、容貌、服饰、姿态等外在因素,以及由这些因素综合体现出来的气质和风度。而风度就是人们对美的仪表的一种衡量尺度,是人们在长期的社会生活与交往中逐渐形成的具有个人特色的举止和姿态。这些举止和姿态正是人的思想、品德、性格、气质等内在素质的外在反映。事实上,仪表与风度就是一种无声的体态语言,它在一定程度上反映了人的内心世界。演讲者一上台,听众首先就是通过视觉观察着演讲者的形象。尽管演讲者还未开口,听众已经根据演讲者的仪表和风度,产生了一连串的心理活动,形成"第一印象",直接影响着听讲效果。

良好的仪表和风度,能产生很强的吸引力,牢牢地吸引听众的注意力。演讲者不仅应该是真理的宣传者,是知识的传播者,而且应该是美的体现者。在演讲现场,演讲者事实上是听众的审美对象,听众不仅通过演讲者生动活泼、含义深刻的演讲获得美感享受,而且也是通过对演讲者的仪表、风度的欣赏,受到美的熏陶。

演讲者的仪表和风度,也能在一定程度上体现出民族特点和时代精神。这是因为:一则仪表和风度在一定程度上反映人的内心世界,而人的内心活动与精神面貌、时代特色紧密相关;二则人的服饰、发型以及举止总是带有一定的民族特色和时代印记。演讲者应该自觉地意识到这点,尽量使自己的仪表和举止符合民族特点,反映时代精神。

演讲者注意仪表的修饰,讲究风度,以美的姿态出现在听众面前,这种行为本身就显示出对听众的尊重。这种无声的信息传递,很自然地缩短了演讲者与听众的心理距离,可以赢得听众的关注和尊重,形成融洽和谐的气氛。如果演讲者蓬头乱发,衣着随便,皮鞋肮脏,举止粗鲁,以一副邋遢相出现在听众面前,势必造成隔膜,使听众反感。

(一)仪表、服饰

毋庸讳言,身材魁梧伟岸,容貌端庄英俊,五官匀称,体魄健康,令人肃然起敬。这些光彩照人的先天因素,能为演讲者带来极为有利的条件。然而,不是每个演讲者都具备这些条件的。容貌身体是先天固有的,一般难以改变。但即使身体或容貌欠佳,甚至有某些生理缺陷,仍然可以采取积极的弥补措施,以内在美去弥补外在的缺陷。即以美的心灵、高尚的道德情操,以及对真理的孜孜不倦的追求,去吸引听众,感染听众。例如,美国前总统林肯,他的雄辩、幽默举世公认,然而他的外貌很丑。有次在森林里,他为一位骑马的陌生妇女让路,那妇女竟停下来目不转睛地盯着他的面孔,然后说"我现在才知道你是我见到过的最丑的人了",并且建议他最好闭门不出。然而林肯并没有接受那位妇女的"忠告",以豁达大度的胸怀和博大精深的知识弥补了相貌上的不足。他的每次演讲几乎都轰动全国。再如,高位截瘫的张海迪,必须坐着轮椅上讲台,但是时代精神赋予她特有的内在美,使听众深受震动,无不对她肃然起敬!

当然,对身材容貌方面的某些缺陷,可以采取一些积极的补救措施。例如,高跟皮鞋能稍微弥补身材矮小的缺陷。演讲者应根据自身的具体情况,创造条件,适当地进行个人美容。诸如脸部作自然淡雅的化妆,遮掩缺陷,以突出脸部最美的部分;根据自己的头形、肤色、体态、年龄、职业等因素,选择适当的发型,也能给人增添风采。当今,眼镜的装饰作用越来越明显,它可调节人的脸形,使人增添魅力。特别是男性,镜架的梗直而有棱角的造型,能衬托出男性刚强、坚毅的气质。演讲者戴上适合自己脸形的眼镜,也能有效地美化仪表。

俗话说:"人要衣装马要鞍。"服装对人体有"扬美"与"遮丑"的功能,它可以反映人的精神气质、文化素质和审美观念。演讲者的衣着应该整洁合身,庄重大方,色彩和谐,轻便协调。具体而言,"整洁合身"要求做到外表整齐、干净、美观,与自己的身材相协调。"庄重大方"要求做到风格高雅、稳健,与自己的性别、年龄、职业等协调,充分体现出自己的特点与神韵。"色彩和谐"要求做到服饰与特定的环境和内容相协调。不同颜色所表达的不同寓意和象征作用,已经在人们思维中形成了较为牢固的定式,深色给人以深沉、庄重之感;浅色使人感到清爽舒适。演讲者的服饰款式与色彩应力求与现场气氛相谐。"轻便协调"要求做到装束合时,感觉良好,行动方便,与季节相符,与广大听众的装束协调,不可过于华丽时髦,那样会分散听众注意力,引起非议,破坏演讲气氛。总之,演讲者的服饰要合体、合度、合时,格调高雅,给人以美感。例如,有位女青年四次演讲,根据演讲主题不同,分别选择了不同服饰。她讲"社会主义好",穿西装,显得庄重严肃;讲战斗英雄事迹,穿军干服,表示稳重肃穆;在参加题为"青春、理想"的演讲比赛时,穿 T 恤衫,显得活泼爽朗;而参加小说分角色演讲,她却穿上白衬衫,并结上领带,显得潇洒而又大方。她的这种做法,很值得借鉴。

（二）风度、礼仪

风度并不是指人的某一动作,而是指人们在长期的社会生活与交往中逐渐形成的具有特色的举止和姿态。这种举止和姿态是由反映人的思想、品德、性格、气质等内在因素的动作构成,而身姿正是听众评判演讲整体效果的重要指标。优美的身姿能成为表达内容、情感,调动听众情绪的有力手段,最能表现出人的风度。

身姿是人的自然形体在空间的形象显现。它由头部、身躯及双腿三部分动作构成。头部的倾斜度及活动状态,身躯的前倾后仰及移动情况,双脚的摆设姿势等均可以表示出各种感情的变化。优美的身姿给人以稳健、庄重、朝气蓬勃的印象。而不美的身姿给人以轻浮、怠倦、颓唐疏懒之感,影响演讲者在听众心目中的主体形象。

走上讲台时,演讲者应迈步适度,步伐均匀,头正,眼睛平视,口微闭,双臂自然摆动,步态和表情应体现出庄重大方、从容自信、亲切热情,整个体形端庄有力;切忌低头弯腰,忸怩局促或将手插在衣袋中,左摇右晃。

一般来讲,演讲宜站着讲,这样既是对听众一种礼貌的表现,也能给听众一个完整的形象,充分展示出演讲者的神情、仪表、姿态。站的位置宜在台前中间,既便于纵观全场,也利于听众从各自的角度看到演讲者的姿态。站姿要自然和谐、端正、庄重,不可忸怩做作;要挺胸收腹,给人一种稳定感,切不可斜肩、偏头、曲颈。脚的站法可一脚在前,一脚稍后成45°角,重心在前,体微前倾,给人以昂扬向上的感觉。亦可两脚自然平立,显得精神抖擞。必要时,可稍稍走动,不仅可使身姿显得生动活泼,而且能表达出不同的思想感情。向前表肯定、进取、希望等;后退表否定、犹豫、退让等。左右走动,能活跃气氛。但走动不可频繁,否则会喧宾夺主,破坏演讲者的整体形象。

风度与气质的关系也非常密切。所谓气质,是指人所固有的比较稳定的个性特征。它也是在人的情感、认识活动和言语行动中表现出来的比较稳定的动态特征。气质影响活动进行的速度,影响活动的性质。不同气质具有不同的动力特征。多血质的人热情豪放,灵活敏捷,但易于精力分散,朝三暮四;胆汁质的人急功好义,勇敢顽强,但容易粗野暴躁,盲目冒险。这两种气质的人在演讲过程中,常常给人炽热、激昂、刚强、愉悦、开朗的印象,语言明快,铿锵有力,举止活泼,表情丰富,身姿手势灵活。这两种气质的人主动性、攻击性和感染力较强,适合于轻快型、高扬型和急促型的演讲会。但他们往往急躁、粗暴,甚至傲慢无礼,易于轻举妄动,失去理智。有这类气质的人,应加强自我涵养,努力使自己做到稳健、庄重,从容不迫,内柔外刚。黏液质的人严谨细微,坚韧不拔,但常常瞻前顾后,虚伪晦暗;抑郁质的人情感深刻,细致敏锐,但常常多愁善感,神经过敏。这两种气质的人,在演讲时,感情活动比较沉稳、质朴,语言严谨、委婉、徐缓,神情严肃、坚毅,但比较迟钝,缺少灵活性,适用于持重型、低抑型演讲。在演讲中应该尽量做到精神焕发,不卑不亢,以柔克刚,举止潇洒。上述气质特征是就一般而言的,具体到个人又不尽相同。总之,演讲者要善于分析自己的气质特征,发扬优点,克服缺点,掌握和支配自己的气质,使自己的举止风度具有热情、大方、稳重、谦和、诚恳的特点。

风度和礼仪的关系十分密切,优美动人的举止常常是符合礼仪要求的。演讲者英姿焕发,举止潇洒,热情谦和,便显得彬彬有礼。如果敞胸露怀,一步三晃,放荡不羁,不仅没有风度,也是不懂礼仪的表现,往往令人反感。

礼仪是人类社会生活中逐渐形成、并为大家共同承认和遵守的表示友情的方式或仪式。它是历史发展的产物,具有一定程度的阶级性。不同时代,不同阶级,不同国度,表示礼节的方式和对礼节的具体要求都不一样。例如,以鞠躬代替跪拜,以握手取代作揖打拱,都体现了现代文明的特点。演讲者从步入会场、登台演讲,到演讲结束离开会场,都应该注意体态风度,讲究礼仪。

步入会场时,演讲者要态度谦和,步子稳健,潇洒自如,面带微笑。切忌左顾右盼或装腔作势,否则有轻佻和傲慢之嫌;也不宜忸怩畏缩,以免失身份。在就座之前,应与陪同者稍事相让，方可落座。但不宜过多推让，入座时声音要轻，要坐正坐稳，身体不宜后倾或斜躺，不宜前探后望，也不宜玩弄手指、衣角等。当主持人介绍演讲者时，演讲者应自然起立，向听众鼓掌或点头表示感激之意，切不可稳坐不动或仅仅欠一下身子。正式登台演讲时，先向主持人点头致谢，然后从容稳健走上讲台，郑重、恭敬、诚恳地向听众敬礼，并且目光环视全场，表示光顾和招呼，然后开始演讲。

演讲开始要注意选择恰当的称呼。得体而充满感情的称呼，能迅速沟通演讲者与听众的思想感情，激发听众情绪。演讲时要热情开朗，切不可摆出目中无人、冷若冰霜的面孔；要尽量以良好的姿态、稳重的举止来传神达意；要谦逊，有礼貌，当现场听众出现烦躁不安时，切不可随意讽刺训斥，而应体现出自身的涵养。演讲结束时，应面带微笑，向听众致礼之后，从容下台，切不可过于匆忙，显出羞怯失意的神态，也不可摆出洋洋得意满不在乎的样子。总之，要给人一种谦虚谨慎、彬彬有礼的印象。这样才不致因缺乏风度和礼仪而影响演讲效果。

三、表情与手势

在体态语言中，面部表情和手势是最能传情达意的。人的面部表情丰富多彩。"面部表情是多少世纪培养成功的语言，比嘴里讲得更复杂到千百倍的语言。"（罗曼·罗兰语）它是人的内在思想感情在外貌上的显示，特别是作为脸部的重要组成之一的眼睛，更是"心灵的窗户"，能准确、生动表达出人们复杂微妙的思想感情。手是人体敏锐、丰富的表情器官之一，它能以多变的态势造型，传递潜在心声，交流内心情感。富有经验的演讲者，总是充分地利用面部表情和手势，表达出丰富的思想感情，影响听众，感染听众。

（一）眼神的运用

眼神与语言之间有一种同步效应，人们的思想感情常常通过眼神自然流露出来。眼神配合口语，能表达出丰富多彩的思想感情。这是因为人的眼睛上有上百条神经联结大脑，它们是大脑获得信息的重要渠道，同时又受到大脑中枢神经的控制。所以，眼睛能自如地传递心灵的信息，反映人的喜怒哀乐之情。演讲者在运用口语传递信息的同时，也自然要通过自己的眼神，把内心的激情、学识、品德、情操、审美情趣等等传递给听众。

不同的眼神，给人以不同的印象。眼神坚定明澈，使人感到坦荡、善良、天真；眼神阴暗狡黠，给人以虚伪、狭隘、刁奸之感；左顾右盼，显得心慌意乱；翘首仰视，露出凝思高傲；低头俯视，露出胆怯、害羞。眼神会透露人的内心真意和隐秘。演讲者的眼神变化要与演讲内容的发展和自己情绪的变化相协调，要注意眼神运用的多样性，准确地表情达意，给人以胸怀坦荡的感觉。

眼神不仅可辅助口头语言表达思想感情，而且有时还能直接代替语言。例如，在演讲过程中，现场出现局部骚乱等情况，演讲者可以不开口，而采取盯视法，投出一道目光，使听众领会其意，注意听讲。这样，眼神便代替了语言呼唤，起到了控场作用。眼睛在演讲过程中，既能输出信息，又能接受信息。演讲者在运用目光传递信息的同时，也通过目光察言观色，接受听众的信息反馈，使眼睛发挥组织演讲和收集演讲效果的作用。正因为如此，演讲者既要保持视线的目标在正前方，炯炯有神地面对听众，又要不断地兼顾全场，了解听众的反应。也就是要把目光注视前方与多方位观察巧妙地结合起来，全方位地观察听众。

要做到全方位地观察听众,演讲者要自如地学会运用眼神的三种技法:点视法、环视法和虚视法。

1. 点视法

点视法是指有目的有针对性地重点注视某一局部听众。运用这种方法可对专心致志的热心听众表示赞许和感谢;对有疑问和感到困难的听众进行引导和启发;对想询问的听众给予支持鼓励;对影响现场秩序的听众进行制止,使其收敛,达到控场的目的。运用这种方法针对性较强,目光含义要明确,同时要适可而止,避免与听众目光长时间直接接触,以免被注视的听众局促不安和其他听众受冷落。

2. 环视法

环视法是指目光有节奏或周期性地环视全场。其目的主要在于掌握整个演讲现场动态,照顾全场,统帅全局。运用这种方法,可使全场听众产生亲近感。但必须注意:一定要照顾全局,不可忽视任何角落的听众;同时,头部摆动幅度不宜过大,眼珠不可肆意乱转。

3. 虚视法

虚视法是指目光似盯未盯地望着观众。运用这种方法可显示出演讲者端庄大方的神态,可引导听众进入描述的意境之中,还可烘托气氛。但应注意使用不可频繁,以免给人以傲慢的感觉。

总之,无论使用哪种眼神,都是为了表达一定的思想内容和感情,绝不可漫无目的地故弄玄虚。眼神的运用要和有声语言和其他体态动作密切结合,协调一致。同时,在运用眼神时,应当表现出信心和活力,显出风度。

(二)面部表情

面部表情与眼神是密切相关的。其实,眼睛的传神常常是与面部其他部分的活动相配合进行的。眼神离开了面部其他部分的活动,其表情达意作用就必然受到影响。面部表情非常丰富,许多细微复杂的情感,都能通过面部种种表现来传情,并且能对口语表达起解释和强化作用。脸面的颜色、光泽,脸部肌肉的收缩与舒展,以及脸部纹路的不同组合,都能构成喜怒哀乐等各种复杂的表情。眉飞色舞是喜,切齿圆睁是怒,蹙额锁眉是哀,笑逐颜开是乐。口角向上表愉快,口角向下表忧烦;冷漠轻蔑时嘴紧闭;诧异惊讶时口大张。同样是笑,微笑、憨笑、苦笑、奸笑,在嘴、唇、眉、眼和脸部肌肉等方面都表现出许多细微而复杂的差别。演讲者要善于观察面部表情的各种细微差别,并且要善于灵活地驾驭自己的面部表情,使面部表情能更好地辅助和强化口语表达。

运用面部表情,要求自然真实,喜怒哀乐都要随着演讲内容和思想感情的发展需要而自然流露,切不可"逢场作戏",过分夸张,矫揉造作,那样会令人感到虚伪滑稽。也不可毫无表情,冷若冰霜,使人感到枯燥压抑。演讲者的面部表情与口语表达要协调一致,要能准确鲜明地反映自己内在的思想感情。面部表情和有声语言的表情达意应同步进行。如果演讲者的颦、笑、蹙、展游离于演讲内容之外,与内心感情变化脱节,那便会使人感到莫名其妙,无法理解。同时,演讲者为了有效地传递信息,交流感情,要尽量避免傲慢的表情、讥讽的表情、油滑的表情和沮丧的表情。这些表情都会在听众中产生不良影响,形成离心效应。

（三）手势技巧

手是人体敏锐的表情器官之一。手势是体态语言的主要形式,使用频率最高。由于双手活动幅度较大,活动最方便、最灵巧,形态变化也最多,因而,表现力、吸引力和感染力也最强,最能表达出丰富多彩的思想感情。寓意深刻、优美得体的手势动作,能产生极大的魅力,激发听众的热情,加深听众对演讲内容的理解,使演讲获得成功。

从手势活动的区域来看,大体有三种情况:一种在胸部以上,常常用以表达激昂慷慨、积极向上的内容和感情;一种在胸腹之间,常用以表示一般性叙事说理和较平静的情绪;还有一种在腹部以下,常用以表示否定、鄙视、憎恨等内容和情感。

根据手的不同形状和活动部位,手势动作可分为手指动作、手掌动作和握拳动作。这些手势语言具有多种复杂的含义,应该细心辨识和掌握。例如,常用拇指和小拇指,分别表示赞扬与鄙夷;单手手掌向前推出,显出信心和力量;双手由分而合表示亲密、团结、联合;握拳显示情感异常激烈等等。总之,手势的部位、幅度、方向、急缓、形状、角度等的不同变化,所表达的思想含义和感情色彩就有很大差别。演讲者不可拘泥于某种固定的模式,而要根据演讲内容的不同需要,灵活运用不同的手势。

从手势表达思想内容来看,手势动作可分为情意手势、指示手势、象形手势与象征手势。

情意手势用以表达感情,使抽象的感情具体化、形象化,使听众易于领悟演讲者的思想情感。如挥拳表义愤,推掌表拒绝等。

指示手势用以指明演讲中涉及的人或事物及其所在位置,从而增强真实感和亲切感。指示有实指、虚指之分。实指涉及的对象是在场听众视线所能达到的;虚指涉及的对象远离会场,是听众无法看到的。

象形手势用以模拟人或物的形状、体积、高度等,给听众以具体、明确的印象。这种手势常略带夸张,只求神似,不可过分机械模仿。

象征手势用以表现某些抽象概念,以生动具体的手势和有声语言构成一种易于理解的意境。例如,讲"一颗红心献人民"时,双手做捧物上举的姿势,自然构成一种虔诚奉献的意境,给听众留下鲜明具体的印象。

手势动作只有在与口语表达密切相配合时,其含义才最为生动具体。演讲者的手势必须随演讲的内容、自己的情感和现场气氛自然地表现出来,手势的部位、幅度、方向、力度都应与演讲的有声语言、面部表情、身体姿态密切配合,协调一致,切不可生搬硬套勉强去凑手势。如果手势泛滥,着意表演,会使人感到眼花缭乱,显得轻佻作态,哗众取宠。当然,也不可完全不用手势,那样会显得局促不安,失去活力。

思考与训练

1. 为什么成功的演讲离不开良好的表达技巧?怎样理解"演讲者的口语和体态语是信息的载体"这一论断?

2. 口语表达技巧的基本要求是什么?语音训练和语调训练应把握哪些要领?

3. 体态表达技巧的基本要求是什么?在仪表与风度、表情与手势方面应注意哪些问题？

4. 古人云："言之不足手之舞之足之蹈之。"试就此论断来说明有声语言与体态语之间的关系。

5. 下面是张海迪在演讲中的两段话：①的内容比较明快，②的内容比较凝重。试问：在演讲节奏的处理上应把握哪些要点？请具体分析。

①有一位朋友对我说：玲玲，我有时觉得心里很空虚。我就请他和我一起学习。我说：我们要是学了知识，就会感到生活充实了。从此，这位朋友就一直坚持学习。1979年他参了军，参加了边境自卫反击战。在战场上他写来这样一封信，说：玲玲，我现在在战场上给你写信，这儿硝烟弥漫，战友们都冲上去了，有的战友倒下了。玲玲，我现在想得很多很多，我想我自己要是牺牲了没什么，可是要被打残废了怎么办呢？他说：你知道吗？这个时候我想起你。我觉得你虽然腿残废了，但是你还是坚持工作和学习，我要像你那样生活下去。结果，他在战场上勇猛作战，入了党，并且和他的战友们一起荣立了集体三等功，胜利地返回了内地。

②有一次，我趁爸爸、妈妈上班的时候，收拾好东西，给爸爸妈妈写了一封遗书。我在遗书中说："亲爱的爸爸、妈妈，女儿就要离开你们了。当我就要离开你们的时候，我心里是多么的难过。我是一个热爱生活的姑娘，活着是多么的好。可是疾病使我失去了创造美好生活的权利。虽然我有病，但是，我不愿做这沸腾生活的旁观者。我愿像别人一样，做一个社会主义建设者，爸爸、妈妈，请你们原谅我，原谅我。我永远也不会忘记跟你们生活的那些岁月。我吞服了大量的安眠药，并且还给自己打了冬眠灵。我躺在床上，静静地等待离开这个世界。"

6. 常言道："眼睛是心灵的窗户。"演讲者要学会用眼睛说话、表情达意。请看看作家高尔基是怎样描绘导师列宁演讲时的眼睛的：

在他那蒙古型的脸上，一双锐利的眼睛在闪闪发光，表现出一个不屈不挠的战士对谎言的反对以及对生活的忠实，他那双眯缝着的眼睛在燃烧着，使着眼色，讽刺地微笑着，闪烁着愤怒。这双眼睛的光泽使得他的演讲更加热烈、更加清新。有时仿佛是，他精神上有一种不可战胜的力量从他的眼睛里喷射出来，那内容丰富的话语在它中闪光。

高尔基的描绘多么细致，多么绘声绘色！试问，这样的描绘对读者理解列宁的演讲，认识列宁的人格魅力起到了怎样的作用？

第六章　镇定自如的临场表现
——演讲者的控场艺术

▶ 第一节　演讲者应有的心理品质 ◀

写好了演讲稿,试讲顺利,自己也较为满意,是不是一定能在演讲现场讲好呢?不一定。充分的准备是演讲成功的必要条件,没有不行;有了也未必一定能行。要临场讲好,还必须具有良好的心理品质:热情、果断、自信、镇定;要有适应演讲特殊时空环境的能力。

演讲的时空环境较为复杂特殊,它不同于平日一般的社会活动。演讲者面临的对象往往是生疏的、频繁变换着的听众。演讲现场情况也千差万别;加之,演讲者往往是肩负特殊使命,为强烈的责任心所驱使,因而,必然要承受一定的心理负担;平日习惯性的常规方法往往不能适应,必然产生心理不平衡。演讲者只有具备良好的心理素质,才能排除不良环境的影响,充分发挥自己的演讲才智。

一、心理定式与成功欲

这里所说的定式指心向,即指对活动的一种准备状态。演讲者置身于演讲环境时的心理准备,就是演讲行为的心理定式。心理定式使人以比较固定的方式去进行认知或作出行为反应。当环境不变时,人们能够应用已掌握的方法迅速解决问题;而当情境发生变化时,它就会妨碍人们采取新的方法去解决问题。因此,演讲者在演讲时,首先形成一种与时空环境相适应的心理定式是非常必要的。

生理学和心理学认为:凡发育正常,有一定文化知识的人,当心理状态达到最佳程度时,就会思想开阔,思维敏捷,精力集中,记忆清晰,感情丰富,动作协调。心理状态达到最佳状态,情绪随之高涨,有利于增强自信心,驱逐恐惧感;有利于集中注意力,排除杂念;有利于驱除紧张感、荣辱感、孤独感、畏怯感、烦恼感等影响演讲的特殊心理,使演讲者演说时不致瞻前顾后,放不开嗓门,放不开手脚。

要形成演讲行为的心理定式,既要有演讲的需要,又要进入一定的演讲环境。试想,如果一个人本身没有演讲的需要,即使进入演讲现场,也不会产生演讲行为的定式;同样,一个人即使有强烈的迫切的演讲需要,若没有一定的环境和一定的听众,也是徒然。只有当演讲需要和演讲环境都具备时,演讲行为的心理定式才能形成。可见,演讲者要增强自己的行为定式,一方面要增强内在的激励因素,另一方面要善于利用外在的时空环境,使之发挥最大的激励作用。

从时空环境方面来看,演讲中存在着一系列具有各种不同价值、能增强或削弱心理定式的情景。凡能使人产生昂扬情绪、提高自我价值感的时空环境,便能增强演讲者的良好的心理定式。凡使人产生焦躁不安、心灰意懒情绪的时空环境,对演讲者良好的心理定式的形成便会起削弱和阻滞的作用。演讲者进入演讲的时空环境,要善于识别时空环境中那些起积极作用和消极作用的成分,自觉地把注意力集中到积极因素上,强化演讲优势;要努力剔除消极因素对自己心理定式的影响。

此外,演讲者还要掌握一些行之有效的调动情绪的方法,诸如临场前逗乐引笑、朗诵名人诗词、观花赏画、欣赏音乐或作愉快的回忆等。总之,要使精神振奋,情绪高涨,以轻松兴奋的坚定的心情进入演讲角色。

演讲的需要是演讲者的内在激励因素。根据马斯洛的需要等级理论,演讲的需要是较高层次的需要,它既是人们的"社交需要",也蕴含着"尊重需要"和"自我实现需要"。对不同的演讲者来说,各种需要的比例各不相同,因而所产生的内在激励的大小也就不一样。要增强演讲者内在激励能量,显然,强烈的成功欲和对目标价值的认知起着十分重要的作用。

马斯洛所说的需要,从某种意义上讲,其实就是欲望。人所共有的欲望是人们一切实践活动的内驱力。欲望越强,动力越大。人们的演讲活动,都是为了达到某种预期的目的,获得某种具体效果。演讲者对这种预期目标价值的认知愈深刻,成功的欲望就愈强。概括地讲,演讲的成功欲主要表现为对社会效益和思想疏导的欲望的满足。

成功欲是促进事业成功的主观因素,能极大地促进人们的主观能动性的发挥。在演讲活动中,强烈的成功欲是演讲成功的重要条件,是演讲者形成较强的良好的心理定式的重要因素。演讲者如果对成功缺乏强烈的欲望和追求,内驱力必然不足,在行动上就会表现为消极冷漠,影响演讲的效果。

当然,成功欲有着质的区别。有的高尚健康,也有的低级庸俗甚至反动。各种不同质的强烈的成功欲都能形成较强的心理定式,但是它们所产生的演讲效果是截然不同的。

二、观察力与分析力

观察是直接认识客观事物的表现,是一切智力活动的基础。观察力是指通过感官全面正确地认识客观事物的能力,是演讲者必备的基本功。从演讲动机的萌发、演讲主题的确定到演讲材料的获取,几乎每一个环节,都渗透着观察的结果。临场演讲时,尤其需要有敏锐的观察力,要能洞察在场听众的心理,也就是及时发现和了解听众的反馈信息,以便随时调整自己的演讲内容和形式。

观察力与心理定式有密切的关系。观察的目的在于期待演讲的成功。成功欲是调动观察的积极性、集中注意力或分配注意力的原动力。一个有着强烈成功欲,形成了良好的心理定式的演讲者,便能随时留心,抓住任何有用的外部信息,借以调整和丰富自己的演讲内容。例如,有位演讲者给听众谈《美的欣赏与追求》,当他步入现场,忽然发现墙上闪过一道白光,原来有位听众在偷偷照镜整容,镜子的反光在墙上形成一个光点。细心的演讲者立即捕捉到了这个瞬息即逝的现象,调整了自己的演讲内容。触景生情,从这道白光谈起,说明爱美之心人皆有之,然后切入正题,使演讲在一种和谐融洽的气氛中顺利进行。试想,如果演讲者没有强烈的成功欲,他能够这样时时处处做"有心人",激发起思维的创造性吗?

高超的控场艺术与特有的观察广度是分不开的。观察的广度是指同一时间内观察所能把握对象的数量范围。观察广度大，就能在同样时间输入更多的信息。演讲者只有具有足够的观察广度，才能迅速全面地观察到台下众多的情况。同时，要做到随机控场，还要掌握观察的分配，即在同一时间内进行多种活动时，把观察指向不同的对象。

演讲者的观察应力求做到敏捷迅速，反应符合客观实际，面向整体，贯穿始终。演讲的现场，情况复杂，听众的反应总是随演讲的进行而随时变化的：有时凝神深思，有时喜形于色，有时悲愤激昂，有时探询议论，有时左顾右盼，有时烦躁不安。观察力强的演讲者一进入现场，就要充分利用自己的感官，从听众的眼神、表情、身姿及其有意无意的各种声响中，体察出听众的情绪反应、情感趋向，了解听众的理论修养、文化教养和专业学识水平等，迅速推断出反馈信息的真实内涵，将反馈信息与自身演说行为结合起来分析，从而及时地捕捉住有利时机，机智地进行内容和形式的调整，牢牢地掌握住演讲的控制权，紧紧地控制住听众的情绪。

心理学认为，要适当地分配注意，就必须在同时进行的几种活动中，至少使其中一项活动达到完全熟练的程度，形成"动力定型"。否则，仅凭主观意识调节是靠不住的。所以，演讲者要达到观察准确、全面，首先必须对演讲内容"烂熟于心"，形成自动化的"动力定型"，此外，别无良策。

观察力与分析力是紧密相连的，人们的一切智力活动，都是在观察的基础上进行的，而观察认知过程，总是自觉或不自觉地伴随有比较和鉴别。比如，感知火的光亮，是因为有其他不发光物的存在。光亮是相对黑暗而言，伟大是相对平凡和渺小而言。比较和鉴别离不开分析。分析就是"把一件事物、一种现象、一个概念分成较简单的组成部分，找出这些部分的本质属性和彼此之间的关系"。我们对任何一个事物进行观察，作出判断的过程，事实上都经历了一次分析综合的过程。可见，敏锐的观察力正是较强的分析综合思维能力的表现。在临场演讲时，要"耳听六路，眼观八方"，要在眼、耳、口、手和脑的协调配合中，感知、理解、正确判断。这种分析综合思维在瞬间完成，要熟巧到几乎是随意运动。然而这种分析综合思维往往被人忽视。演讲者要提高自己的观察力，必须培养较强的分析综合思维能力。

分析是以事物的矛盾为对象和内容的。分析可以"由表及里"，即从现象分析本质；可以"由此及彼"，即分析一事物与另一事物的关联与关系；可以是"由果及因"，即剖析事物的直接间接的原因或历史根源；可以由"由正及反"，即分析事物的变化和转化。事实上，从动机萌发到现场演讲的全过程，都离不开分析，特别是内容的构思、论证过程，尤其需要分析。在临场演讲时，听众的反馈信息表现繁多，对一颦一笑，要知其情绪所在，没有很强的观察分析能力是不行的。

三、自信心与自制力

自信心是一种推断性的心理过程，具有明显的理性思维色彩。人们在实践活动中，不仅有成功的欲望，而且对成功与否常常会进行有意无意的预测。这种预测的结论无非是三种情况：一是必然成功；二是必然失败；三是可能成功也可能失败。这种自己对实现目标有无成功把握的断定及其心理准备，就是人的自信心状况的具体反映。所谓有自信，就是对现实目标、圆满完成任务抱有成功的把握;否则,就是没有自信或信心不足。

自信心与成功欲密切相关。强烈的成功欲是人们实践活动的内驱力,是促进事业成功的主观因素。对演讲者来说,它的主要作用是触发心理动机,使演讲者对现实演讲目标高度关切。然而,希望成功并非自信成功。自信则表现为对实现目标的理性推断,它是通过对客观情况和自我能力进行比较衡量后产生的,是对自我素质和能力的信任。演讲者充分的自信表现为对实现演讲目标持肯定性推断,坚信演讲成功。成功欲和自信心都是形成良好的心理定式的重要因素,是演讲者重要的心理支柱。

充分的自信,是演讲成功的另一秘诀。自信可以发挥意志的调节作用,坚定意志;可以促使智力呈现开放状态,更有效地发挥演讲者的创造性。演讲者坚信演讲能获得成功,在良好的心理定式作用下,能以满腔热情对付演讲现场可能出现的各种复杂情况,并且始终保持清醒的头脑,砥砺意志,克服障碍。自信心强,很少心理负担,精力充沛,思维活跃,易于触发创造性思维,左右逢源,能随机应变和临场发挥。自信心强,对自己的力量、气质、风度和技能能恰当地控制。相反,缺乏自信心的人,意志薄弱,时时产生一种消极的自我暗示。越怕失败,越怕人取笑,就越加分心,越加忧心忡忡,无形中束缚实际能力的发挥,导致演讲失去光彩。

演讲者要有意识地培养和树立坚强的自信心。自信心应建立在对自我素质和能力的正确认识上,建立在对演讲基本规律的娴熟掌握上,建立在对演讲内容的深刻理解上。只有在对主观条件和客观情况进行辩证分析,知己知彼,了如指掌的基础上产生的自信,才是真正的自信。否则,就是不切实际的盲目自信。盲目自信是一种非理性的预测和判断,它所产生的支持力是短暂的,经不起实践的检验。

演讲不仅要有充分的自信心,也要有坚强的自制力。所谓自制,就是根据需要,对自我情绪和情感进行调节和控制。这种自控能力,既是演讲者重要的心理能力,也是演讲者意志力的表现。

演讲活动情况复杂,很多因素能引起演讲者的情绪波动和情感激动,或欢愉,或兴奋,或恐惧,或忧虑。演讲者的各种情绪波动和情感激动对演讲产生不同的影响,有的积极有益,有的消极有害。一般来说,责任心、使命感、成功欲以及自信和欢愉是推动演讲顺利发展的积极因素;而忧虑、恐惧、自卑、颓唐等情绪则是阻碍演讲成功的消极因素。如何对这些有利和不利因素进行质的鉴别和量的控制,正是自制力的作用所在。演讲者要善于分辨掌握,该激发的充分激发,该排斥的努力排斥,该调节的适当调节,始终保持自己的情绪与演讲时空环境和谐协调;不能无节制地听任感情的驱使,也不能任凭自我情绪的放纵;要主动地理智地根据实现演讲目的的需要,抑制消极情绪和冲动行为,正确地支配自己的语言和举止。只有这样,才能成功地驾驭演讲进程,在受挫折时,不致泄气和意志崩溃;在顺利时保持头脑清醒,不失常态。否则,就会阻碍演讲的顺利进行。例如,欢愉兴奋,使人精神抖擞,语调高昂,能推进演讲顺畅发展;但如果兴奋过度,忘乎所以,就往往会失去常态,有损演讲效果。赫鲁晓夫在联合国大会上,用皮靴敲击讲坛,言辞放纵粗鲁;里根在一次答新闻记者问之后,道出了"狗娘养的"的粗话,这些都是因为情绪失控而造成的在国际社会上广泛流传的笑柄。

演讲者要有效地运用和发挥自制力的作用,必须坚定目标指向。目标专注,能凝神集思。当情绪过分激动时,立即以实现演讲目标的坚强信心激励自己,排除自我情绪中消极因素的干扰。演讲者要提高和强化自己的自制力,必须吃透演讲内容,掌握演讲规律。成竹在胸,就不会乱章失控,就能应对自如。演讲者要进行恰当的自我克服和调节,还必须保持头脑清醒。冷静能帮助人保持智慧,再生智慧。快速、准确的判断和分析,只有在沉稳冷静的情况下才能作出。

自信心和自制力关系十分密切,它们同是演讲者应有的良好的心理品质。自信心强可以坚定演讲者的意志,而自制力的强弱正是为意志力的强弱所决定的。所以,演讲者应不断培养和提高自己的自信心和自制力。

▶ 第二节 主动控制演讲现场 ◀

在演讲现场,由于种种原因影响,现场气氛、现场秩序以及听众的情绪、注意力等随时都可能发生变化。演讲者为使演讲活动取得预期的效果,要采取得力措施,有效地驾驭现场气氛,使听众始终保持饱满的热情,始终高度集中注意力,使演讲活动始终朝着有利方向发展。演讲者这种对演讲现场进行有效控制的技能技巧,就是控场艺术。

控场有主动与被动之分。主动控场是指演讲者始终高屋建瓴,牢牢掌握住现场气氛的控制权,使听众的注意力达到出神入化的地步。被动控场则是指窥视到现场出现种种异常情况,当机立断,控制住现场气氛和秩序,使演讲活动得以顺利开展。有经验的演讲者,既注意主动控场(在演讲的准备阶段就认真考虑了控场的需要),又重视被动控场(从登台开始,在现场演讲过程的每一环节,都密切注意现场动态,及时采取措施)。

一、权威效应与第一印象

演讲活动来自演讲者与听众的相互作用。一方面,演讲者处于主导地位,听众随着反应;另一方面,听众的反应程度又是演讲者调节自己表达方式的依据。演说的期待与听众需要的满足,是演说者与听众心理相融的基本因素,而沟通两者的心理桥梁,正是信任与依赖。因此,演讲者享有声望和信誉,能使听众产生良好的心理定式,是听众自发兴趣和高涨热情的巨大诱因。它直接影响到听众的理解效果,直接影响着听众情绪和演讲现场的气氛。显然,权威效应具有积极的控场作用。

然而,威信的形成并非一朝一夕之功,它取决于许多因素,如社会舆论的重视、演讲者的社会地位和外部形象等,同时也与听众的文化修养、欣赏水平有关。威信是演讲者德、才、学、识的综合体现。演讲者不一定都是权威,况且,人们也不可能等当了权威再去演讲。那么,演讲者应如何达到这种功效呢?

从某种意义上讲,演讲者的"第一印象"常常具有权威效应。演讲者一上台,首先给观众的第一印象是视觉形象,而视觉形象的刺激,常常能够强化人们注意的意向性。生活经验表明,"第一印象"往往能决定听众注意力集中的程度。因此,演讲者走上讲台时,要特别注意自己的仪表、举止;应以稳健、大方、镇定自若的姿态出场"亮相","镇住"听众,给听众留下美好的印象,使听众油然产生"一见钟情"的感情,造成先入为主的心理定式,从而使听众对演讲者的演讲能力作出较高的判断,并随之给以高层次的注意。所以,把握住

"第一印象",能赢得听众高层次的注意,赢得听众的信任,而这正是积极控场的表现,是演讲成功的秘诀之一。

如何把握住"第一印象"呢?一般来说,这与演讲者的性格、态度、能力、学识等有关。就性格而言,稳重、活泼、谦和、自信和幽默,能够赢得听众的热情;从态度来讲,热情、真挚、公正、认真易于博得听众的好感;而聪慧、机敏、见多识广、通今达古、博闻强记,更能使听众倾倒。因此,当演讲者走近麦克风的瞬间,切不可忸怩作态,招来听众哄笑;而应该衣着大方适宜,挺胸迈步,头微微侧向听众,脸露甜美的微笑,显露出心中充满着诚恳和激情,以坚实的步伐传递出自信、成熟和热情。走到讲桌和麦克风前时,应从容转身,恭敬地向听众鞠躬致意,显示出文雅庄重,切不可贸然急速转身,急忙点头、哈腰,给人以轻率可笑之感。在讲台上,不宜前后摇摆,也不应左右晃荡,不要随便用手撑住讲桌,也不要懒散地靠在桌边;要挺直腰板,以温和的目光扫视全场,略等几秒,待场内寂静无声,便抓住最佳时机,提高声音,从容开讲。

"开场白"也具有"第一印象"的特点,对整篇演讲的基调和成效具有关键性的意义。它是演讲者与听众之间架起的第一座桥梁。精彩的开场白能如磁石般吸引住听众,赢得听众的高度注意和信任。精彩的开场白也是积极控场的手段之一。

二、"角色整合"与高潮设置

"进入角色"也是一种积极的控场艺术。富有经验的演讲者都有一种体会,头一二分钟要吸引听众较为容易,而要维持五分钟,那就比较困难了,如果一旦失去听众注意,要重新恢复,那就更困难了。因此,必须尽可能地把听众"拉住"。这就要求演讲者在展开主题时,尽快"入戏",尽快"进入角色"。

所谓"入戏""进入角色",就是指演讲者把自己的思想感情融之于演讲内容之中,如同演员担任某种角色一样,自然地、如实地把自己对角色的理解、感受、爱憎等表达出来,既以雄辩的逻辑力量,又以真挚的感情力量,使听众折服倾倒。

"进入角色",体现真情实感并非轻而易举之事。初学演讲,上台时往往感情不真切,表露不恰当:要么表现不足,与演讲内容不合拍,显得心不在焉;要么过头失控,滥用感情,甚至造成失态。

要迅速准确地进入角色,演讲者在上台之前,最好先酝酿一下感情,进行角色调整。平时人们生活举止比较随便,一般相处相互间都处于无拘无束状态。演讲者登台演讲则与平时不同,他一登台就成了演讲活动的主体,所处的地位发生了变化,角色发生了变化。然而平日生活角色的惯性效应,经常会导致新任角色失当。这种情况,不仅初学演讲者容易产生,就是经常演讲的人,也不时出现。演讲者必须及时预防、纠正角色失当现象,尽快实现角色转换,达到"角色平衡"。

从角色失当到角色平衡是一个极为复杂的"角色整合"过程。要实现角色转换,首先要有强烈的角色意识,对自己有正确的科学的自我评价;其次要克服旧有心理定式的负面影响,要意识到在演讲中主体是影响演讲成效的至关重要的角色;再次,要认识到只有对演讲内容娴熟掌握,才能把自己的思想感情融于其中。可见,这是一点也不可马虎的。

娴熟地掌握演讲内容,是积极控场的重要方面。演讲要求内容丰富、生动、全面、准确,在表达过程中要显得波澜起伏,跌宕多姿,逐渐形成全场激动的场面,使听众心驰神往,惊叹不已。要达到这种境地,显然不是照本宣科式的念讲稿所能奏效的。照稿念,演讲者往往顾此失彼。顾了讲稿,顾不了听众,更谈不上用丰富的表情和形象的动作与演讲内容协调配合,演讲当然无法生动形象。这样,听众会无形中降低对演讲者的信任感,减少对演讲的注意力和重视度,形成冷场现象,甚至骚动轰场。演讲者要尽量熟悉讲稿,而又不拘泥于讲稿,真正"入戏";要能在演讲中自然地组织几次高潮,像磁石般牢牢地吸引住听众。

演讲者感情最激昂、气势最雄劲,演讲者与听众感情交流最融合的时刻,正是演讲的高潮所在。如果演讲中能做到高潮迭起,演讲者便自然控制了整个现场。那么怎么组织高潮呢? 情是人性的天然表现,演讲者要善于在情的领域耕耘。李燕杰在《演讲美学》中写道:"一次演讲怎样达到高潮,这需要演讲者在感情上一步一步地抓住听众,在理论上一步一步地说服听众,在内容上一步一步地吸引听众,使听众的内心激情逐渐地燃烧起来,演讲将自然地推向高潮。"说穿了,就是以情激情,以心换心。具体而言,深邃的思想能启迪深思,激起听众的积极响应;风趣幽默的语言,能引起听众的兴趣和热情;生动感人的奇闻轶事,可以醒目提神,活跃气氛;新颖广博的知识传授,可以使人耳目一新,精神振奋;精辟的论证,能以其严密的逻辑征服听众;设置悬念与适当提问,则能引起听众积极思维和兴趣;而真挚热烈的激情迸发,贴切自然的动作,尤能扣人心弦,感人肺腑。

总之,演讲者声情并茂地把演讲由一个高潮推向另一个高潮,场上气氛也就会完全由演讲者主动控制着。

三、完善形象与巧妙结束

主动控场,还应特别注意演讲临近尾声时演讲者的自我形象对听众的影响,这也是很重要的。有些演讲者往往因为前面一直顺利,临近尾声时,自认为胜利在握,洋洋自得,显出高傲轻慢的样子;有的则自认为演讲不尽如人意,产生浮躁情绪,表现出匆匆忙忙、草率收兵的样子;有的放纵感情,任凭意气,话已讲完却又添枝加叶,画蛇添足,拖拖拉拉;有的则认为听众注意力不集中,借机旁敲侧击,发泄不满;有的则虎头蛇尾,露出疲倦神态,话没说完,就收拾讲稿……这些失误,往往造成听众情绪松弛,会场秩序混乱,使演讲失去光彩。

临近尾声时,演讲者要保持饱满的情绪,尽量地完善自我形象,从容镇静,善始善终,结尾处设法异峰突起,显示出一定的高度,形成强烈的慑服力,使听众感到余味无穷,得到思想的启迪和美的享受。

如何在结尾处以巨大的感染力使听众情绪激动感奋呢? 关键在于巧妙结尾。对此前面在演讲稿的撰写一章中已作介绍,这里不再赘述。总之,演讲者临近结尾时,要保持高昂的情绪,不可虎头蛇尾,不必画蛇添足,不要陈言俗套,也不可高傲轻慢,更不可盛气凌人。演讲者要庄重、镇静,既显示出分量,又显示出有修养。

▶　第三节　临场应变技能　◀

演讲者不仅要善于主动控制演讲现场,而且要具有临场应变的技能技巧。所谓临场应变,就是指演讲者在演讲进行中观察到演讲现场出现某种异常情况时,当机立断,采取有效措施,控制住现场气氛和秩序。这实际上是指面对干扰的被动控场。在演讲过程中,由于种种原因,演讲现场可能出现听众情绪浮躁、起哄喧闹、吹口哨、喝倒彩等情况;也可能听众反应冷淡、昏昏欲睡;甚至还可能出现听众随意走动、局部骚动等现象。这类情况严重影响演讲的顺利进行,必须及时采取措施,临场应变,排除干扰。

如前所述,演讲者要有敏锐的洞察力,对现场出现的非常情况,要能透过现象看到本质,迅速判断出干扰产生的原因,当机立断,有的放矢,妥善处理现场出现的各种意外与事变;切不可被表象迷惑,头痛医头,脚痛医脚,或者丧失信心,听之任之。遇到意外情况,不能只埋头讲,而要综合运用眼、脑、耳、鼻、嘴迅速"摄取"现场信息,以便为控场确定对策。同时,要有迎难而上的勇气和信心,要临危不惊,沉着镇定,因势利导,化消极因素为积极因素,从不同的角度以不同的方式作出大家易于接受的全新的解释,切不可吞吞吐吐,优柔寡断。此外,还要豁达大度,有良好的自制修养,做到有理、有利、有节,不意气用事,不固执己见,不故作谦卑,不放弃原则,不伤害听众感情,不摆出盛气凌人、高傲轻慢的架势。

一、引起兴奋,提神醒目

这是对付冷场的策略。

在演讲过程中,如遇听众注意力分散,如织毛衣、看书报、打瞌睡、交头接耳、坐立不安等冷场现象,演讲者切不可丧失信心,也不可任其发展,更不可呵斥训人,而应该认真分析演讲中存在的问题,针对具体情况,采取相应措施,扭转局面。

冷场常常由以下原因造成:演讲的内容太长或太抽象空泛;表达过程拘谨呆板;演讲速度太快或太慢;演讲语言含混,吐字不清等。面对冷场现象,通常采取的措施是提神醒目,引起兴奋。

引起兴奋,吸引注意的办法很多,可采用在适当的地方骤然提高音量或骤然停顿的办法,引起听众惊奇注意;也可像说唱演员使用惊堂木的方式一样,以突然的奇异举动引起听众的兴趣;可以设置悬念和有意提问,激发听众积极思考;也可以穿插一个笑话或幽默故事提神醒目,活跃现场气氛。例如,伟大的先行者孙中山在广东大学(今中山大学)讲民族主义时,会场小,听众多,天气闷热,听众昏昏欲睡。孙中山便巧妙地穿插了一个故事,他说:"那年我在香港读书时,看见许多苦力工人聚在一起谈得很起劲,有人哈哈大笑;觉得奇怪,便上前问一下,有个苦力说:'后生哥'! 读书好了,知道我们的事与你无益。又一个告诉我:'我们当中有一个行家,辛辛苦苦地积蓄了五块钱,买了一条马票,牢牢记住那上面的号码,把它藏在日常用来挑东西的竹杠里了。等到开奖竟真的中头奖,他欢喜万分,以为领奖后可以买洋房,做生意,这一生再也不用这根挑东西的杠子讨生活,就把竹杠狠狠地扔到大海里。不消说,连那条马票也一齐丢了。因为钱没有到手先丢了竹杠,结果是空欢喜一场,有人笑他,也有人为他惋惜。后来这位行家受刺激过甚,神经有些错乱,很长时间还不能上工呢。'"这个寓意深刻的有趣故事,使会场听众大笑起来,打瞌睡的没有了。孙中山于是不失时机地"言归正传",归到本题:"对于我们大家,民族主义就是这根竹杠,千万不能丢啊!"孙中山这种旁引故事、杂以谐语的手法,取得了很好的控场效果。又如,李燕杰有一次作关于爱国主义的演讲,他察觉有位身穿白大褂的大夫正戴着老花镜在看医书,便灵机一动,说:"每当我回忆重病缠身的时光,白衣战士就引起我深情的遐想。是他,人格的诗,心灵的美,圣洁的光,赋予我第二次生命;是他,给了我去参加拯救那灾难深重的中华民族的权利和力量。"一番话,终于引起了老大夫的兴趣,吸引了他的注意,他放下医书,整整三四个小时都在聚精会神地听讲。

二、缓解矛盾,迂回取胜

这是对待轰场的措施。

一般来讲,产生轰场现象的原因不外乎紧张"卡壳",讲漏嘴,说错话,啰嗦重复,拖延时间,或者演讲现场布置太差,音响有故障,以及演讲观点与听众想法相悖,听众产生逆反心理,或者听众本身素质太差、社会公德意识薄弱等。概括而言,无非是听众的期望值与演讲内容、演讲现场等发生矛盾冲突,或者是演讲者的期望值与听众心理及演讲现场产生矛盾冲突。

对吹口哨,喝倒彩,喧闹捣乱,造成现场秩序混乱的情况,演讲者不可大动肝火,而要不露声色地迅速判明产生轰场现象的原因。

对待轰场,最好先缓解矛盾,然后迂回取胜。例如,因紧张"卡壳"而造成轰场,可采用"跛子拜年,就地一歪"的手法,忘掉的内容就让它忘掉,大胆讲后面的内容,不要因忘却而中断演讲,破坏听众情绪。即使是忘记了非常重要的话,也要随方就圆,歪打正着,跳过这道难关,把后面的话提前说,待到临近结尾时,再进行补充,这样既可保持演讲内容准确、完整,也不致使人有零乱不连贯的感觉。遇到卡壳,还可以就地调换话题,就上段的内容进行发挥;或者趁机向听众提个问题,暂时转移听众的注意力以赢得时间回忆讲稿。当然,调换话题和趁机提问一定要与演讲中心联系紧密,切不可东拉西扯。

假若因为说漏了嘴,讲错了话引起轰场,缓解矛盾的办法可采取"当即纠正"或"借错为靶"的手法加以补救。所谓"当即纠正"即将错话搁置一旁,将正确内容再讲一遍。这样做虽然纠正了错误,也没有正面认错,但毕竟露出破绽,且内容会明显重复。采用"借错为靶"就是将错话当作反面论题,树立靶子,然后进行批驳,自然而然地将话题引到正确的内容上来。这种补救方法,不露痕迹,甚至还能收到意想不到的活跃气氛的效果。例如,有位演讲者不慎说了一句错误的话,他当即意识到了,便灵机一动,故意将错话重复一遍,然后机智地说:"显然,听到刚才这句话,大家都笑了。大家想想,这句话究竟错在什么地方呢?"接着便对错误逐条逐款进行批驳,使人感觉到演讲者是有意树立靶子,从反面进行论证。这种控场技巧实在令人叫绝!

倘若听众观点与演讲者观点相悖,听众产生逆反心理,引起轰场,演讲者尤其要注意迂回取胜,切不可当众强硬批驳,以免形成僵持局面;应以温和的态度,运用诱导的手法,缓解矛盾,给持不同观点的听众一个撤退的台阶。比如主动地说:"这些看法,有的同志不一定乐意接受,对同一问题,有不同看法,是很自然的,从某种意义上讲,你们所讲的也不无道理,不过……"用这样的模糊语言委婉地讲解,采用欲抑先扬之法,可使观点相悖的听众体面地撤退,然后讲演者再用一个"可是""不过"将话锋一转,很快地把论题再扳回来。

事实上,大会演说,人多且杂,所持观点不同,是很自然的事,但若因"出言不慎",座中报以怪声,却是于演讲很不利的。登台演讲,就应先"眼观四座,看看有什么人,然后发言"。对所讲内容也尽量做到"使赞成者理解清晰,异常欣慰;反对者据理折服,亦暗中点头"。而要达到此种境界,绝不是生硬批驳所能奏效的。

当然,遇到心怀叵测的企图破坏演讲的人,那又是另一回事了,必须当众揭露制服。《演讲与口才》1987年第6期上介绍了马雅可夫斯基娴熟地运用控场技巧的生动事例,很富启发。一次,苏联诗人马雅可夫斯基在莫斯科演讲,猛烈抨击时弊和庸俗文人的行径,致使某些感到"冤屈"的人骚动起来。有个家伙企图中伤马雅可夫斯基,喊道:"你讲的笑话我不懂。"马雅可夫斯基幽默地说:"你莫非是长颈鹿?只有长颈鹿才可能星期一浸湿的脚,到星期六才能感觉到呢!"听到这话,那家伙暴跳如雷,大声嚷道:"我说马雅可夫斯基,你怎么把我们大家都当成白痴啦?"马雅可夫斯基故作惊异地回答:"哎,你这是什么话?怎么是大家呢?我面前看到只有一个人。"这时,一个矮胖子又挤到主席台上,嚷道:"我应该提醒你,马雅可夫斯基,拿破仑有一句名言:'从伟大到可笑,只有一步之差。'"马雅可夫斯基机智地目测了一下自己与矮胖子的距离,用手指着自己和那个矮胖子,郑重地说:"不错,从伟大到可笑,只有一步之差。"就这样,马雅可夫斯基以幽默的语言、辛辣的讽刺,制服了别有用心的破坏者,赢得了广大听众的热烈掌声,扭转了被动局面。

三、因势利导,歪打正着

这是处理意外情况的办法。

演讲过程中有时会出现一些突发性的意外情况。这种情况有因时空环境的原因造成的,也有因演讲者自身失误造成的。遇到出乎意料的情况,演讲者应该随机应变,灵活自如地处置。在演讲时令人尴尬的事莫过于在众目睽睽下跌跤。有位演讲者在热烈的掌声中走上讲台,由于过于激动,不慎被话筒线绊倒,台下顿时哗然。然而,这位机智的演讲者,立即爬起来,迅速进行情绪调整,从容不迫地走到话筒前,幽默地说:"同志们,我确实为大家的热情所倾倒,谢谢!"话音刚落,全场掌声雷动。他这种歪打正着,绝妙的应变,立即把被动变为主动,使演讲生色增辉,风趣动人。

美国五星将军艾森豪威尔在第二次世界大战期间,有一次在某军事基地视察,当他发表演讲后走下台时,不慎跌倒,士兵们顿时大笑不止。艾森豪威尔并未恼羞成怒,而是机敏友好地笑道:"某些迹象表明,我这次到你们这里来视察是一次巨大的成功。"妙语一出,立即赢得了士兵的欢呼和掌声。

演讲环境不良,照明、音响设备发生故障,也是令人头痛的事。1983年,曲啸以《任何挫折也动摇不了我的共产主义信念》为题发表演讲,不巧市里停电,全场一片漆黑,扩音器也无法使用,主持者急得团团转,听众开始骚动起来。面对着这种突发事故怎么办?经过短暂的思考与分析,曲啸毅然走上讲台,以自己的演讲题目作为开场白,满怀信心地说:"同志们,一个革命者连死都不怕,还怕一点小小的困难吗?我今天演讲的题目是:《任何挫折也动摇不了我的共产主义信念》……"就这样,曲啸开始了自己的演讲,他始终在舞台前作大距离的走动,并且不断变化音量,使听众通过听觉接受的语言刺激丰富多彩,终于使长达两个半小时的演讲顺利进行,听众为之折服。

机智应变,是难度很大的技能。它是演讲者观察、感受、思考、辨析等智能的综合运用,要求演讲者在有限时间里做到观察细、感受深、思考准,从而达到对策巧妙的地步。如果没有平日的积极训练和培养是很难做到游刃有余的。

思考与训练

1. 演讲者要临场讲好,必须具有良好的心理品质,做到"热情、果断、自信、镇定"。请你回顾一下自己在这方面的经验与教训。

2. "主动控场"与"被动控场"的区别在哪里? 怎样在演讲时给听众树立自己良好的第一印象? 怎样安排好自己的演讲高潮,并巧妙地结束演讲?

3. 在培养演讲临场应变技能方面应掌握哪几个要点?

4. 美国前总统罗斯福在分析演讲者怯场的原因时指出:"每一个新手,常常都有一种心慌病。心慌并不是胆小,乃是一种过度的精神刺激。"你认为罗斯福的分析是否正确? 为什么?

5. 1959 年,苏共中央总书记赫鲁晓夫在联合国讲台上发表演说,台下听众有的喧闹,有的吹口哨,面对这种情景,他被激怒了,竟然脱下皮鞋,用力敲打着讲台,给世人留下笑柄。有学者分析:"赫鲁晓夫的失态是由于他情绪的失控。"你觉得这种看法有道理吗? 为什么?

第七章 口才艺术的基本准则
——口语表达的原则

▶ 第一节 目的原则 ◀

口语表达是一种有意识的社会实践活动,无论是交谈、演讲、论辩,还是采访、谈判、授课、问诊,乃至聊天、开玩笑,都是为实现一定的交际目的而进行的。英国哲学家奥斯汀提出的言语行为理论认为,交际的基本单位不是句子或其他什么语句,而是完成一定类型的言语信息传输接受的行为,如肯定、请求、提问、命令、致谢、道歉、祝贺等,把研究的注意力放在言语行为及其意图和效果上。很显然,这个理论强调言语行为与言语行为的目的。而这一点,对于研究口才艺术具有指导意义。因此,我们觉得有必要把目的原则确立为口语表达的首要原则,只有清醒地认识和明确地把握这一点,才有可能在口语表达时注意准确地选择和恰当地调整言语表达的内容和形式,有效地防止言语失误或失控,妥善地设置和控制好自己的言语行为。

一、口语表达的基本目的

据研究,人际交往中口语表达的目的,主要有以下六种。

1. 交流信息或传授知识

这种情形最常见,生活、工作中比比皆是,较为正式的有现场报道、产品介绍、展览解说、课堂教学、学术报告等。

2. 引起注意或激发兴趣

这类说话多出于社交目的,或为了接触,或为了沟通,或为了取悦于人,或为了显示自身的价值,如打招呼、寒暄、提问、拜访、介绍、发表讲话等。

3. 争取了解和赢得信任

了解和信任建立在相知的基础之上,而相知是由相互交流、交心谈心完成的,因此,攀谈、叙旧、拉家常、谈恋爱等言语行为,往往意在通过交流思想感情,增进友谊,密切交往。

4. 鼓励或激励

这类讲话旨在统一认识,坚定信念,交流信息,引起精神共鸣和达成共识,有时也要求得到行动上的反应。如赞美、洽谈、请求、就职演说、鼓动性演说,以及正式聚会、毕业典礼和各种庆祝活动、纪念活动中的讲话,都具有这样的目的。

5. 说服或劝告

这类说话大多力图改变对方的某种观念、决定或信念,阻止对方采取某种行动。如谈判、论辩、批评、法庭辩护、竞选演说、改革性建议等。

6. 自我保护或反击对方

在人际交往中，难免出现失误或者受到对方的嘲讽攻击，为了摆脱窘境和回击挑衅，维护自己的人格和形象，需要运用有效的言语策略进行口语表达，以实现自我保护或反击对方的目的。这种情形多出现在公开场合如社交聚会、外交会谈等。

二、口语表达目的的实现

口语表达目的的实现，主要根据交际的具体情形，做好以下几点。

1. 目的明确

只有目的明确，才会话由旨遣，才知道应该准备什么话题和资料，采用哪些技巧和方法，表现何种语言风格，从而做到有的放矢，临场从容，机智应变。如：在"以事告人"的表述中，要精确地说明和解释有关人或事的状况、特征等，使对方确切明了、理解所传递的信息；在"以理服人"的表述中，要有条有理地说出自己独到的见解，从而影响和征服对方，使之强化已有的观念，或建立起新的观点；在"以情动人"的表述中，要能够抒发出深有体验的丰富情感，从而极大地感染听众，使之得到情感升华，灵犀相通。如果目的不明，就会无的放矢，乱说一通，造成言语失控、交际失误。例如：

> 法国著名作家大仲马的小说畅销世界。一次，意大利一家书店老板获悉大仲马即将光临，便立刻把别的作者的书统统从书架上取下，全部换上大仲马的著作，想讨好一下这位大名鼎鼎的作家。大仲马到书店一看，便询问别人的书哪里去了。老板急不择言，应声答道："都卖完了。"大仲马莫名惊诧，怏怏地离开了这家书店。

在上例中这家书店老板言语失控，弄巧成拙，完全与自己的目的相矛盾。这说明他头脑中缺乏清醒的目的。因此，每次开口之前，不妨想一想"人家为什么要我说"或"我为什么要说"，预先设计一下可能产生的效果。这样，就会采取正确的言语行为来实现预期的目标。

2. 善于把握时机，恰当应对

在口语交际过程中，具有明确的目的和坚定的信念，就会准确地把握时机，采取恰当的言语策略来贯彻自己的表达意图，就会在口语表达时神态自若，思路开阔，思维敏捷，记忆精确，兴奋与抑制处于最佳状态，做到得心应手，左右逢源，产生极强的感染力和说服力。例如：

> 1994 年 3 月，中国星华实业集团公司状告美国威勒公司诈骗案在美国开庭审理。开庭后一连三天，双方唇枪舌剑，难分高下。面对大量人证、物证，狡猾的威勒等人百般狡辩、抵赖，无中生有，甚至还想将显而易见的商业诈骗案涂抹上一层政治色彩，以混淆视听。然而，第四天，当被告律师询问原告之一的中国星华实业集团公司国际部经理龚永强先生"你为什么今天坐在这里"时，他把握住时机，作了一段精彩的答辩，巧妙地争取了陪审团的支持，为我方胜诉打下了牢固的基础。他的答辩过程和答辩词如下。
>
> 猛一听到这一询问，龚永强一愣，不知对方葫芦里卖的什么药，没有立即作答。稍作思考后，他面对鸦雀无声的法庭，面对全场的目光从容作答："我为什么

坐在这里？威勒夫妇、特里丝夫妇是我们两年前的合作伙伴,我们对他们是那么信任,像朋友一样,像亲戚一样。不幸的是,今天我们竟相会在这样一个场合,这是不该发生的事情！我们不远万里,远涉重洋,来到这陌生的国度、陌生的法庭,面对陌生的面孔,就是为了寻求正义！两个美国人偷走了我们310万美元,欺骗了我们的真诚情感。这对于中国人来说是一种极大的屈辱！而我们今天还要坐在这里,花钱、花精力和时间来证明我们是怎样被欺骗的。这就如同在我们流血的伤口上撒盐。此时此刻,我的母亲还在住院,李总离开他五岁的女儿……"(说到这儿,龚永强先生硬咽了,泪水模糊了双眼。)他接着说:"在中国,我们最崇敬的有两种人:一是教师,他教人怎样读书,怎样做人;一是律师,他教人什么是'是',什么是'非'。然而我们被骗了。欺骗我们的,正是贵国很有名的两位律师！对此,我们不敢相信,所有善良的人,都不愿相信。然而,这却是谁也无法回避的现实。美国人民是伟大的,这样的人不属于这个伟大的民族;西雅图是美丽的,这样的人不属于这座美丽的城市！"(龚先生的语调变得异常激愤)"请想一想,310万美元相当于3000万人民币。这对一些月薪只有50至100美元的普通中国人来说,是怎样的一个天文数字？中国人民辛辛苦苦的血汗钱,被这几个黑心人轻而易举地骗走了！我为什么坐在这里？我只觉得这是一件很悲哀的事,一件不该发生的事。我不明白,人类之间为什么会存在着欺骗？"当龚永强的答辩结束时,陪审团的12名成员中有10名禁不住热泪滚滚,另外两位和法官们虽没有落泪,但眼里也都含着泪,法庭上很多旁听者也情不自禁地低声抽泣。这一切都显示着善良将战胜卑鄙,正义将战胜邪恶！

在上例中,龚永强答辩伊始,便紧紧围绕"争取陪审团的支持"这一明确目的展开,不是着重法律条文的引用、阐述,而是注重唤起在场人们的正义感和同情心,用饱含情感的话语道出了自己的诸多感慨:有因对朋友的信任而被朋友欺骗的怨恨和屈辱,有花费时间、精力、财力来陌生国度寻求伸张正义的辛劳与艰难,还列举自己的母亲住院、李总离开幼女而不能照护的事实。这真情的自然流露,深深地打动了陪审团成员的心。接着,龚先生运用对比来进一步揭露被告人格的低下、行径的卑鄙:将理想的职业律师之高尚与威勒、特里丝诈骗行为的卑劣对比;以美国人民的伟大、西雅图的美丽与威勒、特里丝心灵的渺小、丑陋对比。这种对比将被告置于星华公司、陪审团等代表正义一边的对立面,把他们钉在道义的耻辱柱上,从而捍卫了正义,赢得了祖国的和本企业的尊严与权益。这说明,在口语表达过程中,善于把握时机,贯彻交际意图,就会取得成功。

3. 能够机智灵活,顺势调控

口语交际过程相当复杂,当表达的一方按预期的目的发出言语信息,或因措辞不当,或因对交际对象缺乏了解而引起对方的误解甚至反感时,就得机智灵活地加以控制、调节,换一种说法,使对方易于理解,乐于接受。或者,在交谈开始阶段是按原定目的进行的,可是说到中途,或因对方及周围环境发生变化,或因兴之所至,谈走了题,偏离了原定目的,这同样需要自觉调整言语行为,采取恰当措施回到原定话题上。例如:

一位农村大娘去买布料,售货员迎上前去热情地打招呼:"大娘,买布呀？您看这布多结实,颜色又好。"谁知那位老大娘听了颇不高兴,嘴上冷冷地说:"要这么结实的布有啥用，穿不坏就该进火葬场了。"

售货员一听，略一沉思，笑眯眯地说："大娘，看您说到哪儿去了，您身子骨这么结实，再穿几件也没问题。"一句话说得大娘高兴起来，爽爽快快地买了布，还直夸售货员心眼好。

在上例中，就售货员而言，目的是将布卖出去，但开头的话中有急于推销之嫌，反而使大娘感到不快，面对大娘冷冷的话茬，售货员迅速调控了话语展开方向，顺势得体地恭维大娘身子骨结实，"再穿几件也没问题"——健康长寿的表现，从而赢得了大娘的心理认同，达到了预期的目的。由此可见，机智灵活，善于调控，可以圆满地实现自己的交际意图。

▶　第二节　得体原则　◀

得体，是口语表达的最高原则，因为只有话语得体，才能实现交际目的，才能取得圆满效果。从口语表达过程看，口语表达者、口语表达内容与交际对象、语境诸要素的适当配合，主要表现在两个方面：一是适切，二是得体。可以说，适切是口语表达者遣词造句、表情达意的具体要求，表现为一种动态的选择过程；而得体则是对表达者言语行为、言语成果的客观评价，是一种静态的价值认定。

一、得体的内涵

口语表达的得体，笼而统之地说，是话说得适当、妥帖，恰到好处，即适时、适情、适势、适机、适人，一切都适度、恰当；若精细地分析，则"得"为"适合"，"体"为"语体"，即适合特定语体之意。语体是语言的一种功能变体，是语言运用时因适应不同交际领域、目的、任务需要而形成的各种语体功能风格类型。具体表现为人们对语言的使用，受到不同交际环境的制约或影响而形成的一系列言语特征（词汇、句法）的综合，是各种语言表达手段（如用词、造句、语音、辞格及章法等）的有机统一和语言表达方式与题旨情境完美适应的集中体现。不同的语体有着不同的语言运用上的总体要求和风格基调。如日常口语体、外交口语体和事务口语体就有着不同的总体要求和风格基调，它们制约或影响着相应语体中语言材料和表现手法的选择。所以说，得体是适合特定语体的总体要求和风格基调。因此，进行某种语体的口语表达，必须符合其程式与规范，只有这样，才能得体。

口语交际是在不同的言语环境中进行的，因而王希杰先生认为：语言环境的多层次性决定了得体性的多层次性；得体性可分为"微观得体性"和"宏观得体性"。

微观得体性是指语言或话语本身，即在特定上下文（前言后语）中，一个词语、一个句子同其他相关词语和句子的搭配要得当，同整个话语协调一致，和谐统一，形成有机的组合。具体地说，在语音方面，得体性就是做到搭配之后和谐上口入耳；在语义方面，得体性就是做到搭配之后符合逻辑和情理；在语法方面，得体性就是做到搭配之后符合词语的语法功能和习惯；而就整个话语构成而言，则是要求符合特定的语体和风格，做到语言材料、话语内容与语体特征协调一致。

宏观的得体性则是话语"对物理语境、文化语境和心理语境的适应度"，即"物理、文化和心理方面的得体。物理所指的是时空关系,即场景。场景又蕴含着特定的文化氛围和交际双方的心理态势。同文化氛围协调一致的,就是得体的;不协调、相违背的,就是不得体"。

由此可见,所谓得体,是适合特定的交际主体,适合特定的语体,适合特定的言语交际环境。

二、得体的具体表现

对口语表达活动的得体问题,古今中外的学者都有十分深入的研究。《摩罗法典》就已经把言语的得体性提到了一个非常重要的地位,认为语言能够在各种场合都持之以节,这就是得体。做到这一点的人,就可以同熟知《吠陀经》的人相提并论了。如:

通情达理的人,人不问不应该发言,或答复提得不当的问题;明知人家所问,也应该在交际中自持如哑人;

一个人胡乱答复另一个人胡乱提出的问题,两者中前者必会死亡或惹起仇恨;

客套已毕,接近长者的婆罗门要道出自己的姓名,说"我是某某"。

亚里士多德在《修辞学》中说:"语言表现了情绪和性格,而又切题,那么,你的语言就是妥帖恰当的。所谓'切题',那就是说,既不要把重大的事说得很随便,也不要把琐碎的小事说得冠冕堂皇。对于一些平凡的普通名词,不应加上一些漂亮的修饰语,否则就会显得滑稽。"郎加纳斯在《论崇高》中说:"我们确实可以完全正确地说,美妙的措辞就是思想特有的光辉。我并不打算说,堂皇的语言是在任何场合都合适的。一个琐屑的问题一经富丽堂皇的言语打扮起来,会产生把一个英雄的巨大面具戴在小孩子头上那样的效果。"

在我国,春秋战国时期的《论语》《墨子》《韩非子》《战国策》等著作中,言语得体性就被提出来加以认真讨论了。孔子对话语得体性就很有研究,很有讲究。他说:"可与言而不与之言,失人;不可与言而与之言,失言。知者不失人,亦不失言。"又说:"侍于君子有三愆:言未及之而言,谓之躁;言及之而不言,谓之隐;未见颜色而言,谓之瞽。"现代语言学专家张志公先生认为:"什么是'得体'呢?这不仅是指话的说法与自己和对象的关系相适应,而且,也包括说话的目的、场合这些因素。"

古今中外学者对得体问题的研究成果都有助于我们进一步认识和掌握遵循得体原则的基本规律。我们认为,遵循得体原则应做到适合身份,适切对象,适应语境。

(一)适合身份

在言语交际过程中,口语表达者总是以一定的社会角色——特殊的身份、地位出现在交际对象面前,因此,进入特定交际语境中,口语表达者的言行举止都会被听众对象所评判,评判的标准为是否得体。作为表达者,符合得体这条原则主要是把握准自己的身份、地位和文化修养所形成的形象和客观的要求。人们之所以对身着西装革履看起来风度翩翩却满口粗话、脏话的人不屑一顾,就是认为他缺少教养,言行举止与衣着所体现的身份不相吻合。有一年,某地举行修辞学年会,会长在开场白中这样说:"先让我这个老猴来耍一耍,然后你们中猴、小猴耍。我老猴肯定耍不过你们,不过总要带个头吧。"代表们听了,觉得很有意思,十分得体。这是因为:首先,会长既是与会者中的最高权威,又年近古稀,把自己比作老猴,把其他与会者比作中猴、小猴,不仅描述老中青三代共聚一堂、切磋砥砺的学术气氛,而且妙趣横生;其次,在修辞学的研讨会上,会长故意用这种修辞手法表示自谦,与主体身份、客观对象和具体场合都十分协调,因而可以取得好的效果。但如果中年同志(即使是会长)说出这样的话,比如"我是个中猴,先让我要一要,要后请老猴和小猴要",就不得体了。因为听的人必定产生反感:把德高望重的老先生称作老猴是一种大不敬,按他的身份是不能这样打比方的。这说明,在进行口语表达即开口说话之前,一定要把握好自己的社会角色,想一想"说哪些话"和"哪些话能说"的问题,从而形成良好的语言形象。

(二)适切对象

在口语交际时,表达者必须根据交际对象的实际情况如性别、年龄、身份、地位、性格、民族、宗教信仰、职业、文化素养和彼此间的关系等进行恰当的表情达意,以便取得圆满的表达效果。

适切交际对象,主要表现在以下几个方面。

1. 适切交际对象的心理

把握交际对象的特点,最关键的是能抓住对象的心理需求和志趣,这样口语表达才会"灵犀一点通",才会产生投契效果。关于这一点,韩非子在《说难》中曾有过较为深刻的论述:"凡说之难,在知所说之心","所说出于为名高者也,而说之以厚利,则见下节而遇卑贱,心弃远矣。所说出于厚利者也,而说之以名高,则见无心而远事情,必不收矣。所说阴为厚利而显为名高者也,而说之以名高,则阳收其身,而实疏之;说之以厚利,则阴用其言,显弃其身矣"。韩非子在这里明确指出,谏说的难处,关键在于要使自己的话语切中对方的心理。对方求名,你若用利去打动他,他认为你节操不高而看不起你,自然不听你的;对方逐利,你若用名去打动他,他就认为你不务实际,也不会接受你的意见。有些人阴一套阳一套,表面上装的与内心想的不一致,你按他表面上装的去劝他,他表面敷衍你,实际不用你的;你按他内心想的去劝他,他就暗地里采纳你的意见,但表面上却疏远你。韩非子谈的,正是要求细心探究人们内心的实际想法和真实感情,以便话因人异,区别对待。如果不注意或不了解交谈对象的思想水平、精神状态、处境心情,即使言语表达的本意是好的,也会出现言与愿违的情况。有这样一件事:一郴州小伙子找了个热情而又大方的湘潭妹子。这姑娘人品挺好,只是身材偏矮点。快过春节了,小伙子要回乡下看望父母,姑娘热情地为他准备礼物,又是"龙牌"酱油,又是灯芯糕,让小伙子捎回去孝敬未来的公婆。小伙子满心高兴,一来劲顺口引湘潭民谣说:"你们湘潭真好,'龙牌酱油灯芯糕,坨坨(个子矮的意思)妹子随你挑'!"话音刚落,姑娘脸色马上晴转阴,小伙子还丈二和尚摸不着头脑。原来姑娘的心病正是身材偏矮,害怕人家说自己是"坨坨妹子",小伙子得意忘形误踩了姑娘的心理"雷区",姑娘怎么会不生气呢?

2. 适切交际对象的文化水平

交际对象文化水平的高低,关涉到对话语理解的程度深浅甚至正误与否,因此,一定要弄清交际对象的文化程度,做到心中有数,随人发话,从而产生好的表达效果。

1927年秋收起义失败后,毛泽东在浏阳文家市里仁学校的操场上对被打散后又重新集结的起义队伍作了一次演讲。他说:"我们工农武装力量现在很小,就好比一块小石头,蒋介石反动派现在力量很大,就好比一口大水缸。只要我们咬咬牙,挺过这一关,我们这块小石头就总有一天会打烂蒋介石那口大水缸!"毛泽东用"小石头"终至会打烂"大水缸"的比喻,深入浅出地说明了革命必胜的道理,战士们很容易理解和接受。这种说法非常切合出生于工农的起义战士的特点,因为他们的文化水平不高。如果换成"我们工农武装代表社会发展进步力量,蒋介石反动派是阻碍社会发展的反动力量","反动力量终究会被进步力量所战胜"等抽象术语来演讲,这些工农战士就不那么容易理解和接受。切合听众对象的特点,在一般的情况下,主要是切合听众对象的文化水平。不同的文化程度制约了人们对语义的理解,也制约了人们对言语组织形式的理解。如果不能切合听众对象的文化水平,就会出现说话人自命高雅,听者不知所云的情形。如某幼儿园大班的一小朋友,见妈妈留客人吃饭,便也拖着客人的衣角不让走。客人问小朋友有什么好"招待"的,小朋友只是瞪着眼望着。客人忙改口说"你有什么好吃的?"小朋友这才"巧克力、旺旺饼、口香糖……"一口气数开了。这里用"好吃的"取代"招待",正是适合了小朋友的知识水平、理解能力。

3. 适切交际对象的独特性格

把握准交际对象的独特性格,就能做到因人施语,有针对性地采取正确的言语策略来取得口语表达的成功。例如,孔子有两个学生——子路和冉有,他们向孔子提出同样的问题,却得到孔子截然不同的回答。子路问:"学了礼乐,就行动起来吗?"孔子说:"有父兄在,怎么就行动起来呢? 应当先听听父兄的意见才好。"接着冉有问同样的问题时,孔子却说:"好啊,学了礼乐,就应该马上行动起来嘛!"孔子的另一位学生公西华对此疑惑不解,就此向孔子请教。孔子说:"冉有这个人平常前怕狼后怕虎的,要鼓励他勇往直前。而子路好勇过人,有点鲁莽,应当让他冷静点。"孔子能针对学生不同的性格表达不同的意见,具有高度的针对性和预见性,不愧为杰出的教育家、口才家。而这个故事给我们的启示是,在人际交往中,即使是相同的内容和意见,对不同性格的人,也应运用不同的言语策略和表述方式来表达,这样才能把握主动权,具有征服力和感染力。

4. 适切特定的人际关系

言语交谈,双方客观上存在辈分、年龄、亲疏等方面的差别,加之交谈时因各种情况而形成的某种临时关系,因而交谈中,发话人和听话人的角色、地位是多重的、变动的,这些都直接影响到对言语形式的选择和修饰。如何把握好交谈双方特定的关系而作语言的修饰调整,以更好地传情达意,这正是口才学要研究的问题。譬如有记者问毛新宇:"在评价毛泽东的功过时,有说二八开的,有说三七开或四六开的,功绩是主要的。你认为应如何评价?"毛新宇答:"作为毛泽东的孙子,我认为爷爷一生为国为民,二八开比较合适,但是作为历史系的学生,我同意绝大部分中国人对毛泽东主席的评价,三七开,功绩是第一位的。"记者与毛新宇间的问与答,双方除社会关系外,还临时处于特定的关系,即"记者与采访对象"的关系。而毛新宇的答话,还涉及自身与话语内容对象即与毛泽东的祖孙关系,领袖与百姓的关系,普通中国人与中国人民大学历史系学生等多种关系。正是这种种关系,制约了毛新宇答话形式的选择:用转折复句表达,前一分句用介词短语显示与毛泽东私情的特定关系,称谓用"爷爷",评价为二八开;为不失偏颇,以"但是"一转,仍以介词短语表达自己是历史系学生这一个体身份来评价领袖人物,称谓用"毛泽东主席",评价为三七开,功绩是第一位的。这里毛新宇便是准确地把握了交谈中自我角色身份的复杂性、多向性,从情感与理智的不同视点,表达了对爷爷的亲情,也表达了对一位故去的革命领袖的客观公正的评价。

（三）适应语境

口语表达适应特定的言语交际环境,是指所选择的语言材料、言语内容、表达手段和话语结构安排要切合特定的社会文化背景和自然环境,切合特定的时间、地点、场合和语言环境等语境要素。

1. 切合特定的社会文化背景

社会文化背景是指口语表达时的宏观背景情况,包括时代、民族、地域、社会等。社会文化环境是一个民族在自己的历史发展中形成的,具有独特的风格、传统和言语表达习惯,形成独特的文化氛围。因此,不同的民族有着不同的文化特征,不同的民族语言及其运用都可以反映出这种不同的文化特征。口语表达时必须注意适切这种种不同的文化背景的具体特征。例如在中国,不管是长辈还是同辈,对外出办事或旅游的人总是千叮咛万嘱咐:"出门在外要小心一点","注意多穿点衣服,别感冒了","要照顾好自己的身体"等。这一类话语有时听起来可能觉得啰嗦,但听话人总的感觉是一种关怀、关心。如果让美国人来听,他就会产生反感,因为他可能认为这是说话者自感优越,把他当成毛孩子,指使他应该怎么做。如果不了解这种社会文化差异,不能适切特定的文化背景,说些"好心得不到好报"的话语,岂不自觉冤屈? 其实,即使在相同文化背景下,也有文化教养不同这种现象,对不同文化教养的听众对象,也要采取相适应的表达方式,以便取得好的表达效果。

切合特定的社会文化背景来选择语言材料、语言手段是口语表达取得成功、避免失败的重要准则,这一方面需要避免和克服与特定社会文化背景不相适应、不相协调的情况,另一方面更需要有意识地主动联系社会文化背景的特点,选择恰当的言语表达方式,以便充分发挥其效能。例如:

> 1993 年底,香港宝莲禅寺天坛大佛举行开光大典。新华社香港分社社长周南、港督彭定康均应邀做主礼嘉宾。仪式结束后,彭答记者问指责我港澳办关于香港问题的声明"并不是一份有特别吸引力的圣诞礼物"。记者以此请周南发表意见,周南以"佛教的日子"为由不予评论,因为在宗教圣地,参加宗教仪式,双方展开外交争论是不合时宜的。无奈记者追问再三,周南顺口答道:"谁搞'三违背'定会苦海无边,罪过! 罪过! 谁搞'三符合',自是功德无量,善哉! 善哉!"末了一句"阿弥陀佛",引来在场者阵阵掌声和笑声。

上例是在佛教圣地参加宗教仪式上的对话,具有特定的社会文化背景。周南选用佛家语汇作答,既应情应景,又表明了自己的原则立场,十分耐人寻味。

2. 切合特定的自然环境

自然环境,指的是山川景物、建筑名胜、季节变化等。这些客观环境既是需要适应的,也是可以利用的。所谓"到什么山上唱什么歌",说的就是这个意思。古诗"月上柳梢头,人约黄昏后",就描述了谈恋爱的极好环境:僻静、悠闲、优美,有利于窃窃私语,倾诉情思。

口语表达时如果能结合自然环境来组织话语,便可激起听众的共鸣,取得更积极的表达效果。譬如同样是表示两国人民的友谊万古长青,在埃及应该说"两国人民的友情像尼罗河水一样长",如果到了印度,则要改为"两国人民的友谊像恒河水一样长",到了缅甸则要改为"像湄公河水一样长"。这就是对自然景观的适应和利用。

自然环境还包括所处的季节,而季节又是由景物来体现的。有时注意适应和利用,也能收到好的效果。如1984年,在中英香港问题22轮会谈中,中方代表周南对英方代表伊文思说:"现在已经是秋天了,我记得大使先生是春天来的,那么就经历了三个季节了:春天、夏天、秋天——秋天是收获的季节。"这里,周南巧妙地利用了季节变化的特征作为自己的话题,以秋天的特点及其象征意义——成熟和收获,将我国对收复香港主权问题的态度和决心含蓄、委婉地表达出来,虽是轻松地说家常话,却意味深长,具有强烈的针对性和灵活的策略性,收到了出人意料的好效果。

3. 切合特定的时间、地点、场合

口语表达切合特定的时间,主要表现在两个方面。第一是切合一定时代、历史阶段所具有的特点。因为一定时代、历史阶段的特点规定了语言材料、表达手段的选择运用,规定了特有的话语气氛与格调,如果不能适切这种时代特点,就会影响表达效果。例如,在当今社会,用"台甫""贵庚"或"贵甲子"等询问名字、年龄,就会弄得有些人不知所云,或者觉得是在掉书袋。之所以这样,就是因为这种说法带有明显的旧时代特征,不符合新的时代风尚了。第二是切合具体的交际时间。因为具体的交际时间规定了口语表达方式、交际内容的具体选择和话语的总体规模,应该"因时制宜""随时而变",即该长则长、该短则短、该停则停、该说则说。不能不顾具体时间的制约,随意"畅所欲言"。例如,对方有急事要办时,就应简短地谈一谈要点,提几条要求,也可另约一个充裕的时间深入交换意见。如果是大会发言或演讲被安排在最后,而这时听众都已疲倦,就应该抓住主要内容,简明地叙述,并恰当地运用警策等修辞手法以产生振聋发聩的效果。1936年10月19日上海各界代表公祭鲁迅先生,出版界的代表邹韬奋发言时已临近结束了,他只说了一句话:"今天天气不早,我愿用一句话来纪念先生:许多人不战而屈,鲁迅先生是战而不屈。"邹先生只说一句话就十分切合具体时间特点和要求,而运用对比构成的警句则如警钟长鸣,激励着人们向鲁迅先生学习,去勇敢地战斗。

口语表达切合特定的场合、地点,就要求根据特定的处所、场合的现实情景选择最恰当的口语表达手段,包括言语总体方式的确定和用词造句的选择两个方面。成功的口语表达,总是能尽量地利用交际场合所提供的条件,触景生情,刻意生发,获取最佳的表达效果。有次在天津举行的国家足球甲级联赛,适逢下雨,当时任天津市市委书记的李瑞环同志赛前鼓励天津队的队员们时,借题发挥道:"下雨了,你们要'浑水摸球',要多射快传,千万别'拖泥带水'。"这句话说得令人叫绝,借助足球场上有雨有水这一实情实景,灵活巧妙地活用成语:"浑水摸鱼",仿拟变成了"浑水摸球",而"拖泥带水"则是运用双关手法,既强调了它的字面意义,又有深刻的寓意,是一种语浅意深、充满情趣的告诫。

切合特定场合,应根据特定内容组织相应的话语形式来表达,以便产生积极的影响和实现特定的目的。有篇报告文学记载了王震同志帮助诗人艾青的感人故事,其间王震与艾青的几次谈话,很可说明特定的交际场合需要有特定的话语形式来表达。1957年后期,王震找到被错划为右派的艾青,一见面就说:"老艾,我又爱你又恨你! 你是不反对社会主义的,你是拥护真理的嘛! 离开文艺界,你到我们那里去吧!"艾青到了王震兵团的密山安定下来后,王震诚恳而严肃地对艾青说:"老艾呀,你要是搞不好,我是要骂你的,等我死了你再写文章骂我!"这些都是在背地里谈的话。在大庭广众之中说法又不一样了。艾青刚到密山,参加向荒原进军的动员大会,王震站在卡车上对大家说:"有个大诗人,艾青,你们知道不知道? 他也来了,他是我的朋友。他要歌颂你们,欢迎不欢迎呀!"还有一次,艾青不在身边时,王震对农场领导说:"政治上要帮助老艾,赶快让他摘掉帽子,回到党内来。要让他接近群众,了解战士。"前两次讲话,均为个别交谈的场合,王震的话语既有信任,亦有批评,既有鼓励,又有严格要求,也不乏朋友间的坦诚直率。后两例,交际场合为当事人不在场或在大庭广众中,话语更多热情、爱护与帮助,这对当时的艾青来说,真可谓久旱逢甘霖,使他一直半吊着的心安稳了,他觉得自己"开始了生命的新旅程"。可见王震这位老将军亦是根据不同交际场合选择言语形式的语言高手。

4. 切合特定的语言环境

切合特定的语言环境,是指根据一定的"前言"来组织自己的"后语",这样可以显得自然流畅,语意贯通。有对夫妻的一段对话是这样的:

丈夫对妻子说:"为什么上帝把女人造得那么美丽,却又那么愚蠢呢?"

妻子回答说:"这个道理很简单,把我们造得美丽,你们才会爱我们;把我们造得愚蠢,我们才会爱你们。"

这段对话中妻子的回答绝顶聪明。丈夫采取寓贬于褒的方式抱怨妻子"愚蠢",而妻子接过"美丽"与"愚蠢"话题做出犀利深刻、令人叫绝的"文章":"把我们造得美丽",成了"爱我"的原因,而事情另一方面"把我们造得愚蠢",则是"我爱"的原因。她的言外之意很显然是"爱你才真是我的愚蠢"。这种接过对方话题巧妙翻出新意的表达,既切合特定的语言环境,又展示了说话者的机敏和才智。

▶ 第三节　情感原则 ◀

口语交际是人与人之间的交际,而口语表达实质上是人类最重要的信息传输行为。人是有感情的动物,对感情尤为敏感,而语言所负载的信息,除了理性信息之外,还有情感信息。这种情感信息的内涵十分丰富,其功能不仅是要诉诸人的理智,而且是要打动人的情感。"感人心者,莫先乎情",这就要求口语表达之中,一定要充满着讲说者自己的真情实感。所谓情感,就是人接触客观外界事物所产生的肯定或否定的心理反应,诸如喜欢、愤怒、悲伤、恐惧、爱慕、厌恶等。

在口语交流过程中,表达者深厚稳定且有原则性的情感,往往会产生巨大的鼓舞行动的力量。因此,情感原则是口语表达的重要原则之一,而且一定要贯彻到口语表达的过程之中,配合着得体原则去实现口语表达的目的。

一、情感原则的重要性

在人际交往中,话语饱含情感,就会在传递信息、思想的同时产生言语魅力,产生感染作用,从而取得更为圆满的交际效果。俗话说:"情自肺腑生,方能入肺腑","通情才能达理"。列宁也认为:"没有人的情感,就从来没有,也不可能有人对真理的追求。"言语交际时,"只有被感情支配的人才能使人相信他的情感是真实的,因为人们都具有同样的天然倾向,唯有最真实的生气或忧愁,才能激起人们的愤怒和忧郁"。这说明说话人的话语一定要受到发自内心的充沛情感的支配,才可能产生感染力、影响力和号召力。1963年8月28日,世界最著名的演讲家之一,美国黑人领袖马丁·路德·金在林肯纪念堂前发表了《美国给黑人一张不兑现的期票》的演说,其高潮部分是这样的:

回到密西西比去吧!回到阿拉巴马去吧!回到南卡罗来纳去吧!回到佐治亚去吧!回到路易斯安那去吧!既然知道这种境况能够而且一定改变,那么就回到我们南方城市中的陋巷和贫民窟去吧!我们决不可以陷入在绝望的深渊中。

今天,我对大家说,我的朋友们,纵使我们面临着今天和明天的种种艰难困苦,我仍然有个梦想,这是深深扎根于美国人梦想中的梦想。我梦想着,有那么一天,我们这个民族将会奋起反抗,并且一直坚持实现它的信条的真谛——"我们认为所有的人生来平等是不言自明的真理"。

我梦想着,有那么一天,甚至现在仍为不平等的灼热和压迫的高温所炙烤着的密西西比,也能变为自由与和平的绿洲。

我梦想着,有那么一天,我四个孩子,能够生活在不以他们的肤色,而是以他们的品行来判断他们的价值的国度里。

我梦想着,有那么一天,就在邪恶的种族主义者仍然对黑人活动横加干涉的阿拉巴马州,就在其统治者抱不取消种族歧视政策的阿拉巴马州黑人儿童将能够与白人儿童如兄弟姐妹一般携起手来。

我梦想着,有那么一天,沟壑填满,山岭削平,崎岖地带铲为平川,坎坷地段夷为平地,上帝的灵光大放光彩,芸芸众生共睹光华!

这就是我们的希望!这是我们返回南方时所怀的信念!怀着这个信念,我们能够把绝望的群山凿成希望的磐石。怀着这个信念,我们能够将我国种族不和的喧嚣变为一曲友爱的乐章。怀着这个信念,我们能够一同工作,一同祈祷,一同奋斗,一同入狱,一同为争取自由而斗争。坚信吧,总有一天我们会自由……

在这段演讲中,马丁·路德·金用四段"我梦想着"领起的排比式表述,深情地、正面地、具体地表示了对自由的渴望,语势磅礴,一泻千里。他热切地期望种族歧视最严重的密西西比变成"自由与和平的绿洲",希望自己的孩子在有高尚品德卓越才能的情况下不因肤色不同而得不到公正对待,希望黑人儿童与白人儿童能像兄弟姐妹一样携起手来,和睦相处,由此甚至希望一切都变得公正平直,坦途通天。作为民权运动的领袖,他的这些话完全发自肺腑,道出了千百万黑人的心声,使得在场的听众有的呐喊,有的喝彩,有的悄然流泪,有的失声痛哭。由此可见,情感语言出于肺腑,方能入肺腑,从而打动和激励听众。

在一般情况下,人们所说的话,都伴有愿望、欢乐、痛苦、恐惧等情感成分,说话人的感情往往直接影响着听话人的理解和接受,从而影响说话的效果。如果说话人态度冷冰冰的,说出的话不痛不痒,没有情感的参与,听众也会毫无所动,也就不会收到好的效果。对此,著名美学家朱光潜先生评之为"零度风格"。他说:"说话人装作对自己所说的话毫无情感,把自己隐藏在幕后,也不理睬听众是谁,不偏不倚、不痛不痒地背诵一些冷冰冰的条条儿,玩弄一些抽象概念,或者罗列一些干巴巴的事实,没有一丝丝的人情味,这只能是掠过空中的一种不明来历去向的声响,所谓'耳边风',怎能叫人发生兴趣,感动人、说服人呢?"

朱光潜先生的这段话,揭示所谓"零度风格"的言语态度、言语表现及其特征,从相反的方面说明了话语之中情感的重要性。没有情感的话语只能是一掠而过的"耳边风",并无实际表达效果可言。

明确了情感原则在口语表达中的重要性,有必要要求我们在口语交际活动中做到以下两点。一是自觉地将表达内容的情感与表达者自己的情感协调一致。对欢乐或忧愁、激昂或愤怒给予恰如其分的表露,"放"得自然、"收"得及时,恰当得体,使听众能自觉地随着表达者的情感表现而心领神会。二是充分运用饱含情感的言辞和体态语去强烈地刺激听众的听觉和视觉神经,使之兴奋起来,得到铭心刻骨般的感染,受到振聋发聩般的鼓动,从而行动起来,勇往直前。

二、情感体现的主要途径

口语表达中情感原则的展现,主要有以下三种途径。

(一)尊重谅解

尊重谅解是口语表达者在人际交往中对待听众对象应遵循的基本原则,它不仅表现出说话者文明礼貌有教养,更重要的是能够缩短情感距离,贴近乃至谐和双方的关系,营造出"亲如一家"的融洽氛围。

1.尊重

尊重就是重视并恭敬地对待听众对象。在人际交往中如同事同行尤其是上级对下级、长辈对晚辈的交往中能够做到平等待人,就一定能够表现出对对方的尊重。人际交往中的尊重主要体现在三个方面:一是尊重对方的人格;二是尊重对方的秘密;三是回避对方的忌讳。尊重对方的人格,在很大程度上表现为尊重对方的自尊心,即不能歧视或者侮辱对方。如果自视高人一等,颐指气使,大呼小唤,就会伤害对方的自尊心。一旦言语表达中含有歧视乃至侮辱性的内容,就会损害人际关系,甚至中断人际交往。有一则材料说,某位全国知名企业家有一次在与另一家厂的厂长洽谈业务时,竟耽误了约定的时间,还一本正经地向对方说:"我忙得不得了,只能用很少一点时间接见你。"此言一出,满座皆惊,对方厂长心里不是滋味,讪讪告退,结果是送上门来的一笔几十万元的生意告吹了。这个事例中的企业家,言和行都表现出对对方的极不尊重,内心认为自己是名人、忙人,地位比对方高一等,语气生硬,措辞狂妄,如"不得了""只能""很少""一点""接见"等,这些既是对对方的心理伤害,也是对表达者自己形象的损害。

尊重对方的秘密,就是尊重对方的隐私权。一般说来,人们总是不愿意尤其是当众讲述自己那些不光彩的事、那些痛苦的事、那些难以启齿的事。涉及这些事情时,尤其是表达者清楚地知道这些事的内幕情况时,不应该得意洋洋地大声嚷嚷,甚至作为新闻到处传播,而应该替对方保密,这样才能让对方也尊重你的人格。那些在背后议论打探别人私事的言语,甚至在大庭广众之中把别人的私事抖出来的行为,不仅被认为是失礼的,而且很容易激怒他人，造成相互攻讦，从而恶化人际关系。由此可见尊重对方秘密的重要性。

回避对方的忌讳，就是不要说触犯对方禁忌的话语。忌讳因不同的人、不同的年龄、不同的职业、不同的性别、不同的心理、不同的生理、不同的经历而不同。口语表达之前，就应该了解清楚，做到心中有数。口语表达之中，如果无意中触犯了忌讳，应及时表示歉意。例如，某人的孩子十分不成器，如果对他大谈自己的孩子如何有出息，取得了怎样的成就，那他不仅不愿意听，而且还会认为是有意奚落他，从而形成严重的心理隔阂。可以说，尊重人的前提是了解人，在了解的基础上才能做到尊重人。运用委婉话语，可以体现对对方的尊重和关心。例如在与有生理缺陷的人交谈时，就一定不能直言其事其名，而应用委婉的说法。对失聪的人，直呼"聋子"，就显得很刺耳，不如说"耳背""耳朵背""耳朵不灵便"。对失明的人叫"瞎子"就很不文明，不如说"您的眼睛不好使"。对跛脚的人，直言"跛子"就比较粗野，应该说"脚不方便"。身体胖虽然不是生理缺陷，但有的人忌讳说他"胖""肥"或"肥胖"，一般称为"富态"或"发福"（中年以上的人）。换用委婉说法之后，既可以表示对对方的尊重，又显示表达者自己的文化教养。

2. 谅解

谅解是一种宽大为怀的表现。言语交往过程中的谅解，就是在体察对方心理、领悟对方用意的基础上，不去挑剔或指责对方的言语疏忽或错误。尊重是相对于对方的平等地位或自己的优势而言的，谅解则是相对于对方的言谈的过失而言的。言语交往过程中需要谅解的情形比较多。例如：所表达的意思对方一时半会儿领悟不了或者误解了原意；对方说起话来因水平所限或情绪激动等词不达意；在特定语境中对方说话因一时情急而言词激烈，甚至说了过头话而造成言语冲撞，等等。发生了这类情形，只要对方不是故意所为、恶意相加，就应该予以体谅，心平气和地用言语加以疏导，促使交谈深入进行。

在交往过程中，谅解对方还体现在以下两个方面。

1）从对方的角度来思考、判断问题

所谓从对方角度来思考、判断问题，就是分析弄清其说话的理由所在，即为什么这样说、为什么提出这样的要求。能够把握这一点，在回答对方问题、评价对方言语时，就会比较客观公正且能表现出克制谦让的态度。日本有一家专营化妆品的公司接待了一位女士，她怒气冲冲地投诉说她的女儿刚刚高中毕业，前不久在这儿买了一种面霜，涂抹后满脸红肿发痛，现在要求公司给予补偿。这家公司的经理亲自接待。经理没有就面霜的质量优劣同她辩解，而是采取理智和冷静的态度，同情顾客的遭遇，说："实在对不起，您女儿的脸是我们最担心的，不妨一起带她到医院去治疗吧。"结果医生证明说："病者体质异常，并非面霜有毒，稍微治疗就会痊愈。"这时，家长已完全消除了对立的情绪，经理才给她解释面霜的质量是经过严格检验的。家长立即道歉说："实在对不起，原来是女儿体质不好，反而让你们瞎忙了一阵，又这么关切，真对不起呀！"试想想，如果不谅解对方的言行，一味解释面霜的质量，对方会那么心悦诚服地认错吗？可见有时从对方角度考虑，问题解决起来还要顺利一些。

2）对对方的想法、说法、做法表示肯定

对对方的想法、说法、做法表示肯定，是在更高层次上对对方表示的理解。在某种意义上讲，就是把自己等同于对方，设身处地为对方着想。载尔·卡耐基说过，有一句处理人际关系最灵验的神奇的句子："我一点也不怪您有这种感觉,如果我是您,很可能也会这么想的。"这句话的关键不仅表示对对方所作所为所见所言的谅解,而且表示了"心灵相通"的理解。例如,一对夫妻商量度假问题,妻子希望在家休息,丈夫却想去农村钓鱼,还想到大森林走一走,接近一下大自然。他看妻子不愿去,便心平气和地把自己的想法说给妻子听,然后请妻子解释一下不想出去的原因。原来妻子是不愿意在农村亲戚家的客堂里睡觉,因为那样不太自在,主人出入也不方便。听了这话,丈夫赶紧说:"我也有你这种想法,只不过没有十分在意罢了,那我们就想个两全其美的办法吧。"对妻子言和行的谅解乃至理解,使丈夫重新作出选择。谅解和理解沟通了夫妻俩的感情,从而能够心心相印、和睦相处。

(二)声中蕴情

口语是有声语言,有声语言的声音具有口语特有的传情性,所传递或表现出来的情感内涵是非常丰富的,几乎可以表现人的一切情感,而且是直接呈现在听众对象的面前,因此,利用口语语音的传情性,可以充分展示口语所要表达的丰富的多姿多彩的情感。

口语语音的情感表现是由语气语调和节奏形成的。关于这一点,古希腊时代的哲学家、修辞学家亚里士多德就已经认识到了,他在《修辞学》中指出:"演说方法是否恰当,这一点关系演说的成功与否极大……实质上,它的问题是要把声调加以适当的安排,借以表达不同的情绪。——什么时候应该说得响亮,什么时候应该说得柔和,或者介于二者之间;什么时候说得高,什么时候说得低,或者不高不低;根据不同的主题,采用不同的节奏。"这说明,人们在说话、演讲等言语交际活动中,可以借助语音的种种技巧来淋漓尽致地表现自己的情感。如果不注意运用各种语音技巧来展示内容和表现情感,或者只用一种声调讲话而缺少变化,不仅难以准确地表达思想,而且也不可能做到声情并茂、引人入胜。

讲究口语表达的声中蕴情不能不首先考虑语气语调。恰当的语气语调不仅能够增强表达的效果,而且也可以反映出表达者自己的身份、修养、情感、态度等。孙中山先生讲述他练习演讲时曾说:"演说如作文然,以气为主,气贯则言之长短、声之高下皆宜。说到重要处,掷地作金石声。"这里所说的"气"是指才气、气质、情感之类的意思,与我们所说的语气语调不尽相同,但是从情感的角度看,它们也有一致之处。我们看到,口才艺术高的人十分注意语气语调的选择和运用。不论讲述什么样的话题,在什么样的场合,总能恰到好处地运用语气,吐纳自如,恰如其分地表达自己的思想,紧紧地吸引听众。在庄重的场合或讲述庄重的内容,语气语调严肃郑重;在比较随便的场合或讲述平和的内容,语调舒缓、轻慢;感情激烈,则语调高亢而短促;感情悲伤,则声音低沉而徐缓。

总而言之,讲话的语气语调应该多种多样而又准确恰当。只有对讲述内容非常熟悉又饱含感情,讲起话来才能抑扬有致:或如轻风习习,声声入耳,或如大河瀑布,震人耳鼓,使自己的思想感情抒发得淋漓尽致。范曾演讲《扬起生命的风帆》时,他的听众是在校的大学生,是意气风发的青年。由于演讲者对青年深深的理解而无限的热爱,因此他的演讲充满了鼓励、赞扬的感情,洋溢着激越、欢快的语调,像最后几句:

> 回首顾,千秋青史;抬头望,无限关山。让我们吟哦唐代伟大诗人李白的诗句:"大鹏一日同风起,扶摇直上九万里。"让我们举起垂天之翼,作一番长空的逍遥游!

这样的语句,如果不饱含浓烈的感情,不运用激越、酣畅的语气,就难以真实地体现出它的意境,也很难感染听众的情绪。

简单地说,节奏是一种"有秩序的变化",它关系到所谈内容结构的疏密、起伏,情感的浓淡、激缓,速度的快慢、行止,声调的抑扬、顿挫,以及手势等辅助动作的动静、间歇等。一席谈话或一篇演讲虽然要有一个总的、基本的节奏设想,但也不可能总是一种节奏,只有跌宕起伏、轻重缓急的错落有致的结合,才能收到表达准确、层次分明、优美动听的效果。如闻一多的《最后一次演讲》,整个地看,其感情是激愤的、强烈的,因此它总的节奏就应该是较快的,声调也是高亢的、昂扬的。但是,在段落的转合之间,在每层意思的转换之间,其节奏和声调又应该有所变化,特别是里边有些感叹性的句子,像"无耻啊! 无耻啊!"等,更应该用较慢的节奏和低沉的语调。这样,才能准确地表达思想,打动人心。

没有掌握好节奏,就会影响表达效果。有的人说话太快,紧锣密鼓,让人感到紧迫急促甚至喘不过气来;有的人说话又太慢,四平八稳,慢慢腾腾,让人烦躁不安甚至不忍卒听;还有的人快慢不分,当快时不快,当慢时不慢,这种不分节奏的讲话,从声调上看,必然是模糊的,混乱的,不优美的。当然,我们这样说并不包括那些心直口快的人的讲话。实际上,真正口才艺术高的人,不论哪种情况,都能恰到好处地掌握说话的节奏,洋洋洒洒,快慢得体。

在口语表达过程中,为了特殊的表达效果或调动听话人的情绪,也可以采用一些特殊的节奏形式和声调技巧。例如,在正常的或不该变换的地方忽然加快或放慢了节奏,或者一句话当中前半句说得很快很响,后半句突然变得很慢很轻,或者在讲话过程中忽然出现停顿,以手势或其他辅助动作来代替语言,以收到"此时无声胜有声"之效,等等。

(三)话语真诚

话语真诚就是言语内容饱含真情实感。在口语表达中,只有真诚的心灵与情感,才能发出磁石般的吸引力,才能唤起听众的热诚,产生震撼人心的力量。正如著名演说家李燕杰所言:"在演讲和一切艺术活动中,唯真情,才能够使人怒;唯真情,才能使人怜;唯真情,才能使人笑;唯真情,才能使听众信服。"可以说,只有真情实感的话语,才能产生更大更强烈的激情和魅力。

话语真诚主要表现在两个方面:语词选用情感分明,内容表述情真意切。

1. 语词选用情感分明

语汇系统中的词语,有些本来就已经具有感情色彩,选用时就应该准确地把握。如同样是表示"生命终结"的意义,对崇敬、尊重的人用"逝世",对革命烈士用"牺牲",对一般人可用"去世",而对坏人则可说"见阎王去了""翘辫子了",等等。当然,特定的言语交际过程中,为了表示特殊的感情,也可以反用表示感情色彩的词语,如称最亲密的人为"冤家"等。

有些词语具有明确的否定或贬斥的感情色彩,直接运用可能会产生较强的刺激性,从而影响表达效果,因此,在必要的时候,应注意不使用或尽量避免使用,以增加感情的交融性,促使心灵的沟通。例如,1983 年,曲啸应邀去某市向犯人演讲,一开始就遇到了怎样称呼对方的问题。他想:"叫同志吧,不行,对方不够资格;叫罪犯吧,也不行,因为犯罪的人讨厌'罪犯'这个词。"经过反复思考,最后选择了"触犯了国家法律的年轻朋友们"这个称呼,结果话一脱口,立即引起了全体罪犯热烈的掌声,有的还当场就掉下了眼泪。"罪犯"一词,具有明显的贬斥意味,给人以强烈的精神刺激,极易产生抵触、对抗情绪;而"触犯了国家法律的年轻朋友们"这个称呼,既指明了对方的身份,又说明了演讲者与听众之间的关系,富有情感,富有人情味,从而感动了听众,起到了很好的教育作用。

2. 内容表述情真意切

内容表述情真意切,是指表达者所抒发、倾泻的情感符合所表述的内容本身,符合表达者个人的思想倾向和言语形象本色,不矫揉造作,不言辞虚浮。例如,正当希腊面临马其顿王国的入侵而有亡国和失去自由的危机时候,希腊著名演说家德摩斯梯尼曾经作过一次著名的演说,他的每一句话、每一个词语都充满着发自内心的极为丰富的爱国主义情感。他热情洋溢地说:"即使所有民族同意忍受奴役,就在那个时候,我们也应当为自由而战斗。"从德摩斯梯尼这句崇尚自由、充溢着爱国热情的话语中,可以看到一颗真挚的拳拳之心,因而他的演讲激励了无数希腊人从聆听演说的广场直接奔赴战场,连向家人作一声道别也认为是耗费了时光。而他的敌人,马其顿国王腓力见到这篇演说词后,也不由感慨地说:"如果我听过德摩斯梯尼的演说,连我也要投票赞成他当我的反对者的领袖。"由此可见,富有情感的内容表述具有多么大的感染力和影响力。

情真意切的内容表述,往往可以运用设身处地为对方着想的方式进行,这样可以走进对方的心灵,促使心相通、意相融,产生认同感乃至精神共鸣。请看某监狱一位民警对罪犯所作的一次成功的演说:

……在座的各位,你们大概不会相信我们的任务就是帮助你们早日离开监狱,早日回到家中与亲人团聚吧? 早日离开这铁网、高墙,离开我们这些被你们称之为"盖世太保"的吧? 离开这儿,早回家,这是你们的心愿。不是吗? 谁愿在这里度日如年呢? 别说十年八年,就是十天八天也难熬啊! 再说年轻人都是活泼自由的小鸟,谁愿整天待在这笼子里,谁个不是恨不得插翅高飞,飞出去! 飞出这牢笼呢! 然而我也要耐心地告诉你们,我们的任务和你们的愿望是完全一样的,那就是让你们早日离开,早日离开这个被你们称之为的这"鬼地方"! (犯人们沉默,有的落泪)

你们对我们的任务还持怀疑态度吗? 太不该了,实在是不应该! 你们中减刑或提前释放的愈多,说明我们的工作愈实在,愈出色,愈好,我们就要得表扬、立功、受奖;反之,说明我们的工作不妙,没有做好! 你们说,哪个人不愿得表扬、立功、受奖,而愿挨批评受罪呢! 没有,我们戴大盖帽的也是人啊,也有七情六欲、婆娘崽女啊!

各位,社会上若抢劫的多了,你们的父兄就可能被抢;强奸的多了,你们的母亲、妻子、姐妹就可能同样受害;撬门砸锁的多了,你们的东西就不安全……所以对这些人打击惩罚,只是手段,不是目的,目的是让这些人洗心革面,重新做人,其出发点,就是早日离开这里! (又一阵热烈的掌声)

一般说来,罪犯对于警察和政府工作人员往往怀有一种敌对情绪,他们甚至认为不管是公检法的,还是监管劳改劳教的,都是"盖世太保",都是整人的,因此,要使他们从心底信服,其难度是可想而知的。但是,精诚所至,金石为开,情通理达的滚烫话语自然会消解抵触、对抗情绪,融化冰冷的心。这位民警的演讲,开始"在座各位"这一不无尊重的称呼,便大大缩短了彼此双方的心理距离;然后一针见血地挑明监狱这个"鬼地方"难熬和失去自由的痛苦,更能引起罪犯们的心理共鸣;进而反复强调自己的任务与罪犯的心愿的一致性,使其心理由逆反变为相容;接着从个人的荣辱得失与社会治安、惩治犯罪的目的两个方面晓以大义,表露出一腔热血,一片真情,使罪犯发出一阵阵掌声,流下一行行热泪。这是为真言所感,为真情所动的结果。这是以心换心,用准确的措辞触发听众的关注焦点,从而产生信服感。可以说,这一番演说具有"充满激情的逻辑条理",产生了不可抗拒的征服力。由此可见,情真意切的内容表述,在言语交际中具有强烈的感染作用和有效的沟通作用,可以缩短说话人和听话人之间的距离,融通彼此的心灵,使对方更好地理解自己的意图和情绪,欣然接受理智思维的成果,做到言相通、心相印、行相从。

思考与训练

1.口语表达有哪几项基本原则?怎样实现口语表达的目的?

2.得体的含义是什么?口语表达怎样才能做到得体?

3.在口语表达中,情感原则为什么重要?情感体现的主要途径有哪些?

4.下面是李智红在《知音·海外版》2005年第3期上发表的《赞美如良药》一文。全村人异口同声,表述目的十分明确,对犯错的人不批评,专门摆好,说他做过哪些善事、好事,让他改过自新,重新做人。你从中受到哪些教益?

赞美如良药

在南部非洲的巴贝姆巴族中,至今依然保持着许多优秀的生活礼仪和处世方式。譬如当族里的某个人因为行为有失检点而犯了错误的时候,族人便会让犯错误的人站在村落的中央,公开亮相,以示惩戒。每当这个时候,整个部落的人都会不由自主地放下手中的工作,从四面八方赶来。

围上来的人们会自动分出长幼,然后从最年长的人开始发言,依次告诫这个犯错误的人,他曾经为整个部落做过哪些善事、哪些好事。每个族人都必须将犯错误的人的优点和善行,用真诚的语言叙述一遍。叙述时既不能夸大事实,也不允许出言不逊。对前面已经有人提及的优点和善行,后面的人不能再重复叙说。总之,每个人在叙说时,都要有新的褒扬。整个"赞美"的仪式,要持续到所有的族人都将正面的评语说完为止。

"赞美"的仪式结束以后,紧接着要举行一场盛大的庆典。庆典在老族长的主持下进行,部族中的男女老少都要参加。人们要载歌载舞,用一种隆重而热烈的礼仪,庆贺犯错误的人脱胎换骨,改过自新,重新开始一种全新的生活。

5.一句赞扬的话语让一位"差生"小王焕发了活力。该生从此勤学苦练,学习进步很快。林老师的教学方法值得学习和借鉴,试从适合身份、适切对象、适应语境几个方面阐述林老师话语的得体性。

一句赞扬的话语,真的能激发一个"差生"的潜能。昨日,省实验中学高三年级组的英语老师林红,以小王(化名)为例向记者说起此事。

据林老师说,小王是她所带班上的一个非常调皮的学生,被有些同学归入了"差生"的行列。上学期,林老师有一次点名让小王阅读一段英语文章,小王读完后,全班哄堂大笑,都认为小王故意南腔北调。正当小王准备坐下时,林老师非常认真地告诉全班同学:"大家不要笑,我觉得小王的英语口语非常好,很有外国播音员的味道。"

从那以后,同学们和老师们惊奇地发现:小王像变了一个人似的,整天抱着英语书读,甚至下课也不放松。几个月后的期末考试,小王的各科成绩都有了大幅度提高,英语成绩更是达到了优秀。

6. 原外长李肇星关怀身边司机靳宝喜师傅的孙女珊珊的健康成长,劝告靳师傅:"请马上打电话向珊珊道歉。"读此材料感人至深。试从口语表达的情感原则来阐述李肇星的表达艺术。

2004年7月初的星期六去钓鱼台国宾馆会见外宾途中,李外长发现正在驾车的靳宝喜师傅似有不悦,便宽慰几句。

靳师傅说:"今早动手打了6岁的孙女珊珊。"

李外长问:"为什么要打孩子? 应该道歉。"

靳师傅说:"她把你上次送的那块好橡皮用小刀切成了碎块,好东西全给糟蹋了。"

李外长说:"这也不应该打人啊! 另外,珊珊为什么要切呢? 也许是有原因的。无论如何,打人不对,必须道歉。"

外事活动结束后,李外长还惦着珊珊。靳师傅也许利用李外长会见外宾的空隙,给家里打过电话。回外交部的路上,李外长继续追问道:"靳师傅,孩子怎么样了? 给人家赔不是了吗?!"

"嗯!""嗯!"靳师傅欲言又止。

"究竟是怎么回事?"李外长明显加重了语气。

靳师傅这才道出了原委,并自责说:"我今早打了珊珊两扫帚把,老伴立即夺走了扫帚。我马上也后悔极了。"原来珊珊是因为太喜欢这块橡皮,怕被个别小朋友"偷"走,或丢失,才想到切成小块。小块也不影响使用,更不怕丢失……

"那到底给孩子赔礼了没有?"李外长盯住实质问题不放。

"还没有。"靳师傅低声答道。

"这就更错啊! 请马上打电话向珊珊道歉。"李外长很不客气地下了"命令"。

珊珊今年秋天上二年级,是北京朝阳门小学三好生。她的爸爸妈妈均在中国驻美国休斯敦总领事馆工作,这两年她都是由靳师傅的退休在家的老伴照顾,每天上学接送。

今年的8月8日是星期一,珊珊在另一户去中国驻休斯敦总领事馆探亲的家长陪伴下,去美国探望久违的爸爸妈妈。

此前的8月6日深夜,李外长在应约与韩国外长潘基文通完电话后,严肃地说:"后天一定要安排靳师傅去机场送珊珊。"

珊珊真幸福。

第八章 口语研究的重要领域
——口语听解能力与反馈

▶ 第一节 口语听解能力 ◀

在口语交际活动中,听解能力是交际双方即表达者和接受者都应该也必须具备的一种能力。

在交际活动中,交际参与者双方的交际身份有三种情形:一种是交际的双方比较均衡地充当表达者和接受者,如交谈、谈判、辩论等,双方的述说和聆听同等重要;另一种是双方的交际身份具有差异性,其中一方为主要表达者,另一方主要充当接受者,如答记者问、调查人员与被调查人员的谈话等,一方以说为主,但也要听,另一方以听为主,但也要说,双方对述说和聆听具有不同的侧重点;还有一种是双方的交际身份固定,如演讲、致辞、会议发言等,一方总是表达者,另一方总是接受者,前者的积极性在述说,后者的积极性在聆听。在第三种情形中,表达者同样需要听解能力,需要解读听众对象的种种反应,以便作出正确的调整和决断,保证口语表达的顺利进行。因此,听解能力是口语交际者必须具备的一种基本能力。

一、听解的含义与作用

听解,是交际活动的参与者通过听觉器官接受言语信息,进而通过思维活动加以认知、理解的一种生理、心理活动。有关言语交际功能的资料表明:在人们日常的言语活动中,"听"占 45％,"说"占 30％,"读"占 16％,"写"占 9％。也就是说,人们有近一半的时间在听,听比读的活动更为广泛。这就告诉我们,具备了听解能力,才能与人进行正常的交流。据调查发现,盲人虽然有诸多不便,却仍然能融合在与人交往的生活里,而聋哑人尽管能看书写字,却常常感到自己很孤独,感到被排斥在社会之外,原因就是丧失了听的能力,不能与人作正常的交流。表达者说,接受者听,双方相互配合,才能形成正常的交际活动,才可能取得预期的交际效果。可见,听与说一样,都是交流思想感情的重要手段,都是人际交往这种社会活动赖以存在发展的重要条件。

听解活动的过程,与一般的听觉活动是有区别的。听觉活动只是一种简单的生理过程,其结果以听力为标志,而听力是一种生理机能,指能够听清楚话语或声音。听解活动不仅需要听觉器官灵敏,而且需要通过对听觉所接收的语音信息来辨析说话人的思想、感情、情绪,理解说话人的动机、目的和意图,是包括思维过程的高层次的智力活动。它要求听话人通过思维活动把听来的信息进行分类与综合,抽象与概括,分析与理解,判断与推理,进而形成自己的认识和看法,以便于作进一步的交流。

口语交流是口耳相传之事,听是信息输入,说是信息输出,听与说的关系十分密切。在某种意义上讲,要想说好,首先必须听好,听是说的基础。有了听解力,就能抓住对方说话的主旨,把握其表达意图和所流露出的情绪,理解所传递出的信息,然后有针对性地同对方进行思想感情的交流,促使口语表达的成功。

二、听解的特点

(一)受制性

听解是在接收表达者的话语信息基础上进行的。对方说什么,就接收什么,然后才能加以理解,这个行动的本身就体现出受制性。具体地说,听解的受制性主要表现在以下三个方面。

1. 受制于表达者的说话特点

口语接受者面对的表达者是多种多样的,他们的身份、职业、经历、文化素养、性格爱好、思想感情和表达意图等自身或主观因素不同,便呈现出不同的言语表达特点。这不同的言语表达特点对信息的接收与理解起着一定的制约作用。口语表达者,有的口齿伶俐,语音清晰,悦耳动听;有的则口吃结巴,字音不清,模糊难懂。有的言语畅达,生动形象,富有魅力;有的则表意不明,晦涩深奥,令人生厌。有的爽直明快,直言不讳;有的则含蓄委婉,言此意彼。有的温文尔雅,情趣高尚;有的则粗野鄙俗,趣味低级。有的审慎谦恭;有的则口出狂言,或者故意挖苦讽刺。有的简洁精练,干脆利落;有的则啰里啰嗦,喋喋繁冗。这种种形色各异的特点,都对口语接受者的听解产生不同程度的制约性。

2. 受制于特定语境

口语交际是一种说与听双方参与的言语活动,这种活动是在特定的语境中进行的。特定语境中的时间、地点和场合等主要因素,会对言语表达产生一定的影响。这种影响表现在两个方面:一是对说话起干预、制约作用;二是为表达者主动地和自觉地创造良好的交际氛围、促使信道更为畅通、增加信息传递量提供有利条件。听解是在表达的基础上进行的,因而必然受到说话的语境或表达者所利用和创造的语境因素的制约。例如,同样是答记者问,在记者招待会上和接受个别采访就具有不同的场合特征。记者招待会是一种正式场合,气氛庄重,记者众多,提问话题带有突发性和跳跃性,甚至会有一些意料不到的问题。在这样的场合,口语接受者(同时也是表达者)思想比较紧张,因而常常采用复述归纳对方问题的方式当场予以核实。接受记者个别采访,无论是在办公室,还是在家中,气氛一般较为轻松,听解也就不那么紧张了。听解受语境制约的特点,要求口语接受者必须排除语境中的不利因素,注意准确地接受信息,领悟话语的真正含义。

3. 受制于表达者与接受者的交际地位

言语交往中双方交际地位的不同所显示的人际关系,可分为权势关系和同等关系(也可称为一致关系)两种。在权势关系中,一方居于优势,另一方居于劣势,如父子关系、上下级关系、师生关系等,双方在不平等的关系中交往;同等关系是指双方具有某一共同点,如同乡关系、同学关系、同事关系、同辈关系等,双方在平等的关系中交往。美国语言学家卡罗尔·司珂腾和威廉·尤利指出:"权势差异可能有两个来源。①交谈者之间身份的不同。身份差别或产生于交谈者所属的集团不同,或产生于交谈者在同一集团内所处的地位不同。②交谈本身,这有两种情形:(a)权势差异是某些交谈场合中固有的,如买者与卖者之间通常都存在权势差异,买者处于优势。(b)差异是在交谈中产生的。举例说,一个说话人求对方帮忙,求助的人就将自己置于一种缺少权势的地位,至少在交谈的进程中是这样。"因此,在具有权势差异的言语交往中,居于劣势的口语接受者往往比较紧张,常常用尽全力去捕捉每一个话语信息,以便正确地理解它;处于优势的口语接受者可能要随便一些,没听清或没听懂会要求再讲一遍。但优势者如果常常这样,会造成漫不经心、傲慢的印象而影响关系和形象。处于同等关系的言语交往,相对于权势关系交往而言,听解就显得融洽、轻松、随和一些。

(二)选择性

听解虽然具有受制性,但在口语交际中,它并非单纯是一种消极被动行为,同时也是一种积极能动地认知和合作的活动,这主要表现为聆听者对话语信息的接收具有选择性。美国学者雷蒙德·鲍尔在"顽固的受传者"理论中指出:"在可以获得的大量(传播)内容中,受传者中的每个成员特别注意选择那些同他的兴趣有关、同他的立场一致、同他的信仰吻合,并且支持他的价值观念的信息。他对这些信息的反应受到他的心理构成的制约……现在可以看到,传播媒介的效果在广大受传者中远不是一样的,而是千差万别的。"由此可见,选择性是听解活动的一个十分重要的特征。具体地说,听解者的选择性表现在以下三个方面。

1. 选择性接受

选择性接受主要表现为:乐意接受那些与自己已有观念一致的,或自己需要和关心的信息,回避甚至抵制那些与自己固有观念相龃龉或自己不感兴趣的信息。

2. 选择性理解

对同一个信息,不同的人可能有不同的理解,这种理解为接受者已有的观念、态度和信仰所制约,常常出现"仁者见仁,智者见智"的结果。

3. 选择性记忆

接受者往往选择那些希望得到的或愿意记住的信息来强化记忆,容易忘记自己不关心的或不喜欢的事情。

(三)补正性

在口语表达时,无论是交流思想、抒发感情,还是传递信息,都带有不尽其言的省略或者潜藏性质,即任何"说"都只是部分地展述内容。因此,在实际交际过程中,接受者必须利用自己的理解和经验、知识来加以补正,填充这省略的"缺口"或发掘那潜藏的信息。补正使听解得以延伸和扩展,从而更加周密、完整地接收信息,领悟内容。例如,1972年,美国总统尼克松访问中国,周总理在宴会祝酒词中说了这样一句话:"由于大家都知道的原因,两国人民的往来中断了二十多年。""由于大家都知道的原因"的表述十分委婉,其中省略、潜藏的信息要靠听者根据中美关系的历史和现状尤其是眼前酒会气氛去补充和想象,即既要体会到造成这一事实的原因是美国侵略干涉的结果,又要认识到值此重大历史时刻,不可伤害美国客人的面子。只有这样,才能完整准确地理解"由于大家都知道的原因"这个全句修饰语所表达的确切含义。

较强的听解能力同样建立在渊博的学识、敏捷的思维的基础之上。只有这样，接受者才能对表达者的疏漏、失误乃至谬误，予以敏锐的觉察，并且在经过机敏的辨析之后，进行适当的反馈。在这个意义上讲，听解还具有匡误正误的作用。

三、听解的要求

（一）诚恳尊重　全神贯注

在聆听时，应以平等尊重的态度对待说话者，做到专心静听，把全部心神完全贯注到对方身上。不但要用耳朵听，而且要用整个身心去聆听；不但要听清声音，而且要充分理解，做到全力捕捉对方的话题和表述的每一个内容，直到完全理解对方话语的全部意思。如果心猿意马、思想漫游，充耳不闻、漠不关心，烦躁不安、挑剔苛求，甚至抵制抗拒，就不可能获取讲话者传递的信息。

（二）积极参与　不乱插嘴

所谓积极参与，就是在聆听的同时，注重与表达者身心、精神的交流。这主要表现在以下几个方面。

1. 对对方的讲话作出积极的反应

如交流目光，相对而视；适当点头或做一些手势动作；也可伴以"嗯""对"等词语，以表示赞同、肯定、领悟，鼓励对方说下去。

2. 边听边想边整理

在全神贯注倾听的同时，要掌握表达者陈述的客观事实和内容要点，分析其讲话的目的意图；在去粗取精的筛选、提炼和归纳的基础上，对讲话的内容作出预测。这样，就可以有的放矢地提出相应的问题，促使交谈向纵深展开。

3. 适当插嘴

其原则是有利于交流顺利发展，进一步激发对方认真讲下去的兴趣，或者弄清所不理解的内容。遵守这一原则，就会避免出现乱插嘴的现象。乱插嘴则主要表现为：以不相关的问题打断对方的谈话；抢着替对方把观点或事情的经过讲完；因对对方某些无关紧要的细节有疑问而打断对方。这些行为是不礼貌的，极易引起对方的反感。

（三）平心静气　排除干扰

平心静气，排除干扰，是为了集中精力，注意聆听，以便加深理解，准确把握。口语听解过程中的干扰来自主客观两个方面。①主观方面：听者因先入为主、固执己见而造成心神不宁或情绪激动；讲话者服饰奇异，音调刺耳，态度不恭或举止粗野而引起精神烦恼。②客观方面：周围环境嘈杂，鸡飞狗叫，或汽车轰鸣而过等，这些都会扰乱听者正常的思维，分散注意力，影响听解效果。这两个方面相比较而言，口语接受者要特别注意排除主观方面的干扰，摒弃偏见，摆脱成见，相互理解，进而达到沟通的目的。

四、听解能力的构成

（一）听解能力的基本要素

听解能力是人们在实践中形成的一种特有的智力品质，其基本要素是语音的辨析力、话语的理解力和语意的品评力。

1. 语音辨析力

口头语言是语音和意义的结合体,而语音是语言的物质外壳。说话人发音器官的运动产生言语声波,通过空气传播到听话人的耳朵并作用于听觉器官,从而产生神经运动,沿着听觉神经传递到大脑。大脑通过对这些语音的辨析来理解语音符号的含义。每一种语言的语音都有其特定的结构规则和组合序列,使它同另一种语音相互区别并传递意义。所以,听解必须首先具备对语音系列的辨识能力,否则无法理解其含义。

具有语音辨析力的前提是听力良好,而保持听力良好就应注意听觉保健,避免损害听力的情形发生。做好听觉保健应注意做到:①避开强声;②慎重使用易使听力减退的药物;③防止耳膜外伤;④不嗜烟酒。这里着重谈一下"避开强声"的问题。实践证明,声强高于 90 分贝,听力就会受到损害。在现实生活中,喧闹的音响声、鞭炮声、强雷声等的声强都超过 90 分贝,如果不注意,都会对人的听力造成一定的损害。就是手机等,如果戴上耳机后不注意控制音量或长时间戴着耳机,也会使听力受损。美国听觉学家米勒说:"我发现不少 18~20 岁的青年听力日减,原因是他们常用耳机。"因此,要使听力灵敏,具有较强的语音分辨力,就应该避免有损听力的强声等。

2. 话语理解力

听解能力的关键是对话语的理解,它包括逐层推进且联系紧密的两个环节:首先是对语词、语句、语段乃至整个话语(即语篇)意义的理解,其次是对话语的中心内容和表达的主要意图的领悟理解。话语理解强的主要表现是:

第一,善于抓住对方话语中的重点词语、语句,对方表述的语调语气,理解其含意,逐步分清层次,理出头绪,领悟和把握说话人所说的内容,如事件的来龙去脉、关键情节,人物的言行举止、思想态度,说理的依据与主要观点,评论的角度与中心等;

第二,在听取事情的叙说中,能领悟理解推论出说话人的主要意图和所要达到的目的;

第三,对言语信息中的妙用比喻、巧说反话、委婉含蓄、寓意深刻的语句,能善于通过句子的表面意思迅速探求、揣摩,理解出"言外之意"。

例如,理解下面五段话的含义。

①为人立传,我希望多写些真人、凡人,少写些假人、仙人,特别是不要把这个人写得连他自己都不敢相认,那可就太滑稽了!

②每块木头都是一座佛,只要有人去掉多余的部分;每个人都是完善的,只要是自己除掉缺点和瑕疵。

③世界上若没有了女人,真不知道这世界要变成什么样子……我所能想象的是:世界上若没有了女人,这世界至少要失去十分之五的"真",十分之六的"善",十分之七的"美"。

④只要有虚荣心在,奉承话就永远不会消失。

⑤尽管人的一生中有无数不幸和遗憾,但生活毕竟是美好的。要乐观、热爱、全心全意地做每一件事,并且用歌声来表达这份对人生的狂热。

这几段话所表明的意思分别如下。

①写人物传记要真实,不能虚构。那种把笔下的人物写得虚假不实或像"仙人"一样,

是非常可笑的,而且起不到正面宣传的作用。

②人的性格、品德修养,是可以完善的,只要是下定决心改掉那些毛病、缺点就一定能做到。

③揭示了女性的真善美以及对社会的作用。

④许多奉承话是讲给那些虚荣心强的人听的。不要虚荣,也不要去听去说那些奉承话,做一个正直的人。

⑤要热爱生活,要认真做好每一件事。

对话语的理解需要敏锐的语感和良好的思维能力,这就要求我们加强语言修养,养成思考问题的习惯,既勤于思考,又善于思考,从而不断提高听解领悟力,做到正确理解,正确应对。

3. 语意品评力

在听解的过程中,除了正确理解话语的含义之外,还应能对话语进行品评、辨析和鉴赏,从而表现出较高的语言修养。其主要内容是:辨析语音、语气、语调的正误;辨析观点材料、语义内容的是与非;品评说话人在话语中所流露的思想感情的真与假;评价说话方式、言语策略的正与误;品评说话效果的好与差,说话风度的优与劣。例如:

一个年轻人想到大发明家爱迪生的实验室里去工作。爱迪生问他有什么志向,年轻人满怀信心地说:"我想发明一种万能溶液,它可以溶解一切物品。"爱迪生听罢惊奇地说:"那么,你想用什么器皿放置这种万能溶液呢? 它不是可以溶解一切物品吗?"年轻人面红耳赤,哑口无言了。

对年轻人宣称"发明一种万能溶液,它可以溶解一切物品"的话语,爱迪生一下子就捕捉到其自相矛盾之处:"那么,你想用什么器皿放置这种万能溶液呢? 它不是可以溶解一切物品吗?"从而揭示了这名年轻人想法的荒谬可笑。辨析正确,指出问题婉转而恰当。

(二)听解能力的具体表现

1. 听清话语意图

在交谈时,聆听是一个思维过程,要求具有较高的敏感性,抓住对方话语的要点,弄清其话语意图。这主要表现为:善于将零乱的话语理清头绪,善于将平述的话语分清主次,善于从整个话语中悟出要旨。只有这样,才能判断对方说话的目的,才能明确对方话语的含义。没有听明甚至听错了对方话语的含义,很可能造成误解,甚至出现牛头不对马嘴的情形。从前有个故事,说的是有间画铺出售一幅《引马过桥图》,画面上画着一个人吃力地牵着一匹马在桥上行走。一位顾客看了,非常欣赏,立即付了一百两银子订购,临走时,他盯着那张图说了一句:"马缰,好!"店老板不知其意,一看才发现画上的马竟没有马缰,连忙添上一笔。第二天买主来取画时,见画上了马缰,便要求退款。他说:"我买的正是这根看不见的马缰呢。人和马已笔笔传神,此中有缰,牵之欲出,加上一笔,韵味全无了。"这位店老板就因为没有听明买主的话意而丢了一笔生意。

口头表达的话语,就其性质而言,可以分为信息性语言、评价性语言和指令性语言三类。所谓信息性语言,就是简洁、精确、清晰地指明事情的时间、地点、人物、情节、原因、结果等。对于这类信息性语言,应注意听清其中任何一个要素,并由此分析出讲说者的思想倾向和话语意图。所谓评价性语言,就是对人或事物的好坏、优劣、正误、是非等作出的评判。评价虽然不是直接陈述事实,但它应建立在确凿的事实基础之上。因此,对于评价性语言,应注意听清其事实根据,弄清其准确性,在此基础上判明说话者的意图所在。所谓指令性语言,就是指有关指示、命令的内容。指令性语言必须准确、明了、简洁。对于接受者来说,必须听清楚,弄明白,以便于执行。必要时,最好采取重复一遍或询问一下的方式来加以核实。如对方说:"请你买3张明天去北京的火车票。""还是买晚上发车的38次那一趟吗?"这样一问,对方就会把意思说得更加清楚明白。

在交谈过程中,信息性语言、评价性语言等并不是截然分开的,它们往往交织组合在一起表述讲说者的意图,这就尤其需要分辨其话语的真实意图所在。20世纪50年代初期,某大学校长马老访问西欧,有位资产阶级政客曾这样问道:"听说你们国家青年男女结婚之前没有见过面,是吗?"马老听了,觉察出是别有用心,于是回答说:"是的,我们国家青年男女结婚之前大多未见过面(当时,农村还有包办婚姻),可是结婚后是天天见面;你们国家呢? 结婚前是天天见面,结婚后却是天天不见面,是不是呀?"马老的回答既巧妙,又准确,简直是无懈可击。因为那个政客的问话,表面上是信息性语言——核实这条消息是否准确,而实际上包含着评价性语言——多么愚昧可悲的婚恋状况啊。而这评价性语言则是其问话的真实意图,因此,马老不卑不亢,反唇相讥。这说明,听解应注意辨析话语的真实意图。

2. 听明言外之意

言语表达可分为显性和隐性两种,显性言语表达,直言不讳,言明意显,一听就懂;隐性言语表达,本意并不从话语表面直接显露出来,而是将本意隐含在言词里面,话中有话,言外有意,让听者运用自己的经验和背景知识去揣摩推测。例如:

　　1961年4月,刘少奇到湖南一个生产队调查,向社员群众征求对农村公共食堂的意见。由于当时"抓辫子""戴帽子"的风气很严重,社员们没有正面回答问题,而是一个劲地夸1957年的时候,生活如何如何好,猪喂得多,鸡鸭喂得多,自留地种的东西多,油水吃得重,肚子吃得饱。刘少奇同志从那样的"赞扬"声中听出了群众的心声:他们正是在批评农村公共食堂办糟了。

在人际交往中,显性和隐性两种口语表达行为经常交替甚至交织、交融在一起,因而接受者要特别注意分辨,尤其要注意听明隐性表达的言外之意。言外之意,主要是运用委婉说法表达的,诸如双关、反语、婉曲、讽喻等多种多样的方式。这类话语"辞面子和辞里子之间……常常有相当的离异",因此,一定要根据对方的话语信息特点、语调和神态等作出合理的分析。当然,在言谈过程中,也不可疑心太重,杯弓蛇影,自相惊扰。只有这样,才能正确地理解和把握言外之意。

言外之意的领悟是一种高智力的表现,具有这种高智力,才能在个人生活、工作乃至商贸、外交、政治活动中取得成功。有位房地产公司的经纪人在向一位顾客介绍某幢房子的状况及价格后,顾客却说道:"哪怕是座琼楼玉宇也没有什么了不起!"但是语气有些犹豫,笑容也有些勉强。善听的经纪人立即意识到对方嫌贵了,马上转口说:"在您决定之前,不妨多看几幢房子。"结果,那位顾客经过再看、对比、协商,终于买到了他能买得起的房子,生意成交。由此可见,细心地聆听顾客讲的话,特别是能听出没有明确讲出来的语意,可以促使生意兴隆。1957 年,各国共产党代表在莫斯科开会,毛泽东向南共领导人卡德尔说:"你们和我们的区别只在于你们长胡子,我们不长胡子。"卡德尔把这番话理解为:"以某种方式表明,愿意使两国关系正常化。"卡德尔这个理解不错,但有更重要的疏漏。毛泽东的话语不仅希望消除误解,建立正常的外交关系,而且表明两党在立场、观点等方面的接近与一致。这说明,弄清言外之意,可以正确把握说话人的深层心理及其思想感情和立场观点,从而有利于作出正确的反馈。

五、听解的交际功能

听解作为言语交际的一种主动行为,有着十分重要甚至不可替代的功能。著名幽默大师马克·吐温说:"有一个教人'获得知己朋友的方法'。这方法就是:给予人适当的颂扬,和尽量聆听别人嘴里说得最多的话,而不加辩驳。"可见那种富有思想、品格谦虚、专心致志的聆听者,自然会受到人们的喜爱和尊重,这充分说明聆听在交际中发挥着十分巨大的作用。

(一)表现良好风度 保持融洽关系

在交谈中能时刻保持认真的态度、专注的精神、动人的情感和入神的姿态来聆听对方的讲话,就是一种具有较高文化素养的表现。这种良好的风度至关重要,因为它体现出对表达者满腔热情的尊重。而尊重,可以赢得对方的好感与友谊,建立和保持良好的融洽关系。据美国现代心理学家马斯洛研究,获得"尊重"的需要是人的需要层级中的第四级,实质上,受到尊重是人的一种心理需要。在言语交际中积极地聆听对方的讲话就可以满足对方这种心理需要。因为这种积极聆听的表情举止向对方传递的信息是:你的讲话是值得认真听取的。这无形中就显示了对表达者的尊重。英国著名的温莎公爵所钟爱的那位夫人,其聆听姿势有着强烈的吸引力。这位夫人在聆听温莎公爵说话时,肘靠在桌面,手支着面颊,眼睛全神贯注,耳朵也似乎沉醉了,好像恨不得把对方的每个字、每句话都听进去。那副样子像告诉对方:"多告诉我一点——我正在听——迷人极了。"这是一种富于魅力的聆听,对方受到尊重,很自然地产生了好感,双方也就在融洽的气氛中加深了友好的情谊。"敬人者,人恒敬之;爱人者,人恒爱之",古人的话,说的就是这个道理。在美国的玛丽·凯化妆品公司,常常有人找到总经理说:"玛丽·凯,我得同你谈一个重要问题。"碰到这种情况,玛丽·凯就会约一个时间同他谈。双方的交谈就会出现如下情景。

那人进屋后通常第一句就道歉:"你看,玛丽·凯,占用你的时间真不好意思,但是你知道……"

"请告诉我是什么事使你苦恼。"玛丽·凯说。她坐在那里,一边听那人讲,一边频频点头。往往有这样的情况,她并没有帮助那人解决任何问题,而那人最后却说:"玛丽·凯,你拿出宝贵的时间帮助我解决问题,我真是感激不尽。从今以后,你就在成绩最佳的名单里寻找我的名字吧……"很显然,玛丽·凯只是积极认真地聆听了对方的讲话。这种主动配合的聆听,使对方认识到他在玛丽·凯心目中占有十分重要的地位,从而不仅建立了良好关系,而且充分调动了他的积极性。由此也可以说明,如果对表达者的讲话漫不经心,毫无反应,不仅是一种非礼行为,而且不可能产生好感和建立融洽关系。

(二)提高说者兴致　获取更多信息

精神集中、态度认真的聆听,不仅可以使对方感到自己受尊重,而且可以提高对方讲话的兴致。美国内战最艰苦的时期,林肯写信给依思诺斯的一个朋友,请他到华盛顿来谈谈心。这位朋友来了之后,林肯开始只想简单地谈一谈,但由于这位朋友十分专注地倾听,林肯竟滔滔不绝地谈了几个小时,从解放黑奴宣言一直谈到目前国内几派名家的分歧,最后干脆拿出报章来分析、评论。在这次"交谈"中,这位朋友具有强烈感染力的聆听激发了林肯宣泄的兴致,一吐为快,同时,这位朋友对林肯的主张和遭遇也有了较为深切的了解。这说明,良好的聆听既有激励作用,又可以了解对方的思想观点、兴趣爱好、处境遭遇、个人秉性等,便于进一步加深交流。

灵敏的听解既可以获取更多的信息,又可以捕捉到自己迫切需要而又为旁人所忽略的有用信息。在当今这个信息时代里,信息就是战略资源,就是生产力,就是竞争力及经济成就的关键性因素。现代社会组织的生存发展离不开信息,信息成为组织机体运动存续的血液。信息不仅对企业发展、国家兴盛、社会进步有着十分重要的作用,而且也为个人事业成功、生活美满创造出良好的机遇。希尔顿"旅店帝国"的发迹,就得力于灵敏的听解所获得的有用信息。

第一次世界大战结束后,不满30岁的希尔顿退伍回家,他携带5万美元到油田锡施戈镇去寻找发财的机会,却找不到任何门路投资。深夜,他沮丧地走向"莫希利旅店",发现已经客满。这时,一位板着面孔的绅士出现在希尔顿面前。

"对不起,朋友,请在8点钟当我们腾空这个地方时再来。"

"你的意思是说,你让他们睡8个小时,就做第二轮生意吗?"

"是的,一年到头,每24小时做三轮生意。如果我允许,他们可以付款,睡在餐室的餐桌上。"

"你是这家旅店的老板吗?"

"是的,我被它束缚住了。这个时候,我应该出去,在油田方面赚实在的钱。"

"可你的旅店生意并不坏呀!"

"不,在别人一夜之间便可变为百万富翁的时候,你愿意自己待在旅店里不得脱身吗?只要我能够摆脱这个地方……"

希尔顿简直不敢相信自己的耳朵,他竭力抑制自己内心的兴奋,平静地问:"你是不是说,这家旅店准备出售?"

"是的,任何人付出5万美元现金,就可以获得这座旅店,连同这里的所有设备。"

希尔顿马上接口说:"先生,你已经找到一个买主了。"

在这段对话中,希尔顿从"我允许"听出对方是旅店老板,从"我被它束缚住了""只要我能够摆脱这个地方"明白对方要卖掉这座旅店。他根据这些有用和求之不得的信息,成功地买到了莫希利旅店,以此为基业创造了全世界无可匹敌的"旅店帝国"。如果没有灵敏的听解能力,希尔顿不可能抓住这种稍纵即逝甚至可能擦肩而过的机遇信息,也更谈不上卓有成效的创造了。

古语云:"听君一席话,胜读十年书。"这不仅是对听解的高度评价,也说明了通过听解能广泛获取信息的巨大作用。

▶ 第二节　反　馈 ◀

一、反馈的含义与作用

反馈,亦称"回授",是无线电学中的一个专用术语。后来,信息论原理贯穿了系统分析的原则和方法,把信宿对信源的回应表现称之为"反馈"。而在控制论中,反馈是指把施控系统的信息作用于被控系统(对象)后产生的结果再输送回来,并对信息的再输出发生影响的这一过程。在言语交际活动中,恰好也形成这种相似的状态,如图 8-1 所示。

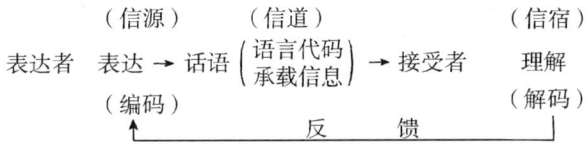

图 8-1　言语交际过程中的反馈

从图 8-1 可以看出,言语交际过程,尤其是口语交际过程,一般可分为四个阶段,即信息编码发送表达阶段、信息传输阶段、信息接受理解阶段和信息反馈阶段。信息反馈阶段的信息,已不能简单地等同于前三个阶段的信息了,其内容有较大的变化,而且,可视作是前三个阶段的反向运作,从而构成一个完整的交际言语链。反馈阶段的言语,既受制于表达者所传输的信息,又取决于接受者对内容和话语展开方向的主动选择。由此可见,言语交际过程中的反馈,是接受者在领悟理解表达者所传输的信息之后,根据特定语境和交际目的所作出的一种言语表达行为,是对表达者话语的一种回应。不过,言语接受者的反馈,带有明显的交流主体特征,这主要表现为:反馈具有主动性、选择性和针对性。即在言语交际活动中,根据自己的交际目的和需求,采取相应的积极的反馈方式,充分体现交流主体的参与意识和创造作用。

反馈在言语交际活动中具有十分重要的功能意义,这主要表现在以下三个方面。

(一)反馈可以直接显示表达效果

口语表达是一种带有目的性的言语行为,表达者预期目的是否达到、达到的程度高低等,通过接受者的反馈可以直接显示出来。例如:

有人问一位家长:"听说你孩子寄养在刘教授家以后,纪律也能遵守了,成绩也上升了,是真的吗?"

家长答:"有人说'近朱者赤',一点也不错。"

在上例中,询问者的目的是核实所听说的情况,孩子家长的反馈则证实了这一点,话语效果便立刻显现出来了。又如:

汉光武帝刘秀的姐姐——湖阳公主死去丈夫后,看中了朝中品貌兼优的宋弘。一次,刘秀召来宋弘,以言相探:"俗话说,人地位高了,就改换自己结交的朋友;人富贵了,就改换自己的妻子,这是人之常情吗?"宋弘回答说:"我听说'人在生活贫困、地位低下时候的朋友不能忘记,最初的结发妻子不能让她离开身边'。"("患难之交不可忘,糟糠之妻不下堂。")

在上例中,刘秀用俗语发问,目的是引导对方肯定之后再劝其易妻;宋弘理解了其交际意图,便引用古语"患难之交不可忘,糟糠之妻不下堂"来表明态度,拒绝了刘秀的引诱。反馈表明刘秀不可能实现其言语目的。

(二)反馈可以充分体现交流主体的创造作用

反馈是在言语交际过程中,接受者就已听清弄懂的话语信息向表达者作出适当的反应。在这个过程中,口语接受者可以按照自己的思想观点、文化素养、生活经历、心理情趣等评价这些话语信息,甚至因这些话语信息而产生丰富的联想、合理的推断,在更高更新言语层面上作出反馈,促使言语交往活动的不断深入。由此可见,口语接受者作为交流活动的主体之一,不仅对表达者的表达活动、对话语信息的理解表现出主动的"参与",而且对话语意思的拓展、发挥表现出主动的"创造"。在这个意义上讲,口语接受者可以通过恰当准确的反馈来创造、参与并影响表达者的思维和表达活动。例如:

清人牛应之的《雨窗消意录》一书中记有这么一件事:金农是"扬州八怪"之一,一日某富商为附庸风雅在平心堂设宴请客,推金农首座。席间有人提议以"飞、红"二字作酒令。当轮到富商时,苦苦思索,也想不出一句诗来。众人正要罚他酒时,富商突然说:

"有了,柳絮飞来片片红。"

大家哄堂大笑,认为违反生活情理。这时,金农站起来说:"这是元朝人咏平山堂的诗句,没什么可笑的。这首诗是:廿四桥边廿四凤,凭栏犹忆旧江东,夕阳返照桃花渡,柳絮飞来片片红。"

"柳絮飞来片片红"这句诗虽为赋酒令而作,但很有些令人浮想联翩的诗意,因此,金农根据这个图景展开想象和联想,咏出了一首前烘后托、妙语天成的好诗。这是正向反馈的结果。而逆向反馈则是一种否定性反馈,表现出对说话人的言语意思如观点等持贬斥、推拒甚至批判的态度。例如:

20世纪70年代末的一次外贸谈判中,中方外贸代表拒绝了一位红头发的西方外商的无理要求,这家伙恼羞成怒,竟然出口伤人:"代表先生,我看你皮肤发黄,大概是营养不良造成你思维紊乱吧?"

中方代表立即反击道:"经理先生,我既不会因为你皮肤是白色的,就说你严重失血,造成你思维紊乱;也不会因为你的头发是红色的,就说你吸干了他人的血,造成你头脑发昏。"

我方代表针对对方所作的人身攻击这一十分蛮横无理的言语行为,没有进行直接的反驳,而是否定性地反引对方的逻辑思维方式进行类比归谬,从而既针锋相对地反击了对方的挑衅,又机智巧妙地维护了我方人格的尊严。我方代表这一反馈使对方目瞪口呆,从而意识到自己的严重失误。

(三)反馈可以充分展开话语内容

在言语交际时,不仅表达者可以充分展开自己所要述说的内容,而且接受者也可以通

过反馈来充分表明自己的立场、观点和看法,使双方就某一问题达成共识,取得一致或基本一致的看法。例如:

> 吴三桂的爱妾陈圆圆被闯王李自成抓捕。闯王李自成目光一扫陈圆圆的芳容,心头不由一跳:果然是天生尤物,难怪吴三桂要为她拼命,刘宗敏也被她迷住了,这种祸水决不能留! 李自成对卫兵示意说:"拉出去,勒死!"
>
> 陈圆圆不待卫士动手,自己站了起来,面对李自成,看了他一眼,微微冷笑一声,转身欲走。
>
> 李自成大喝一声:"回来! 你冷笑什么?"
>
> 陈圆圆复又跪下,说:"小女子早闻大王威名,以为是位纵横天下、叱咤风云的大英雄,想不到……"
>
> "想不到什么?"
>
> "想不到大王却畏惧一个弱女子!"
>
> "孤怎么会畏你?"
>
> "大王,小女子也出身良家,堕入烟花,饱尝风尘之苦,实属身不由己。初被皇亲田畹霸占,后被吴总兵夺去,大王手下刘将爷又围府将小女子抢来,皆非小女子本意。请问大王,小女子自身又有何罪过? 大王仗剑起义,不是要解民于倒悬,救天下之无辜吗? 小女子乃无辜之人,大王却要赐死,不是畏惧小女子又作何解释?"
>
> 李自成被陈圆圆的这一席话问住了,许久不能回答。他抬抬手:"你且起来说话。"
>
> 陈圆圆接着又陈述了杀她与不杀她之间的利害得失:杀她,大王毫无益处,却必定会激起吴三桂更大的仇心,日夜兼程,追袭不休;不杀她,她感念不杀之德,则可以保证让吴三桂滞留京师,不再追袭。最后,李自成被陈圆圆说服了。

陈圆圆面对下令被勒死的厄运,没有奴颜婢膝地叩头求饶,而是利用自己的过人胆识和见识挽救了自己的性命。首先,她用看李自成一眼和微微冷笑一声的体态语和副语言对其下令勒死自己的举动作了反馈:既表明了自己不惧死亡的傲骨精神,又显示出对李自成鄙薄的看法,从而一下子便刺伤了李自成的高傲心理,赢得说话的机会,而直言李自成"畏惧一个弱女子",且进行充分的论证,不仅变被动为主动,反过来控制住了李自成的思维,而且为话题的进一步展开确定了方向。最后,她设身处地晓以利弊、动以诚信的表述,既卓有见地,又实事求是,迫使掌握生杀大权的李自成收回成命,而陈圆圆也就得以脱险。这说明反馈可以提高交际对方的思想认识,也可以控制话语展开的方向,充分表达接受者所要述说的内容。

二、反馈与话语展开的方向

言语交谈总是围绕一定的话题进行的,而话题的展开与深入势必具有一定的方向性。根据内容展开的特点,我们把沿着话题内容从肯定方面展开的方向视作正方向,把沿着话题内容从否定方面展开的方向视作负方向或逆向,把向其他方向展开的情形视作侧向。依据反馈而形成的话语展开的方向有四种基本类型。

(一)正向反馈

正向反馈就是对话题作正面肯定的展开的一种反馈。具体的情形是,接受者对表达者所提出的观点、意见或所陈述的事实作直接的肯定、赞同或认可,同时在此基础上,作进一步的补充、发挥,使话题内容进一步展开。例如:

1979年春的一天,邓小平同志找到荣毅仁,共同探讨在中国实行对外开放的一些问题,邓小平同志要荣毅仁在引进外资方面多多出谋划策。

"你是企业家,懂金融,现在国内要发展经济,但资金十分缺乏。你有什么高招?"邓小平同志推心置腹地询问道。

"我想,国内资金是有限的,再怎么努力也是有困难的,恐怕得另辟蹊径。"荣毅仁回答。

"那么,能不能从国外想办法,打打外国人的主意呢?"

"这是一个好办法,很值得试一试。"荣毅仁表示十分赞赏这一主张。

"那就请你在这方面多费心,多操持,怎么样?"

"办个公司怎么样?"荣毅仁说。

"我看行。"邓小平肯定地回答道,"人由你找,事由你管,全由你负责。"邓小平同志最后又补充了一句话:"要有果断的开创性!"

……这次促膝长谈后,荣毅仁便陷入了苦思冥想之中。不久,他拿出了一个"方案",建议遵循国际惯例,建立国际信托公司。这个建议拿到中南海决策层讨论,马上得到邓小平等中央领导同志的全力支持。很快,荣毅仁领衔挂帅的"中国国际信托投资公司"就正式挂牌成立了。

在上例中,邓小平提出国内发展经济但资金匮乏的问题来征询荣毅仁的意见,荣毅仁则对以"国内资金有限,需另辟蹊径"的见解,邓小平受此启发,提出"从国外想办法"的观点,荣毅仁表示赞成,最后便促成了中国国际信托投资公司的建立。由此可以看出,正向反馈表明交际双方观点或意见一致,而且彼此十分尊重,气氛十分融洽。在言语交际时,正向展开的这种反馈往往能协调双方的情感,加深双方的认识,有时会收到双方采取一致行动的成效。

正向反馈在交谈过程中,一般表现出从浅到深、由轻而重、自小及大的层层推进的次序。再看一例:

甲:一个人只知道闭门造车,不与外界接触,孤陋寡闻,坐井观天,哪能搞什么设计?

乙:对,搞设计的人应该多掌握一些科技情报,多了解其他单位技术创新的信息。

丙:了解不能只限于听,还要多看。俗话说"百闻不如一见",应该到处跑跑,开开眼界。

丁:荀子说,"见之,不若知之",看了还要分析、研究别人的经验,才能扬其所长,避其所短。

戊:知道了还应该实践。只有实践才能出真知。

这五个人的交谈是按照"不闻"—"闻"—"见"—"知"—"行"的层次,从轻小范围而到重大范围将"怎样才能搞好设计"这一话题作了充分的讨论,见解和认识逐层深入,形成一个统一的整体。这种话语结构有如陈骙所言:"上下相接,若继踵然。"其意为后语与前言之间,表现出一种连锁关系,后语往往是以前言为条件和依据而直接引发并向纵深发展的,表现出先后有序、气势贯通的特点。

(二)逆向反馈

逆向反馈就是对话题作反面否定表达并形成一种封闭状态的反馈。具体情形是:接受者对表达者所谈的话题内容持否定态度,因而直接表明拒绝或不同意的观点和意见。例如:

> 有一次,一个想以孙飞虎的名气为摇钱树的"穴头"找到了孙飞虎,以高额酬金为诱饵,请他前往助兴。孙飞虎婉言拒绝:"我一不会唱,二不会跳,难以胜任。"谁知那"穴头"利欲熏心,竟说道:"孙老师,也许您有不便之处,我也能理解。您实在去不成就不劳大驾,只要允许我们广告牌挂您的名字,一场报酬400元。"对于这不费吹灰之力就能获得的优厚报酬,孙飞虎正气凛然地答道:"挂羊头卖狗肉,我更不干。我人不去,怎能挂我的名字骗观众? 要知道每一个明星都是观众捧红的,怎能昧着良心骗他们,毁坏艺术声誉呢?"他硬是把"穴头"赶出了门外。

在上例中,孙飞虎对"穴头"提出的"前往助兴"与"挂名助阵"都作了逆向反馈,即否定了"穴头"的意见,并以此反映出一位优秀艺术家高尚的艺术修养和道德品格。

(三)侧向反馈

侧向反馈是指对话题内容本身不作实质性表述的一种反馈。具体情形是:接受者对表达者所表明的观点、意见或所提出的问题不作出直接的肯定或否定的应对,而是以似乎相关甚至无关的话语来回应,因而往往产生改变话题的情形。例如:

> 1979年1月,当邓小平作为副总理访问美国,在签署两国领事、贸易、科技、文化协定时,美方一记者问邓小平:"当美中决定实现关系正常化时,你在中国遇到了政治上的反对了吗?"在场的人都急切地等待邓小平的回答。邓小平开始说:"有呀!"稍停一会儿又补充一句:"我在中国的一省遇到严重的反对,那就是台湾呀!"

美方记者询问"你在中国遇到了政治上的反对了吗?"含义十分明确,是指所谓改革派与保守派之争,邓小平当然明白这个意思。然而,这个话题十分复杂且不宜在国际性场合谈论,因此,邓小平机智地接过"反对"一词,点明中国的台湾省反对,既符合客观事实,又借机重申了台湾是中国不可分割的一部分的观点。由此可见,侧向反馈是具有言语机智的表现,在交际活动中可以用这种反馈方式来回避难题,应付尴尬,缓和气氛。

侧向反馈的技巧主要有以下三种。

1. 延引

延引是指就话题内容作出表面相关而实质不同的反馈,在反馈的同时把话题引开,形成新的信息焦点。例如:

> 日本影星中野良子来到上海,有人问她:"你准备什么时候结婚?"中野良子

笑着说:"如果我结婚,就到中国度蜜月。"

中野良子的回答没有肯定什么时候结婚,而是就"结婚"这一话题引到在什么地方度蜜月上来,反映出一种语言机智来。

2. 回避

回避是对表达者所提出话题避而不谈,以含含糊糊的话语来应对。例如:

甲:你觉得我的衣服漂亮吗?

乙:有意思(即不喜欢)。

乙对衣服漂亮与否不表明态度,而用含义不太明确的"有意思"来回答,从而回避了所谈的话题。

3. 反射

反射是将表达者所提出的问题反过来相问,不作直接的肯定或否定的回答。例如:

甲:你多大啦?

乙:你看我多大呢?(不再往下讲了)

(四)先正后逆反馈

先正后逆反馈是指先对话题内容作出正面、直接的肯定,然后在此基础上借机生发来表明自己观点的一种反馈。具体情形是:接受者对表达者所提出的观点、意见作出直接的肯定,以此来融洽气氛,融通感情,协调立场,然后再借题发挥,作进一步的引申表述。例如:

20世纪30年代,美国的政界要人凯升首次在众议院发表演说时,打扮土头土脑。一个议员在他演讲时插嘴说:"这位伊利诺伊州来的人,口袋里一定装满了麦子呢!"这位议员的讽刺挖苦和台下的哄堂大笑并没有使凯升面红耳赤,凯升也没有针锋相对地回敬,而是顺着对方的话题,很坦率地说:"真的,我不仅仅口袋里装满了麦子,而且头发里还藏着许多菜籽呢。我们住在西部的人,多数是土头土脑的。"他的坦率和真诚赢得了听众的好感,由被动变为主动,于是,他话锋一转,乘势作了借题发挥。他说:"不过我们藏的虽是麦子和菜籽,却能长出很好的苗子来!"

凯升对那位议员"麦子"的挖苦没有反唇相讥,而是坦率地承认并自嘲"是土头土脑的",从而赢得了主动和好感。"能长出很好的苗子来"的借题发挥,不仅含蓄得体,而且针对性很强,明确地揭示了自己的长处,阐明了独到的见解,从而获得了很大的成功。

先正后逆的反馈在言语交际过程中可以形成欲擒故纵的态势,反过来牢牢控制住交际的主动权,迫使交际的对方放弃自己的观点或意见,从而取得圆满的交际效果。例如:

有一次,有个银行家揶揄地问大仲马:"听说你有四分之一的黑人血统,是吗?"

"我想是这样。"大仲马说。

"那令尊呢?"

"一半黑人血统。"

"令祖呢?"

"全黑。"

"请问,令尊祖呢?"

"人猿。"大仲马一本正经,淡淡地说。

"阁下可是开玩笑? 这怎么可能?"

"真的,是人猿。"大仲马怡然地说,"我的家族从人猿开始,而你的家族到人猿为止。"

在这段对话中,银行家要嘲笑大仲马的黑人血统,以显示自己出身的优越。大仲马则不动声色地承认并坦然地交代自己的令尊祖是"人猿",使对方觉得不可相信并大惑不解,这时,大仲马突然扭转话语展开方向,由人猿而说到对方的家族发展史,结果,银行家被讥讽为"人猿"。在整个交际过程中,大仲马在被动应对中逐步取得主动权,欲擒故纵,诱使对方钻进了自己所设计好的圈套,取得了出人意料的交际效果。

依据反馈而形成的话语展开方向除以上四种基本类型之外,还有先逆后正反馈、先正后侧反馈等形式,这里不一一介绍了。

三、反馈的基本方式

(一)体态语反馈

体态语在口语交往中,尤其是在表达情感、表明态度和意向、表现风度方面具有鲜明生动的作用。心理学家弗洛伊德说:凡人皆无法隐藏私情,他的嘴可保持缄默,他的手却会"多嘴多舌"。狄德罗也说过:一个人的心灵的每一个活动都表现在他的脸上,刻画得很清晰,很明显。这说明,表达者可以借助体态语来传情达意,而接受者也可利用体态语作为反馈的一种方式。在接受言语刺激之后,接受者内心的情感活动、思维活动都会通过体态语展现出来。这种体态语往往有点头、目光注视、眼神、面部表情,以及诸如前倾姿势之类的身姿体态等。例如,在交际或协商中,接受者如果在听话后的反应是边微笑边摇头,就是告诉对方其话语信息无法接受,微笑语是一种润滑剂,表示委婉的拒绝,不使说者难堪。如果听话之后是瞪大眼睛怒目而视,举起手指点着对方,甚至头颅颤动,则是一种气愤已极的反应。

体态语的深层心理信息反馈具有类型性和规律性。心理学家珍·登布列顿曾作过深入的研究。他在《推销员如何了解顾客的心理》一文中说:"假如一个顾客的眼睛向下看,而脸转向旁边,表示你被拒绝了;如果他的嘴是放松的,没有机械式的微笑,下颚向前,他可能会考虑你的提议;假如他注视达几秒钟,嘴角乃至鼻子部位带着浅浅的笑意,笑容放松,而且看起来很热心,这个买卖便成了。"珍·登布列顿把顾客的体态语反应分为三种类型,并且描述了其典型特征,很有借鉴意义。它表明,具有不同的意向、情感,反馈的体态语便有不同的表现,并且是有规律可循的。

口语接受者的体态语反馈,一般可分为肯定性反馈和否定性反馈两种。肯定性反馈主要借助一定的体态语对对方的说话作出积极反应,传递"我正在倾听"的信息。比较典型的表现是:经常与表达者交流目光,适当地点头或做一些手势动作,以鼓励对方说下去。例如,汉语口语交际中,无论是两人对话,还是多人会话,"目光注视"是听话人在听话过程中表示对对方说话感兴趣的一种常见反应。这有两种情况:一是一直专注,听话人在听话时一直注视说话人,只有短暂的移开;二是间断专注,听话人一直采取低头、闭目、仰头、身体前倾的体态语在倾听,目光不注视对方,但在说话人说到关键地方时,抬起头来或转过头来注视对方。这两种方式都传达了听话人对说话人十分尊重,对对方的话语十分感兴趣的意思。否定性反馈主要是运用一定的体态语对对方的说话作出消极反应,传递"我不愿倾听"的信息。常常表现为有意不看表达者,并自顾自地作出一些破坏交谈气氛的动作来。例如,有一家饭店的公关先生因为某个误会向客人道歉并加以解释,出现以下情形:开始客人认真听着,当公关先生继续喋喋不休时,听者摘下了眼镜。这一动作反馈的信息是,不必再往下讲了。但公关先生没有领会到,仍一个劲地解释,听者便不耐烦地叉起双臂。这一姿势显示的信息是,快给我闭嘴,我已经不愿意听了。然而,这位公关先生似乎仍未觉察,还要讲,顾客便拿起茶几上的报纸随便翻阅起来,不再理会公关先生了,这种自顾自的体态语可以说是一道逐客令了。由此可见,察觉到了否定性反馈,就应注意调整言语内容,采用积极的言语策略去改变和更新对方的情感与意向。

体态语反馈,可以由某一个动作表示出一种完整的意义,如伸出手来摇摇表示阻止对方讲下去,但更多的时候则是综合运用多种体态语表达一个完整的意义。尼伦伯格·卡莱罗在《怎样洞察别人》一书中,把这种状态称为"姿态簇"。他说:"一个姿态只代表一种意义,如果不了解个人的姿态簇(一连串配合的姿态),没有把他前后的动作加以融会贯通,单凭某个表情就骤下结论,难免会犯断章取义的错误,造成误解的后果。""所以,不能只观察一些个别的姿态,必须注意言辞与个别姿态在表达上的一致性,以及个别姿态与一连串姿态的不矛盾性。"

体态语表示的意义,与民族习惯、社会文化、具体语境,以及个人的性格、性别、心理等有密切的关系,因此,不能把任何的动作表情、姿态看得太绝对,必须结合具体的人、具体的情境、具体的文化背景去观察、去理解、去判断。这是分析口语接受者的体态语反馈信息的一条重要原则。例如,同是双腿交叉的动作,男士可能是情绪紧张、思想集中的表示,而女士则多是厌倦不耐烦的反应。只有把握上述体态语信息反馈的重要原则,才可以结合言辞正确判断体态语反馈的性质和意义。

(二)言语反馈

交谈中的言语反馈主要有以下几种方式。

(1)表示在听。如不时发出"哦""嗯""对"等词语。

(2)表示特别留意或关心某件事、某个细节或某种观点,常用简短的插话或提问等方式进行。如用"你刚才讲的这件事是在什么情况下发生的""你对这件事的看法是什么""这个问题你的看法是对的"之类的问题或话语,鼓励表达者继续深谈下去。

(3)亮出自己的观点、看法或掌握的资料、情况,根据自己的交际目的选择恰当方式对对方的观点或事实作出肯定、否定、补充或更正的言语反应。

在作报告或演讲的场合,听众为数众多,因而往往采取举手提问或递纸条的方式来反馈,以加深理解和彻底弄懂。

(三)综合反馈

虽然体态语和自然语言都可分别单独用来反馈某种信息,但在一般情况下,它们是结合在一起进行反馈的。体态语伴随自然语言反馈,有以下两种情形。一种是相逆相忤。

如当别人送来礼物时,口说"不要不要",手却伸出去接了下来。可以说,体态语的真实信号很自然地否定了口语的虚假信息。另一种是相辅相成。如当听到对方开导自己的话很有道理时,口中说"谢谢您的指教",眼睛很真挚地望着对方或者紧紧握住对方的手。这可以说体态语强化了口语传递的信息,使人感到真实可靠。

综上所述,口语接受者的反馈,应根据实际情况和语言环境,充分利用各种各样的体态语和灵活恰当的自然语言来进行,以充分体现交流主体的创造作用和机变才能。

思考与训练

1. 听解的含义是什么?听解有哪些特点?听解有哪些要求?

2. 听解能力的基本要素有哪些?听解能力的具体表现有哪些?听解有什么交际功能?

3. 反馈的含义与作用是什么?依据反馈而形成的话语展开的方向有哪几种类型?反馈的基本方式有哪些?

4. 下面是 20 世纪 70 年代初周恩来总理质询日本内阁总理大臣田中角荣所谓"添麻烦"的著名的案例,说明周总理的听解能力很强,及时提出质询,措辞平和,且适可而止,显示了外交家的原则与风度。对此,你有何感想?

1972 年 9 月 25 日,周恩来总理在人民大会堂为日本内阁总理大臣田中角荣访华举行宴会。田中角荣在他的答谢词中谈到日本发动的侵华战争时,这样说:"过去几十年之间,日中关系经历了不幸的过程。其间我国给中国国民添了很大的麻烦,我对此再次表示深切的反省之意……"周总理听完后,昂然站起,声调铿锵地反驳道:"你对日本对中国造成的损害怎么理解?"接着,周总理列举了日军侵华的主要暴行,还具体叙述了日本一个师团长率领日军杀死我国几千名士兵和百姓的罪行,最后又严肃而尖锐地问田中,对这些"阁下是怎么想的?"田中回答说:"那是事实,没有反驳的余地。"接着又阐述个人心境:"我是诚心诚意地如实表达了自己赔罪的心情。这是不加修饰的,很自然地发自日本人内心的声音。给你们添了麻烦的是我们。我以为前来赔罪是理所当然的,所以尽管自民党有人反对,我还是来了北京。"听到这些,周总理立刻说道:"这是对历史事实的态度问题,我们必须认真对待。不过,现在还有比这更重要的问题需要我们马上讨论。"

5. 乘公共汽车,有时难免拥挤甚至碰撞,如果你遇到这种情况,你会怎样做?下面这个故事,或许有一定的参考价值。小伙子的反馈,是逆向反馈,还是正向反馈?你可学习一二。

一位姑娘乘公共汽车时,不小心踩着了一位小伙子的脚,于是非常紧张地向小伙子道歉:"对不起,我不小心踩了你的脚!"小伙子风趣地回答:"不,是我的脚放错了地方。"看到小伙子如此宽容、豁达,姑娘如释重负地笑了。

6. 下面是秋桐在《杂文月刊》2004 年第 7 期上发表的短文《银货两讫》。信徒捐巨资要求禅师回谢,禅师认为信徒是在做功德,不必谢,否则就是将功德当成买卖。你认为,禅师这样做对吗？信徒要求回谢是否没有一点道理？请具体解读。

有一位信徒用袋子装了50两黄金,送到寺院给诚拙禅师,说明是要捐助盖讲堂用的。禅师收下后,就忙着做别的事了。信徒对他的这种态度非常不满,因为50两黄金不是笔小数目,可以让平常人过好几年生活,而禅师拿到这笔巨款竟连一个"谢"字都没有。于是就紧跟在诚拙的后面提醒道:"师父！我那袋子里装的是50两黄金。"诚拙禅师漫不经心地答应道:"你已经说过,我也知道了。"禅师并没有停下脚步。信徒提高嗓门道:"喂！师父！我今天捐的50两黄金,可不是小数目呀！难道你连一个'谢'字都不肯讲吗?"

禅师刚好走到大雄宝殿佛像前停下,说:"你怎么这样唠叨呢？你捐钱给佛祖,为什么要我向你道谢？你布施是在做你自己的功德,如果你要将功德当成一种买卖,我就代替佛祖向你说声谢谢,请你把'谢'拿回去,从此你与佛祖'银货两讫'了！"

第九章　口语表达的必备技能(上)
——口才基本技法

　　口才是艺术地使用语言的能力,是指表达者根据一定的交际意图,针对具体的交际场合和说话对象选择最恰当、最巧妙、最有效的技巧方法进行表达的能力。从某种意义上讲,"口才艺术"就是准确地选择和创造性地运用表达技法的艺术。所谓口语表达技法,是人们在交谈、演讲、论辩等口语表达实践基础上归纳和总结出来的一系列技巧和方法,这些技巧和方法具有各自的结构形式和鲜明特色,富有不同的表现效力并都能产生良好的交际功能。在言语交际过程中,口语表达技法可以凝结、安排、调整表达者的心理内部信息,进行有效传播,从而富有个性特色和审美价值。能够娴熟而巧妙地运用口语表达技法,往往能够在言语交际时做到:或言辞犀利,跌宕纵横;或严密精谨,滴水不漏;或妙语连珠,快意怡人;或口若悬河,左右逢源;或处变不惊,慧语脱祸;或机敏风趣,巧言解窘,如此等等,不可尽述。不过,有必要强调指出的是,说话(即口语表达)包括内容和方法两个方面,优秀的口才除了表现出丰富、深厚、切实有力的内容之外,还表现为精巧而恰当地运用口语表达技法。内容与方法,内容是根本,是口语表达成败的决定因素;方法从属于内容,是为表现内容效力的。没有方法,口语表达难以达到预期的目的;而没有内容,或者内容浅陋,再巧妙的方法也是不能取得预期效果的。因此,当我们探讨口语表达技法时,千万不可"舍本逐末",认为只要掌握了一定的说话方式和技巧,就能够把话说得娓娓动听、使人信服。在具体的口语表达过程中,充实的内容和精妙的技法总是能水乳交融、有机结合,成为一个对立统一的整体。只有认识到这一点,才能逐渐形成适应时代、适应社会需要的说话艺术。

▶ 第一节　语音表达技巧 ◀

一、发音吐字技巧

　　吐字归音是我国传统说唱理论中提及咬字方法时所用的一个术语。中国的戏曲和歌唱历来十分重视吐字,讲究"字正腔圆"。明代魏良辅说:"曲有三绝,字清为一绝。"(《度曲须知》)清人徐大椿认为:"字若不真,曲调虽和,而动人不易。"(《乐府传声》)戏曲界素有"千斤道白四两唱"的说法,可见对吐字的重视。

　　借鉴说唱艺术的吐字归音方法来发音,可以取得"真"与"美"的效果:"真",是按普通话语音规律发音,准确规范,清晰真切,干净利落;"美",是发音饱满圆润,集中响亮,流畅自然,优美动听。

(一)汉字音节结构

　　我国传统音韵学把一个汉字所记的音节分为声、韵、调三部分,而我国传统的说唱理论则把汉字的音节结构分为字头、字腹、字尾。这两种说法既有联系又有区别,不可简单地混同起来,因为汉语中的音节不一定都由字头、字腹、字尾构成。除少数几个汉字外,每个汉字音节中韵腹(主要元音)和声调是不可缺少的。没有声母的音节,叫零声母音节;没有韵尾(字尾)的音节,叫开尾音节;还有少数汉字没有介音(韵头)。当代语言学家从音节结构的角度出发,科学地分析了普通话字音的声母、韵母与字头、字腹、字尾的关系:字头指的是声母加韵头(介音);字腹指的是韵腹,即韵母中主要元音,并不是整个韵母;字尾指的是韵尾。把介音归于"字头"部分,是符合介音实际发音状态的。它前面的声母常是随着介音而改变口形,它与声母结合得更紧些,所以介音属"字头"更为恰当。例如,章zhāng 和庄 zhuāng 发音时迥然不同,就是因为庄字的声母随介音 u 改变口形发音而形成的。语言学家的这种科学分析具有实践指导意义。

(二)吐字归音要领

1. 吐字归音的基本要求

吐字是对字头发音的要求,归音是对字腹尤其是字尾的发音要求。吐字归音的基本要求是:出字——咬住字头;立字——发响字腹;归音——收全字尾。

1)出字

出字是指声母和韵头(介音)即字头的发音过程。其关键是"咬住",要求准确有力,叼住弹出。即发音部位、方法和四呼把握准确,具有"叼住"与"弹出"的感觉。

2)立字

立字是指韵腹即字腹的发音过程。其关键是"立得住",要求拉开立起,饱满圆润。即音位到位,口形准确,气息充足,共鸣丰满。"立字"是声调与韵腹充实声音的结合,可以表现和增强语言的音乐美。

3)归音

归音是指音节发音的收尾过程。关键是收得完整,要求趋向鲜明,到位弱收。即韵腹向韵尾的滑动过程要清晰、流畅,到位收住。既不可唇舌位置"不到家",念"半截子"字,也不可拖泥带水念过了头。归音往往可以表现出语流中感情色彩的变化与延伸,应注意归出这种"韵味"来。

没有掌握好吐字归音的发音技巧,往往会出现"吃字"(吃了字头——出字不好)、"倒字"(韵腹发音不响亮,字没立住)和"丢音"(归音不到家,丢了字尾)的现象,这种现象在训练时应予以注意,加以克服。

2. "枣核形"技术规范

民间说唱的发声方式,要求一个音节的发音过程有头有尾,能将字头叼住弹出,字腹拉开立起,字尾到位弱收,形成一个完整的"枣核形"规范形式,以此求得"字润腔圆"的效果。这值得借鉴仿效。

枣核形是以声母、韵头为一端,韵尾为一端,韵腹为核心的。以"相 xiang"为例如图9-1所示。

应当注意的是:①强调枣核形并不等于将一个字音分解再依次读出它的各个音素,因为汉语的音节发音是声韵相拼,音节不可分解;②对"枣核形"不可作绝对化的理解。我们

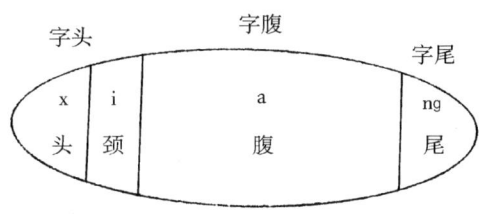

图 9-1 "枣核形"发声方式

掌握吐字归音方法不是为了"念字",而是为了"说"。在有节奏的语流中,没有必要也不可能把每个字音都如枣核形发出,那样必然会削弱声音的感情色彩,破坏语言的节奏,从而影响内容的表达。

此外,还有一些结构不全的字,在吐字归音上与头、腹、尾齐全的字是有区别的。这主要是指零声母字和开尾字。零声母字分两种情形:一种是既无声母又无韵头的无头字。这种字在发音时,适当增加肌肉的紧张度,即发音开始稍带一些摩擦或紧张感。这种元音辅音化的处理主要是为了吐字清晰,连读时不致产生误解。韵母是开口呼的,可在增加肌肉紧张度的同时,于音节前增加一个喉塞音[ʔ],如"皮袄"pi'ǎo。不是开口呼的,适当提高 i、u、ü 的舌位,发成半元音[i]、[w]、[y]。另一种是无声母但有韵头的有头字,在发音时,把韵头当声母用,介母 i、u、ü 发得短促有力,体现出字头发音的叼住弹出的特点。

开尾字没有韵尾,容易读散,像打(dǎ)、暇(xiá)等。为了使其声音集中,也应有归音感觉。即发音时口腔开大后一音到底,保持不变,至声音终了时随之收紧,把音"拢住"。掌握了这种发音技巧,可以将非枣核形的字,发成点面结合、清晰丰满、给人美感的枣核形,增强语音的感染力。

(三)发音吐字的技巧

发音吐字的技巧有以下三种。

1. 气发声响,气停声止

气息不仅是人类生存的不可缺少的条件,也是口才艺术的重要环节和动力来源。陈彦衡在《论谭》中说:"夫气者音之帅也,气粗则音浮,气弱则音薄,气浊则音滞,气散则音竭。"指的是气声结合不协调,会产生各种声音的毛病,如气多声少,会导致声音糠、空、虚,还会出现漏气现象;气少声多,声音容易紧、干、尖。美的语声是清脆圆润的,有如"大珠小珠落玉盘",使人听后心旷神怡;反之,语音含混模糊,粗浊刺耳,表达效果就差。所以,气、声结合务必协调。

2. 前音稍后,后音稍前

前后是指元音发音部位在口咽腔的前后而言的,靠前的元音色调明亮,靠后的元音色调比较暗淡。要使咬字发音的色调比较统一,就要用前韵母后咬,后韵母前咬的方法来进行调节,凡是由元音 i(衣)、ü(迂)、ê(欸)分别作韵腹所构成的韵母都属前韵母,它的主要优点是色彩明亮。由于舌位高,口咽腔内空间容量较小,声音虽亮,但尖、扁、窄,音量很小。如果发音时口咽腔内的声音着力点向后拉,嘴略开一些,更使声音柔婉、洪亮、浑厚、统一。后韵母前咬,就是将后韵母在口咽腔的声音着力点向前推送,使声音清亮、坚实、完整、动听。

3. 咬住字头,自然归音

平时说话时咬字发音过程快,字的头、腹、尾转换自然而短促。人们往往对字腹的元音音素比较重视,对头、尾音素却不够注意。这种重声不重字,容易形成字头不准、字尾不清的情况。因此,要把发音的力度放在"字头上",利用开始阶段的阻合的爆发力量,带动字腹和字尾的响声。同时,要把韵尾归到家,发音吐字时兼顾各个不同音素的部位、性质和特点,做到字的头、腹、尾不仅分得清,还要连得好,使之符合音响学的要求。

总之,语音清晰动听,吐字清楚、坚实、完整,可以大大提高语言质量,增强语音的表现力和感染力。因此,正确发音吐字,是踏入口才天地的第一步,是展示口才的一块基石。

二、语气技巧

(一)语气的作用

语气是口语表达时的口气,是思想感情通过语音形式、言语内容的自然流露。在口语表达时,语气可以明确表现出表达者的思想感情、个性特点,表明立场观点和政治倾向。有了恰当的语气,才能使讲出来的一连串声音符号,准确反映出表达者的思想感情、立场态度,才能使听众准确无误地接受所讲的内容。

(二)语气的一般类型

句子的语气可以分成以下三种。

1. 表意语气

表意语气就是向对方传递某种信息,可分为陈述、疑问、命令、感叹、催促、建议、商量、呼应等。通常句子里有相应的叹词或语气词,如指明事实,提请对方注意用"啊、呢、咯、咦、嗯"等;催促、请求用"啊、吧";质问、责备用"吗",如果与副词"难道"搭配,语气更为强烈。例如下面的句子。

①你要明白这一点呢。(表提醒)

②你赶快走吧。(表催促)

③你真的不知道吗?(表质问)

④这显然是正确的嘛。(表道理显而易见)

⑤喂,你到哪儿去了?(表招呼)

⑥你说这是对的吧?(表揣测)

2. 表情语气

表情语气就是对自己的说话内容表示某种感情,如赞叹、惊讶、诧异、不满、兴奋、轻松、讽刺、愤怒等。通常句子里有相应的叹词等,如赞叹用"啊、嘖",句中常与"多、多么"等搭配;惊讶用"啊、哎哟、嚯、咦、哟";叹息用"唉、咳";醒悟用"哦";制止、警告用"嘘、啊";鄙视用"呸"等。例如下面的句子。

①多么美好的景色啊!(表赞叹)

②哎哟!我这是怎么了?(表惊讶)

③唉,这下儿完了。(表叹息)

④哦！我懂了。（表醒悟）

⑤你不要这样做啊。（表制止）

⑥呸！你这个下流胚。（表鄙视）

3. 表态语气

表态语气就是对自己说话的内容表示某种态度,如肯定、不肯定、否定、强调、委婉等。肯定用"得了,(是)……的";缓和、委婉用"啊、吧",语气显得平淡,不生硬;夸张用"呢、着呢"等。例如下面的句子。

①事情的确是这样的。（表肯定）

②他没有这样说。（表否定）

③你这样做可以吧。（表委婉）

（三）语气运用的一般规律

语气是内在思想感情的外现,是通过气息和声音表现出来的。因此,语气运用就有以下一般规律：

喜则气满声高,悲则气沉声缓；

爱则气缓声柔,憎则气足声硬；

急则气短声促,静则气舒声平；

惧则气提声抖,怒则气粗声重；

疑则气细声粘,冷则气少声淡。

在口语表达时,只有感情上丰富热烈,才有气息上的千姿百态和声音上的千变万化,气息和声音随着思想感情的波动而变化,是表现思想感情的重要手段。例如：

……今天,这里有没有特务？你站起来！是好汉的站出来！你出来讲……

这段话,是闻一多先生在极其愤怒的情景中说的。表达时,感情是憎恨的,气息是充沛的,声音是强硬的,从而充分显示出语气的表达作用。

在口语表达时,语气的运用往往形成一定的语势。所谓语势,是指一句话语流行进的趋向和态势。人在社会化的过程中,由于受社会、家庭和个人的某种语言习惯的影响,会形成每个人独特的习惯语势。其中有些习惯语势不符合语气表达要求,造成语气与思想感情相脱离,必须尽早加以改变。例如,有的人讲话,总是每句话开头声音很高、很强,后来越说越低、越弱,而句尾的几个字几乎听不到。这种头重脚轻的语势使语意含混,容易造成听话人的疲劳感。有的人讲话,任意拖长音,句末声音下滑,造成一种"官腔",带有某种命令、指示的意味,给人以居高临下的压迫感。有的人讲话,则喜欢在句尾几个字上用力,使末一个字短促、劲足,给人以强制感、武断感。这些不良语势都应该予以改变和克服。而正确运用语势,就是要使一句话的句首、句腹、句尾三者既浑然一体,又曲折变化,做到句首的起点参差不一,句腹的流动起伏跌宕,句尾的落点错落有致,从而使语气千姿百态,丰富多彩。

在口语表达时,要因时、因地、因人而调整语气,其中语气因人而异是最重要的,因为语气能够影响听众对象的情绪和精神状态。在一般情况下,语气与听话者相适应,才能同向引发,如喜悦的会引发对方的喜悦之情,愤怒的会引发对方的愤怒之意；而语气与听话者不相适应,则往往会逆向引发,如生硬的语气会引发不悦之感,埋怨的语气会引发满腹牢骚,造成尴尬甚至对抗的局面。因此,要掌握语气运用的一般规律和技巧,从而对听众对象产生正效应,赢得口语表达的成功。

三、语调技巧

(一)语调的作用

语调是语流中句子的停连、跌宕,声音的高低、轻重、强弱、快慢的表现形式,是口语特有的一种表达手段。在口语表达中,语调千变万化,具有丰富性和多样性,所起的作用主要有两点:一是表达感情,例如"啊"这个词,除表示惊疑或赞叹外,随着不同的思想感情用不同的高低、长短、轻重语调说出,还可以表现出犹疑、坚定、悲哀、兴奋、轻松、沉重、冷漠、热情、向往、失望、愤恨等;二是区别意义,同一句话,由于语调不同,表达的意思也就不同。

在口语表达时,重视并运用语调的抑扬顿挫的变化,即使是抽象枯燥的内容也能讲得娓娓动听,牢牢吸引住听众;如果不善于运用语调变化,呆板平淡得很,即使是生动有趣的内容,也会讲得单调平淡,使听众昏昏欲睡。这就要求我们必须掌握驾驭语调的技能技巧,以便能淋漓尽致地表达思想感情,增强表达效果。

(二)常用语调技巧

1. 语流的停连

停连,是指语流中声音的停顿与连接。它在口语中具有十分重要的表情达意作用:①保证语意清晰明确,不使听者产生误会;②强调重点,加深印象;③并列分合,使内容完整;④造成转折呼应;⑤体现思考判断,给听众的领悟提供依据和时间;⑥造成意境,令人回味想象。

口语中的停连是为表达语句的意义和层次,表达思想和情感服务的,并不完全受标点符号的制约。没有标点符号的地方,有时需要停顿;有标点符号的地方,有时则要连接。

停顿除自然性停顿、生理性停顿外,在口语中起重要作用的有表意停顿、强调停顿和心理停顿。

表意停顿是指为了使语意明确清晰、不致误会的停顿。例如下面的句子。

①最贵的｜一件要两千元。（表明价值两千元的不止一件）

②最贵的一件｜要两千元。（表明价值两千元的只有一件）

在言语交际时,运用停顿技巧可以将对方的话语为我所用,反戈一击,致对方于不可置辩的境地。例如:

有一次,周总理与国民党政府代表谈判。对方理屈词穷,竟然恼羞成怒地指责说:"简直是对牛弹琴!"

周总理灵机一动,巧妙地回答道:"对! 牛弹琴!"

周总理巧妙地将对方抛出的语句,中间略加停顿,拆成两句,返还给对方,言简意赅,给了对方有力的回击。

由此可见,一句话之间是否有停顿,在什么地方使用停顿,表达的意义往往就很不一样,这是需要注意并加以运用的一种特殊技巧。

强调停顿是指为了强调区别、重点、某种感情、某种观点或某种修辞效果的停顿。

例如：

　　　　我们不怕死，我们有牺牲精神！我们随时像李先生那样，‖前脚跨出大门，

后脚就不准备再跨进大门。（停顿强调视死如归的献身精神与观点）

心理停顿是以讲者与听者的心理活动为依据而进行的一种停顿。这种停顿能够激发听者的好奇心，集中听者的注意力，有一定的调整气氛和维持秩序的作用。运用时应注意适度，不可引发反感。

连接主要是为了表意完整严密，不割裂语意，因而往往在有点号的地方连说。连接主要分为直连和曲连两种。直连用于有点号而内容又联系紧密形成一体的语句中，其特点是顺势连带，不露接点；曲连用于点号两边既需要连接又需要有所区分的语句，其特点是连环相接、连续向前。例如下面的句子。

①人们通过自我教育，逐步培养起｜学法、知法、懂法、守法的民主习惯。这是非常值得高兴的。

②在以上庭审调查中，通过宣读｜被害人的陈述、证人证言、现场勘查笔录、医院诊断证明，说明了我院起诉书认定的犯罪嫌疑人的罪行，事实是清楚的，证据是确凿充分的。

例①中，"学法、知法、懂法、守法"这个联合短语用直连方式一气说出，是避免造成听觉上的结构松散；联合短语前安排一个停顿，则是为了保证其完整性。例②中，所宣读的四份文件名之间既需要用停顿来加以区分，又必须一气呵成地读出以表明其整体性。这是用曲连方式表达的。曲连时，可以把接点前的那个字音拖一点儿悠向接点后的那个字。

2. 重音

在口语表达时，强调或突出语句中能表明交际目的的词、短语甚至语素，便形成语句重音。语句重音具有强调语意重点、突出主要情感的作用。如"我相信你愿意学好"这句话，重音位置不同，表意就不一样。

①我相信你愿意学好。（别人不相信，我信）

②我相信你愿意学好。（我没有怀疑过你）

③我相信你愿意学好。（我相信的是你）

④我相信你愿意学好。（你是自觉自愿，并非被逼）

⑤我相信你愿意学好。（你明白是非，不想学坏）

重音可分为语法重音和强调重音。语法重音是显示语句语法结构的，位置比较固定，有一定的规律。语句中常读的语法重音有谓语主要动词、名词前的定语、表示性状或程度的状语、表示结果或程度的补语和表示疑问或指示的代词。这种重音，只要熟悉并尊重汉语口语的表达习惯，就可以自然掌握。强调重音可分为逻辑重音和感情重音。逻辑重音是为了突出语意重点而用的，如前例"我相信你愿意学好"所作的分析。感情重音强调某种特殊的感情，如表露喜怒好恶等所使用的重音。在讲说时，逻辑重音一般落在所要突出的词或短语上，而感情重音更多的是落在一句话或一段话上。例如：

　　　　这一"怒"是"大怒"，是为国忘私的怒，义薄云天的怒，是一团正气，使强虏

闻声丧胆的怒。这样的怒是"震怒"，是气吞山河、名垂千古的英雄之怒。

这段话中带点的词语重读，强调突出了"大"怒的意义，表达了对英雄之怒的深情赞美。

在口语表达中所选择的重音应该是能突出语句目的、体现逻辑关系、点染感情色彩的关键词句,其具体表现较为复杂,应根据内容予以区分并把握。重音需在非重音的环境中存在并采取适当的方法加以突出,二者必须有机地衔接和过渡,做到和谐、统一。在表达时,重音一般是重读,但也可根据不同的言语环境选择相应的语音变化来突出重音,如压抑气息、用轻声或低声表达、用短促有力的声音表达,用拖长的声音表达等,都可以显示重音并实现言语目的。

在言语交锋中,有时可以利用重音技巧摆脱对方所设计的圈套,取得有利地位,同时也陷对方于尴尬境地。例如:

一天,有位外国外交官看见林肯总统低着头在擦自己的靴子,便问道:"喂,总统先生,你经常擦自己的靴子吗?"

"是啊,"林肯答道,"你是擦谁的靴子呢?"

本来,这位外交官问话的语句重音是在"经常擦"上面,意思是说:你作为一个总统怎么经常擦靴子? 林肯总统深谙其中的险恶用心,便故意将其重音放在"自己"一词上来理解,乘机反问一句,"你是擦谁的靴子呢?"这就表达了他对这位外交官的极大蔑视。

3. 语速的快慢

语速的快慢指的是说话的速度变化。快和慢是相对的。

说话速度的快慢,与交际目的、表达内容、环境气氛、心境情绪有关。一般说来,说明叙述的内容,语速稍快;抒情议论的内容,语速稍慢。在紧张热烈、急剧变化的环境中,语速稍快;在幽静庄重或沉闷凄凉的气氛中,语速稍慢。心情激动时,语速较快;心情平静或哀怨时,语速较慢。

说话速度的快慢还与人物的年龄、身份、性格有关。一般说来,年轻人说话语速快些,老年人则相对慢些;地位较低或身份一般的人说话要快些,职位较高或身份显赫的人则相对要慢些;活泼开朗、机智勇敢或鲁莽急躁、狡猾奸诈的人说话要快些,憨厚老成、沉着镇静或愚钝迟缓的人说话就慢些。

语速变化是表情达意的一种重要手段。速度快,会使人感到急促、紧张;速度慢,会使人感到安闲、平静。恰当地运用语速的变化并结合其他言语技巧,可以渲染场景,烘托气氛,增强言语的节奏和气势,产生巨大的艺术感染力。例如(虚线慢读,实线快读):

同学们,我们应该牢记父辈的欣慰笑容和期待的目光。当我们埋怨祖国的贫穷和落后,美慕舒适安逸的生活时,当我们逃避学习的艰苦,随便浪费大好时光时,当我们为个人的得失和苦恼迷失前进的方向和道路的时候,父辈们期望的目光将像皮鞭一样,狠狠地鞭挞我们的无知和糊涂、懒惰和轻浮、私欲的污染和灵魂的癌变。让我们在鞭挞中清醒,在鞭挞中立志,在鞭挞中不懈地追求和勇敢地攀登吧!

在这段话中,慢读部分给人以深思,使听众对照回想自己平时的所作所为;快读部分给人以警醒,激励听众奋发向上。

4. 语调的升降

语调的升降是指语调的高低抑扬变化。语调的高低抑扬是由声带的松紧变化决定的,声带拉紧,声音就升高;声带放松,声音就降低。在口语表达时,同一语句的高低升降变化不同,所表达的思想感情和内容也就不同。试体会一下"我怕你"这句话因高低升降不同所产生的不同感情与内容。

语调的升降变化贯穿于整个语句,但在句末表现得最明显。它可分为高升、降抑、平直和曲折四种类型。

高升调句子语势逐渐由低到高。一般表示惊讶、疑问、反诘、呼唤、号召等。例如:

①中国人死都不怕,还怕困难吗? ↗(表反诘)

②我们一定要把学习搞好! ↗(表号召)

降抑调句子语势先高后低,逐渐下降,句末低而短。一般表示肯定、恳求、感叹、自信、允许、祝愿等。例如:

①我们的理想一定能实现。↓(表示肯定自信)

②啊,多么美妙的境界啊! ↓(表赞叹)

平直调整个句子语势平稳舒缓,没有明显的高低升降变化。一般用来叙述、说明、解释,表示庄重、严肃、冷淡、迟疑、悼念等。例如:

①3月14日下午两点3刻,当代最伟大的思想家停止思想了。→(叙述,表庄重、悼念)

②水具有浮力。→(说明)

曲折调全句语势曲折变化,或先升后降,或先降后升,句末尾音特别加重、拖长并造成曲折。一般用来表示夸张、讽刺、幽默、嘲弄等。例如:

①他很可爱,连他的哭泣也招人爱。∧(表嘲弄)

②你学得好,比谁都学得好。∧(表讽刺)

语调变化,不仅可以区别句子的语义,而且可以巧妙地传达出说话者的鲜明立场。

例如,明末重臣洪承畴颇受崇祯皇帝赏识,他特意在厅堂的正中,亲自撰书一联:

> 君恩深似海;臣节重如山。

后来,他在松山与清兵作战时被俘,屈膝投降,时人即将他的对联改为:

> 君恩深似海矣! 臣节重如山乎?

语调一变,意义便急转直下,蕴含着对民族叛徒的无限讥讽和鄙弃之意。

5. 节奏

节奏是一段讲话或一篇讲话的语流中语句的快与慢、抑与扬、轻与重、停与连、虚与实等种种相互配合、回环往复的声音形式。节奏在回环往复中表现出声音形式有规律的性质,不完全等于速度;而速度是构成节奏的主要内容。根据话语内容与声音形式的表现特点,朗读或讲话的节奏主要有以下六种类型。

(1)轻快型。多扬少抑,多轻少重,多连少停,语流显得轻快。多运用于讲述有趣的内容,抒发愉快的情绪。

(2)凝重型。多抑少扬,多重少轻,多停少连,语音坚实有力,语流沉稳凝重。多运用于语重心长的告诫与劝说。

(3)低沉型。语势抑闷,句尾落点低沉,停顿多而长,声音偏暗,语流沉缓。多用于悲痛伤心的诉说与痛定思痛的悔悟。

(4)高亢型。语势高扬,气朗声昂,多重少轻,多连少停,语速稍快,语流畅达而明朗。

多用于讲述鼓励性号召性的内容,抒发壮烈的情怀。

(5)紧张型。多扬少抑,多重少轻,气息急迫,声音短促,语流紧张。多用于说明紧急情况,发布命令,急切申辩澄清事实,抒发愤激的感情。

(6)舒缓型。多扬少抑,多轻少重,多停少连,气息深长,声音清亮,语流舒缓。多适用于融洽环境中心迹的表白,讲述赞颂性的内容,抒发热爱、怀念的感情。

口语表达时,节奏的运用和表现往往是以某一种类型为主并结合其他类型,有时甚至综合运用这些节奏类型。如在处理突发事件时的紧急动员,下达任务时,节奏以紧张型为主;宣讲法律条文和进行法制教育时,节奏则取凝重型;在讲述个人不平凡的经历时,由于事件和心情的不同,需选用轻快、凝重、高亢或舒缓等不同的节奏类型。

▶ 第二节　修 辞 技 巧 ◀

一、修辞技巧的含义与作用

修辞,就是根据特定的交际任务和交际目的,切合特定言语交际环境的需要,运用各种语言材料、各种表现手法来增强表达效果的一种言语活动。修辞技巧,就是在这种言语活动中形成的具有特定结构模式的表达方式。运用一定的修辞技巧,就可以把话说得鲜明、生动、形象、富有情趣,就能增强语言的表现力和感染力。

二、常用修辞技巧

在口语表达中,常用修辞技巧大致可分为三类:一是锤炼语音,使之增强表情性和感染力;二是恰当地选择句式和词语,做到准确、鲜明、生动,增强表现力;三是灵活地运用比喻、借代等修辞手法,把话说得娓娓动听,既深刻有力,又诙谐形象。前两类技巧在本书相关的内容中有相应的介绍,因而这里只对常用的修辞手法作简要的说明。

(一)比喻与借代

1. 比喻

比喻,俗称打比方。口语表达中的比喻,通常是根据所要讲述的事理与另外的形象的或通俗的事理的相似点,采用这种形象的或通俗的事理作比方予以说明的修辞技巧。运用比喻,可以化抽象为具体,化深奥为浅显,化生僻为通俗,化繁杂为简明,使所讲述的事理形象生动,富有感染力。比喻是借助丰富的想象和联想实现的,运用时应注意两点:①被比喻的事物(本体)和作比喻的事物(喻体)必须有可比性,即具有适当的"相似点",否则,比喻就是不确切的,甚至是盲目的;②喻体要能正确地传达思想感情,不可造成不良影响。例如,林肯在题为《家庭纠纷》的演讲中说道:

一幢裂开的房子是站立不住的。我相信这个政府不能永远保持半奴隶半自

由的状态。我不期望联邦解散,我不期望房子崩塌,但我的确希望它停止分裂。

在演讲的题目上,林肯将美国比喻为一个大家庭,以此说明美国南北闹矛盾、搞分裂就像家庭闹纠纷一样,可以通过和平协商的方式来解决问题。节选的这一段,用"房子"比喻国家政府,用"裂开的房子"比喻国家处于半自由半奴隶的状况,用"房子崩塌"比喻联邦

解散、政府垮台,而"裂开的房子是站立不住的",既预示了发展趋势,又敲响了警钟,十分有力地说明了停止分裂、维护联邦统一迫在眉睫的道理。整个比喻环环相扣,形象生动,通俗易懂。

2. 借代

借代就是不直接说出该人或该事物,而借与要说的人或事物有密切关系的其他事物来代替称说的修辞技巧。借代的客观基础是事物的相关性,运用这种技巧可以使语言具体形象,富于变化。运用借代要注意借体有代表性,注意交代特定的言语环境,做到明确无误。例如:

> 1949 年在这个地方(指北京,引者注)开会的时候,我们有一位将军主张军队要增加薪水,有许多同志赞成,我就反对。他举的例子是资本家吃饭五个碗,解放军吃饭是盐水加一点酸菜,他说这不行。我说这恰恰是好事。你是五个碗,我们吃酸菜。这个酸菜里面就出政治,就出模范。解放军得人心就是这个酸菜,当然,还有别的。

这段话是毛泽东在中共中央全会上讲的,加点的两处"酸菜",是一种表面性的个别事物,但实质上代表艰苦的生活,引申为艰苦奋斗的政治本色。用具体代抽象的借代方式讲述,不仅生动有趣,通俗易懂,还可以产生强化激励、深入人心的效果。如果不用借代的方式,作一番解释,说吃酸菜虽然过的是艰苦的生活,但保持了艰苦奋斗的政治本色,明确是明确,但缺少自然风趣的生动意蕴,也低估了听者的领悟能力。

(二)双关与夸张

1. 双关

双关就是有意识地使用同一个词或同一句话,在同一个言语环境中兼有两重意思:表面上是说这件事,实际上是指另一件事。一语双关,能使话语含蓄、幽默,饶有风趣,还能加深语意,引人思考,给人以深刻的印象。运用双关应注意切不可弄得迷离闪烁,使人弄不清含意;同时应注意防止庸俗化。例如:

> 毛泽东住在延安窑洞时曾患过慢性肩关节炎(俗称"漏肩风")。在查找原因时其保健医生朱仲丽发现是洞里的"防空洞吹进来的过堂风害人"。毛泽东接口说道:"好,这个原因寻着了。看起来,不正之风可以使人生病的哩!今天我从你这里学到了学问。我看,凡是从防空洞里吹出来的风,总是逆风和歪风,那就非堵住它不可。要不然,真会像你讲的那样,害死人的!我们要争取中国革命的最后胜利,一定得提防从防空洞里钻出来的歪风,不能有半点大意啊!"

毛泽东所谈的"不正之风可以使人生病"这句话,表面上是说防空洞里吹出来的风使他得了"漏肩风",实际上是说从阴暗角落里吹出来的资产阶级歪风邪气,会腐蚀毒害革命队伍的一些人,使他们思想患病。一语双关,十分自然地阐明了要警惕资产阶级歪风邪气的重要性。

2. 夸张

夸张是为强调事物的某种特征而故意言过其实,或者夸大事实,或缩小事实,让听者对所要表达的内容有一个更深刻的认识和了解。合理地运用夸张技巧,一是便于揭示事物的本质,二是能加强说话的感染力,三是能启发听者的想象力。运用夸张,必须以现实

生活为基础,不能漫无边际,应做到言过其实而又合情合理,不似真实而又胜似真实。例如:

> 宋赵益王赵元杰在王府中造假山,花费银子几百万两,造成之后,便邀请宾客同僚尽兴饮酒,一起观赏假山。大家酒酣耳热,兴致勃勃,唯独姚坦低头沉思,对假山连看也不看。这引起了益王的注意,益王强迫他看,他这才抬起头来,说:"我只看见血山,哪来的假山!"
>
> 益王大吃一惊,连忙问其原因,姚坦说:"我在乡村时,亲见州县衙门催逼赋税,抓捕人家父兄子弟,送到县里鞭打。此假山皆是用民众的赋税造起来的,不是血山又是什么?"
>
> 这时宋太宗也在兴造假山,听到了姚坦的话之后,便把假山拆掉了。

姚坦说假山是"血山",耸人听闻,实在是言过其实了,但这句话把官宦富豪的快乐建立在穷人的血汗之上的事实一针见血地揭露出来了。因为有耳闻目睹的事实做根据,所以产生了极强烈的效果——连宋太宗也把正在兴造的假山拆掉了,这说明运用夸张手法来揭示事实的本质,可以产生警世钟的作用。

(三)对照与排比

1. 对照

对照,就是把两种对立的事物或一个事物对立的两个方面放在一起加以比较,以揭示或突出事物的性质、状态、特征并且鲜明地表现出说话人立场观点的修辞手法。对照的主要效果是使形象或观点更加鲜明突出,两物对照,能更容易鉴别好坏、善恶、美丑;一物两面对照,能更容易认识某种事物正反两方面的本质特征,把事理说得更透彻、更全面。例如:

> 战国时期,有一次齐宣王召见颜斶。
>
> 齐王对颜斶说:"斶,你过来!"
>
> 颜斶以同样的语气对齐王说:"王,你过来!"
>
> 齐王很不高兴。齐王左右的人指责颜斶说:"齐王是国君,你是国君的臣下,你这样跟齐王说话成何体统?"
>
> 颜斶不慌不忙地说:"我到国君面前是趋炎附势;国君到我面前是礼贤下士。与其让我趋炎附势,不如让齐王礼贤下士。"
>
> 齐王怒容满面,气势汹汹地质问:"到底是国王高贵还是士高贵?"
>
> 颜斶说:"士高贵,国王不高贵。从前秦国出兵攻打齐国,他们的军队路过士人柳下惠的墓地时,发布一道命令说:'有到柳下惠墓地五十步范围内打柴煮饭,割草喂马的,死无赦!'后来与齐国军队交战时,秦军又发布一道命令:'有能割下齐王脑袋的,封地万户侯,同时赏黄金万两!'从这两道军事命令就可以看出,一个活着的国君的脑袋,还比不上死掉了的士人坟堆上的一根柴草!"
>
> 齐王张口结舌,无言以对。

颜斶用同样的语气呼"王,你过来!"这是需要一定的胆量和气魄的。"趋炎附势"与"礼贤下士"的对照,说明他胸有成竹,同时把说话的基点放在国王身上,即为国王考虑,重视士人,兴国利民,可惜齐王仍不能体察其良苦用心,竟还要提出国王与士相比谁高贵的问题。"士人坟堆上的一根柴草"与"活着的国君的脑袋"的对比，造成了一种强烈的反差，有力论证了他的"士高贵，国王不高贵"的观点。

2. 排比

排比就是连用三个以上结构相同或相似，语气一致的词语或句子排列成串来从多方面深入表意的修辞手法。排比整齐匀称，可以加强语势，增强节奏感和旋律美，增强语言的力度。运用排比说理，可以使论述条理清楚，周密深刻；用它来叙事，可以使事物得到集中完美的表现；用它来抒情，可以使强烈或深沉的思想感情淋漓尽致地抒发。运用排比，应注意内容的代表性，不可生拼硬凑。例如：

1968 年 8 月 28 日，马丁·路德·金在美国华盛顿黑人集会上发表了演说，其中有这样几段话：

一百年前，一位美国伟人签署了《解放宣言》。现在我们站在他纪念像投下的影子里，这重要的文献为千千万万在非正义烈焰中煎熬的黑奴点起了一座伟大的希望灯塔。这文献有如结束囚室中漫漫长夜的一束欢乐的曙光。

然而，一百年后的今天，我们却不得不面对黑人依然没有自由这一可悲的事实；一百年后的今天，黑人的生活依然悲惨地套着种族隔离和歧视的枷锁；一百年后的今天，在物质富裕的汪洋大海中，黑人依然生活在贫乏的孤岛之上；一百年后的今天，黑人依然在美国社会的阴暗角落里艰难挣扎，在自己的国土上受到放逐。所以，我们今天到这里来，揭露这骇人听闻的事实。

……

这就是我们的希望。这就是我们带回南方的信念。怀着这个信念，我们能够把绝望的大山凿成希望的磐石。怀着这个信念，我们能够将我国种族不和的喧嚣变为一曲友爱的乐章。怀着这个信念，我们能够一同工作，一同祈祷，一同奋斗，一同入狱，一同为争取自由而斗争，因为我们知道我们终将得到自由。

节选的这两段演讲词中，第一段中的"一百年后的今天"领起的排比句，从黑人没有自由，受着种族隔离和歧视，过着贫乏的生活乃至受虐待遭驱逐的政治、经济、人生、法律待遇等方面，集中地揭露了黑人悲惨严酷的生活现状，给人以心灵的震颤；第二段中以"怀着这个信念"领起的排比句群，表述了所要进行的不懈努力、斗争原则和奋斗目标。排比句式的运用，如江河奔腾，气势磅礴，既淋漓尽致地表达了演讲者的思想和感情，又产生了激动人心的修辞效果。由此可见，排比手法的成功运用，可以使表达鲜明生动，富有感染力。

（四）设问与反问

1. 设问

设问就是先提出问题，然后紧接着说出自己的看法的修辞方式。设问可以引起听者的注意，启发听者的思考，从而提高言语表达的效果。运用设问时应注意抓住关键有的放矢地提出问题，这样才能有助于听众深入地理解讲述的内容；不可不分轻重巨细，滥用设问。例如：

所谓文艺的提高，是从什么基础上去提高呢？从封建阶级的基础吗？从资产阶级的基础吗？从小资产阶级知识分子的基础吗？都不是，只能是从工农兵群众的基础上去提高。

这段话共四问两答,开头一句与最后一答是首尾呼应语意贯通的一问一答,中间三问是排除的内容,并作了相应的回答。这种总提设问与排除设问相结合的表达技巧很值得借鉴。

2. 反问

反问是用疑问的形式表达确定的内容的修辞方式。反问寓答案于问句之中,思想内容恰与句子的表面意思相反:语句表面意思是肯定的,内容则是否定的;反之亦然。运用反问能够加强语势,把原来确定的意思表达得更加鲜明且不容置辩,因此,容易集中听众的注意力,给人造成强烈的印象,容易唤起人们的想象和激情,比正面表达更能产生鼓动的力量。例如:

> 在"文革"中,一些别有用心的人攻击抗日战争中的"百团大战",胡说"百团大战"招惹日本鬼子扩大侵略,借以打倒彭德怀同志。在批斗会上,彭德怀义正词严地反驳道:"请问'九·一八'日本侵占我东北是谁招致来的?'七·七'卢沟桥事变又是谁惹恼了侵略者?我再请问:日本鬼子对我国同胞惨无人道的烧杀淫掠,难道只是在百团大战以后才开始的吗?"

彭德怀同志这三问都寓答案于问句之中,既深刻地揭露了日本帝国主义侵略我国的历史事实,又有力地反驳了这些别有用心的人的无知妄说。

(五)仿拟与引用

1. 仿拟

仿拟就是根据一定言语环境的提示或交际的需要,模仿现有的格式或套用对方的句式,临时新创一种说法的修辞方式。仿拟可以表示辛辣的讽刺,形成深刻的对比,展示幽默的情趣,给人以明快犀利、生动活泼的语言艺术感受。运用仿拟应注意表意的明确性,不可脱离与之相应的格式或说法,不然会成为不伦不类的难悟其意的东西。例如:

> 丹麦著名童话作家安徒生一生俭朴,常常戴着破旧的帽子经过大街。有游手好闲之徒嘲笑他道:"你脑袋上边的那个东西是什么玩意儿,能算顶帽子吗?"
>
> 安徒生应声回敬道:"你帽子底下的那个东西是什么玩意儿,能算个脑袋吗?"

安徒生在回击对方讥讽时,模仿对方的语句形式,巧妙地将"脑袋"和"帽子"调换了一下位置,这样不仅一扫对方的污辱,而且揭示了对方的贫乏无知,不动声色却反击有力,足见仿拟的妙处。

2. 引用

引用就是在表达时引用名人的言论、公认的史料、数据以及群众中流行的俗语、谚语、格言来说明问题,或在驳论中引进对方的话语作靶子加以驳斥的修辞手法。恰当运用引用手法,可使语言简练,语意含蓄,富于启发性,提高表现力;可使论据确凿,增强说服力。引用可分为明引和暗引、正引和反引等形式,运用时应注意两点:①保持引文的完整性,切忌断章取义;②务必将引文与所要表达的意思融为一体,成为论说的有机组成部分,不能生拼硬凑,甚至"贴标签"。例如:

> 鲁迅的两句诗,"横眉冷对千夫指,俯首甘为孺子牛",应该成为我们的座右铭。

这句话中引用鲁迅的两句诗作为激励、警戒自己的格言，说明对敌人对人民的不同态度。简洁凝练，令人回味。又如：

> 我记得杜勒斯临死前曾说过，他要用管乐吹垮共产党的第三代，改变我们前进的路标。我说，杜勒斯先生，你的预言落空了。

这段话引用杜勒斯的话作为批判的靶子，作为阐发议论的起点，成为演讲的有机构成部分。没有这样的引用，就很难形成乃至阐明自己的观点或组成一篇讲话。从这个意义上讲，引用不仅是一种修辞技巧，而且也是一种启发思考、丰富谈资的手段。

（六）易色和降用

1. 易色

易色，就是在言语表达中，临时特意改变词语的使用范围、语体色彩和感情色彩的一种新兴的修辞方式。易色的运用可以强化语意，增加言语别致而又风趣的表现力，加深听者的印象。运用易色应注意场合和对象，不可弄巧成拙，让人不解其意。例如：

> 我们全党全民要把这个雄心壮志牢固地树立起来，扭着不放，"顽固"一点，毫不动摇。

"顽固"，贬义词，意为在政治立场上坚持错误不肯改变，此处作为褒义词用，很风趣地表达了建设社会主义现代化强国的坚定信念。又如：

> 孔子当鲁国司寇时，要根治鲁国的淫风。鲁国有一个人叫贡圣民，有妻而淫。孔子很愤怒，说你要改正。但是这个人改正的方法是什么呢？是"出其妻"，离婚了。也就是一种歪风没有治好，离婚率又上升了。

这是 1988 年亚洲大专学生辩论会中的一段辩辞。辩辞中用现代语词"离婚""离婚率"来解释、分析"出其妻"及所造成的影响，变异了词语的时代色彩，使表达诙谐生动，语言大为增色。

2. 降用

降用是将语意重要或范围大的词语来描述或称说一般性的事物。这种降级使用的方式，有助于突出事物的特点，可以使话语新鲜活泼、生动幽默。运用降用应对所谈内容十分熟悉，全面把握而又要富于想象和联想，同时，又要让对方即时应景地明白，否则，不会产生好的效果。例如：

> 拿洗脸作比方，我们每天都要洗脸，许多人并且不止洗一次，洗完之后还要拿镜子照一照，要调查研究一番，（大笑）生怕有什么不妥当的地方。你们看，这是何等地有责任心呀！我们写文章，做演说，只要像洗脸这样负责，就差不多了。

"调查研究"使用范围大，指为了了解情况到现场进行考察，相对于重要严肃的事情而言的，这里降用在"照镜子看洗脸"这样微不足道的生活小事上，通俗亲切，幽默风趣，且使人深受启发。对需要严肃对待并自觉做好的事情，才能说是否有"责任心"，然而毛泽东把洗脸照镜子一类的生活琐事提到了"责任心"的高度，就是大词小用或重词轻用了。"调查研究"与"责任心"的降用，对比地批评了党八股的"不负责任，到处害人"，揭示了其恶劣本质。

（七）拆词与释词

1. 拆词

拆词就是在言语表达中把多音节词语临时拆开加以运用的修辞手法。多音词的词义，一般来说不等于其内部各语素义的简单叠加，因此，不可随便拆开运用。不过，为了取得特定的表达效果，为了加强语势，造成轻松活泼、幽默诙谐的情调，往往可以将其中的某个语素或将整个词拆开来独立运用。运用拆词应注意场合性和语意的贯通。例如：

例如那些口讲大众化而实是小众化的人，就很要当心，如果有一天大众中间有一个什么人在路上碰到他，对他说："先生，请你化一下给我看。"就会将起军的。如果是不但口头上提倡提倡而且自己真想实行大众化的人，那就要实地跟老百姓去学，否则仍然"化"不了的。

"大众化"是一个词，词形有固定性，词义有完整性，通常情况下是不可分割开来甚至择其某一个语素去独立运用的。毛泽东在这里拆取"化"来独立运用，刻画了"口讲大众化而实是小众化的人"的难堪处境，揭示了实行大众化的根本途径，表达得非常风趣、活泼而生动。

2. 释词

释词就是根据特定交际目的对具有固定词义的词语作出别有见地借题发挥的解释的修辞手法。其特点是所解释的词义与特定语言环境（即上下文或前言后语）不相协调，因而给人一种特殊的感觉并产生艺术的享受。例如：

某地举办作文竞赛，一名获一等奖的学生在颁奖大会上宣读作文。正当他满怀激情地朗读时，下面有人嚷道："哼，那作文是抄的！"

顿时，同学们一阵交头接耳。对此，这位学生大声应道："是的，是'抄'的！"

全场哗然，老师一惊，"作文比赛是一项严肃的活动，不允许有任何弄虚作假的行为。假如你的文章是抄的，核实后将取消评奖资格。"

全场又是一阵骚动。但是这位学生却坦然地说："请允许我把话说完，文章是抄出来的，这是不容置疑的。我说的抄，是经过自己深思熟虑打好腹稿之后，再抄到草稿纸上加工润色，最后把定稿抄到规定的稿纸上。我抄的是我独特的思想，难道这种'抄'不对吗？"

一阵静默之后，全场响起了热烈的掌声。这位学生接受了老师颁发的奖品。

指责作文是"抄"的，意思是"抄袭"，而抄袭起码是一种不道德的行为。对此，如果不置一词，就会形成疑问甚至影响声誉；如果正面声明，恐怕人们也不会轻易相信。于是，这位学生机智地接过"抄"这个词，借词发挥，作出了实事求是且跌宕婉转的解释，不仅平息了一场风波，摘取了一等奖的桂冠，而且充分显示了临机应变的急智口才。

▶ 第三节　逻辑技巧 ◀

一、逻辑技巧的含义与作用

说话者恰当而灵活地运用概念、判断、推理和思维规律等逻辑知识进行表达以取得最佳交际效果所形成的方式方法即构成逻辑技巧。运用逻辑技巧进行口语表达,主要是能够做到言之有理,使人信服,其次是言之巧妙,使人开怀。

二、常用的逻辑技巧

（一）合乎逻辑规则的表达技巧

1. 正名法

正名指的是明确或重新确定表达内容中核心概念的内涵与外延。运用正名的方式讲述,具有很强的灵活性和主动性,易于出奇制胜。正名可分定义正名、概括正名和限制正名等多种形式。例如:

一次,魏徵在与李世民廷辩时说道:"臣有幸侍奉陛下,但愿陛下叫臣当一个良臣,不要当一个忠臣。"

李世民觉得奇怪:"忠臣良臣有何区别?"

魏徵说:"所谓良臣,就是能够给君主提出许多好的意见,并被君主采纳,因而身得美名,与君主同享荣华富贵。所谓忠臣,虽然能向君主提出许多好的建议,忠心耿耿规劝君主,但不被君主采纳,到头来,忠臣自身受诛灭,还陷君主以极大的罪名,家与国都遭受损失,而他却享有忠臣之名。这就是忠臣与良臣的不同之处。"

李世民听了忠臣与良臣的辨析,觉得耳目一新,便希望魏徵"经常大胆地提出意见,努力作一个良臣"。

上例中,魏徵对忠臣与良臣是从概念的内涵上进行辨析的,揭示了"忠""良"各自的特点及其区别。

运用剖析概念的方式论述,应注意两点:第一,语言要准确明晰,表述要条分缕析,丝丝入扣;第二,角度要新,要能抓住概念的关键来阐释。

2. 科学归纳法

科学归纳法根据某类事物中部分对象具有的同一属性,找出这些对象具有某属性的原因,再由对这部分现象的认识,概括同类每个对象。科学归纳所推出的结论通常都反映了自然界和社会中的必然规律,因此,在论证中具有雄辩性,是被经常运用的重要的有效方法。例如:

在一次关于"搞四个现代化还需不需要艰苦奋斗精神"的论辩中,持肯定观点的一方是这样阐述的:"搞四个现代化依然需要艰苦奋斗。这是因为:'四化'要有资金,这只能一个铜板一个铜板地积累;要有科学技术知识,这只能一步一个脚印地学习;要有材料、燃料,这只能一吨一吨地开采,一斤一两地节约;还需要人们有高度的觉悟,这也只能一步一步地磨炼和提高。这一切都说明:在实现'四化'的征途中,仍然需要有埋头苦干、艰苦奋斗的精神。"

这段话在提出论点之后,从资金的积累,科学技术知识的学习,材料、燃料的开采与节约、高度的思想觉悟需要不断地磨炼与提高等方面,科学地说明了艰苦奋斗与"搞四个现代化"的内在联系,从而有力地得出了结论。

运用科学归纳的方式,关键是能发现并抓住事物间的因果联系。只有观点与所举事物之间有着内在的有机联系,才能产生无可辩驳的逻辑力量。

3. 演绎法

演绎法运用一些经过实践证明是正确的经典名言,或者众所公认的科学原理、公理、定义、定理作为理论依据,来印证或推断出一个带有个别性、特殊性且真实可靠的结论。演绎法不着重列举事例,而是着重剖析事理。运用演绎推理的形式进行论证,总的要求是必须符合逻辑规则,推理严密,环环相扣,方能产生强大的逻辑征服力。演绎式表达,可以运用直言推理、假言推理或选言推理等形式进行。例如:

有一次,日本新日铁公司给我国宝山钢铁公司寄来一箱技术资料。清单上写明有6份资料,但开箱一清点只有5份,双方发生了纠纷,日方说:"我方提供给贵方的资料,装箱时都要经过几次检查,不可能漏装。"对此,宝钢的代表没有急于否定,而是列举了资料缺少的三种可能性:一是日方漏装;二是运输途中散失;三是我方开箱后散失。然后就分析道:"如果是在运输途中散失,那么木箱肯定有破损,但木箱完好无损;如果资料是我方开箱后丢失,那么木箱上所印净重就会大于现有5份资料的重量,而现在木箱上所印的净重正好与现有5份资料的重量相等,可见资料既不可能是运输途中散失,也不可能是我方开箱后丢失的。这两种可能已被否定,就可以肯定仅有的一种可能:资料缺少是由于日方漏装。"日方听后无话可说,只得同意发电报回去核查,结果确是日方漏装,事情得到了圆满的解决。

我方代表这一番辩词,整体是一个选言推理的否定肯定式,其中用两个充分条件假言推理的肯定否定式否定了三种可能中的两种。否定了三种可能中的两种,肯定剩下的一种就具有充分的道理。论证严密,道理充分,使事情得到了妥善的解决。

4. 类比法

根据同类或相似事物应有同样的基本属性和规律的道理,由已知事物具有某种特点、属性来论证同类或相似事物也具有相同的特点和属性,这种论证方法就是类比法。这种方法灵活机动、变幻无穷,运用恰当,能充分展现思辨之才。例如:

《韩诗外传》中记载了子贡与齐景公的一段对话:

齐景公问子贡:"你的老师是谁?"

子贡答道:"鲁国的仲尼。"

"仲尼是贤人吗?"

"是圣人啊! 岂止是贤人呢!"

"他是什么样的圣人呢?"

"不知道。"

景公怒气冲冲地问:"开始你说仲尼是圣人,现在又说不知道,这是为什么?"

子贡答道:"我终身戴天,并不知道天有多高;我终身践地,并不知道地有多厚;我求学于仲尼,就如同拿着勺子到江海中饮水,满腹而去,又哪里知道江海有多深呢?"

齐景公无法再问了。

子贡应该知道孔子是什么样的圣人,却因随口应对"不知道"而遭受责难。面对责问,子贡不愧为孔子的高徒,他用戴天不知天之高、践地不知地之厚、饮于江海而不知江海之深来类比就学于孔子而不知孔子是什么样的圣人,不仅作出了圆满的解释,而且极赞了孔子的伟大。

5.对比法

对比法是指将两种事物摆在一起,作出对照和比较的说明,以便得出明确结论的一种论证方法。

中国道家的创始人老子说:"有无相生,难易相成,长短相形,高下相倾,音声相和,前后相随。"(《老子·道德经》)这段话说明了天下万事万物相比较而存在的道理。对比的方法虽然简单,但由于是把事物的不同点极其鲜明甚至尖锐对立地摆在一起,因而能使对方极明白地得出结论。例如:

> 非洲民族解放运动巨人肯达亚说:"外国传教士来的时候,非洲人有土地,传教士有《圣经》。他们叫我们闭着眼睛祷告,等到我们张开眼睛的时候,变成他们有土地,我们有《圣经》了。"

肯达亚的这句话尖锐得如利刃一般,将外国传教士欺骗与掠夺的本来面目全剥开裸露在光天化日之下。眼睛的闭合与张开,土地与《圣经》的易主,强烈的对比给人以心灵的震撼,这句话也就成为争取非洲民族解放正义的象征。由此可见对比表达之功效。

对比式阐述应特别注意所论道理的公正性与客观性,因为如果对比的着眼点不客观公正,就会形成一些似是而非的观点。譬如,从保全自己生命的意义上来说"瓦全"要比"玉碎"更为高明,从能够吸取教训的意义上来说,犯错误要比立功更好。由此可见,正确的对比阐述应特别注意做到既公正又客观。例如:

> 宋《开颜集》记载了名相范仲淹的一件事:
>
> 一天,范仲淹同皇帝议事回来,就寝前,他仔细察看官员名册,把一些没有才干的监司一一勾销。副使富弼得知此事,对他说:"你这一笔勾下去,哪里会知道要造成'一家哭'呢?"范仲淹说:"一家哭,何如一路哭耶?"意思是勾去一名监司,他一家人会感到痛苦,但是他一家人的痛苦,怎比得上由于他的无能而造成一路兵马的痛苦呢?

在上例中,富弼用一名监司被罢官后他一家人的痛苦与封官的欢乐进行对比,说明罢官的不妥当,这就缺乏公正性和客观性,因为他不是从整体和全局角度看问题的关键所在,带有极大的片面性。范仲淹则通过"一家哭"与"一路哭"的对比,说明了罢免庸人的必要与合理,这样对比才是立足全局,合乎情理。

事物的对立统一是运用对比阐述手法的客观条件,讲述者凭借这一客观条件,以深刻的洞察力,发现并认识对比点,通过新与旧、同与异、真与假、善与恶、美与丑的对比阐述,就可以深刻地揭示事物的本质,鲜明地表现出讲述意图和思想倾向。

对比是通过比较两个对象的不同属性来说明两个对象的不同点,它和类比一样,运用从个别到个别的推理形式来论证所持的观点。不过,类比是为了揭示两个对象的相同点,而对比则是为了揭示两个对象的不同点。从这个意义上讲,对比论证是类比论证的一种特殊形式。

6.二难法

二难就是在述辩之时提出一个断定两种可能性的前提,并由这两种可能性都引申出对方难以接受的结论,使对方在这两种可能性的选择中处于进退两难的境地。二难法具有控制话语展开方向、控制对方思维的功能。运用时应注意三点:①前提中条件命题必须真实;②析取命题必须将某个方面的情况列举完全;③必须遵守条件命题、析取命题的有关推演规则。例如:

　　季米特洛夫在莱比锡审讯的最后发言中指出:"卢贝是什么东西? 一个共产党员? 绝对不是! 一个无政府主义者? 不是! 他是一个不齿于本阶级的工人,一个为非作歹的流氓无产者,他是一个被滥用的畜生,人们利用他来反对工人阶级。不,他不是共产党员! 不,他不是无政府主义者! 世界上任何一个地方没有一个共产党员,或是无政府主义者在法庭上的作为会像卢贝那个样子。真正的无政府主义者常常做些无聊的事,但是当他们被拖到法庭时,他们终究会勇敢地站起来,说明他们的目的。倘若一个共产党员做了这类事,明知四个无辜者与他在被告席上并肩而立,他不会默默无言的。卢贝不是共产党员,他不是无政府主义者,他是法西斯滥用的工具。"

在这个所谓的"国会纵火案"的最后审讯中,季米特洛夫及时准确地抓住敌人抛出伪证这个有利的战机,运用一个复杂破坏式的二难推理予以揭露。其推理过程如下。

如果卢贝是一个共产党员,那么他不会明知别人无辜受牵连而默默无言;

如果卢贝是一个无政府主义者,那么他会站出来说明他的目的;

卢贝既明知别人完全无辜而默默无言,又不肯站出来说明他干无聊行为的目的。

所以,卢贝不是一个共产党员,也不是一个无政府主义者。

在这个推理过程中,大前提是两个充分条件的假言判断。由于小前提有力地否定了大前提的后件,结论也可以否定大前提的前件,因而反驳具有十分严密的逻辑性。在季米特洛夫的有力反击下,法官和卢贝反而成了真正的被告,他们妄图利用伪证得逞,却"搬起石头砸自己的脚",不得不宣布季米特洛夫无罪释放。这生动地说明了掌握逻辑技巧的重要性。

7. 例证法

例证法就是用典型事例来说明观点的一种阐述方法。例证法实际上是一种归纳证明。事实胜于雄辩,生动具体的事例,可以有力地论证观点,往往能收到事半功倍的效果。例如:

　　一物降一物,这是为战争的历史和武器发展的历史所千百次证明了的辩证法。在古代社会,长矛对于棍棒来说,曾一度是威力较大的武器。但是有矛就有盾。有一件武器发明出来,就有一件武器降它,没有一件武器是不能对付的。《水浒传》中呼延灼的铁甲马在当时曾是厉害的东西,铁甲马放出去,似乎势不可当。后来,还不是被徐宁的钩镰枪破了吗? 在近代、现代社会,军事史上一物降一物的例子更是不胜枚举。第一次世界大战中,德国的潜水艇曾猖獗一时。德国海军头目口出狂言:如果德国实行无限制潜水战,不出半年就可将英国人饿死而结束战争。当时,德国的潜水艇击沉协约国船舰及中立国商船、渔船共 5000 艘以上,然而不久就有潜艇探测器和深水炸弹发明出来,前者能侦查潜水艇的行踪,后者能将潜水艇击毁。潜水艇这个德帝国主义妄图赖以一举成功的"法宝",

还是被破了。

这是某军校《战争与武器》学术辩论会上的一段辩辞。在这段辩辞中，举了《水浒传》中徐宁的钩镰枪破了呼延灼的铁甲马，潜艇探测器和深水炸弹制服德国潜水艇的事实，直接证明了论题："一物降一物，这是为战争的历史和武器发展的历史所千百次证明了的辩证法。"很有说服力。

8. 喻证法

喻证法是通过打比方的形式，揭示两种事物的相似点，从而得出新结论的一种论证方法。使用喻证法可以使抽象的道理形象化、浅显化，易于理解和接受。东汉著名雄辩家王充说："何以为辩？喻深以浅；何以为智？喻难以易。"英国杰出的领导人丘吉尔明确认为，论辩交际最有力的工具就是喻证。因此，辩论中为能深入浅出地阐明观点，常常运用喻证法。例如：

春秋时期，齐景公身边有一群阿谀拍马的大臣，景公感到很"相和"。晏子为了劝景公疏远他们，便说，那些人只是和你"相同"，怎么能是"相和"呢？

景公很奇怪。

晏子解释说："'相和'，好像做羹汤一样，用水、火、醋、肉酱、咸盐、酸梅等，来烹饪鱼肉，用柴去烧，厨师去调和，用五味去调剂，补充味道不够之处，或冲淡滋味过浓之处。而后吃它，才能可心。君臣之间的关系也应这样。君王认为适宜的政事，其中也会有不适当之处，为臣的提出来，就可使之完美，君王认为不当的事，也有适当之处，为臣的提出这适当之处，就可以改正不正之处。"他告诉景公，那班人不过"君以为可，他也说可；君认为不可，他也说不可。好像用水去调剂水，谁会爱喝这种淡而无味的羹汤呢？"

晏子以做羹喻"相和"，以兑水喻"相同"，别致新颖，以此类推君臣之道，针对性也极强。一个妥帖的比喻，不仅把道理说得浅显易懂，而且别有神韵。

9. 引证法

引证法又叫"引经据典"法，指在讲述中引用经典著作的言论，众所周知的真理及尽人皆知的古今中外的成语、格言、谚语、典故等作为论据证明自己的观点的一种方法。引证法实际上是一种演绎证明。恰当准确地引用经典性的论据，能大大增强观点的说服力和可信度。例如：

多练才能提高辩论能力。古谚说："巧者不过习者之门。"唱戏的讲究"曲不离口"，打拳的讲究"拳不离手"。反复练习，才能巧得起来。中国还有句老话，叫作"师父领进门，修行在个人"。叶圣陶先生也说："所谓能力不是一会儿就能够从无到有的……一要得其道，二要经常历练。历练到习惯，才算有了这种能力。"可见古今经验者，历来都十分强调"熟能生巧"。

综上所引，我们应该相信，辩论能力从来都不是单靠"听"出来或"看"出来的，而主要是靠"练"出来的。

这段话通过博引一些名言俗语来论证"多练才能提高辩论能力"的观点，十分有力，令人信服。

10. 反推法

反推就是从同一件事情中推出与对方论点截然相反的意思。这种方法既能直接驳倒

对方,又能直接确立观点,在论辩中往往能造成出乎意料的征服效果。例如:

> 管仲病危期间,齐桓公征询其身后的接班人选,在推荐他最为亲密的近臣易牙时说道:"易牙为了让我尝尝人肉的味道,连自己的儿子都杀了。这说明他尊敬我超过了爱他的儿子,这样忠心不二的人,难道还有什么可以怀疑的吗?"
>
> 管仲苦笑了一下,说道:"人们最疼爱的莫过于自己的儿女,易牙对自己最心爱的幼儿,竟能残忍地宰杀,难道对国君还会有什么真心吗? 连人情人性也没有的人,千万不可用。"

易牙烹子给齐桓公尝人肉味道,齐桓公据此认为他对自己忠心不二,而管仲则从此事推出其残忍至极,毫无人性,因而不可能对国君忠心不二,从道理上说服了齐桓公。这说明,反推必须善于透过现象看本质,抓住本质要素作合乎逻辑的推论,这样才能发人之所未能见,立论高妙。

11. 反证法

反证法是指由确定与辩题互相矛盾的判断来确定论题之真的证明方法。具体说,是先假定一个论题,此论题与原论题是相互矛盾的。借证明假定的论题是假的,那么与之相对的原论题即是真的,从而证明原论题的真实性。例如:

> 晋文公吃烤肉时发现肉上有毛发。文公大怒,唤来烤肉的厨子质问。厨子稍加思索,连忙认罪,说:"臣该死! 臣的罪有三条:其一,我切肉的刀锋利如宝剑干将一样,肉被切断,可是竟没有切断肉上的毛发;其二,我用铁锥串起肉来烧,反复翻动,却没有发现毛发;其三,肉被烤得赤红,最后被烤熟,可肉上的毛发却不焦。"文公听后,猛然醒悟,调查后发现是有人陷害厨子。

厨子运用的是反证法,先假定肉在烤前有毛发,那么,毛发或被刀切断,或被厨子发现,或被火烤焦。可现在肉已被烤熟,毛发居然还在,由此可见,不可能在烤肉前已有毛发,因而,肉上的毛发定是在肉烤好后被人放上去的。聪明的厨子,用了反证法,既没冲撞文公,又为自己辩护,可谓一举两得。

反证法在论辩中运用很广泛,原因在于它矛头直指对方的错误论点,具有强烈的抗争力,而自己的观点包含在对方论点的反面,把对方的论点驳倒了,自己论点的正确也就不言而喻了。这正如王充所言:"两刃相割,利钝乃知;二论相订,是非乃见。"(《论衡·案书篇》)

12. 直驳法

直驳法,这里主要是指直接辩驳对方论点的方法。直接辩驳论点,就是抓住对方论点的虚假性、荒谬性或逻辑上的混乱直接进行揭露和反驳,使其不能成立。直接辩驳常用的方式有:

(1)用事实辩驳,即指出对方论点不符合事实,是一个假判断;

(2)直接指出对方论点不能成立;

(3)揭露对方论点本身的逻辑矛盾。

下面以第三种方式为例予以说明:

> 《世说新语·贤媛篇》说,许允和阮家女结婚,行礼后,观新妇奇丑。许允不肯进房,桓范劝他进了房,许允又想逃出来,新妇拦住了他。许允曰:"妇有四德,

卿其有几?"妇曰:"新妇所无唯容尔。然士有百行,君有几?"许允曰:"皆备。"妇曰:"夫百行以德为首,君好色不好德,何谓皆备?"允有惭愧,遂相敬重。

这个故事中的新妇暗用孔子所言:"吾未见好德如好色者也",责备许允所谓"士百行皆备"的自相矛盾。引语切当,出语中的,驳得许允顿感惭愧,不仅接受,而且敬重。

13. 引申归谬

引申归谬通称归谬法,即在辩驳中,对对方论点的错误不作正面揭露,而是先假定对方论点真实正确,然后据此按照逻辑规则作出合理的推断,从而得出非常荒谬的结论,最后从否定这个荒谬的结论到否定对方的论点,完成辩驳的任务。引申归谬方式的运用,可以使对方论点中本来不甚明显的错误与荒谬,得以"显微""放大",使人看清实质,从而有力地揭露其谬误。引申归谬在辩驳中是一种常用的有效武器,它可以收到犀利、辛辣、幽默、风趣的效果。引申归谬的方式有以下几种:

(1)从对方论题中,推导出一个与其相矛盾的论题,再根据假言推理的否定式,推翻对方的论题;

(2)以对方的论题做大前提,推导出一个与其性质相同的分论点做小前提,然后根据矛盾律驳倒对方论题;

(3)根据对方论题的论证,提出一个相似的例子进行类比,以揭露其论题的荒谬性;

(4)从对方论题中同时推导出两个自相矛盾的结论,再根据矛盾律驳倒对方。

下面试举一例予以说明:

英国陆军元帅蒙哥马利访华时观看了豫剧《穆桂英挂帅》,回到宾馆他说:"这出戏不好,怎么能让女人当元帅呢?"

陪同人员熊向晖应道:"这是中国的民间传奇,群众很爱看。"

蒙哥马利说:"爱看女人当元帅的男人不是真正的男人,爱看女人当元帅的女人不是真正的女人。"

熊向晖说:"中国红军就有女战士,现在解放军中就有女少将。"

蒙哥马利说:"我对红军、对解放军一向很敬佩,不知道还有女将军,这有损解放军的声誉。"

熊向晖立即反驳说:"英国的女王也是女的,按照你们的体制,女王是英国国家元首和全国武装部队总司令。"

蒙哥马利一怔,不再吭声了。

蒙哥马利认为女人不能当元帅,不知事出何因,而他认为军队中有女将军则有损军队声誉则实属荒谬之论。熊向晖没有直接揭露之,而是假定其观点正确,运用条件归谬的方式予以反驳:如果军队中有女将军就有损军队声誉,那么英国武装部队总司令却是女的,该怎样解释呢?推论下去蒙哥马利就有诽谤之嫌了。论题的荒谬即刻显现,蒙哥马利不能自圆其说了。

引申归谬具有奇妙的机辩性,它的结论从对方的论题中顺势轻松"推导"而出,却又尖锐揭露了对方观点的荒谬性,具有极强的针对性。不过,要想正确而有效地运用它,必须注意一点:据以推出结论的论点(前提)必须是对方确实持有的,千万不可曲解其本意,否则便违反了思维的同一律原理而流于诡辩。

14. 仿拟显误

按照对方阐发错误理论的方式,仿拟一个相似的同样荒谬的理论回敬对方,去揭露、驳倒对方荒谬的理论,这种论证方法就是仿拟显误。这种辩驳方法不是根据对方论题作合乎逻辑的引申,而是用神情毕肖的仿似,揭示其谬误所在。例如有一则《告荒》的故事是这样的:

> 老百姓推举一位老人到县令那里报告灾情,要求少征赋税。县令问道:"麦子收了几成?"老人答道:"三成。""棉花呢?""二成。""稻谷呢?""也是二成。"县令拍着桌子怒道:"有了七成年景,你们还敢捏报荒情,真是大胆!"老人道:"我活了150多岁,确实没有见过这样大的灾荒!"县令道:"胡说! 你怎么就活了150多岁呢?"老人扳着指头道:"我今年70多岁,大儿子40多岁,小儿子30多岁,加起来不是150多岁吗?"县令道:"哪有你这样算年龄的?"老人也道:"可是又哪有你这样算年成的呢?"

这个故事中的老人,没有直接指出县令算年成方法的错误,而是仿照对方的算法来算自己的年龄,从而使这个糊涂县官明白过来。

运用仿拟显误的方式辩驳,应注意两点:第一,仿拟提出的议论与所辩驳的错误议论必须相似、相容,有着对应的逻辑联系;第二,仿拟提出的议论,必须具有明显的荒谬性,否则难以收到显示谬误的功效。

(二)违反逻辑规则的表达技巧

违反逻辑规则的表达,总的要求是符合社会道德,服务于正当的交际目的,适应语言艺术审美的需要,具有高尚典雅的情趣。否则,就会流入诡辩,不可与表达的逻辑技巧相提并论了。这种逻辑技巧常见的有以下两种。

1. 暗换概念

暗换概念是指借助语词的多义性,将对方所使用的概念的甲意义故意换成乙意义,以便有利于自己的表达。运用这种手法往往能出其不意,再加上紧随其后的合乎事实事理的表达,往往可以取得较好的交际效果。例如:

> 鲁迅在厦门大学担任研究院教授时,校长林文庆曾将研究院的负责人和教授们找去开会,提出要把经费削减一半,教授们纷纷反对:研究院的经费本来就太少了,连研究成果的印刷费都支付不起,绝对不能再减了。
>
> 林文庆不管这些,很霸道地说:"关于这件事,不能听你们的。学校的经费是有钱人拿出来的,只有有钱人,才有发言权!"
>
> 他刚说完,鲁迅立即站起身,从口袋里摸出两个银币,"啪"的一声放在桌子上,铿锵有力地说道:"我有钱,我也有发言权。"
>
> 林文庆根本料不到鲁迅会说出这句话来,弄得措手不及,狼狈不堪。接着,鲁迅力陈研究院经费不能减少、只能增加的道理,一条条,一项项,有理有据,驳得林文庆哑口无言,只得收回自己的主张,灰溜溜地跑了。

林文庆的"有钱人",是指提供办学经费的人,鲁迅当然明白这一点,但如果听之任之,则于教学和科研不利,所以,鲁迅把"有钱人"巧换成身上拿得出钱的人,给林文庆当头棒喝,敲散了他的如意算盘,形成了压倒论敌的威势,并乘机慷慨陈词,终于克敌制胜。这种巧换概念,用奇妙犀利的开场白制胜对方的技巧很值得借鉴。

2.转换论题

为了交际或特定目的的需要,采用一个与原论题有直接必然联系而又不同于原论题的新命题来代换原论题的技巧称之为转换论题。运用这种手法可以控制交际的主动权,控制话语内容的中心和展开方向,以便实现特定的交际目的。例如:

以前一个驻法国使馆的随员,一次在宴会中与一位巴黎小姐跳舞。巴黎小姐突然发问道:"法国小姐和中国小姐两者之中,你喜欢哪一国的多一些?"

随员一愣,略思片刻,不慌不忙地答道:"凡是喜欢我的小姐,我都喜欢她。"

无论是喜欢中国的多一点还是法国的多一点,都会造成有悖外交礼节或有损自身尊严的后果,均不妥。随员情急之中,将"我更喜欢谁"的论题转换成"谁喜欢我"的论题,有直接联系却性质不同,巧妙地回避了难题。

思考与训练

1.汉语的发音吐字有技巧,所用的语气、语调也有技巧。为什么我们说话时必须掌握这些基本技巧?

2.什么是修辞? 常用的修辞技巧有哪些? 我们说话时必须掌握这些基本技巧,为什么?

3.逻辑的含义是什么? 常用的逻辑技巧有哪些? 我们说话时必须掌握这些基本技巧,为什么?

4.说话是一门艺术,要把话说得亲切感人可不是一件容易的事。请看意大利一位名记者法拉奇对邓小平同志的一段访问,确实亲切感人。读了这段话,你有何感想?

法拉奇一见邓小平就说:"明天是您的生日?"邓说:"我的生日,我的生日是明天吗?"法接着说:"不错,邓小平先生,我从您的传记中知道的。"邓说:"既然你这样说,就算是罢! 我从来不记得什么时候是我的生日。就算明天是我的生日,你也不应当祝贺我啊! 我已76岁了,76岁是衰退的年龄啦!"法马上说:"邓小平先生,我父亲也是76岁了。如果我说那是一个衰退的年龄,他会给我一巴掌呢!"邓笑着说:"他做得对。你不会这样对你父亲说话的,是吗?"

5."双规",是日常生活中常常碰到的小故事,非常诙谐有趣。请问,说话人运用什么样的修辞手法才能如此幽默有趣?

"双规"

常在小区活动室玩牌的老王好久没来了。这次一来,牌友老孙就问:"老王啊,怎么这几天都没看见你啊?"

老王一脸的严肃,说:"别提了,我被'双规'了!"

老孙吓一跳,问:"啊? 怎么回事儿? 贪污了?"

老王一笑,说:"哈哈,我儿子、儿媳妇找我谈话喽,宣布我必须在规定时间、规定地点接送小孙子上幼儿园。"

众人这才明白,哈哈大笑。气氛一下子变得轻松融洽。老王的幽默诙谐更是深入人心。

6.1982年4月18日,《新民晚报》第5版《照相机是你的吗》一文介绍了一次法庭辩论。请看这次庭审的一段记录。试问审判长和证人各自运用了什么推理手法？哪一个对,为什么？

审判长:(问证人)"照相机有什么特征吗?"

证人:"有……这架照相机与众不同,有一个暗钮,不熟悉的人是找不到这个暗钮的,也就打不开照相机。"

审判长:"被告,你把这架照相机打开。"

被告:"审判长,假如我把它打开,那就证明照相机是我的,是吗?"

审判长:"不对,打开了并不证明一定是你的;而不能打开,那就证明一定不是你的。"

第十章 口语表达的必备技能(中)
——口才基本技法

▶ 第 一 节 模 糊 技 巧 ◀

一、模糊言语的含义与特点

(一)模糊言语的含义

模糊言语是由模糊词语和模糊言辞构成的。模糊词语反映自然界和社会生活中表现出来的模糊性,其意义的模糊具有客观性。1965年,美国加利福尼亚大学教授查德首次提出模糊集理论。他指出,在现实物质世界中遇到的客体,经常没有精确规定的界限(如细菌是否属于动物类,划分是模糊的),可以叫作 fuzzy sets(译为模糊集,即由模糊概念所组成的集)。查德甚至认为:"在自然语言中,句子中的词大部分是模糊集的名称,而不是非模糊集的名称。"这个观点说明,语言中不仅有模糊词语存在,而且它们在表达中也被大量运用。模糊词语,即词语意义的模糊性,主要表现为以下三种情形。第一,界限不确定。如轻重、高矮和美丑,贫穷与富裕,发达与不发达,满意与不满意等现象之间并没有一条泾渭分明的界限。第二,语义较笼统。如"你去弄点吃的来"中"吃的"意义就十分笼统。什么样的"吃的"? 可以是生的,也可以是熟的;可以是米饭,也可以是馒头;可以是鸡鸭鱼肉,也可是蔬菜水果,如此等等,并不具体明确。第三,义可多解,即交际中有些话语可以作两种以上的理解。如"没有做不好的事情",既可理解为"没有做坏事",也可理解为"什么事情都做得好"。又如"留下了十分深刻的印象",是好是差,均可称印象"十分深刻"。模糊言辞是人们使用语言时故意造成语义模糊所形成的话语。这种意义的模糊具有主观性,是人们在言语表达活动中为适应某种需要而刻意为之的。例如,指控某国外交官"进行不符合外交身份的活动",就是故意造成的模糊。反映客观实际的模糊词语和表现主观意图的模糊言辞构成模糊言语。为了适应交际的特别需要或出于表达策略的考虑,表达者可采用模糊言语来表达。所谓模糊表达,就是为了适应特定情景或交际意图的需要,运用那些概念上没有明确外延、语义上比较含糊笼统的言语来表达的一种方法。

人际交往过程中,不可能也不需要在任何场合、任何语境中都使用绝对精确的语言。不过,人们交流的信息应该是准确的。这准确的信息,既包含精确的信息,也包含模糊的信息。特定情景中的表达,精确反而并不准确,模糊才能恰如其分地准确。这就需要我们正确地理解和恰当地运用模糊言语来表达。

(二)模糊言语的特性

现代模糊语言学理论认为,模糊性是思维的自然属性,也是语言的自然属性,它与语言的明确性一样,都是语言本质属性的一种表现。具体地说,模糊言语有以下特性。

1. 语义范围的宽泛性

模糊言语的语义范围,从表层看是明确的,而从深层看则是模糊的。例如"漂亮",似乎是明确的,但"漂亮"的范围起码可分为"比较漂亮""漂亮""很漂亮"三级。因此,从深层语义上看,这个"漂亮"又是模糊的。不仅如此,评判者在评判时,还往往带着个人的审美情趣、生活经历和心理状况等主观因素,因而对同一对象的判定往往存在着差异。上举"漂亮"一例还可以证明,在"是"与"非"的定性表述上,模糊言语是明确的;但在"如何"或"多少"的定量表述上,则是模糊的。可见模糊言语的语义范围是宽泛的。

2. 描述对象的适应性

模糊言语的语义比较宽泛,与精确言语相比,它更适应所描述的对象。例如"高高的个子"就比"1米8的个子"具有更强的适应性。

3. 言语表达的灵活性

在口语交际中,有时因不能从容周密地思考,有时因不能精确地掌握某些数据,有时因特殊理由不愿、不能或不便精确地表述,就需要采用模糊言语。模糊言语可使口头表达随机应变,灵活主动,具有暗示性和策略性,使交际生动活泼,不僵化呆板。例如,有些领导在讲问题时常常这样说:"绝大多数同志是好的,少数同志还存在一些问题,个别同志相当差。"使用这些模糊判断语言,一方面可以起到警醒作用,促使有问题者改正错误;另一方面则避免了直呼其名的刺激性,维护了较差同志的自尊心。

4. 表达效果的严密性

模糊言语具有语义的宽泛性和描述对象的适应性,由此可以取得准确、严密的表达效果。例如在外交活动中,如果不是预先已有的安排,那么,对于别国元首提出的访问邀请,可以愉快地回答:"将在方便的时候到贵国访问。"这个"方便的时候",宾主并不确切地知道。定下日期很快进行访问,说明"方便的时候"已到;此后很久才访问甚至不能成行,也不算食言,说明"方便的时候"姗姗来迟甚至是还未到。还有什么样的回答比"方便的时候"更准确、更严密呢?

二、模糊言语的内容类型

根据模糊言语所反映的客观对象的不同,模糊言语常见的类型主要有以下八种。

1. 模糊时限

例如,表刚刚过去的:"前不久""好几天前"。表到目前为止的:"最近一个时期以来"。表将来的:"三五天以后""不久的将来""过两天(再说)"。

2. 模糊处所

例如,"天安门附近""离东湖不远""中山公园斜对面"等。

3. 模糊数量

例如,表年龄的:"20多岁"。表长度的:"10米左右"。表重量的:"七八百千克"。表人数的:"上万人"。表事物种类的:"数十种"。

4. 模糊目标

模糊目标存在着种种不确定因素，具有随机性和模糊性，如"力争按时完成市政建设的各项任务""去市场买点菜"。

5. 模糊条件

例如，"我们需要一个年轻的、工作能力强的人事科长"等。

6. 模糊方式方法

方式方法是指说话做事所采取的程序和形式。如果没有明确规定具体的可供运用的方式方法，只用抽象笼统的言辞来说明，则属于模糊的方式方法，这就具有伸缩性和模糊性。如"这孩子必须好好管教"中的"好好"，就没有说明是采取哪一种形式，是"打一顿""罚一下"，还是"耐心开导"？又如"你要认真查一查""狠抓考风的转变"等。

7. 模糊程度

表模糊程度主要用程度副词，如很、极、非常、有点儿、稍微等；其次是形容词，如好、聪明、长、短、胖、瘦等。

8. 模糊主观评判

主观评判是主体对客体的一种评价，一般缺少确切的标准，有时甚至因人而异，在表达上属于一种模糊评判。如"这件大衣你穿上很合身""这件大衣你穿上挺帅"，就是两种模糊评判。不过，前者属于单因素模糊评判，后者属于多因素综合模糊评判，是就大衣穿上后合身适体、色调配合、气质协调等诸多因素显示的综合结果而言的。

三、模糊表达的方式与技巧

我们已经知道，模糊言语根据所反映的客观对象不同，主要有模糊时限、模糊处所、模糊数量、模糊目标、模糊条件、模糊主观评判、模糊方式方法和模糊程度等类型。在言语交际之中，这些类型的模糊言语的运用，适宜于下列三种情形：一是没有必要运用精确言语，只需使用模糊言语；二是不便或不允许使用精确言语，只能使用模糊言语；三是不可能使用精确言语，只能使用模糊言语。由此可见，模糊表达是人际交往中的一门必不可少的艺术。正如波兰语义学家沙夫所言："交际需要语词的模糊性，这听起来似乎是很奇怪的，但是，假如我们通过约定的方式完全消除了语词的模糊性，那么，正如前面已经说过的，我们就会使我们的语言变得如此贫乏，就会使它的交际和表达的作用受到如此大的限制，而其结果就摧毁了语言的目的，人们交际就很难进行，因为我们用以交际的工具遭到了损害。"这段话说明了模糊言语的重要性，说明了模糊表达的必要性。模糊表达主要有以下三种方式。

（一）伸缩式模糊法

伸缩式模糊法是为了适应特定交际的需要，用含义宽泛、富有伸缩性的言语来表达的一种方式。例如：

1978年黄文欢同志于出国途中辗转来到北京，并于8月9日举行了记者招待会。一名英国记者问他是什么时候到达北京的，黄文欢说："我记得不很清楚是什么时候到北京的，只记得我到北京的时间距离今天不久。"

在上例中，黄文欢说的"记得不很清楚""我到北京的时间距离今天不久"等话语，表达了模糊程度和模糊时限,具有较强的伸缩性。这样的回答不仅无懈可击,而且增添了传奇色彩。

(二)两可式模糊法

两可式模糊法是运用模棱两可的言语来表达的一种方式。例如:

> 楚灭秦时,项羽自尊为王,封刘邦为汉王,打算让刘邦去南郑。项羽的谋士范增反对,说:"南郑那地方,内有重山之固,外有峻岭之险,让刘邦去,岂不是放虎归山吗?"项羽问:"有什么办法杀他吗?"范增说:"有办法,等刘邦上朝,大王就问他:寡人封你去南郑,愿不愿意去? 如果他愿意去,你就说:我早就知道你愿意去,那里是养兵练将、聚草屯粮的好地方,养足了锐气好跟我争天下,对不对? 这就证明你有反我之心,绑去杀了! 如果他说不愿去南郑,你就说:我知道你不愿意去,楚怀王有约在先,谁先入关,谁为王,你先入了关,你应为关中之王,叫你上南郑去,你怎么会愿意呢? 既然不愿意去,就是要在这里反我。与其如此,不如现在就把你杀了。"这时刘邦上殿,参见项羽。项羽说:"寡人封你到南郑去,愿不愿意去?"项羽问得很急,刘邦听后,心中纳闷,虽然愿意去,却不敢表白,于是说:"大王,臣食君禄,命悬于君手。臣如陛下坐骑,鞭之则行,收辔则止,臣唯命是听。"项羽一听,无可奈何,只好说:"你要听我的就不要去南郑了。"刘邦说:"是,臣遵旨。"

在此次交际活动中,项羽的谋士范增的目的十分明确,让刘邦在两种可能之中作出选择,无论如何都要置刘邦于死地。刘邦的确为政治斗争和政治谈判的老手,他跳出了对方的话语控制,既没有说愿去南郑,也没有说不愿去南郑,而是请对方为他决定——不置可否不表明态度,使得项羽无法给他定罪。也许刘邦并不知道项羽在设计杀他,但他在特定条件下——"人为刀俎、我为鱼肉"的环境中运用模糊语言成功地保全了性命。这从一个方面说明了模糊表达的必要性。

(三)闪避式模糊法

闪避式模糊法是根据特定场合和交际目的的需要,机智地避开确指性内容而用泛指性的话语来表达的一种方式。

闪避式模糊表达的特点是话语中没有提供任何新的信息,没有任何实质性内容,似说非说,但表现出巧妙的言语机智。例如:

> 《吕氏春秋》中记载了庄伯与其父亲的这样一则答辩:那时没有钟表,便以太阳的方位来定时间的早晚。楚国的柱国庄伯想知道现在是什么时候了,便对父亲说:
> "你去外面看看太阳。"
> "太阳在天上。"父亲说。
> "你看看太阳怎么样了?"
> "太阳正圆着呢!"
> "你去看看是什么时辰?"
> "就是现在这个时候。"

尽管儿子庄伯是柱国，也即是全国最高武官，地位显赫，但父亲毕竟是父亲，儿子随意支使父亲，父亲当然不高兴了。因而对于儿子庄伯的要求不愿答复，便用闪避模糊法来应对。

闪避模糊法的主要作用在于防御而不在于进攻，但也往往能表现出论辩者灵巧的应变能力和巧于周旋的聪明才智。它与其他表达技法结合在一起使用，可以形成许多变式。

1. 借代闪避

在言语交际中，当碰到一些难以回答而又不得不回答的提问时，我们不妨用借代的方法，借用其他事物来代替我们所要讨论的问题，这样便可以达到回避对对方问题作实质性回答的目的。比如：

据说，有人曾向耶稣提出这么一个问题：

"我们应当向恺撒大帝纳税吗？"

耶稣一听，马上明白了提问者的诡诈。因为如果说"没有纳税的必要"，这个人即可以叛国罪告发耶稣，后果不堪设想；如果说"应该纳税"，就会使他的弟子失望，表明他是屈从皇家权力的人，而当时的民众都在重压下挣扎呻吟，痛苦万状。

这时，耶稣向旁边的人借了一枚罗马金币，然后问发问者：

"金币上面的画像是谁？"

"是恺撒大帝。"

"那么属于恺撒的东西就应该给恺撒，属于神的东西就还给神吧！"

耶稣面对对方暗藏杀机的发问，机智地使用借代闪避法来回答。他借用一枚罗马金币来代表对问题的答复，而对问题的实质则不直接作出肯定或否定，这就巧妙地达到了回避的目的。

2. 返还闪避

返还闪避术就是将对方的问题推回给对方，要对方自己作答，而自己则达到回避论敌提问的目的。例如：

一次，《亚细亚报》记者万士同采访蔡锷。

万："鄙报为国民喉舌，请教蔡将军的政见。"

蔡："我喉头有病，有你这个喉舌就行了。"

万："孙中山在海外宣传讨袁，将军是辛亥元勋，想必引为同调。"

蔡："中山之徒不是也有给袁总统筹办帝制的吗？"

万："对，对。不过梁启超先生反对帝制的大作，你总该深表同情吧？"

蔡："梁先生是我的老师，袁总统是当今国家元首，我该服从谁呢？"

万："是啊，该服从谁呢？"

蔡锷一次又一次地巧妙地把问题推回给了对方，回避了对方的问题，这就是返还闪避法。使用返还闪避就像将敌人扔过来的手榴弹抓起来反投过去一样，结果是在敌人的头顶开了花。使用这种方法必须当机立断，不可拖延，稍有迟疑，就有失败的可能。

3. 转意闪避

转意闪避就是故意歪曲对方问话的原意，然后进行回答，借以达到回避对方问话目的的答辩方法。

小仲马是一个极富幽默感的作家。有一次,一个爱缠人的家伙想知道小仲马最近在做什么。小仲马回答道:"难道你没有看见? 我在蓄络腮胡子!"

对方问话的原意显然不是在于打听小仲马是不是蓄络腮胡子,但是小仲马巧转话意,一句变答,便轻而易举地摆脱了对方的纠缠。

使用转意闪避术必须注意,语言表达必须委婉含蓄,隐蔽自然,不留斧削痕迹。又如,约翰·洛克菲勒是世界有名的富翁,但他日常开支方面很节俭。一天,他到纽约一家旅馆去投宿,要求住一间最便宜的房间。旅馆经理巧言相劝道:

"先生,您为何要住便宜的小房间呢? 您儿子住宿时,总是挑最豪华的房间呀!"

洛克菲勒答道:

"不错。我儿子有个百万富翁的父亲,可我没有呀!"

经理的问话中,略有微词,似乎洛克菲勒是小气、吝啬的人。可是洛克菲勒从容作答,将自己是否有钱的问题巧妙地改换成了父亲是否有钱的问题来回答,这样既道出了创业者的真实性格,又没留下刻意省钱的痕迹,从而顺利地摆脱了困境。

4. 转类闪避

有的概念是以事物的个体为反映对象的,比如,"我班有 40 名学生",这里的"学生"是以学生的个体为反映对象的。有的概念反映的是事物的类别,比如,"我班的学生有两类:男学生和女学生",这里的"学生"反映的是学生的类别。反映事物个体的概念与反映事物类别的概念是不相同的,不容混淆。但是,在某些特定的交际场合,为了回避对方提问,不妨故意混淆它们之间的区别来达到目的,这就是转类闪避法。例如:

一天,乾隆皇帝闲来无事,想难为大臣刘墉,问他:

"京师九门每天出去多少人? 进来多少人?"

刘墉伸出两个指头:"俩人儿!"

"怎么只俩人儿?"

刘墉说:"万岁,我说的不是两个人,而是两种人:一是男人,一是女人——这不是俩人儿吗?"

乾隆又问:"你说一年生、死各多少人?"

刘墉答:"回奏万岁,全大清国,一年生一人,死十二人。"

"照此下去,岂不是没人了吗?"

刘墉说:"我是按属相来说的。比方说,今年是'马年',无论生一千、一万、十万、百万,都属'马',故此说一年只生一个。而一年当中,什么属相的人都有死的,不管死多少,总离不开十二属相,所以我说一年死十二个。"

京师九门每天进出多少人,没有统计,无法回答;全大清国一年生、死多少人,也没有统计,也无法回答。因此,刘墉机智地将以事物个体为反映对象的概念转换为以事物类别为反映对象的概念,用人的性别和属相作答,从而有效地达到了回避对方难题的目的。

5. 条件闪避

条件闪避法就是通过设定某种条件来达到回避难题目的的一种答辩方法。

有些语句脱离一定的条件,单独地来看,它是假的;但是,通过设定一定的条件,把它放在一定的条件下来讨论，它又可以是真的。因而当我们要回答一些难以回答的问题时，可以通过设定条件来缩小我们语句的适应范围，从而达到回避对方提问的目的。比如南齐王僧虔就曾用这种方法巧妙地回避齐太祖的提问。

> 南齐王僧虔是晋代王羲之的四世族孙，他的行书、楷书继承祖法，造诣很深，是当时著名的书法家。南齐太祖萧道成也擅长书法，而且不乐意自己的书法低于臣下。一天，齐太祖提出，一定要与王僧虔比试书法的高下。君臣两人都认真地各写完一幅楷书后，齐太祖得意地问王僧虔："你说说，谁第一，谁第二？"
>
> 王僧虔眉头一皱，计上心来，便从容答道："臣的书法，人臣中第一；陛下的书法，皇帝中第一。"
>
> 齐太祖听了，只好一笑了之。

王僧虔要么回答"齐太祖第一"，要么回答"自己第一"。若回答齐太祖第一，既违背事实，又压抑了自己；若回答自己第一，这样又会得罪皇帝。对于这样棘手的问题，他巧妙地设定条件，把它分别放在"人臣"与"皇帝"的条件下来讨论。自己的书法在以人臣为对象的条件下来说，是第一；陛下的书法在以皇帝为对象的条件下来说，也是第一。这样便回避了尖锐的矛盾，既没贬低自己，又使君王得到满足。

6. 循环闪避

有些语句，甲句需要乙句来解释，可是后来乙句又倒过来需要甲句来说明，这就是语句的循环。在论辩中，巧妙地利用这种语句的循环现象，可以有效地达到回避论"敌"提问的目的。例如：

> 王安石的儿子王元泽年幼时，有个客人送给他们家一头小鹿和一头小獐，同关在一个笼子里。客人问王元泽："你知道哪只是獐哪只是鹿吗？"
>
> 王元泽从未见过鹿和獐，沉思良久，答道："獐边上的是鹿，鹿边上的是獐。"
>
> 客人对王元泽的答复大吃一惊。

王元泽回答哪头是鹿时要用獐来说明，而指出哪头是獐时又倒回来要用鹿来解释，这就构成了循环。王元泽对于这个难以回答的问题使用循环闪避法便巧妙地应付过去了。

7. 重言闪避

重言命题又称为永真命题，它不管在任何情况下都是真的。尽管它在任何情况下都是真的，可是又不可能提供给对方所希望得到的知识，因而它被认为是无意义的。在交际中，当我们面对一时难以回答或不愿直接回答而又不得不回答的问题时，不妨采用重言命题的形式。这样既不至于说假话，又可以巧妙地达到回避对方提问的目的，这就是重言闪避术。例如：

①"你什么时候结婚？"

"我结婚的时候结婚。"

②"你去什么地方？"

"我去我将要去的地方。"

这种答话毫无意义，却又永远为真。

8. 实话闪避

实话闪避法就是用叙说人人都知道的事实、常识和规律等的方式来回避难题的一种

方法,其特点是说了等于没说,信息量为零。例如:

有人向瑞士著名教育家彼斯塔洛奇提出这样一个伤脑筋的问题:"您能不能看出一个小孩长大后成为什么样的人?"

"当然能,"彼斯塔洛奇很干脆地答道,"如果是个小姑娘,长大一定是个妇女;如果是个小男孩,将来准是个男人。"

小姑娘长大后是妇女,小男孩长大后是男人,这是众所周知的事实,这种话对一般人来说所提供的信息等于零,是一句废话,但它又是真的,提问者的用意显然不在于此。彼斯塔洛奇正是用这种大实话回避了对方提出的只有占卜先生才能回答的怪问。

9. 假话闪避

假话闪避就是用说假话的方式来回避难题的一种言语技巧。例如:

在一次中外记者招待会上,一位西方国家的新闻记者提出这样一个问题:

"最近,中国打下了美制U−2型高空侦察机,请问,使用的是什么武器?是导弹吗?"

对于这个涉及国防机密的问题,陈毅副总理并没有以"无可奉告"顶回去,而是风趣幽默地举起双手在空中做了一个动作,然后有几分俏皮地说:

"记者先生,我们是用竹竿把它捅下来的呀!"一句话引起一阵哄堂大笑。

陈毅的答话妙就妙在用众所周知为假的话语,幽默而又风趣地达到了回避对方提问的目的。

有必要指出的是,假话产生的前提应为不得不说,而且应是积极的、合乎道德的、无可非议的,是适应特殊言语交际环境的一种特殊的表达技巧。如果为了谋求一己私利而讲假话,就是一种卑劣的应受到谴责、惩罚的行为。

值得注意的是模糊表达不等于含糊其词、语无伦次,模糊表达是服从特定表达的需要,是有意识地使用含义较灵活的语句,表达者的目的是明确的,思路是清晰的;而含糊其词、语无伦次则是思路杂乱、逻辑混乱、语言表述不清的表现。此外,模糊表达有一定的局限性,在一切需要明确表达的言语环境中,它就失去了积极意义。

▶ 第二节　委婉技巧 ◀

一、委婉言语表达的含义

委婉表达是相对于直述而言的,直述的特点是不隐晦曲折、拐弯抹角,叙事直截了当,表态旗帜鲜明,抒情真切自然,而委婉的言语表达则不是直言表达本意,而是用与本意相关、相似的说法来烘托暗示本可直说的意思。

在日常交际中,总会有一些不便直说、不宜直说、不忍直说或不想直说的话语,于是,便产生了"遁词以隐意,谲譬以指事"的委婉说法。委婉说法一般由表意和本意两部分构成。表意,是表面意义,是说话人明白说出的言语,它是构成委婉的基础,是寄寓本意的"外壳";本意即隐含意义,是潜蕴在表意之中通过表意联想引申而获得的话语意义,是说话者表达的主旨意图所在。表意与本意构成一个有机的整体,两者既有区别又有联系。

唯其有区别性，才能显示出表达的委婉；唯其密切联系，表意才能引申或暗示出本意，使听者从联系中透过其表意察知本意，达到交际的目的。

委婉表达是为了避免不良的情感刺激，避免尴尬场面的出现，使交际过程谈吐优雅，从而形成融洽、谐和、高雅的交际氛围。对此，英国著名语言学家查弗里·N.利奇曾作过如下分析："情感联想在词的含义中显得特别重要的词语，决不限于种族和政治这样的范围。在个人生活中，像死亡、疾病、犯罪、惩罚这类事情，不可避免地要产生不愉快的联想。正是对于这类话题以及有关性和人体排泄那些人们忌讳的话题，委婉语，这种语言中的'消毒剂'必然要产生影响。委婉语（在希腊语中是'谈吐优雅'的意思）就是通过一定的措词把原来令人不悦或比较粗俗的事情说得听上去比较得体，比较文雅。其方法是使用一个不直接提及事情不愉快的侧面的词来代替原来的那个令人不悦的内涵的词。"因此，运用委婉表达，往往可以使本来也许是困难的交往变得顺畅起来。这说明委婉表达在交际过程中是必须掌握的一种语言艺术。

二、委婉言语表达的要求

（一）委婉要本意明确

运用委婉语，虽然把本意隐含在表意之中，但决不意味着艰涩隐晦，让听者不解其意。如果一味追求奇巧而含糊其词，令人费解甚至误解或是根本听不懂，那就不是委婉了。不直述本意，正是为了艺术地表达本意，让对方和颜悦色地接受本意，所以，委婉表达须主旨清楚，本意明确，让对方能够通过表意领悟本意。

（二）委婉要谦和得当

委婉，按字面意义，"委"为曲折、弯转，而"婉"为柔和、温顺、美好。它们合起来，作为一种表达形式，可以解释为：说话语气温和，言辞柔美，语义曲折含蓄却不失本意，并且令人易于接受。这就是说，委婉表达不仅在于内容真实、深刻，而且更重要的是态度谦和有礼貌。然而，委婉不是无能的表现，语气柔和却不柔弱，态度谦和却不随和。这就要求委婉表达时应该谦和得当，做到情、理、趣、雅的和谐统一。

（三）委婉应认清对象

所谓认清对象，是指认清对方的领悟能力。对委婉言语，对方不仅应有听清字面意思的听知能力，更重要的是具有推断、弄懂内蕴意义的能力。对方如果没有这种能力，就不宜使用委婉言语。

三、委婉言语表达的方式与技巧

（一）利用修辞方式构成的委婉表达

委婉表达主要是利用修辞手法构成的，常用的修辞手法是讳饰、婉曲、双关、反语、析字、歇后等。下面以讳饰、婉曲、双关、析字为例予以说明。

1. 讳饰

表达时不直接说出犯忌或不雅的语词，而用能够掩盖或美化的同义或近义语词替代之。讳饰表达的心理基础是，尽量避免或减少令人不快的情感刺激因素，增加令人愉快的信息成分,使对方容易接受。讳饰可分为掩饰和美饰两类。

1)掩饰

掩饰是指对犯忌、不雅的事物或情况运用另一种语意相关又较文雅的说法加以回避、遮掩。例如:把"聋子""瞎子""跛子"分别说成"耳朵不便""眼睛不好""腿脚不灵",把"其貌不扬"说成"长得困难些",把"跳崖自杀"说成"从高处自行坠落"等,都是一些回避、遮掩的说法。

2)美饰

美饰是指运用美好、高雅的言辞来替代犯忌、不雅的语词。美饰说法较多,如在政治外交场合,将"经济落后国家"称为"发展中国家",把"被驱逐出境的人"说成"不受欢迎的人",以"遗憾"替代"不满",用"无可奉告"表示"拒绝回答"等,都是美饰措辞。

2. 婉曲

说话时遇有使人敏感生厌或欠雅难言之处,就不直说本意,而用一些温和柔美或隐约闪烁的言语来表达。婉曲可分为婉言和曲说两种。

1)婉言

婉言是指在特定的交际语境中,当不能、不便或不愿说出本意时,换一种与本意相当或类似的言辞来表达的方式。例如:

> 1937年,老舍住在冯玉祥家中写作。一次,冯将军的二女儿在楼上跺脚取暖,打扰了老舍在楼下构思作品。吃饭时,老舍笑着对冯二小姐说:"你在楼上学什么舞啊? 一定是刚从德国学来的新滑稽舞吧?"众人大笑起来。

在上例中,老舍不直言冯二小姐打扰了他对作品的构思,而是用"在楼上学什么舞"的婉言来表达"跺脚声干扰了写作"的本意。这种幽默含蓄的委婉表达,冯二小姐很容易接受。

2)曲说

曲说是指在特定的言语环境中,不直接说出本意,而用叙说、描述与本意相关、相类似的事物的方式来曲折地表达本意。例如,针对某地公路状况不佳,说:"这条路啊,下雨是'水泥路',天晴是'洋(扬)灰路'。"在谈笑之间形象地提出了批评意见。

3. 双关

双关是指在一定的言语环境中,运用一个语音、一个语词或一个语句,同时关联两种不同的事物,表达双重含义,以取得言在此而意在彼的表达效果。双关,是运用明确的字面意义去表达暗蕴的深层意义。例如:

> 齐人蒯通,知天下权在韩信,欲为奇策而感动之,以相人说韩信曰:"相君之面,不过封侯,又危不安;相君之背,贵乃不可言"。(《史记·淮阴侯列传》)

在上例中的"背",明指"背脊、背后",实劝背叛。在不明确知道韩信态度的情况下,蒯通不能直接劝说韩信反叛刘邦自立为王而三分天下,只好假以相面,用这种曲折的方式来表达。运用双关含蓄委婉地表达本意,可采取同词双关、表里双关、多义双关、借物双关和对象双关等方式进行。

4. 析字

汉字是一种表意体系的文字,它虽然是由点、横、竖、撇、捺等基本笔画构成的,但许多汉字是可以拆开并且可以表述一定意义的。析字可分为化形法和释形法两种，下面以释形法为例来说明。所谓释形法，就是把与表述相关的字拆开并解释汉字构成部件的含义以表述本意。例如：

> 1945年重庆谈判期间，重庆文艺界名流邀请毛泽东作了一次演讲。演讲后，有人问他："假如谈判失败，国共全面开战，毛先生有没有信心战胜蒋先生？"毛泽东同志说："蒋介石的'蒋'字是将军的'将'上加棵草，他不过是个草头将军而已。"话音刚落，众人便哄堂一笑。

在上例中，毛泽东没有直接回答说"有信心战胜蒋"，而是信手把"蒋"字拆开，说成是"草头将军"，十分委婉且明确地预告了蒋介石发动反人民的内战必然会失败的结局。

（二）利用句式构成的委婉表达方式

在特定的言语环境中，通过选择运用一定的句式，可以取得委婉的表达效果。最常用的有以下三类。

1. 疑问句式

疑问句式是指用设问的方式包孕不确定的语义来表达自己的本意。例如：

> 一次，周总理在听取卫生部的汇报时，他插话问了两句："为什么把防治写在一起，而不把以防为主专写一条呢？""预防中不能加一点具体运动吗？"

在上例中，周总理的观点是要把以防为主专写一条，预防中应提倡某种具体的运动形式，但他没有直说，而是用征询性疑问句式说出，很委婉地表达自己的意思。这种委婉方式具有协商性，显得态度温和，不强加于人，故而容易为对方所接受。

2. 否定句式

否定句包括句子成分中有"不""没""非""没有"等否定词的句子和不带否定词的反问句。运用否定句式，是从反面表述某种否定的看法或情况的，语气一般比较灵活、缓和一些，例如：

> 当然，这些人有的不是没有错误，犯了错误，作了自我批评，就有了正反两方面的经验嘛。

在上例中，"不是没有错误"是"有错误"的意思，但与直说"有错误"相比较要显得婉转一些，容易让人接受。

3. 利用逻辑手段构成的委婉表达方式

利用逻辑手段构成的委婉表达方式如暗换概念、隐含判断、推理省略、揭示矛盾等，同时往往会产生幽默风趣的效果，因此放在幽默的技法中予以探讨，这里不再赘述。

委婉表达方式除上述三类外，还有多种形式，像用典（如诸葛亮用重耳外出流亡以避杀身之祸的典故来给刘琦出谋划策）、迂回（如触龙说赵太后）等，这里就不再一一讨论了。

四、委婉表达的功能

（一）创设和谐氛围　对方容易接受

在人际交往中，如果不顾对方的心理承受能力，不顾习俗、场合的忌讳，信口说出一些不敬、不雅或犯忌的话语，就是一种缺乏修养的失礼行为，极易引起厌恶和反感，破坏正常的交际氛围,影响人际关系和表达效果。而适应语境的委婉话语,既可以塑造文雅而有礼貌的自我形象,又可以创设和谐的气氛,对方也容易且乐于接受。例如,同样是解决本班学生坐教室前六排的问题,某大学中文系一班班长的说法是:"为了确保本班学生有座位,旁听生不得坐前六排。"二班班长的说法则是:"为了尽可能让在我班听课的旁听生有座位,请本班同学坐前六排。"很显然,一班班长是直言对旁听生的要求,结果关系僵化,气氛较为紧张;二班班长虽是对本班学生提出的要求,但实际上也是不让旁听生坐前六排,然而,其委婉说法对对方表示了尊重,且搭好了台阶,对方也就能心悦诚服地接受。

(二)保持主动地位　伸缩灵活自如

委婉的话语,重在启发对方去思考领悟所蕴含的意义。对表达者而言,由于没有直陈本意,又不失本意,不离原则,因而也就没有授人以柄,避免自己陷入被动地位。这种交际功能在外交活动中发挥得最充分。像"表示关切""不能无动于衷""将不得不重新考虑本国的立场"等,都只是笼统地表示了态度,但并没有说出具体确切的内容。以后采取何种行动,都能得到合理的解释。由此可见,这种委婉说法,任何人都无法找到任何把柄,它与直言不讳相比,可以使自己保持主动地位,进退灵活自如。

(三)展示机巧聪慧　能够以柔克刚

委婉表达语气温和,能体现说话者的善意,常常伴以得体的微笑、谅解的神情,因而较少刺激性,是处理分歧、矛盾、异议的良好言语形式,对于否定、贬斥、批评性讲话有特殊的效果,运用得当可以表示对听者的尊重,避免矛盾激化,同时又展示说话者的机智和风度,是具有较高口语表达能力的表现。例如:

　　1988年10月2日,有位律师在九江市一个体餐馆吃中饭,其中有一碗猪肝汤。不料,汤端上来后,发现上面浮着一只蚊子。顿时,他胃口大倒,肝火上窜,但抬头看见食客济济一堂,纷至沓来,便冷静了下来。想了一下,便轻轻叫住经过身旁的伙计,让他把老板请过来。然后,不被旁人觉察地用风趣的语气对老板说:"你瞧,这只可爱的蚊子倒未请先尝了,请你告诉我,我如何对它的侵权行为打官司呢?"老板望着汤中那只蚊子,负疚而感激地说:"真对不起,谢谢您……"不一会儿,老板亲自端上一碗飘香的猪肝汤,碗里的猪肝也格外地多。结账时,老板坚持算他请客,律师当然未接受。于是,老板亲切地送出门外,又送了一程。临别时对律师钦佩地赞道:"您是我们餐馆最尊贵的客人。"

由此可见,委婉表达不仅能以柔克刚,平和地解决纠纷,而且能充分表现说话者的语言机智和文化修养,使之成为人际交往中颇受尊敬与欢迎的儒雅之士。

▶ 第三节　幽默技巧 ◀

一、幽默言语的含义

幽默,是英文humour的音译。英文的humour有"会心的微笑""谑而不虐""非低级趣味的,只可意会的诙谐"等意义。在口才艺术中,幽默则是运用意味深长的语言再现现实生活中喜剧性的特征和现象来传递某种特殊信息的一种表达技巧。幽默言语，往往三言两语，就妙趣横生，不仅使人忍俊不禁，而且能使人领悟到其中蕴含的智慧和哲理。请看下面的一段对话：

　　　　毛泽东转战陕北时，有一天夜间进入田次湾，十几个同志与毛泽东挤在一座窑里睡，房东大嫂不安地一再说：

　　　　"这窑洞太小了，地方太小了，对不住首长了。"

　　　　毛泽东听了这话，依着房东大嫂说话的节律喃喃道：

　　　　"我们队伍太多了，人马太多了，对不住大嫂了。"

　　　　房东大嫂和大家听罢都哈哈大笑起来。一阵会心的笑声，打消了房东大嫂的顾虑。

　　毛泽东面对大嫂的顾虑和自责，没有用平实的语言去劝慰，而是用模声拟态、对比、仿拟等方式予以调侃，既表达了达观的生活态度，又调节了与群众的关系。这就是口语表达中的幽默艺术。

　　幽默是思想、智慧、学识和灵感在语言运用中的结晶。恩格斯说过，幽默是具有智慧、教养和道德上优越感的表现。列宁则认为，幽默是一种优美的、健康的品质。幽默，按照其表现手段的不同，大致可分为幽默音乐、幽默动作、幽默画和幽默语言四种，而幽默百分之九十以上是通过语言手段实现的，所以，有必要学习和掌握幽默语言的表达技巧。幽默语言带有语言本身的特点，是利用语言的各种因素创造的，其具体特征表现为，语言材料的变异性、语言内容的机变性和语言组合的谐趣性。像上例中毛泽东依着那位大嫂说话的节律所言的"我们队伍太多了，人马太多了，对不住大嫂了"，就具有这些特征，其中最突出的是"语言组合的谐趣性"，因为平常是不会用那种方式说话的。由此可见，幽默语言一是饶有风趣，二是含义深刻，是用机智、诙谐的妙语引人发笑，用含蓄的、哲理的巧言耐人寻味，因而显得既文明又文雅。语言实践表明，幽默表达可以使生活显出盎然生机、勃勃生气，可以艺术地展现语言美。因此，在人际交往中发挥口才艺术时，应运用幽默这个法宝，去争取人生旅途中事业、工作、友谊、爱情的成功。

二、幽默言语表达的方式与技巧

　　幽默可以展现出表达者高雅的气质、良好的教养和睿智的头脑，可以博得听众会心的一笑，这是因为幽默本身就是一种创造。它是突破常理，从常规思维、定式思维中跳出来，将两种原来互不相干的事物或现象顺势用生动简练的语言贯穿起来，高屋建瓴、从容客观地作"趣味思想"而产生的。所谓"趣味思想"，就是"抓住一个情况，把它由里往外翻，或从下到上颠倒过来。站在新的角度去看它，看到它趣味的一面——即使情况看来似乎没有什么指望"。（［美］赫伯·特鲁《幽默的秘诀》）例如把"屠夫"说成是"搞动物解剖的"，就是以一种与众不同的方式思维，"抓住一个情况""翻"，将"杀猪宰牛的"翻出趣味来，使人产生惊异而顿悟的感觉，得到智慧的享受。幽默的创造要适合特定的语境和对象，往往是先创设悬念，并加以夸张渲染，然后巧妙转换，突然"抖开包袱"——这时，就产生出智慧的闪现——幽默和风趣了。幽默的表达是在运用一定的修辞手法和逻辑方式的基础上，辅之以语调、表情和体态等手段，将内容以诙谐有趣的形式表现出来。常见的幽默表达可分为以下三大类型。

（一）运用修辞方式构成的幽默表达法

利用修辞方式构成的幽默表达法常见的有夸张、比喻、婉曲、拟人、反语、对比、双关、降用、仿拟、倒引、讽喻、歇后、换义、移时等。下面以借代、拟人、仿拟、讽喻、移时、夸张、对比、反射为例予以说明。

1. 借代

例如：

> "要发挥知识分子的专长，用非所学不好。有人建议：对改了行的，如果有水平，有培养前途，可以设法收一批回来。这个意见是好的。'四人帮'创造了一个名词叫'臭老九'。'老九'并不坏，《智取威虎山》里的'老九'杨子荣是好人嘛！错就错在那个'臭'字上。毛泽东同志说，'老九'不能走。这就对了。知识分子的名誉要恢复。"

上例是邓小平同志在讲到尊重知识、尊重人才，充分发挥知识分子的作用时说的一段话。他风趣地把"老九"借代为"知识分子"，并引用毛泽东"老九不能走"这句话，幽默地表达了自己的观点。

2. 拟人

例如：

> 南唐时，课税繁重，民不聊生。恰逢京师大旱，烈祖问群臣说："外地都下了雨，为什么京城不下？"大臣申渐高说："因为雨怕抽税，所以不敢入京城。"烈祖听后大笑，并决定减轻赋税。

在上例中，申渐高巧借话题，把"雨"拟作有知觉且聪慧的人：惧怕进京城后要纳税，从而委婉地道出了"税收繁重，令人生畏"的意思，机智地讽谏烈祖减税，并取得了预期的效果。

3. 仿拟

仿拟是指根据一定语言环境的需要或提示，临时故意模仿套用已有且固定的言语形式来叙说的一种表达方式。其主要特点是套用现成的词、句、篇等言语形式来揭示所说事物的内在矛盾，以创造出全新的意境，使话语风趣生动，对比强烈，新颖明快。仿拟大致可分为仿词、仿句、仿篇三种。下面分别举一个仿词和仿句的例子。

1）仿词

例如：

> "当我说到蒋介石这个人不学无术时，毛主席摆了摆手，说：不，不，蒋介石是不学有术哩，不过这个术是权术的术！"

在上例中，毛泽东仿照"不学无术"这个成语，造出一个与此意义相对的"不学有术"来，并对"术"加以诠释，很深刻地揭露了蒋介石的为人，表达了一种幽默的嘲讽。

2）仿句

例如：

> 刘攽(bān)晚年苦患风病，鬓发、眉毛尽皆脱落，鼻梁也快要断了。一天，与

苏轼等数人一起饮酒，令各引古人语相戏。苏轼对刘攽说："大风起兮眉飞扬，安得壮士兮守鼻梁！"满座大笑。（宋·王群之《渑水燕谈录》）

在上例中，苏轼仿的是刘邦《大风歌》"大风起兮云飞扬，威加海内兮归故乡，安得猛士兮守四方"的首尾两句，两相对照，谐谑自然，趣味盎然，令人粲然。

口语表达中的仿拟，最常见的是上面举例说明的仿词和仿句。仿词是利用交谈中出现的词中某个语素的对义或反义临时仿造出一个变形体的新词，并且变形体的新词与被仿造的原形词形成对照，可增强话语的生动性和趣味性。如"不学无术"与"不学有术"。仿句是仿拟名言、名诗的句式造出新句，以表现新的内容。除上例类仿外，还有反仿，如我国著名数学家华罗庚曾反仿"观棋不语真君子，落子无悔大丈夫"，造出"观棋不语非君子，互相帮助；落子有悔大丈夫，纠正错误"之句，就很幽默地道出了为人处世的两条准则。

4. 讽喻

例如：

某单位组织一些退休老干部乘大客车外出旅游，上车时你谦我让，耽误了不少时间。开车后，一位老同志朗声对大家说道："我给大家讲个故事助兴：从前有一位妇女，怀孕10年才生下一对双胞胎。问这对双胞胎为何迟迟不肯面世，他们说，根据礼节，年长位尊者应该先行，但他们两个不知谁是兄长，就这样互相推让了10年，把妈妈生孩子的事给耽搁了。"这番话引得车上的老干部们面面相觑，继而哄堂大笑。

这位老同志是运用讽喻手法来讲故事的。所谓讽喻，是用富有机智和幽默情趣的并寄寓深刻哲理的虚构的故事，来阐明某种道理。上例就是借讲述一个寓言故事，生动形象地规劝大家不要过分谦让，以免浪费时间。友善的调侃，平添了一份诙谐情趣。

5. 移时

例如：

有位教师在讲授《有为神农之言者许行》一章，讲到许行穿的、戴的、用的都是"以粟易之"时，说："许行忙碌得很啊，今天去超市，明天到百货批发公司，后天又到工厂加工订货……"讲得同学们哈哈大笑起来。

在上例中这位老师运用的就是移时手法。所谓移时，就是在表达过程中，故意将发生于不同时代的事物拢在一起，以明显的时空错位来显示特殊的语言情趣。将"超市""百货批发公司""工厂加工订货"等现代事物，移到古代事情的解说之中，不仅学生听得入神，加深了对课文的理解，而且充分表现了讲述者丰富的想象力和幽默的情趣。

6. 夸张

例如：

里根在与布朗竞选加州州长时，对物价上涨加以猛烈抨击，他说："夫人们，你们都知道，最近当你们站在超级市场卖芦笋的柜台前，你们就会感到吃钞票比吃芦笋还便宜些。"还有一次，他说："你们还记得当初你们曾经认为没有什么东西可以代替美元吗？而今天美元却真的几乎代替不了什么东西了！"

在上例中，里根说"吃钞票比吃芦笋还便宜一些"，说"美元却真的几乎代替不了什么东西了"，显然言过其实，但这是运用夸张手法来攻击布朗的"政绩"，话语诙谐有趣，讽刺深刻有力。

7. 对比

例如：

> 一美国人同一法国人在谈论爱情。"在我们国家，"法国人说，"年轻人向姑娘求爱都是彬彬有礼、温情脉脉的。以后，两人相爱了。最初，年轻人开始吻姑娘的指尖，而后是手，耳朵，脖子……"
>
> "我的上帝，"美国人叹着气说，"这要在我们美国，在这段时间，他们早已度蜜月归来。"

在上例中，法国人的爱情可说是古典式的，而美国人的则是现代式的，随着这个美国人的一声叹气且和盘托出爱情巅峰状态，不仅形成鲜明对照，而且相映成趣，令人忍俊不禁。

8. 反射

例如：

> 小帕蒂把成绩单交给爸爸，爸爸一看有两门功课不及格，就冲着帕蒂怒气冲冲地喊道："你知道吗？华盛顿像你这个年龄时是全校最优秀的学生。"
>
> 帕蒂不慌不忙地回答："你知道吗？爸爸，像你这个年龄时华盛顿已经是美国总统了！"

在上例中，小帕蒂是运用反射的方式来反戏他爸爸的。所谓反射，就是在言语交际中，利用或套用对方的话来反驳、戏谑对方，使对话富有情趣，机智而诙谐。反射的主要特点是抓住对方话语的主要意义或个别概念来反戏对方。如小帕蒂成绩不怎么行，却能套用他爸爸训斥他的"你知道吗？""像你这个年龄时"反唇相戏，成功地为自己进行了辩护。

反射与仿拟不同，仿拟是仿照众所周知的既成的词语、句子、篇章和韵调，改变其中语素或内容，造成一种意义相反或相似、相近的新的语言成品，而反射则是现场套用对方的话语来戏谑、反驳对方，是一种语言回归，目的是以其人之道还治其人之身。

(二)运用逻辑方式构成的幽默表达法

运用逻辑方式构成的幽默表达法常用的有暗换概念、暗换论题、揭示矛盾、语词定义、隐含判断、运用推理等。下面分别介绍之。

1. 暗换概念

例如：

> 清代有个县令，十分贪婪，但偏要假装廉洁，他赴某地上任伊始，便在大堂上高悬一副对联：
>
> 得一文，天诛地灭
>
> 听一情，男盗女娼
>
> 但是，凡有人送钱送物，他照单全收，贪赃枉法的事层出不穷。
>
> 有人愤然指责说："什么'得一文天诛地灭，听一情男盗女娼'，全是假话，全是表面文章！"
>
> 一位老人听了，笑了笑说："不！县官大老爷的对联一点不假，绝不是表面文章，他是这样说的，也是这样做的。"旁人疑惑不解，老人继续说道："大家想想，大

老爷说'得一文',现在人家送的不是一文,而是几千文,几万文,他说'听一情',现在人家不是一人说情,而是成百人,上千人说情。这就不受'得一文''听一情'的限制了嘛!"

在上例中,对联中"得一文""听一情"联系下文其意为一文钱也不能收,一次情也不能徇,要秉公办事,否则便天诛地灭,男盗女娼。老者则根据贪官的作为,从字面上来据实解释"得一文"和"听一情"的意思,从而运用暗换概念的手法,很幽默地嘲讽了县官为天地所不容的行为。

2. 暗换论题

例如:

一名年轻的美国记者,要里根谈谈对联邦政府预算赤字问题的看法。里根总统回答道:"我并不担心,因为你已经长大了,能够自己照顾自己了。"说完,两人会心地笑了。

在上例中,记者所问的是一个严肃的国家宏观经济问题,里根却转移了这个论题,以微观的个体经济问题来回答,既回避了实质性的回答,又大大增添了谈话的幽默情趣。

3. 揭示矛盾

例如:

有一个地主,半夜催长工起床:"天亮了,还不起来干活?"长工说:"等我抓完了虱子就去。"地主说:"笑话,天还没亮,你怎么能看见虱子呢?"长工回答:"既然天还没亮,又怎么能干活呢?"

在上例中,长工正是抓住了地主一会儿说"天亮了",一会儿又说"天还没亮"的自相矛盾之处来反驳的,不仅突出了其言行的可笑性,而且揭示了地主抠门却愚笨的本质。

4. 语词定义

对词语进行解释是类似定义中比较常用的一种方法,这种方法叫词语解释,也叫语词定义。在言语交际中,对自己提出的某些词语根据言语交际环境和表达的需要作出符合词语字面意思的解释,使之与词语实际意思等明显地不协调,就会取得绝妙有趣的喜剧效果。例如:

胡适晚年定居台湾,曾讲过一个笑话,说现今的男人,也有"三从四得(德)"。"三从"即太太出门要跟从,太太命令要服从,太太说错了要盲从;"四得(德)"是太太化妆要等得,太太生日要记得,太太打骂要忍得,太太花钱要舍得。

在上例中胡适提到的"三从四德"是封建伦理道德对女性的要求,即"未嫁从父""已嫁从夫""夫死从子"和"妇德、妇言、妇容、妇功"。胡适先生根据现代社会的情况编出了新"三从四得(德)",且作了夸张式的解释,巧妙委婉地讽刺了一些家庭中的妇女"当权者"。

运用语词定义法要注意两点:第一必须是语词所能包容的含义,若超出范围,则为扯歪理了;第二解释的内容要有事实或事理做依据,言之有理,持之有据,方可服人。又如:

父亲教育儿子说:"聪明和守信用是你成功的关键。假如你答应了别人,哪怕是你倾家荡产,也应该实践你的诺言。这就叫守信用。"

"什么是聪明呢?"儿子问。

"聪明就是你别许这样的诺言。"

5. 隐含判断

例如：

> 有一天，苏格兰诗人贝恩斯在泰晤士河畔散步，看见一个富翁被人从河中救起。那个冒着生命危险营救富翁的穷人，竟只得到这个富翁一个铜元的报酬。围观的行人被富翁的吝啬激怒了，要把他再扔到河里去。这时，贝恩斯立即上前阻止道："放了这位先生吧，他十分了解自己的价值！"人群中立刻爆发出一阵哄笑声。

在上例中，贝恩斯是运用隐含判断的方式嘲讽这个卑鄙悭吝的富翁的。所谓隐含判断，是指潜存在某一判断(思想观点)之中的判断。"他十分了解自己的价值"这个判断中隐含着"他知道自己价值很低，就值一个铜元"的判断，委婉含蓄地揭示了这个富翁卑下的人格。

6. 运用推理

推理有三段论、假言推理、选言推理、二难推理、类比推理等形式，在特定的语境中，都可以用于幽默表达。下面以假言推理、二难推理和类比推理予以说明。

1) 运用假言推理

例如：

> 有位阔太太牵着一条哈巴狗上街，见了三毛想开心取乐，就对三毛说："只要你对我的狗叫一声爸，我就赏你一块大洋。"
>
> 三毛想了想说："喊一声给一块，喊十声呢？"
>
> "给十块。"
>
> 三毛躬下身去，顺着狗毛轻轻抚摸，亲亲热热地喊了一声"爸爸"，阔太太妖里妖气地笑了一阵，赏给三毛一块大洋。三毛连叫了十声，阔太太真的赏了十块大洋。这时，周围已挤满了看热闹的人，三毛笑眯眯地给阔太太点点头，提高嗓音，长长地喊了一声："谢谢你，妈——！"人们立刻爆笑起来。

在上例中，三毛出其不意地喊一声"妈"，简直妙不可言！其中包含着一个肯定式的充分条件假言推理：如果爸爸是狗，那么妈妈也是狗；爸爸是狗，所以妈妈也是狗。一句"谢谢你，妈——"，使那阔太太自取其辱，落为笑柄。

2) 运用二难推理

例如：

> 十年浩劫中，有一个造反派想把花园里的一盆花"拿"回家去，但不知道好不好，就去问那些被监督劳动的"黑作家"们。作家们都不想理他，推说不知道。这个造反派火了，指着赵树理说："你也不知道？"
>
> 赵树理说："我不是不知道，是不好说。我是'黑帮'，我说是香花，你们说是毒草；我说是毒草，你们说是香花……我说什么好呢？"

在上例中，赵树理用"左也不是，右也不是"的"二难"情况回答这个造反派的责问，十分巧妙，使他处于进退维谷的尴尬境地。

3) 运用类比推理

(1) 运用正确的类比推理。例如：

> 列车车厢内，一位年纪大的旅客对另一名年轻的旅客说："伙计，你不要吸烟

了，车厢内不准吸烟。""难道我在吸烟吗？""你嘴上不是叼着烟斗吗？""这能说明什么呢？我的鞋穿在脚上，可我走路了没有？"

在上例中，年轻的旅客把叼在嘴上的烟斗与穿在脚上的鞋进行类比，虽然诙谐地反驳了对方的判断，具有较强的幽默感，但这种类比推理毕竟有扯歪理之嫌。

（2）运用机械类比。例如：

> 诗界泰斗郭沫若先生，为人风趣，喜开玩笑。1945 年，漫画家廖冰兄在重庆展出漫画《猫国春秋》。《人物杂志》社的田海燕宴请郭沫若、宋云彬、王琦、廖冰兄。席间，郭沫若问廖冰兄："你的名字为什么这样古怪，自称为兄？"版画家王琦代为解释道："其妹为冰，故用此名。"郭沫若听后，笑着说："啊！这样我明白了，郁达夫的妻子一定名郁达，邵力子的父亲一定叫邵力。"说得大家都笑了起来。

在上例中，郭沫若抓住郁达夫、邵力子与廖冰兄姓名结构相同这一点，故意作机械类比，虽然违反了类比推理的规则，但极为幽默风趣，不仅融洽了相互之间的关系，使宴席气氛轻松活泼，而且表现了其联想丰富、喜谑善言的乐观个性。

利用逻辑手段进行幽默表达，总的原则是"有理而巧""无理而妙"。所谓"有理而巧"，是指幽默的对象——事物或现象本身是荒谬滑稽的，利用逻辑规律巧妙而得体地去揭示它，凸现它的本来面目，从而引起善意的嘲讽、风趣的笑声。所谓"无理而妙"的"无理"，是指言语表达违反常情、常理和逻辑规律，因而它是缺乏客观普遍性的，不能脱离幽默语言交际环境去推而广之；而"无理而妙"的"妙"，"妙"在作者借助自己的想象力和智慧，切合特定的语境，贯通听、读者的逻辑思维，使这种"无理"成为合理的艺术表达，使这种"无理"的逻辑语言具有主观的普遍性，引起理智的认同、感情的共鸣，造成谐趣横生的艺术效果。"理儿不歪，笑话不来"，通常就是指这种情形。反而推之，"理儿一歪，笑话就来"。让我们既能做到"有理而巧"，又能做到"无理而妙"，为生活多增添几回富于谐趣的笑声吧。

（三）运用其他方式构成的幽默表达法

1. 佯作天真

例如：

> 古时候，某君到朋友家赴宴，朋友仅给他喝几滴米酒。临走时，他恳求主人在他左右两腮上各打一巴掌，他说："这样一来，我老婆见我两腮通红，一定会以为我酒足饭饱了……"

在上例中，此君佯作天真的言行，令人叫绝，在引人发笑的同时，辛辣地嘲讽了对方慢怠朋友的行为。

2. 模声拟态

例如：

> 有位教师在讲到运用体态语要克服"五气"时，有这样一段话：
>
> 一要防止怪里怪气——比方鼻子向上翘，脸上的肌肉乱抽动，手心向上去抓脸，等等；
>
> 二要防止流里流气——比方边讲边把粉笔扔到半空中，头发过长不停地向后甩动，等等；
>
> 三要防止土里土气——比方往身上乱抓搔，用教鞭蹭痒，不时地提裤子，

等等；

　　四要防止洋里洋气——比方不停地耸耸肩膀，两手摊开，扭动腰部，等等；

　　五要防止小里小气——比方卷袖子，用脚搓东西，等等。

上面这段话，眼看、口读均无幽默可言，但这位教师每次讲到这里时，总是笑声满堂，总能使学生在笑声中明白体态语的"是非"与"正误"。这是因为这位教师能准确地进行模声拟态，再现出运用体态语的各种不正确行为、动作和不正确的表情与声音。由此可见，模声拟态就是把那个事物的原声、原形、原态形象地再现出来，去综合作用于听众的感官，从而创设出某种特定的情景、特定的气氛，让听众置身于这种情景和气氛造成的幽默氛围中理解所讲述的内容。

三、幽默言语表达的功能

在人际交往中，幽默言语常常为表达者增光添彩，展现出他们高雅的气质、良好的教养和文明的风范，因而受到人们普遍的欢迎，在交际中具有不可忽视的作用。

(一)活跃气氛，融洽感情

幽默表达所产生的直接效果之一往往是"笑"，这种"笑"，不仅会形成一种和谐、融洽的气氛，而且可以创造出一种互相理解、互相尊重的心灵相通境界。正如李燕杰所言："笑，是对带有幽默感的艺术的一种审美评价。人们在欣赏幽默的艺术时，常常发出以不经意形式出现的笑，当然也有经过理智思考，顿悟其中妙处而发出的笑。这些笑，都是积极的有意义的社会心理反应。'笑'这种审美心理评价，往往融注着人们的理性认识和道德评价，凝注着人们对真、善的赞誉和对丑行的贬抑。笑是知、意、情的复合，真、善、美的统一。"因此，运用幽默语言进行口语表达，可以创造出轻松活跃的交际氛围，取得良好的表达效果。例如，毛泽东作著名演讲《反对党八股》时，会场记录里多次出现"笑声""长时间的笑声""大笑""全场大笑"这样的词句，可见其演讲语言是何等的妙趣横生，而听众又是何等的欢快兴奋。由此也可以看出，无产阶级领袖并非板着面孔去训人，而是力图创造活泼轻松的气氛，用高尚的情趣、幽默的语言去感染人、教育人。

幽默表达还可以进一步融洽关系，加深感情。1965年11月，安娜·路易斯·斯特朗在中国庆祝她的八十诞辰。周总理在上海展览馆大厅举行盛大宴会为她祝寿。周总理祝词的开场白是："今天我们为我们的好朋友、美国女作家安娜·路易斯·斯特朗女士庆贺四十'公岁'诞辰。""在中国，'公'字是紧跟它的量词的两倍。四十公斤等于八十斤，因此，四十公岁就等于八十岁。"听了周总理对四十"公岁"这个新名词的巧妙解释，几百位中外祝寿者爆发出一阵欢笑声。斯特朗听到周总理说她只有四十公岁，还很年轻，高兴得流了泪。总理这一番妙语，不仅风趣地表达了祝寿的美意，祝斯特朗永远年轻的心愿，而且加深了双方的友好感情。

(二)随机应变，消除窘境

在人际交往中，总难免会出现尴尬的局面；在言语表达时，偶尔也会出现紧张气氛。富于幽默的人，在这种紧急情况下，可以临场不乱，恰到好处地说上几句幽默风趣的话语，既使自己变被动为主动,从困窘、尴尬的情境中解脱出来,又可以缓和乃至融洽气氛,促使交际顺利进行。例如,北京某大学的一位物理系教授乘公共汽车时,由于急刹车没站稳而撞到了前面一位姑娘身上,这姑娘修养较差,很不高兴地望着教授说:"什么德性!"车内气氛紧张起来,有人担心会发生口角。但这位教授只淡淡地望了姑娘一眼,说:"不是德性,是惯性。"车厢里立刻爆发出笑声,老教授自然地下了台阶,还委婉地批评了姑娘的不近人情。由此可见,幽默诙谐正是人际交往的润滑剂,它可以化解生活中的矛盾,缓和紧张气氛,使人与人之间和睦相处。

（三）明辨是非,强化观点

幽默在口语交际中的作用,有笑的成分,但并非以笑为目的,而是表达思想、传递感情的艺术手段,即寓本意于笑声中,寓教于欢乐中,让听众在笑声中受到启发,得到教育,明白道理,树立信念。从另一方面讲,听众聆听到幽默的语言,往往就情绪激昂,思想活跃,容易产生丰富的联想,在思考回味的过程中,激发自己的灵感,明辨是非,更主动、更积极地接受、领悟乃至强化表达者所阐述的思想观点和立场、方法。20 世纪 60 年代初的一次会议上,陈毅为落实知识分子政策而大声疾呼:"不能够经过了十几年改造、考验,还把资产阶级知识分子这顶帽子戴在所有知识分子头上!"说到这里,陈毅摘下帽子,向参加会议的知识分子代表鞠了一躬,然后大声说:"今天,我给你们行'脱帽礼'!"这个"脱帽礼",一语双关,不仅表明陈毅态度诚恳、为人忠厚和对知识分子的尊重,而且以"脱帽"的行动,表明党对知识分子的政策已经发生了根本性的变化。这幽默的话语和动作,给全场听众留下了不可磨灭的印象。

用幽默言语阐明的观点,既易于让人接受,更使人回味无穷。当里根就任加利福尼亚州州长之时,在记者招待会上遭到了连珠炮般的提问。经过一阵令人难堪甚至难以招架的质询之后,里根笑着说:"我听说新州长上任之后照例要同报界度一个蜜月的,朋友们,如果蜜月就是这样的,那我真是孤衾独枕了!"一句幽默话,引得全场大笑,对立的态度立即缓和下来。里根用十分风趣的话语委婉地表明自己认为记者们的态度十分不友好的观点,而记者们也"心有灵犀一点通",不再作梗为难里根了。可见运用幽默的语言可以掌握和控制交际展开的方向和进程。

思考与训练

1.模糊言语有哪些特性？有哪几种类型？模糊表达的方式与技巧有哪些？

2.委婉言语表达的要求是什么？委婉言语表达的方式与技巧有哪些？委婉表达有哪些功能与作用？

3.幽默的含义是什么？幽默言语表达的方式与技巧有哪些？幽默言语表达有哪些功能？

4.下面是"巧嘴媒婆"利用模糊语言成全了一对有缺陷的男女青年喜结良缘的故事。你看这个媒婆的嘴有多巧,模糊语言的作用有多大!

有个姑娘因嘴唇上缺了一块,一直嫁不出去,有个小伙子也因没鼻子一直娶不到媳妇。尽管他们自己的相貌有缺陷,但找对象却有一个共同的条件:不要残疾的。巧嘴媒婆却有心把他们撮合到一起。她对小伙子说:"这个姑娘没有别的毛病,就是嘴不好。"小伙子说:"嘴不好不算毛病,慢慢地就会改嘛!"媒婆又对姑娘说:"这个小伙子什么都好,就是眼下没什么。"姑娘听后笑了笑说:"眼下没什么怕啥,我陪嫁多点就是了。"到了新婚之夜,真相大白,双方都指责媒婆骗人。巧嘴媒婆说:"我不是对你们说了'姑娘嘴不好,小伙子眼下没有什么'吗?怎么能说我骗人呢?"巧嘴媒婆说的都是事实。她的点子妙就妙在利用了模糊语言(语言的歧义)。她说姑娘"嘴不好",这话既可以指多嘴多舌,又可以指嘴巴有缺陷;而急于娶媳妇的小伙子却理解为前一种意思了。她说小伙子"眼下没什么",这"眼下"可以是指"目前",也可以指眼睛下面的部位(鼻子);而姑娘急于出嫁把"眼下没什么"理解为"目前没有多少财产"了。巧嘴媒婆的嘴确实巧得很。

5.下面是居里夫人深情感动丈夫彼埃尔的故事。你看,委婉的表达发挥了多大的作用,请具体解读。

有一次,居里夫人过生日,她丈夫彼埃尔用一年的积蓄买了一件名贵的大衣作为礼物送给她。当居里夫人看到手中的大衣时,爱怒交集,她感激丈夫的爱,但觉得试验正缺钱,不该花这么多钱买这样贵重的礼物,便委婉地说:"亲爱的,谢谢你,这件大衣确实人见人爱,但是我要说,幸福的含义丰富,你可以送一束鲜花祝贺生日。只要我们永远一起生活奋斗,探索研究,就比你送我任何贵重的东西都要珍贵。"彼埃尔马上意识到了居里夫人话语的本意。

6.《陈嘉谟的自嘲》说的是一则生动感人的故事。陈嘉谟本来遇上尴尬,但他豁达自信,自我解嘲,终于"化险为夷",引起大家善意的笑声。你看,幽默的作用有多大,请具体分析。

陈嘉谟的自嘲

陈嘉谟是清朝乾隆年间的举人,他的门生众多,可以称得上是桃李满天下。陈老先生80多岁时,身体还十分硬朗,并且与结发妻子恩爱如初,每晚同床而眠。

一年新春,许多门生一道前来为恩师拜年,谁知老先生贪睡,门生们来了之后还没有起床。听说客人来了,便匆匆忙忙穿衣上堂,同众门生寒暄叙礼。他见众门生笑个不停,才发现由于着急,误穿了妻子的衣服。陈老先生自己也觉得好笑,便自我解嘲地说:"我已经80多岁了,你们师母也80岁了,今天我的做法正中了乡间的俗语'二八乱穿衣'呀。"众门生听了之后,都觉得老头子风趣幽默,大家一笑了之。

第十一章 口语表达的必备技能(下)
——口才基本技法

> ▶ **第一节 表述技巧** ◀

一、表述技巧的含义与作用

表述,就是把所要宣讲的内容述说出来。内容的表述必须符合特定的交际场合、交际氛围和特定的交际任务、交际对象,这就必然涉及技巧问题。表述技巧,就是在适切语境的基础上,运用特定的方式将言语内容巧妙地表达出来的技能。本书所介绍的表述技巧,绝大部分与言语的风格表现类型有关系,有些就是以风格表现类型作为表述技巧的类别。我们认为,出现这种情形是因为分析探讨的角度不同所致。风格表现类型的归纳是依据言语成品进行的,而表述技巧则着眼于进行口语表达方法的探讨,但必须借鉴成功的口语表达成品作规律性的总结。在风格表现类型的基础上反过来总结表述技巧,不仅认识深刻,而且能够掌握规律,在口语表达实践中自觉地运用规律,从而创造性地发挥口才艺术。因此,我们认为,表述技巧,在口语表达中起着十分重要的作用。在某种意义上讲,口才艺术就是选择和运用表述技巧的艺术。有人曾这样比喻:语言可以唱歌跳舞,也可以咆哮怒号;可以小心翼翼地踮着脚尖走路,也可以雄赳赳气昂昂地阔步前进。它们像军队中的各个兵种,就看你这个指挥官用什么样的战术、在什么地方、在什么时候、与什么样的对手交锋。只要你指挥得当就能达到有机的配合和和谐的统一,就能导演出有声有色的"活剧"来。口语交际实践证明,恰当、精妙的表述技巧与正确、充实的口语内容水乳交融、有机结合,就可以表现出优秀的口语表达才能。

二、常用表述技巧

(一)明确与模糊

1. 明确

表达明确,是指内容表述准确、鲜明,不模棱两可。根据叙事与说理的不同,表述明确的具体含义是:陈述事实时,对事件发生的时间、地点、过程、人物、原因、结果表达得十分肯定、确切、清清楚楚;发表见解,讲述道理时,观点鲜明,提倡什么,反对什么,爱什么,恨什么,一清二楚,不吞吞吐吐。

　　明确的表述应注意做到以下两点。第一,宏观上必须把握每一次表述的总体内容,目的要明确。不论内容多少,都应做到思路清晰,重点突出,层次清楚,倾向鲜明,逻辑严密,从整体上给人以鲜明强烈的印象。第二,微观上运用词语要明确,即注意选择运用内涵具体准确清晰的词语来实现表情达意的目的。对于涉及数量、方位的内容,应选择运用相应的数量短语、指代方位语词等,把意思说得清楚、明确;对于有争议或界限模糊的内容,应注意选择恰当的词语使界限具体明确,不致产生歧义。例如:

　　　　常言道无规矩不成方圆,咱们也立个章程。第一点,要遵纪守法,讲职业道德,该交的交,该留的留,不能含糊,不能做缺德买卖。将心比心,我们哪位要是买了掺了假、爬了虫的点心,也会骂人家祖宗八代的! 第二点,对顾客要热情,情暖三冬雪,诚招天下客。脸上少挂点霜,不善于笑的,多看几段相声,多听几句笑话,案头上摆个弥勒佛,还要讲点仪表美。济公心灵够美了,但请他老人家来站柜台恐怕不行。第三点,说出来有点不好听,大家在家不妨吃得饱一点,最好不要到店里来补充营养。咱们这个店去年有一个月损耗点心 100 多公斤,人人都说闹耗子,这也太损我们的形象了。

　　这是一位承包某食品店的青年就职演讲中的一段话。演讲者的目的明确,观点鲜明,话语层次清楚,要求具体细致,毫不含糊,从整体到局部,从目的到要求,都是十分明确的;再加上有些话语较风趣生动,给人以十分深刻的印象。

　　在一般情况下,口语交际需要做到明确,不然就难以沟通。特别是在一切需要使对方尽快理解自己的意向,接受自己的观点或需要多方协同配合时,那就更应该和必须做到表达明确了。

2. 模糊

　　在言语交际中运用模糊言语来表述,可以留下回旋余地,体现表达的"策略性",表现交际的灵活性和机变性,产生严密、准确的表达效果。对于模糊表达,本书已有专节论述,这里不再赘述。

　　(二)简洁与繁复

1. 简洁

　　简洁就是用较少的词语、较短的语句传递尽可能多的信息。古人曰:"事以简为上,言以简为当。"语言大师们则认为"简洁是天才的姐妹,是智慧的灵魂"。因此,我们在口语表达时要学会做到从语言宝库中"筛选""过滤"出最精辟的、能恰如其分地表情达意的词句,尽可能地以俭省的语言表达出深刻的内涵。

　　简洁表述的特征是:内容简约明了,集中概括;线索明晰,主干突出;语句简短,节奏明快,言简意赅。

　　简洁表述的要求如下。

　　(1)去掉或减少"口头禅"和多余的感叹词等信息价值不大的语言累赘。

　　(2)字斟句酌,精心辨别和选用最能准确反映事物本质、表达思想感情的语句,做到以少胜多。

　　(3)抓住中心、紧扣话题表述,不枝不蔓,坚持说短话。

　　(4)养成缜密思维的习惯。语言精练是思维严密、概括力强的表现。要做到简洁,就要善于抓住思维中最主要的东西,表述思维的精品而非其过程,从而正确地处理好思维的具体性与表达的简明性的关系。

简洁表达几乎适用于一切口语交际场合。例如:

> 威廉·格里辛格是德国著名医学家。他看病时只想知道那些最重要的情况,不耐烦听病人的唠唠叨叨。
>
> 一天上午来了一位女病人,她一言不发地把手伸给了威廉医生。
>
> "事故?"医生问。
>
> "玻璃碎片。"患者答。
>
> "何时?"
>
> "昨天早晨。"
>
> "已处理过?"
>
> "碘酒。"
>
> "还痛吗?"
>
> "感到血液跳动。"
>
> 接着进行了简单的检查,伤口得到了包扎。
>
> "费用?"病人问。
>
> "真令人高兴,"格里辛格笑容可掬地回答,"不用付钱,夫人,这对我来说是一种享受,该感谢的是我。"

医生的询问和病人的回答都到了惜语如金的程度,对话十分简洁明了,表意十分准确具体,两者之间配合默契,难怪格里辛格认为是一种精神享受。简洁精练的话语不仅能有效地表情达意,而且节省了说话的时间,患者看病因话语简洁得实惠应该给我们诸多启迪。又如:

> 你们杀死了一个李公朴,会有千百万个李公朴站起来!你们将失去千百万的人民!你们看着我们人少,没有力量?告诉你们,我们的力量大得很,强得很!看今天来的人都是我们的人,都是我们的力量。

这段话的句式简短,节奏紧凑,语意明确、显豁,具有雷霆般的力量。鲜明的观点,磅礴的气势,振聋发聩,回荡在天地之间,产生激励人心的巨大作用。

2. 繁复

繁复不同于一般意义的啰嗦,作为一种表述技巧,是由表达的语音易逝性和语义的连续性特点决定的。在书面表达中可以删除的多余的词语,在口语表达中往往必要而且有用,这种具有"冗余度"的恰当话语就是具有积极表达意义的繁复——啰嗦技巧。言语繁复主要表现在:恰当地运用口头语词和语气词;必不可少的解释、说明和细节描绘;连用必要的同义词、近义词语或句式,为某些需要多说的话语。

与特定语境和交际目的相吻合的繁复,是具有一定交际价值的,例如用于以下几个方面。

1)用于寒暄

在人际交往中,礼貌用语、服务性用语的冗余度一般较大,见面时也往往说些"今天的天气真好"之类的话。这种没话找话有利于沟通感情,密切关系,创造良好的心境和气氛,为双方实质性交谈提供契机。

2)用于填补思维空当儿

人们在说话的过程中同时要进行紧张的思维活动,这就会出现思维速度慢于说话速度的情形,如思维出现障碍或遗忘,或受到外界意外刺激而造成思维间歇等,为了填补这些空白,就必须运用啰唆技巧,以赢得必要的思维时间,保证表达的连续性和维护说话者的形象。

3)用于表达复杂的感情

人们在情绪激动时往往会情不自禁地使用繁复方式。如对朋友的突然来到会喜出望外,会连声说"你来真是太好了,太好了!"从而不自觉地表达出一种激动心情。

对一些较为复杂的内容,更需要用繁复的方式来表述,例如:

学生:我拿50元钱,干50元钱的活,行不行?

朱伯儒:一个人假如24岁参加工作,他的工作时间是36年,假如他活到70岁,就有34年不工作。这不工作的34年中需入托、上学、结婚、生孩子、养老;这一切不需要钱吗?此外,国家要积累,要发展,你还得为后代留点什么,这些也离不开钱。照此算,如果在工作期间拿多少钱就干多少活是不行的。人存在的价值不仅要创造自己所需要的,更主要的还要有所贡献。

朱伯儒对于学生提出拿多少钱干多少活这个涉及人生价值的问题,没有简单说"不行",而是把人的一生能工作与不能工作的时间和费用很具体地算了几笔账,还提出了人生的价值与意义的问题,运用这样细致深入的语言,论证了"不行"的道理。如果不是用繁复的话语,是不容易将这个道理讲清楚的。

(三)直述与委婉

1. 直述

直述就是直言表述自己的观点,介绍事情的原委。直述技巧在口语交际中的具体表现是,陈述事情直截了当,表示态度旗帜鲜明,表露感情真挚自然,说话语气恳切坦率,不拐弯抹角。

运用直述技巧表达,一般不加过多的修饰成分,语言质朴无华。直述能体现人的坦直性格,较易取信于人;直言快语,可以提高交际效率。在口语交际中,直述技巧运用的场合很多。会议发言、请示、汇报、研究讨论问题等,都需要开诚布公,直言不讳,以便迅速敏捷地进入话题和展开内容。例如:

1949年7月4日下午,黄炎培到毛泽东家里做客,感慨万分,他坦率地问毛泽东说:"一部历史,'政急宦成'的也有,'人亡政息'的也有,'求荣取辱'的也有,总之没有能跳出这个周期率。中共诸君从过去到现在,我略之了解的,就是希望找出一条新路,来跳出这个周期率的支配。"

毛泽东听后高兴地说:"我们已经找到了新路,我们能够跳出这个周期率。这条新路,就是民主。只有让人民来监督政府,政府才不敢松懈,只有人人起来负责,才不会人亡政息。"

在这段对话中,黄炎培直言不讳地提出了中国历史所形成的"人亡政息"的周期率问题，表明了对中共执政跳出这个周期率的殷切希望，毛泽东则直截了当地告诉共产党的认识与作为——通过民主这条新路跳出这个周期率，让人民监督，人人负责。直述方法的运用，有助于双方开门见山，深入了解并达成共识。

2. 委婉

委婉就是不直接说出本意，而是借助各种言语方式将不宜直说、不能直说或不想直说但又必须说的意思婉转曲折地表达出来。对此，本书有专节讨论，不再赘述。

（四）平实与奇崛

1. 平实

平实表述，就是用语通俗，一听就懂；语义通俗，深入浅出。平实表述的特征是：言语质朴无华，洗练精到，不事渲染，不加雕饰，把自己的思想感情朴朴实实明明白白地表达出来。用平实方式表述出来的话语，乍听平平常常，毫无新奇之处，深思则立意高远，很有力度，能给人以强烈的感染力。平实表述，可以展现表达者坦诚直率的性格，给人一种心口如一、自然亲切、真实可信的感觉，从而大大提高言语内容的可信度。

平实质朴是一种匠心独运的语言运用技巧，决非单调乏味、浅薄呆板。没有丰富的生活经验，没有深厚的语言修养，是很难达到这一境界的。葛应方深谙其理，认为："大抵欲造平淡，当自绚烂中来，落其纷华，然后可造平淡之境……李白云'清水出芙蓉，天然去雕饰'，平淡而到天然处则善矣。"可见平淡朴实的语言是"平中见巧，淡而有味""落其纷华，返璞归真"。也就是说，平实朴实的话语中蕴含着独具的情趣和文采。正如苏轼所言："凡文字，少小时须令气象峥嵘，色彩绚烂，渐老渐熟，乃造平淡；其实不是平淡，乃绚烂之极也。"

平实质朴的表达具有两个特点：一是明快；二是简洁。明快就是有话直说，直截了当，爽快明朗，不拐弯抹角，不故弄玄虚，不装腔作势。因此，应注意运用规范性词语，尽量少用文言词、方言词和生僻词语；应注意运用群众性语言，如谚语、俗语、歇后语等群众口头常用的生动活泼的大众化语言以及一些社会流行的带有生气和活力的新词语，尽量不用某些特殊专业或范畴的非常用语汇。简洁就是言简意赅，决不用多余的词句，尽可能以简约的言语传递尽可能多的信息。这就需要多用短句，少用结构复杂的长句，善用比较方式，通过比较差异变化来简单明了地说明问题。例如：

马玉祥曾是一位志愿军战士，魏巍的《谁是最可爱的人》中描写的冒火抢救朝鲜儿童的战士就是他。他转业到地方默默无闻地工作了 30 年。有一次，他与大学生交谈，其中一段对话如下。

问：您回地方这些年默默无闻地工作和生活，您从来没有想到过您是英雄吗？

答：我不是什么英雄，当年在朝鲜战场上我是个兵，后来转业到地方，我也是个"兵"，现在离休了，我还愿当个老兵。这辈子我掂量掂量自己，只要够个"兵"的分量也就心满意足了！（热烈鼓掌）

问：您是 50 年代的青年，我们是 80 年代的青年，两代青年在气质、品格等方面有许多差别，您喜欢哪一代青年？

答：50 年代青年有点"傻"，80 年代青年有点"尖"，还是两代掺和掺和好！

（笑，鼓掌）

马玉祥在回答大学生的问话时，语气恳切，语意明确，平实质朴，真挚感人。所选用的词语如"兵""老兵""掂量掂量""傻""尖""掺和掺和"等，是群众性的口头语词和社会流行的新词语，朴实无华，明白易懂；所表述的语句，如"我不是什么英雄""我是个兵""只要够个'兵'的分量也就心满意足了""傻""尖""掺和掺和好"等，没有丝毫的雕饰与夸张，简练精约，朴质明快，真诚生动，亲切可信。

2. 奇崛

奇崛表述就是采用超常说法，以追求振聋发聩、境界全新的表达效果。奇崛表述不落俗套，具有求新、求异、求巧的特点，或在观点上，或在遣词造句上，或在内容安排上，或在言语策略上，刻意追求与众不同，超常出新，从而启人心智，出奇制胜。

奇崛表述是思维活跃的表现，只有克服"思维定式"，敢于和善于摆脱现成的思维方式和传统习惯，才能独辟蹊径，出言不凡，把话说得奇崛。奇崛说法是丰厚的文化修养和渊博的知识底蕴积淀迸发的产物，是各种知识的融合、移植、嫁接与联系的生动表现，是知识巧用、活用的成果。常见的奇崛表述方式有以下四种。

（1）独到之语。即善于从新的角度来阐发与众不同的独到见解，鞭辟入里地说明道理，使人耳目一新，由衷叹服。

（2）点睛之语。即对错综复杂问题的本质特征、关键症结，或对事件发展的趋势、结局，能高瞻远瞩地用凝练概括的语言，画龙点睛、提纲挈领地予以点明，从而使人产生豁然开朗的感悟。

（3）警策之语。即在发言或演讲中，引用或创造几句体现表达者思想、精神、情感或主张并切合所讲内容的蕴含哲理的名言隽语。这样，就可以震撼人心，发人深省，令人回味。

（4）反常之语。即说话时故意别出心裁、"别有用心"地违反常规惯例所表述的语言。如在需作长篇大论演说的正式场合破例作简单的发言，需作正面阐述的偏偏使用反语方式，需要疏导慰藉的却用"激将法"等，往往能产生奇效。

在言语交际中，思路广、点子多，才能独辟蹊径，出言新奇。当然，新奇之语不是凭空产生的，而是各种知识融会、移植、嫁接和联系在一起激活而成的，是知识的巧用和活用。例如：

战国时期的魏国有一位大臣叫李克，一天魏文侯问他："吴国灭亡的原因是什么？"李克马上回答说："是因为屡战屡胜。"

魏文侯一下子迷惑起来，不解地问道："屡战屡胜是国家吉利的事，怎么会使国家灭亡呢？"

李克回答说："屡战，人民就要疲困；屡胜，君主就会骄傲。以骄傲的君主，去统治疲困的人民，这就是灭亡的原因。"

魏文侯信服地点点头，对李克的远见卓识极为赞赏。

魏文侯认为屡战屡胜是国家吉利的事情，而李克则认为是亡国的原因，这种见解已超出常理了。其后的分析入情入理，令人信服。由此可见，作奇崛表述应善于透过现象看本质，作辩证分析，这样才能高屋建瓴，独有所见。

（五）庄重与幽默

1. 庄重

庄重表述就是使用规范、典雅、严肃的词语和句式来表述的一种言语方式。这种表述方式适用于歌颂伟大、崇高的人物和事件，表述重大的事件、问题，论证科学道理、法则等。

庄重表述的主要要求有以下三点。①少用或不用俚词俗语，多用正式规范词语（如书面词语、专用词语）和成语、文言词语等。②用全称来称谓事物，这样，便带有强烈的书卷气，形成庄严、郑重、古雅的氛围。③采取直叙、顺叙的方式讲述，不用或少用疑问句、感叹句，多用陈述句、判断句；不用或少用变式句，多用常式句；不用或少用短句，多用长句；注意运用同位语、排比成分、排比句、排比段和严整的句群来加重分量，以表明郑重其事，形成稳重的格调。例如：

1955 年 4 月，周恩来在亚非会议上发言，当谈到宗教信仰自由的问题时，他说："宗教信仰自由是近代国家所共同承认的原则。我们共产党人是无神论者，但是我们尊重有宗教信仰的人。我们希望有宗教信仰的人也尊重无宗教信仰的人。中国是有宗教信仰自由的国家，它不仅有七百多万党员，并且还有以千万计的回教徒和佛教徒，以百万计的基督教徒和天主教徒。中国代表团中就有虔诚的伊斯兰教的阿訇。这些情况并不妨碍中国内部的团结，为什么在亚非国家的大家庭中不能将有宗教信仰和没有宗教信仰的人团结在一起呢？"

关于宗教信仰自由的问题，是一个很严肃且十分敏感的问题，因此周恩来采用庄重表述方式来表明态度，提出看法。他首先肯定了宗教信仰自由的国际原则，接着提出了"有"与"无"两者相互尊重原则和团结共处原则，为解决这个问题发表了具有建设性的意见。转折句式、递进句式和"以……计"的文言格式的运用，不仅郑重其事，而且鲜明有力地说明了观点。

2. 幽默

幽默是运用意味深长的话语再现现实生活中具有喜剧性特征的事物和现象以传递某种特殊信息的表述技巧。美国人约翰·哈斯灵认为："幽默是演讲者与听众建立友好关系的最有效的手段之一。当你讲得听众眉开眼笑时，他们也就主动地参与了思想过程。"可见幽默表达可以建立友好关系和促进思想交流，使表达者的观点看法在轻松的气氛中深入人心，实现最佳的表达效果。关于幽默表达技巧，请参看本书有关章节。

（六）激昂与省略

1. 激昂

激昂表述的特征是，词句遒劲，气势雄浑，感情奔放，境界开阔。在言语交际中，激昂表述的言语，感情炽热而外显，具有强烈的感染力，能够促使听众胸襟开阔，精神昂奋，达到同悲同愤、同生同死的境界。

激昂雄浑的言语主要表现为：①运用动作性强的动词，色彩浓重的形容词，概括性强的数量词等分量重、力度强的词语以壮大声势；②高频率地重复使用某些词语，以表达某种强烈的感情；③灵活或综合运用语意贯通的长句、明快跳跃的短句、铿锵奋发的整句、抑扬顿挫的散句来抒发激昂的情怀，表现壮阔的图景；④运用排比、夸张、比拟、引用、呼告等

修辞手法来增强语言的动态感、立体感和形象性,扩展意境,增强气氛;⑤构思宏伟,境界壮阔,内涵丰富。例如:

1946年8月,闻一多先生在云南大学至公堂悼念李公朴先生的大会上,作了名垂千古的《最后一次演讲》。闻一多先生深切痛恨国民党反动派的腐朽黑暗和卑鄙无耻,他视死如归,拍案而起,怒斥凶顽,喊出了人民的吼声,道出了人民的意愿,像一头"雄狮",展示出中华民族的英雄气概,很典型地表现出激昂雄浑的口语风格。下面节选一段试作分析。

"这几天,大家晓得,在昆明出现历史上最卑污,最无耻的事情!李先生究竟犯了什么罪,竟遭此毒手?他只不过用笔写写文章,用嘴说说话,而他所写的,所说的,都无非是一个没有失掉良心的中国人的话!大家都有一支笔,有一张嘴,有什么理由拿出来讲啊!有事实拿出来讲啊!(闻先生声音激动了)为什么要打要杀,而且不敢光明正大地来打来杀,而偷偷摸摸地来暗杀。(鼓掌)这成什么话?"(鼓掌)

"今天,这里有没有特务?你站出来!是好汉的站出来!你出来讲!凭什么要杀死李先生?(厉声,热烈鼓掌)杀死了人,又不敢承认,还要诬蔑人,说什么'桃色事件',说什么共产党杀共产党,无耻啊!无耻啊!(热烈的鼓掌)这是某集团的无耻,恰是李先生的光荣!李先生在昆明被暗杀,是李先生留给昆明的光荣,也是昆明人的光荣!"(鼓掌)

闻先生开头的这段话和通篇演讲的基调一样,感情激愤,语调铿锵。从句式的角度讲,运用长句来说明事实,揭示真相,如"他只不过用笔写写文章,用嘴说说话,而他所写的,所说的,都无非是一个没有失掉良心的中国人的话!"这句话,既说明了李先生被害的原因,又揭露了反动派惧怕人民讲真话讲实话的丑恶嘴脸;大量运用短句来表达愤激的感情和显示正义的力量,如"今天,这里有没有特务?你站出来!是好汉的站出来!你出来讲!凭什么要杀死李先生?"这叱咤风云的怒吼,厉声责问的表情,大义凛然的神威,如响耳畔,如现眼前。从修辞手法来讲,大量运用反问、反复和对比手法,表现了怒不可遏的情感和爱憎分明的立场,如"为什么要打要杀,而且不敢光明正大地来打来杀,而偷偷摸摸地来暗杀。这成什么话?"这个反问句揭露了敌人的卑鄙无耻。"无耻啊!无耻啊!"反复手法的运用加强和开拓了揭露的力度和深度。"这是某集团的无耻,恰是李先生的光荣!"鲜明的对比表达了强烈的爱憎情感。"无耻""光荣"等词语的反复运用,更集中强烈地表现了激昂的情绪,给听众以强烈的感染。

激昂雄浑的言语,往往给人以奋发向上、勇往直前的强大动力,因此,在带有鼓励性、号召性、呼吁性和论辩性的演说中,常常使用这种表述技巧。

2. 省略

省略就是在特定的言语交际环境中,有意省去一些语言成分或略去某些内容的一种表述技巧。运用省略技巧,可以使交际过程更加简单明了,感情色彩更加丰富,同时,也能进一步提高交际效率。

省略的表达形式通常有两种:一是成分省略,即单句中对主、谓、宾等句子成分的有意省略;二是内容省略,对有些心照不宣的内容省略不说,或故意讲"半截子"话,以达到一种微妙的表达效果。

说"半截子"话是一种语用预设,在省略表述技巧中较为特殊,故作出较为具体的介绍。所谓说"半截子"话,就是只说出与本意相关的其余部分,让听众根据这半截话去理解、去领悟所预设的意义。例如:

> "文革"期间,有个青年妇女被关进牛棚。后来她诉说自己的不幸遭遇时讲道:"一天深夜,新上任的群专队长一个人提审我,他说可以放我出去,但要我答应一个条件……我死也不肯!"

在上例中,"条件"是什么,没有说出来,但听众根据人物性别"青年妇女",具体情节"群专队长一个人提审"和妇女的态度"死也不肯",可以领悟这个条件的含义。

说半截话的技巧有以下几种。

(1)可以用交代特定语境的方式进行,如上例。

(2)用只说出彼此熟悉的成双成对使用的俗语、成语、歇后语乃至名言、诗句的一部分的方式进行,如评价某人没有什么作为或成果时只说"张飞卖豆腐"。

(3)用借助特定语境中某些具体细节来补充说明的方式进行。例如:"让你带伞,你偏不带,看你浇的!"浇成什么呢?"落汤鸡"。

(4)用表述说话人自己的感受或评价的方式进行。例如:"你这人真是!人命关天的事,还东瞒西瞒的!""你呀,我不说你了。""真是"什么,"你呀"怎么样,这些常用的口头禅,往往表现了说话人的感受或评价,在具体的交际环境中可以让对方体味出来。前例根据后语的补充,有"糊涂"之意;后例在不同的对象条件下,有"真不听话""太淘气了""真顽皮"等意思。

在言语交际中,省略技巧常用于下列特定情境中。

(1)当背景单一,说话者所处的环境、显示的意义比较清楚时,就可以省略一部分口语,省略掉的部分由环境替你说出。比如在入站口,检票员对乘客往往使用省略方式,只用"票!"一个字就把意思说清楚了。

(2)当交谈对象比较熟悉时,由于双方较熟悉,彼此间已形成很多默契语言或动作体态语言。他们在交际时可将心照不宣的内容省略,仅仅吐露片言只语,或辅以特定的手势或眼神、表情等,就可以达到沟通的目的。这种省略方式常常用来表达多种特殊的感情,如责备、惋惜、亲密等。

(3)当表达特殊的思想感情时,在口语表达中将某些次要问题或内容有意省略,可有效地强调突出主要内容,这就是我们常说的"半截子话"。比如表达恨铁不成钢的感情时说:"你呀!真是……"省略的恰恰是要强调的。既可引起震撼,又可表现说话者的策略。

口语省略现象从本质上看并不是语言的省略,它不过是一种语言表达形式的转化或替换,即用其他非口语形式,如环境语言、默契语言、体态语言等辅助表达而已。

(七)先说与后说

口语表达的效果与内容本身关系密切,也与这些内容展开的次序和结构紧密联系,因此,表达过程中先说什么后说什么便成了一种不容忽视的表述技巧。这种技巧表现为两种形式:一是语序安排,主要是指语句的排列顺序;二是内容安排,即说话内容总体结构的合理设计、组合。

1. 语序安排

汉语的语序是一种很重要的语法手段,具体表现在言语交际中,语序不同,表达的含义往往不一样,侧重点往往就会不同。如"其情可悯,其罪当诛",语意重心在该杀上;反之,说成"其罪当诛,其情可悯",那就要刀下留人了。在言语交际的语流过程中,有一种接引规律,即一方的话语往往紧承另一方的话语而来。根据这个规律,安排好恰当的语序,就会实现特定的交际目的。例如:

> 日本战后许多商店因人手不足而设法减少送货任务。有的商店就将选择疑问句"是您自己带回去呢,还是给您送回去?"的语序改为"是给您送回去呢,还是您自己带回去?"结果如愿以偿,要求送货的大大减少。

商店在无法完全满足顾客送货要求的时候,巧妙利用语流接引规律重新设计问话,调整了语序,既达到了目的,又不违背文明服务的原则。这说明语序选择的重要,也说明先说与后说的确是一种表述技巧。

2. 内容安排

内容安排即表述的程序问题。口语交际是一种双边活动,表达效果的取得往往取决于表达对象的接受程序与心理状态。为追求最佳效果,有时应以交际对象和特定场合为着眼点,精心安排话语内容的先后顺序。

确定话语内容先后顺序的基本原则是:将对方容易接受的内容放在前面,从"共同点"入手,缩短距离,融洽感情;把分歧点(即对方难以接受的内容)置于后面,以便达成共识。需要精心安排话语内容先后顺序的口语表达最典型的是批评性谈话和劝导性谈话。批评性谈话如果以赞扬为先导,就能促成心理相容,建立沟通的桥梁,然后指出问题或不足、不妥之处,对方就较易接受;劝导性谈话如果安排一个便于澄清或提高对方认识的内容于前,然后再正面提出问题,也会取得积极的交际效果。例如:

> 在某宾馆的休息厅内,一名经济学家向八位同行介绍自己对企业深化改革的看法,以寻求支持和帮助。他确立的中心话题是改革企业管理体制势在必行。他没有一上来就谈这个问题,因为他怕如此一来,谈话太突兀,会失去社交应有的交流环境和气氛。于是他设计了这样几个人们感兴趣的话题。
>
> ——最近,报纸披露了某厂管理混乱,造成巨大浪费的新闻。
>
> ——今年国家统计局对部分工业产品质量抽样检查的结果。
>
> ——某厂长准备在上任后搞一套新的管理方案以及对此进行论证的情况。
>
> 这几个话题的不断提出使大家渐渐投入了谈话,思路活跃起来。于是,他适时转入自己设计的改革企业管理体制方案的正话题。人们由于有前面的铺垫,思想相当投入,对此从多个角度热烈讨论起来,为他的设计方案甚至思路提出了许多建设性的意见。

这位经济学家之所以取得交际交谈的成功,是因为他以主要话题为中心,同时设计好必要的具有间接兴趣点的话题,妥善处理了先说与后说的关系问题。间接话题是指那些与中心话题有一定逻辑联系,如因果、主次、反衬、解释、说明、背景、类比等关系的话题,它们能够起到必要的缓冲、铺垫作用,解释或说明主要话题的意义或重要性,使中心话题更容易令人接受,也能加深、拓宽谈话内容,使整个交谈更加丰满,增强谈话效果。又如:

战士小沈与房东的姑娘春梅在谈恋爱,这违反部队的纪律规定。班长趁着月色把他带到了枣树边,闲聊了一会后对小沈说道:"你看,那棵树上的枣又大又鲜,已经熟透了,你去摘一把咱们吃。"

"什么?"小沈被弄得莫名其妙,反驳道:"你每天讲不拿群众一针一线,难道就是这样做的吗?"

班长仍一本正经地说:"哎,说是说,做是做,现在摘了,天知、地知、你知、我知,咱们悄悄吃了,只要你我不说谁知道?"

小沈态度严肃地说:"这可不行,有人没人要一个样。要不然,军队的纪律不就白订了吗?"

班长听后,微微一笑,说:"是啊,军队不许在驻地找对象,这可是总政规定的纪律啊!"

小沈一怔,恍然大悟,说:"班长,你放心,我一定改正。"

第二天,小沈便找到春梅,婉言谢绝了她的爱情。

在这次劝导性交谈中,班长的目的是教育战士小沈不要违反部队纪律,他没有直接提出批评并作硬性规定,而是利用聊天之机故意犯下一个错误,这个错误与小沈在驻地谈恋爱之事具有相同的性质。小沈自然要批评班长违反纪律,而班长则利用这一共识来戳尔之盾,小沈也就心悦诚服地接受了正确意见。这生动地说明了批评劝导性交谈中言语内容安排的确具有技巧性,忠言顺耳,效果更佳。

▶ 第二节　机变技巧 ◀

一、机变技巧的含义与功能

机变,即随机应变,是随着情况的变化,善于把握时机,灵活机动地应付的意思。在口语交际过程中,总难免会出现碰上难题、处境不利或尴尬、困窘的情形,这就需要及时作出反应,采取有效措施加以解决。能够正确、得体、机巧地应付处理突发事件和意外情况,是应变能力强的反映。具体地说,应变能力是善于运用机变技巧的能力。所谓机变技巧,就是在口语交际过程中,表达者针对具体交际场合当中出现的各种不利因素,临场机敏地调整内容、巧妙地变换言语形式以适应事物发展变化的一种随机应变技能。能够运用机变技巧应付处置各种意外情况,是具有良好心理素质和快速反应能力的表现。

在口语交际过程中,涉及的因素较多较复杂,其中任何一个因素的不协调都可能导致口语表达的失败。各种各样的问题,如听众、场合及表达者自身等因素,常常使具体的言谈过程像个无形的"魔方",变化万端,甚至难以预测。只有具备机智灵活的调控能力,即应变能力,才能在紧急情况下,运用机变技巧,保持主动地位,消除不利影响,使言谈达到和谐统一、充满趣味和魅力的最佳状态。由此可见,在一般交谈时,对于像由于听者发难或自己的疏忽、过失酿成的各种意外情况等,成功有效地运用机变技巧来应付,就可以"化险为夷",消除难堪的窘境和摆脱不利的局面。在辩论或辩论比赛中,新颖的机变,巧妙的语言,可以出奇制胜,战胜对手。在演讲等单向性口语表达活动中,运用机变技巧可以控制情绪,赢得听众的认同与赞赏,增强言语的磁力,提高表达的效果。

二、机变技巧运用的原则

(一)围绕目的,机敏选择最佳方式

任何交谈都带有一定的目的性,因此,在口语交际出现意外情况或不利因素时,一定要围绕既定的目的,灵活地安排表达内容,机敏地选择最佳表达方式,有理、有利、有节地重新设定程序,坚定不移地为贯彻交际意图作出最大努力。如果主要目的不可能实现,则注意即时确定最有可能实现的目的并作出积极反应。也就是说,无论如何,都必须给自己树立明确的目标,因为只有目标明确,才有可能激起创造性地运用机变技巧的欲望和急智。

(二)维护形象,保持自我个性特征

言语交际在不同的场合、氛围中,说话者的身份、充当的社会角色是不尽相同的,因而表达形象规范也就有所不同;从另一方面讲,不同情境有不同的要求,不同的人有不同的优势,具有不同的个性特征。因此,面对突发事件、意外情况等,严防出现一味向听众对象献媚,说些不合身份、有损人格的话,而要在运用机变技巧作出积极处置时,保持自我形象,突出个性特征,用人格魅力、言语机智来施加影响,创造奇迹。

(三)讲究协调,创造全新融和氛围

口语表达的对象是人,无论是单个的人,还是群体的人,都是具有思想、意愿、情感的人,都具有鲜明的个性和倾向性,他们对表达者欢迎与否,对观点肯定与否,对信息的接受积极与否,都直接涉及口语表达的效果。在处理意外情况尤其是听众对象的发难时,更应处理好与他们的关系,因为是否取得效果是由他们接受与否作为衡量标志的。换句话说,运用机变技巧就是要通过协调关系来创造出融和的交际氛围,处变而不惊,临急而生智,有效地控制交际对象和现场局面,掌握交流的主动权。

(四)综合权衡,实现最优交际效果

这里的最优,是指运用机变技巧所能赢得的一种最为积极的效果,即在特定的情境中,灵活巧妙地使用机变技能引导口语交流达到最佳状态,取得最佳效果。

在言语交际时,说话目的与表达效果往往互为表里,开口之前,表现为要达到的目标;出口之后,则会成为已实现的效果。效果的优与劣往往表现出交际目的实现的程度,优则完全达到目的,劣则部分达到或没有达到目的。因此,运用机变技巧应根据既定目的,充分考虑个性原则、协调原则及其他相关因素,实现特定情境中的理想状态、最佳效果。这种理想状态、最佳效果,并非是完美化的东西,而是对具体的、突发的情形采取应变措施所能达到的程度而言的。也就是说,是在综合权衡的情况下,对应变本身的一种客观评价。如果在采取机变措施之前能充分考虑到这一点,就会大大增加运用机变技巧的成功机会,从而取得最佳效果。

三、常用机变技巧

根据不利因素的内容和意外情况出现的场合,根据机变技巧本身所具有的特征和功

能,常见机变技巧可分为三种类型:智答技巧、即兴技巧和脱窘技巧。

（一）智答技巧

发问应答可以说是人际交往的一种最基本的言语交往形式。应答,在一般情况下,应该满足发问者的要求,提供对方所需要的信息。然而,人际交往较为复杂,有时因交际对象别有用心,有时因条件不成熟、情形不利,往往会出现一些不能回答、不该回答或不便回答而又不能不答的问题,这就要采取适当的方式作出机智的回答,以改变自己的不利地位。常见的智答技巧有以下十种。

1. 设定条件

有的问题,直接或婉转都无法解答,这往往是因为发问者故意刁难答问者。对这类问题,可采取突破其问题的控制,假设一定的条件并给出相应的结论的方式作答。这样,不仅可以化被动为主动,反过来控制对方,而且可以表现出答问者的机敏。例如:

有一个外国旅游团举行答谢宴会。团长在致祝酒词之后向国旅北京分社欧洲导游吴泽恩说道:"请问,如果向您提出一些不客气的问题,您愿意回答吗?"愿意不愿意似乎都不妥,谁知道团长会提出些什么怪问题呢? 吴泽恩想了一下,回答说:"我们是把您当作朋友看待的,如果您的问题有助于加深彼此的了解与友谊,我将不介意。"

在上例中,吴泽恩的回答,实际上是给外国旅游团团长的问题设定了一个条件:必须有助于加深彼此的了解与友谊。这个答话作为诚挚的朋友来说,不卑不亢,合情合理,恰到好处。

2. 否定预设

否定预设是指针对对方问话本身中含有预设的前提这种情况,以否定问话本身的方式作答,从而打破发问者的圈套,变被动为主动。例如:

在一次记者招待会上,有一名不怀好意的外国记者问中国外交部发言人:"中国政府对在印度政治避难的达赖回到他自己的国家——西藏持何态度?"我外交部发言人义正词严地答道:"首先,我国政府从未对达赖实行过政治迫害,不存在什么政治避难问题。西藏是中国不可分割的一部分。我们始终欢迎达赖回到祖国来,他愿意的话,也可以在西藏自治区工作。"

在上例中,我外交部发言人的回答是对这名居心叵测的西方记者提问本身的否定。其问语中预设的前提是:达赖受到政治迫害,西藏是一个国家。如果不否定问话本身,便等于承认了它们。这种预设前提的问话实际上是一个圈套,诱使人上当,因此,应敏锐地察觉并直接否定问话本身。

3. 反思逆答

反思逆答是指不按照问话暗示的意思顺势作答,而是从话题的逆向去思考,作出出乎意料却意境全新的妙答。这样不仅可以化解紧张气氛,变尴尬为融洽,而且可以表现出应答者思维敏锐、应对迅捷的才华。例如:

1972 年美国总统尼克松访问苏联。一次,飞机准备起飞时,突然有一个引擎发动不起来。在场的勃列日涅夫又急又恼,指着民航部部长问尼克松:"我应该怎样处分他?"尼克松应声答道:"提升他。因为在地面发生故障总要比在空中好。"

在上例中，尼克松没有顺着勃列日涅夫"处分他"的思路回答，而是反过来建议"提升他"，这答话与问话形成对照，妙趣顿生，既表现了大政治家的风度，又为东道主保全了面子。

4. 仿话应对

仿话应对是指仿照对方问话的句式、语意作答。这种方式主要用于回击发问者的刁难，它按照荒谬或诘难问题的结构如法炮制，再还给对方受用，从而陷发问者于为难的境地。仿话应对是"以其人之道，还治其人之身"，让对方搬起石头砸自己的脚，因而可以充分显示出答问者的机敏、诙谐。例如：

英国某电视台一位 40 多岁的老练的记者，现场拍摄采访作家梁晓声的电视节目。在谈了一段时间之后，记者问道："没有文化大革命，可能也不会产生你们这一代作家，那么文化大革命在你看来究竟是好还是坏？"梁晓声略微一怔，沉思片刻，立即灵机一动地以问代答："没有第二次世界大战，就没有以反映第二次世界大战而著名的作家，那么您认为第二次世界大战是好还是坏？"老练的记者也不由一怔，无言以对，摄影机反倒拍下了英国记者的尴尬相。

在上例中，记者的问题是如此刁钻，以至于无法用"好"与"坏"来做简单判定。所以，梁晓声仿话应对，既有礼有节，又相映成趣。

仿话应对也可用于赞美。例如：

大科学家爱因斯坦十分喜爱卓别林主演的电影。一次，他禁不住写信赞美卓别林说："全世界的人都能理解你的幽默、含蓄，你的确是一位伟大的艺术家！"

卓别林回信说："世界上只有很少人能理解你的'相对论'，可你仍然是一位真正的伟大的科学家。"

5. 模糊应对

模糊应对是指运用伸缩性较大、不很明确的话语作答。这种方式主要是为了避免作实质性的回答。例如：

1945 年，美国在日本投下两颗原子弹以后，美国新闻界一个突出的话题是猜测苏联有没有原子弹以及有多少颗。苏联外交部长莫洛托夫这时率一个代表团访问美国，在下榻的旅馆前被一群美国记者包围，有记者问道："苏联有多少颗原子弹？"莫洛托夫绷着脸仅用一个英语单词回答："足够！"

在上例中，"足够"是一个模糊概念：是足够拥有研制原子弹的能力，还是足够对付原子弹的威胁？莫洛托夫的模糊应对，既可以保守国家机密，又表现出苏联人民的自尊与力量，言简意赅，恰到好处。

6. 补正条件

有些事物在一定范围内呈现出量变关系，当双方对某个具体的数量都偏于一端、各执一词且请你当评判人时，你可以在不违反原则的情况下，补出双方说法的相关条件，使双方的说法都获得合理的解释。这样既可以化解争执，又能够融洽气氛。例如：

张之洞新任湖北总督时，抚军谭继洵特地在黄鹤楼设宴接风庆贺，并请了鄂东诸县的县官作陪。席间，张、谭二人为长江究竟有多宽争执起来。谭说五里三,张说七里三,争得面红耳赤。于是张、谭命江夏知县陈树屏回答。陈略作思考,便朗声答道:"水涨七里三,水落五里三,二位说的都对。"张、谭大笑,赏了陈树屏 20 锭大银。

在上例中,陈树屏无论肯定哪一方,都会得罪另一方,而且会使宴会不欢而散。于是,他补出了"水涨"与"水落"两个条件,变对立为共存,睿智的回答产生了皆大欢喜的结局。

7. 俗问俗答

这里的"俗",是庸俗、粗俗之意。遇到"俗"的问题,可采用"俗问俗答"的方式予以回击。在俗问俗答时,最好是在对方问题的基础上加以推演、发挥,不宜另起炉灶,否则,就会有失身份,甚至成为泼妇骂街。例如:

1957 年,尼克松副总统前往苏联出席一个由美国举办的展览会开幕式,同赫鲁晓夫作了一次著名的"厨房辩论"。赫鲁晓夫怒气冲冲地说,美国国会刚通过的那个有关被奴役国家的决议,"臭极了,臭得像刚屙下来的马粪。尼克松先生,还有比马粪更臭的东西吗?"尼克松知道赫鲁晓夫青少年时期当过猪倌,就反唇相讥道:"我想主席先生大概搞错了,比马粪更臭的东西是有的,那就是猪粪。"赫鲁晓夫顿时面红耳赤,赶紧转换了话题。

在上例中,赫鲁晓夫在庄重的外交场合,竟提出一个俗不可耐的"还有比马粪更臭的东西吗?"的问题,粗鲁无礼,侮辱人格。尼克松则接过"更臭"的话题,直答"猪粪",以影射其短,不仅自然有力,而且维护了自己的人格。

8. 正本清源

正本清源,即分析对方问话的依据,以揭穿其混淆视听的荒诞不经之言。在此基础上,再重申对相关事情的立场、观点,应答便十分明确有力。例如:

中国驻印度特命全权大使李连庆,是位颇有声望的外交官。在一次记者招待会上,一位印度记者突然向他发问:"据说,中国在新疆帮助巴基斯坦试验核武器。对此,大使先生有何感想?"

中、印、巴三国有着相当微妙的关系,李连庆严肃地答道:"'据说'是一个推测用语,而在这样重大的问题上,使用这样的词语是不够慎重的。据谁而说?证据何在?中国一贯主张销毁核武器的原则立场是众所周知的,她自己制造核武器,也是为了打破超级大国的核讹诈,以至最终销毁核武器,怎么会再去帮助另外一个国家去试制核武器呢?"

在上例中,李连庆先指出对方发问用语的不合理与不严肃,并趁势追问"证据何在",以正视听;然后正面阐明中国一贯坚持的原则立场,言之有理,论之成据,达到了正本清源的目的。

9. 自嘲应对

对一些无论怎么回答都会有损自己形象的问题,干脆采取自嘲的方式来取笑自己。这样不仅可以变被动为主动,而且具有较强的反击力量。例如:

美国前远东军司令麦克阿瑟的傲慢与刚愎是出了名的。一次,在与杜鲁门总统会见时,他竟然漫不经心地掏出大烟斗,装满烟丝,叼在嘴上,然后问杜鲁门:"我抽袋烟,您不至于介意吧?"周围的人静下来,都看着杜鲁门。杜鲁门狠狠地盯了麦克阿瑟一眼,却甜蜜地说:"抽吧,将军。别人喷到我脸上的烟雾,要比喷在任何一个美国人脸上的烟雾都多。"

在上例中,麦克阿瑟并不是真心实意地征求杜鲁门的意见,他已做好了抽烟的准备,如果总统说自己介意,那就显得太霸道了。于是,杜鲁门采用嘲笑自己的方式,答应麦克阿瑟的请求,既表现了内心的不满,又显示出豁达大度。

10. 行为体验

行为体验是指适情应景地设计一定的动作行为让对方自己体会出所提问题的答案。采用这种方式应答的前提是,答问人必须具有权威性。例如:

1945年,富兰克林·罗斯福第四次连任美国总统。《先锋论坛》报的一位记者就此请他谈谈这次连任的感想。罗斯福没有回答,而是很热情地请这位记者吃三明治。记者吃第一块时觉得是享受殊遇,吃第二块时感到情不可却,吃第三块时就很勉强了。哪知罗斯福总统还微笑着端起第四块请他吃。记者一听啼笑皆非,连连摇头,因为他实在吃不下去了。罗斯福笑着对他说道:"现在,你不需要再问我对于第四次连任的感想了吧? 因为你自己已感觉到了。"

在上例中,罗斯福总统用让对方连吃四块三明治的方式,让对方体会第四次连任的感觉,其情形让人忍俊不禁,但的确是巧妙地回答了对方的问题。

此外,还可以用转移话题、无效回答、诱导否定、推诿他人、装聋作哑等方式来机智地做出应对。上述的种种方式技巧说明,智答的关键是能够掌握交际的主动权,反控交际对象的思维和话语展开方向,离开了这一点,就谈不上智答技巧了。

(二)即兴技巧

口语表达中的即兴,有两种情形:一是对眼前景物有所感触,临时发生兴致而作现场演说;二是身处某一言语交际环境中,临时被要求作现场演说。这两种情形的共同特点是事前毫无准备,全靠临场发挥。即兴演说是口语表达艺术中的最高级形式。它既无讲稿,又无提纲,更无背熟的"台词",全凭迅速组合头脑中的可用资料,当场捕捉信息,展开联想,边想边说,而且要求中心突出,有理有据,情趣高雅,可见即兴演说是一种高超的语言艺术。

即兴演说的关键是能在现场选好"点"。选准了"点",就能把看似孤立的人、事、物,通过联想把它们有机地联系起来,作整体的把握,运用并联式、对比式、递进式、总分式等连缀方式进行严密的构思,创造性的阐发,从而形成具有高度艺术性的言语成品,同时树立表达者良好的社会形象。即兴演说的"选点",就是选好能沟通演讲者与听众心灵的人、事、物。即兴演讲事先无法精心构思演讲稿,因而必须临场选择听众所熟悉的、易于理解的人、事、物作为媒介物,传递信息,激发听众的共鸣。选点的要求是:所选的人、事、物必须与演讲的主题和谐一致,这样才能充分表达演讲者符合此情此景的特有的思想感情。常见的选点方法有以下四种。

1. 以"物"为点

以"物"为点,即抓住某物在特定场合、特定时间下的象征意义,借题发挥。例如:

上海市"钻石表杯"业余书评授奖会上,《书讯报》主编贲伟同志作的即兴演讲是:

今天,我参加"钻石表杯"业余书评授奖会,我想说的一句话是:钻石代表坚韧,手表意味时间,时间显示效率。坚韧与效率的结合,这是一个人读书的成功所在,一个人的希望所在。谢谢大家。

贾伟同志选取"钻石表"为点而生发,由"钻石"联想到"坚韧",最后揭示"坚韧与效率"的结合的现实意义。选点准确,话语含义深远。

2. 以"事"为点

以"事"为点,即选择现场临时发生的或正在进行的事情为点,阐发其意义。例如:

1952年度,奥斯卡最佳女主角得主雪莉·布丝莱在上颁奖台台阶时,由于跑得太急而绊了一下,差点摔倒。这个"差点摔倒"的小事故成了她致答谢词的生发点,她意味深长地说:"我经历了漫长的艰难跋涉,才达到这事业的高峰。"

雪莉·布丝莱这段演说词,巧借差点摔倒进行即兴发挥,即运用夸张、象征等方式对自己的失态进行掩饰乃至美化,又真实地道出了自己平时刻苦探索与不懈追求。就事论理,很有启发意义。

3. 以"景"为点

以"景"为点,即兴演说总是在特定的环境、特殊的氛围中进行的,选取其中的某个要素为点,点明其象征意义,便可表现出特定的主题。例如:

在号称"海天佛国"的普陀风景区,一群游客登上当地最高的佛顶山,个个疲惫不堪,默默无语。这时,一位导游面对浩瀚无垠、海鸥轻翔的大海作了一番即兴导游演说:

"朋友们,脚下那锦鳞片片、白帆点点的水面就是东海。多少年来,这海拥抱着、冲刷着佛顶山,以它特有的英姿启迪着人们:海是辽阔的,胸怀无比宽广;海是厚实的,什么都能容纳;海是深沉的,永远那么谦逊稳健……常看大海,烦恼的人会开朗,狭隘的人会豁达,浮躁的人会沉稳……"

这位导游选取大海为点,在描述大海的同时揭示其可资借鉴的做人特征:人的一生要像大海一样"胸怀无比宽广""什么都能容纳""永远那么谦逊稳健"……这种充满豪情和哲理的演讲,会令人感慨不已,情趣顿生。

4. 以"话"为点

这种选点方法要求当场从前面演讲者的话语里,捕捉出话题,加以引申、发挥,讲出新意来,从而给人以启迪。例如:

年轻的朋友:

讲演对于我倒不是件难事,然而要不多不少恰好"五分钟",却使我感到困难。而主席又只要我作"五分钟"的滩头讲演,让你们好早点跳下海去,作你们的青春之舞泳。

我想了,本来我可以这么开始我的演讲:"各位先生,各位女士,请大家沉默五分钟!"于是当大家沉默到五分钟的时候,我便说:"沉默毕,我的讲演完了。"

大家假如要反诘我:"你向我们作五分钟的讲演,为什么叫我们沉默五分钟呢?"我可以理直气壮地回答:"朋友,人们不是说'沉默胜于雄辩'吗?"

本来我可以这么开始我的讲演的,但是当我听了刚才×先生两分钟的演讲,太漂亮了！他说："人民的作家萧红女士一生为人民解放事业奔走,到头来死在这南国的海边,伙伴们把她埋在这浅水湾上,今天,围绕在她周围的都是年轻人,今后的日子里,不知有多少年轻人来围绕着她。朋友们！我们是年轻人,我们没有悲伤,我们没有感慨,请大家向萧红女士鼓掌。"太好了,我的五分钟讲演只好改变计划了,让我把年轻人引申来说一下吧。

年轻人之所以为年轻人,并不是单靠着年纪轻,假如是单靠年纪轻,我们倒看见有些年纪轻轻的人,却已经成了老腐败,老顽固,甚至活的木乃伊——虽然还活着,但早已死了,而且死了几千年。

反过来我们在历史上也看见有好些年纪老的人,精神并不老,甚至有的人死了几千年,而一直都还像活着的年轻人一样。所以一个人的年轻不年轻,并不是专靠着生理上的年龄,而主要的还是精神上的年龄。便是"年轻精神"充分的,虽老而不死;"年轻精神"丧失的,年虽轻而人已死了。

那么,什么是年轻精神的品质呢？

第一,是真理的追求者。他是一张白纸,毫无成见地去接受客观真实,他如饥似渴地请人指教,虚心坦怀地受人指教,他肯向一切学习,以养成他的智慧。这是年轻人的第一特征。

第二,是博爱的实践者。他大公无私,好打抱不平,决不或很少为自己打算,实切实地有着人饥己饥、人溺己溺的怀抱,而为他人服务。这是年轻精神的第二特征。

第三,是勇敢的战士。他不怕任何艰难困苦,他富于弹性,倒下去立刻跳起来,碰伤了舐干血迹,若无其事,他以牺牲自我的意志彻底一切,这是年轻人的第三特征。

这三种年轻精神的特征,每一个年轻人都是有的,假如他把这些特征保持着,并扩大着,那他便永远年轻,就死了还年轻;假如他把这些特征失掉,比如年纪轻,便做狗腿子的事,那他不再年轻,而老早是一个死鬼了。

就在这样的认识之下,我们向"年轻精神"饱满的青年朋友们学习,使自己年轻,使中国年轻。(郭沫若《在萧红墓前的五分钟演讲》)

郭沫若先生在这篇即兴演讲中,以前者发言中提到的"年轻人"为点来引申发挥:从生理上的年轻说到了精神上的年轻,饱含激情地指出"年轻精神"的特征就是"真理的追求者""博爱的实践者""勇敢的战士"。满怀敬意地呼吁:"向'年轻精神'饱满的青年朋友们学习,使自己年轻,使中国年轻。"郭老用此法做成的富有哲理的精彩演讲,至今还在产生着激励作用。

(三)脱窘技巧

在人际交往中,表达者难免出现言行失误,说出不得体、不合时宜的话语,做出不得体、不合时宜的事情;在某些特殊的场合,表达者也可能遭受无端的指责甚至恶意的侮辱;而更可能经常出现的情形则是,有人蓄意以言辞来加以嘲弄、讽刺、挖苦、奚落。在这些难堪的处境中,受窘者迫切需要运用巧智的语言对失误进行"合理"的解释,或报以有力的反击,从而摆脱尴尬的困境。这就需要学习和运用脱窘技巧。

所谓脱窘,就是从十分为难的境地中解脱出来。在某种意义上讲,脱窘就是一种目的,运用脱窘技巧的言行就是一种具有明确目的性的言语活动。因此,有必要强调以下脱窘技巧运用的原则。

(1)沉着冷静,敏捷机智。出现对自己不利的窘迫情形,在一般情况下,是只能靠自己解脱的。这时,你的救星就是你自己,因此,在转瞬即逝的时刻里,一定要沉着冷静,不急不躁,同时更要敏捷思维,采取机智灵活的方式予以解脱。之所以强调沉着冷静,不急不躁,是因为急则无智,躁则莽撞,不仅于事无补,反而弄得更糟。只有沉着冷静、思维敏捷,才能把握时机,想出巧妙的对策。

(2)保持自尊,维护人格。无论运用什么脱窘技巧,即使是自嘲方式,也都必须做到不损害自尊,不自轻自贱,因为运用脱窘技巧的目的就是维护自己的人格尊严。如果不能维护自己的人格尊严,那就不仅仅是口语表达的失败,更可怕的是有可能陷入更大的困境之中。

(3)融洽气氛,增进情谊。出现困窘情形,气氛往往不协调,甚至呈尴尬、凝重状态。这就需要运用脱窘技巧来协调,融洽气氛、谐和关系,增进友谊和感情。能够使气氛活跃、欢腾起来,困窘情形也就不复存在,大家也就能够在欢乐、融洽的气氛中领略和享受机智言语的情趣了。

(4)反戈一击,反困对方。对于蓄意或恶意的嘲讽与攻击,没有必要进行谦让、躲避,应采取积极有效的方式进行巧妙的反击,反陷对方于困境之中。

在人际交往中,常见的脱窘技巧主要有以下九种。

1. 自我嘲讽

自我嘲讽,即用一些幽默风趣的话语来嘲笑讽刺自己,以制造一种轻松自然的气氛,达到消除尴尬的目的。心理学研究表明,刻意掩饰自己的缺点、错误、过失,是一种不健康的心态,长此以往容易变成"潜移状态",很可能会"积郁成疾"。因此,对于业已形成的言行失误,要敢于在人前直言曝光,不仅坦率承认,更要机智地利用,从而在自嘲中表露心迹,树立形象,取得积极的交际效果。例如:

> 第二次世界大战期间,英国首相丘吉尔到华盛顿首次会见美国总统罗斯福,要求美国同意出兵抗击德国法西斯,并给予英国物资支援。丘吉尔受到热情接待,被安排在白宫下榻。
>
> 一天清晨,丘吉尔躺在浴盆里津津有味地抽他那特大号雪茄烟,门开了,进来的是罗斯福总统。丘吉尔大腹便便,肚皮露出水面……两位伟大的人物,在这样的场合见面,彼此都觉得非常不自在。但丘吉尔很快就打破了尴尬的场面,他乐呵呵地说:"总统先生,我作为英国首相,在您面前可真是开诚布公、毫无隐瞒了。"罗斯福也忍不住大笑起来,连说:"毫无隐瞒! 毫无隐瞒!"
>
> 此后,谈判成功,英国得到了美国的援助。

在上例中,丘吉尔的那句自嘲,语带双关:既描述了他本人当时裸露浴盆的处境,又反映出当时英美两国在外交上的要求,裸露窘态反而成了丘吉尔对美国总统真诚坦白的直接表示。在自嘲引起的笑声中,丘吉尔收获了外交的巨大成功。

自嘲自贬会引发开怀的笑声,这种笑不是讥笑愚笨,而是对机智聪明的肯定,是紧张心理冰释的外现,是脱窘之后所形成的一种畅快轻松的最佳状态。

2. 以退为进

面对对方的攻击、指责和刁难,不是直接回击,而是先作出必要的退让,承认其观点的正确或事实的可信,然后再分析和利用其观点或事实中对自己有利的因素,从而积蓄力量,反戈一击,压倒对方,取得实际的主动权,这就叫以退为进。例如:

萧伯纳的剧本《武器与人》首次公演便获得巨大成功。许多观众在剧终时要求萧伯纳上台见见大家,接受众人的祝贺。

可是,当萧伯纳走上舞台,准备向观众致意时,突然有一个人对他大声喊叫:"萧伯纳,你的剧本糟透了,谁要看! 收回去,停演吧!"

观众们大吃一惊,大家以为萧伯纳一定会气得浑身发抖,用高声的抗议来回答这个人的挑衅。谁知道萧伯纳不但不生气,反而笑容满面地向那个人深深地鞠了一躬,彬彬有礼地说:"我的朋友,你说得好,我完全同意你的意见。"说着,他指着场内的其他观众说:"但遗憾的是,我们两个人反对这么多观众有什么用呢? 我们能禁止这剧本演出吗?"两句话,引起全场一阵响亮的笑声,紧接着暴风骤雨般的热烈掌声。在掌声中,那个故意挑衅的人灰溜溜地走出了剧场。

在上例中,萧伯纳面对当众的侮辱,从容镇定,雍容大度地同意对方"剧本糟透了,停演"的意见,然后用对比方式与对方商量:"我们两个人反对这么多观众有什么用呢? 我们能禁止这剧本演出吗?"反过来置对方于跳梁小丑的位置上,并揭示出其观点的不得人心,荒唐可笑。

3. 语意直解

语意直解,即置话语的深层意义或表达者的真正用意于不顾,按照话语的表面意思来理解,以取得消除难堪、困窘的效果。运用语意直解方式一定要与言语交际环境相协调,做到自然而趣雅,不唐突,不节外生枝。例如:

英国前首相威尔逊,在一次竞选演说中,遭到一个捣乱分子的挑衅。演说正在进行,捣乱分子突然高声喊叫:"狗屁! 垃圾! 臭大粪!"这些话不堪入耳,且造成难堪局面。可是,威尔逊只是报以容忍的一笑,安慰他说:"这位先生,我马上就要谈到你提出的环境脏乱差问题了。"听众中爆发出掌声笑声,为威尔逊的机智幽默喝彩。

在上例中,捣乱分子的话语本意十分明显,是骂威尔逊的演说臭不可闻,不值得听。威尔逊故意不理会其本意,而根据这几个词语的表面意思引申出一个"环境脏乱差问题",巧妙地避开了其锋芒,消除了窘迫,而且显露出令人钦佩的急智。

4. 妙用岔题

岔题就是转移话题,即在言语交际过程中,对使自己为难或难堪的话题不接茬,而用别的话题来岔开,以避免出现尴尬或对自己不利的情形。例如:

1988 年 7 月 22 日,中曾根首相和戈尔巴乔夫的会谈在克里姆林宫里紧张地进行着。

戈尔巴乔夫有一次竟用拳头将桌子敲得砰砰作响。他声称:"据说,在日本居然有人说什么'今后只要日本持续不断地增加经济力量,苏联便将乖乖地屈服于日本的实力之下,与日本进行合作'。殊不知,这是大错特错的,苏联决不向日本屈服。"

中曾根也是毫不示弱,他以强硬的口气说:"尽管如此,两国加强交往也是重要的。阻挠两国关系发展的问题关键是北方的领土问题。造成这个历史问题的原因在于斯大林错误地向属于北海道的岛屿派遣了军队。"

他又接着说:"我毕业于东大法律系,你是从莫斯科大学法律系的门槛里走出来的。同是法律专业毕业生,本应是了解国际法、条约、联合声明的。国际社会都承认日本的主张是正确的。"

"我当法律家亏了,所以变成了政治家。"

这时戈尔巴乔夫笑容可掬地接过话茬。此语一出,戈尔巴乔夫已顺利地下了台阶,避过中曾根话题的锋芒。

戈尔巴乔夫在自知理亏时,为自己解脱困境,采用的是"岔题"法,巧妙地避开了中曾根咄咄逼人的攻击。所以,在遇到难以回答或不愿回答的问题,在没有更好的理由反驳对方时,要擅长于抓住时机,有意识地用一个新话题岔开原来的问题,使自己不感到难堪。如上述的例子,中曾根批驳戈尔巴乔夫是法律专业毕业,却不懂得法律,戈尔巴乔夫利用该话题,岔开并引出自己是"当法律家亏了,所以变成了政治家",巧妙地下了台阶,还保持了和谐的气氛。

言语交际中,"岔题"是一种十分有效的言语策略,比如交际对方单刀直入,脱口说出了一句你不想听的话,诸如"我爱你爱得都快发疯了",你可以找一句毫不相干的话岔开,以示你对他的话毫无兴趣,例如,以关心的口吻问:"听说进口电冰箱又涨价了,你知道涨了百分之三十还是百分之四十?"

5. 以逸待劳

以逸待劳最开始恐怕是一种军事策略,但现代社会中使用得较普遍,世界著名拳王阿里对此有着十分深切的体会,他说:"站稳了让别人去打,等他打累了,他自然就会倒下。"这就叫"以逸待劳"。借用在言语交际中,就是尽可能地让对方从喋喋不休到词穷语塞,自己则不"言"而胜。

"以逸待劳"的方法,可用来应付无聊的人。例如,有人想在公开的场合侵犯你的隐私权,好让你狼狈不堪、无地自容。如果你讳莫如深、竭力辩解,那正好中了对方的圈套。如果你摆出一副毫不在乎的样子,鼓励对方说下去,并让对方感到你听得"饶有兴趣",对方很快就会"毫无兴趣"了。请看下面一则对话:

　　甲:我听说你与××小姐关系很密切?

　　乙:(饶有兴趣地)你大概还听到了别的什么了吧?

　　甲:当然,这都是别人传说,说你上周末整个晚上都和××小姐在一起。

　　乙:说下去。

　　甲:你们在一起散了步……

　　乙:还有呢?

　　甲:还在一起跳舞……

　　乙:不会就这些吧?

　　甲:(词穷、语塞)……

别人以为你对此事一定会讳莫如深,而你却饶有兴趣地"鼓励"他说下去,这种出乎意料的态度,在心理上首先就给了对方"当头一棒"。对方原来打算用隐晦含糊的话语影射你的隐私,而你却"打破沙锅问(纹)到底",逼他用赤裸裸的语言讲出一切事实,这对他反而是个难题了。那种道听途说、暗箭伤人的人,往往是不敢在阳光下真刀真枪地进行交锋的。

使用"以逸待劳"的方法有一个要诀:就是身心高度放松,超然世外,并有足够的自制能力和双倍的耐心,无论对方说什么,你都能毫不动气。这其实是一种精神战。如果听到中途,你就发起脾气来,那就全盘皆输了。

6. 金蝉脱壳

"金蝉脱壳"计是在处于劣势的情况下,以假象迷惑"敌人",实现安全撤离的谋略。

人们在观察和思考问题的时候,往往直观地注意那些异乎寻常的迹象,而忽视原封不动的表象背后所发生的变化。"金蝉脱壳"就是利用这一思维定式,以貌似原形的假象麻痹对方的判断,掩护自己脱身而退。

言语交际中的"金蝉脱壳",就是当处在或即将处在为难等种种不利情景时,运用巧妙的方法不动声色且安全地使自己抽身而退。"金蝉脱壳"往往是寻找各种各样的借口得以实现的,有时也用"推诿他人"的方式进行。例如:

著名科学家爱因斯坦经常坐小汽车到各大学讲学。有一次在去讲课途中,司机对他说:"博士,我听过你的课大约有二十次了,我已经记得很清楚了。我敢说,这课我也能上哩!"

"那么,好吧,我给你个机会。"爱因斯坦说,"我们现在要去的学校,那里的人都不认识我。到了学校,我就戴上你的帽子充当司机,你就可以自称为爱因斯坦去讲课了。"

司机准确无误地讲完了课。正当他准备离去时,一位教授请他解释一个复杂的问题。司机灵机一动,说:"这个问题太简单了。好吧,为了让您明白它是多么的容易,让我去叫我的司机来为您解释吧。"

在上例中,这位司机的聪明才智是十分令人敬佩的,他不仅可以代替爱因斯坦讲学,而且能成功运用"金蝉脱壳"的言语策略避免"出丑露乖",可谓处变不惊,急中有智,是个人才。

7. 提供台阶

在口语交际中有时出现的困窘场面,不仅"出洋相"者受窘,其他人也同样难堪,因此,任何人在社交活动中不仅应维护自己的人格与尊严不受伤害,而且要随机应变,帮助他人解脱困境。解脱困境的方式之一就是为对方提供一个台阶,让其言行得到合理的解释,从而消除尴尬,再创和谐。例如:

1953年,周恩来率中国政府代表团慰问驻旅大的苏军。在中方举行的招待宴会上,一名苏军翻译在翻译周总理的说话时,不慎译错了一个地方。我方一位同志当场予以纠正,这使总理感到十分意外,而在场的苏军驻军司令更是大为恼火,因为部下在这场合下的失误丢了他的面子。他马上走过去,要撕下翻译军官的肩章和领章。

宴会厅里的气氛顿时显得异常紧张。这时，周总理及时为对方提供了一个"台阶"，他温和地说："两国语言要恰到好处地翻译是很不容易，也可能是我讲得不够清楚。"并慢慢重述了被译错的那段话，让翻译重新准确地译出内容，缓解了紧张的气氛。

这里，如果周总理不采取自责的方式给苏军"下台阶"，不仅场面可能进一步恶化，还有可能影响两国关系。由于周总理及时引咎自责，既保住了苏军的面子与尊严，又展示出一位精明机智、宽厚仁慈的长者风范。

8. 反戈回击

反戈回击就是掉转兵器的锋芒反击对方。在言语交际中，反戈回击就是将对方刻意污蔑、侮辱性的语言反过来用在他本人身上，以其人之"言"还治其人之身，使其无法招架，无可辩脱。例如：

萧伯纳是伟大的戏剧家，他常在戏中揭露资本家的丑恶面目。一次，有个资本家想在大庭广众之下羞辱萧伯纳，他挥着手大声地说："人们都说伟大的戏剧家都是白痴。"萧伯纳笑了笑，随即回答道："先生，我看你是最伟大的戏剧家。"

萧伯纳这个貌似恭维的反击十分巧妙，不仅委婉地将"白痴"桂冠戴在了这个资本家头上，而且机智地揭露了对方的无理、无知与无耻，从而维护了自己的人格尊严。

9. 反唇相讥

反唇相讥，即面对对方故意表述的侮辱人格、有损尊严的话语，抓住对方相同、相近、相类或相反的弱点或问题，趁势反过来用恰当的话语戏谑、嘲讽或指责对方。反唇相讥应做到格调高雅，语言文明，不能演变成相互谩骂和人身攻击。运用反唇相讥的方式表述，要精练有力，一语制人，让对方接受理智与理性的熏陶，得到心灵的净化与境界的升华。例如：

巴黎。联合国大会。

菲律宾著名外交家罗慕洛，同苏联代表团团长维辛斯基发生了激辩。由于罗慕洛在发言中讥刺维辛斯基的建议是"开玩笑"，于是惹恼了维辛斯基，他非常轻蔑地对罗慕洛说："你不过是个小国家的小人罢了。"

罗慕洛的确是个矮个子，穿起鞋来也只有 1.63 米。但正是这个矮个子，做出了许多高个子都无可企及，因而更具有轰动效应的事情。所以他从不因矮而自卑，而"愿生生世世为矮人"。一旦他的国格人格受到污辱，就同苏联外长针尖对麦芒了。

一俟维辛斯基把话讲完，他就跳起来告诉联大代表说："维辛斯基对我的形容是正确的。"接着话锋一转："此时此地，把真理之石向狂妄的巨人眉心掷去——使他的行为检点些，是矮子的责任！"

在庄重的国际会议上，利用别人的生理条件构成的缺陷进行人身攻击，是十分不明智的，既无理，又失礼。菲律宾著名外交家罗慕洛身材矮小，穿起鞋来也只有 1.63 米。苏联代表团团长维辛斯基竟在联合国大会上称其为"小国家的小人"，这是对其人格乃至国格的极不尊重，因此，罗慕洛必须予以反击。他从相反的生理条件、性格特征和自身责任等角度立论反唇相讥，要"把真理之石向狂妄的巨人眉心掷去——使他的行为检点些"，打击了维辛斯基的嚣张气焰,义正词严,有理有节。

思考与训练

1.表述是有技巧的。常用的表述技巧有哪些？试选择两种表述技巧,说明其表述效应。

2.机变技巧运用有什么原则？常用的机变技巧有哪些？

3.《郭沫若与李真真》是一个感人的故事。郭老对一时想不开的年轻女孩李真真情真意切、关怀备至,感人至深。郭老的表述有何特点？

1962 年 10 月,郭沫若在游览普陀山"梵音洞"时,拾到一本日记,扉页上写着一副对联:"年年失望年年望,处处难寻处处寻。"横批是:"春在哪里。"

再翻一页,是一首绝命诗,并署着当天的日子。郭老看后很是焦急,急忙叫人去找。结果找到失主是一位神色忧郁、行动失常的姑娘。经过了解,姑娘姓名叫李真真,参加高考三次落榜,爱情上又遭挫折,于是决心"魂归普陀"。郭老耐心地开导她,十分关切地说:"这副对联说明你有一定的文化水平,不过下联和横批太消沉了,这不好。我给你改一改,好不好？"姑娘点点头。郭老改写道:"年年失望年年望,事事难成事事成。"横批是:"春在心中。"

接着郭老又挥笔写了一联:

"有志者,事竟成,破釜沉舟,百二秦关终属楚。苦心人,天不负,卧薪尝胆,三千越界可吞吴。"下面写着:"蒲松龄落第自勉联。"

李真真仔细阅读后,感到这副对联正是对"事事难成事事成"的最好注释,就请郭老题名。郭老写上"郭沫若,六二年秋"。姑娘惊喜万分,表示要永记教诲,并大胆地作诗谢郭老:

"梵音洞前几彷徨,此身也欲付汪洋。

妙笔竟藏回春力,感谢恩师救迷航。"

4.周恩来总理巧改电影说明书这个故事,说明周总理站得高,看得远,又能考虑到外国人的欣赏习惯和情趣,作了画龙点睛式的改动,让人不得不佩服周总理的语言表达能力与应变能力。请你谈谈自己的感想。

中国的《罗密欧与朱丽叶》

1954 年周恩来总理出席日内瓦国际会议,为了向国外人宣传中国人并不好战,决定为外国记者举行电影招待会,放映越剧片《梁山伯与祝英台》。为使放映达到理想的效果,工作人员准备了一份长达 16 页的说明书送给周恩来看。周恩来看后批评说:"这是不看对象,对牛弹琴。"工作人员不服,说:"给洋人看这部电影,才是对牛弹琴呢！"周恩来说:"这就要看你怎么弹法,你要用上十几页的说明书去弹,那是乱弹。我换个弹法,只要你在请柬上写一句话:'请你欣赏一部彩色歌剧电影:中国的《罗密欧与朱丽叶》。'"果然,这一改赢得了外国人的赞赏。

5.节目主持人,一般来说,都有较强的应变能力,常常需要串联节目救场。倪萍更是救场的高手,《坏了,少了一封电报》就是一例。请具体分析倪萍的随机应变能力。

坏了,少了一封电报

倪萍

1990 年春节晚会,是我第一次参加这样重要的节目。晚会中的许多电报、电话都是临时交给主持人的。你基本上连看一眼的时间都没有就上场了。我记得,接近零点时,我刚下场又被导演推上了台:"快,这是四封电报,马上宣读,时间要占满 1 分 20 秒。"我接过电报一扭头就神采飞扬地走向了主持台,为了把即将到来的零点高潮推上去,我边走边用激昂的语调说:"亲爱的朋友们,我手里拿的是刚刚收到的四封电报,第一封是侨居马尼拉的……第二封是……第三封是……第……"当我要读第四封电报时,才发现我的手里已经空了。坏了,少了一封电报。我这时已经用余光看见了导演在台下拿着这封电报向我示意。此时我既不能下台拿,导演也没这个胆量给我送上来,但观众已经听得清清楚楚我说的是四封电报,瞬间,大概也就是两秒钟吧,我就作出了决定,我合起手中的电报说:"今天晚上,打到直播现场的电报不计其数,特别是海外华人,他们都想在这个阖家团聚的夜晚为祖国亲人送上他们的祝福,由于时间的关系,在这里我就不一一宣读了。海外侨胞们,你们的问候,祖国人民都接受了,也请允许我代表祖国人民,向远离亲人的海外侨胞祝福,祝全世界的中华儿女万事如意!"台下响起了热烈的掌声,观众没有看出我的破绽。我走下舞台,看了一眼墙上的倒计时钟,一秒不差。台下的导演拥抱了我,她手里还举着那封忘了交给我的电报。

第十二章　待人接物的应酬艺术
——礼貌用语

口语表达活动贯穿于人际交往的过程之中。人际交往,无论是个人与个人之间,还是个人与集体之间,无论是单位与单位之间,还是国家与国家之间,都必须讲究礼貌,都必须运用文明礼貌的言语。俄国大文学家、哲学家赫尔岑说:"生活中最主要的是有礼貌,它比最高的智慧,比一切学识都重要。"这句话强调了文明礼貌是做人的首要准则。言为心声,文明礼貌的言语是道德高尚的一种反映。2000多年前的一部礼仪专著选集《礼记》中就写道"言语之美,穆穆皇皇",意思是说言语之美,在于谦恭、和气、文雅。言语之美,由礼貌言语而创造;言语礼貌,则是一套为说话者的民族所使用的言语行为规则,是一套在与对话者建立联系的交际过程中为使交际能在友好的状况中进行而使用的固定格式。懂得了言语礼貌,了解了礼貌言语,就会在人际交往中形成良好的第一印象,建立融洽的人际关系,为口才艺术的展示、交际目的的实现奠定坚实的基础。

▶ 第一节　招　呼　语 ◀

招呼语,是在人际交往中见面打招呼时使用的言语,而打招呼,则是人们见面时致意的基本礼节。熟人见面打声招呼,显得有修养,有礼貌;陌生人碰到一起问声"您(你)好",则表现出一种和善与友好。招呼语是礼仪言语的一个重要组成部分,它主要用来表达对交际双方关系的认定,也可作为交际的起始语。会打招呼等于打开了人际交往的"大门",是交际"登堂入室"的首要步骤,因而有必要作深入全面的了解,以便于灵活地运用。

常用的招呼语有称呼式、寒暄式和体语式三种。

一、称呼式

(一)称呼语的作用

称呼语是言语交际的"先锋官",礼貌而恰当的称呼能沟通双方的感情,创造相互尊重、和谐融洽的交谈气氛,促使交际成功。

(二)称呼语的主要类型

称呼语揭开交际的序幕,一定的称呼语,表现出交谈者之间的相互关系。从礼节的角度看,称呼语有尊称和泛称两大类型。

1. 尊称表示法

尊称是指对人尊敬的称呼,常常用于长辈、长者或上级等。现代汉语常用的方式有以下一些。

(1)您——您好,请您等,是使用频率最高、应用范围最广的称呼。

(2)贵——贵姓(问对方的姓);贵校(称对方的单位)。

(3)大——尊姓大名;大作(指别人的文章、著作)。

(4)老——称德高望重的老人或著名学者、社会活动家和革命家,有以下几种用法。

①您＋老——您老辛苦了!

②姓＋老——叶圣陶——叶老;郭沫若——郭老;董必武——董老。

③姓＋名的第一个字＋老——赵朴初——赵朴老;钱学森——钱学老。

④双音节名字中的头一个字＋老——陈望道——望老;阳翰笙——翰老。

(5)公——廖承志——廖公;茅盾——茅公。

(6)外事活动的尊称如下。

①陛下——称呼君主制国家国王、皇帝、皇后。

②殿下——称呼王子、公主、亲王。

③阁下——对外交往中,对地位高的官方人士(一般是部长以上的高级官员),按对方国家情况可称"阁下""先生"或职衔,如"部长先生阁下""大使先生阁下",简称"阁下"。美国、墨西哥、德国等国则习惯称"先生",不称"阁下"。

2. 泛称

泛称是指对人的一般称呼。以正式场合与非正式场合来划分,常用的称呼有以下几种方式。

(1)姓＋职称/职业称——张教授、王厂长、冯医生。

(2)姓名——张勇、李鹏飞。

(3)泛尊称或职业称＋(部分)泛尊称——同志、先生、小姐或医生同志、大使先生。

(4)老/小＋姓——老李、小王。

(5)姓＋辈分称呼或辈分称呼——王伯伯或伯伯。

(6)名或名＋同志——国华或国华同志。

上面几种泛称形式,(1)(2)一般在正式场合使用,(4)至(6)一般为非正式场合使用,(3)介乎这两种场合之间,均可使用。其中用(1)所示方式相称,通常意味着两个人之间有更为拘谨或事务性的关系;只用姓名来称呼,是一种介于亲密与拘谨之间关系的表示;运用第(4)(5)(6)方式相称的,在一般情况下,则标志着两人之间是一种毫无拘束、亲密无间的关系。

(三)使用称呼语应注意的问题

1. 称呼不仅要看对方的职业、年龄、辈分,还要考虑时代特点

解放初,称"同志"亲切、自豪;"文革"时,称"师傅"流行、时髦;现在大城市里又流行称"先生""小姐"了。

2. 称呼还因民族、国家不同,甚至同一民族的地域不同而有差异

如对已婚女子,西方国家称"夫人",我国一般称"女士";对年轻女子,我国南方多数地区称"姑娘""小姐",而北方有些地区称"大姐"。再如美国人除最常见的职业名衔称呼有法官、高级法官、军官、医生、教授和宗教领袖之外,其他职业不大注意头衔,如果总是一本正经地根据对方的社会地位或年龄在称呼中冠以头衔,大多数美国人反而感到不自在。一般美国人不论年龄,都喜欢以名字相称,以表示亲切友好。在一般情况下,可称"先生"

"小姐""太太";如果在这些称呼前加上对方本人的姓名,则是很得体的。

3. 称呼应注意体察心理

有的称呼,本来在一般情况下是完全可以使用的,但有时遇到某种特殊情况,这个称呼不适合对方的心理,就应及时体察,改换称呼,以免引起对方的不快甚至反感。如有的人姓"舒",很可能忌讳人家称他"老舒(输)";有的三十出头的"大男大女",因为年龄偏大而苦于难找对象,如果在公众场合总是称呼其为"老×",会影响其情绪的。

4. 避免、杜绝变"专称"为"泛称",变"贬称"为"褒称"的不当称呼语

例如"师傅",本指工、商、戏剧曲艺等行业中向徒弟传授技艺的人,是对有手艺活儿的人的尊称,具有专指性,不可泛用。如果将老师、记者、医生等也称为"师傅",恐怕会不伦不类,使其"丈二和尚摸不着头脑",甚至会引起不快情绪,那样是会影响交际效果的。又如称老年人,有"老头子、老东西、老家伙和老不死"等贬称,带有蔑视对方的感情色彩。如果将其作为"褒称"随意乱用,恐怕会给人不懂礼貌、缺乏教养的印象。

二、寒暄式

(一)寒暄语的作用

寒暄语是以社会交往中双方见面时的天气冷暖、生活琐事及相互问候等为内容的应酬语。交际伊始的这些应酬语,主要是为了沟通双方感情,发掘双方的共同关心点,建立和谐融洽的交谈气氛。

(二)寒暄语的主要类型

1. 问候式

问候式可分传统与新型两类。

(1)传统问候语——"吃了饭吗或饭吃过了吗?""上哪儿去呀?""到图书馆吧?""上班啦?"这些貌似询问了解的话语,并不表明真想知道对方的起居行踪,往往只表达说话人友好的态度,听话人可把它作交谈的起始语给予回答,也可把它当作招呼语不必——作答。

(2)新型问候语——"您(你)好(早)!""早上好!""节日好!""新年好!"这些是受外来语影响在近几十年流行起来的新型问候语,一般对对方有慰问与祝愿之意。

2. 攀认式

在人际交往中,交谈双方常常具有这样那样如"同乡、同事、同学"等沾亲带故的关系。初次见面时,交谈确认这种关系往往立即能形成建立交往、发展友谊的契机,甚至会成为加深了解默契配合的突破口。例如:

　　有一次,一名青年人被介绍去某县拜访一位退休多年的老校长。老校长平日深居简出,加上年纪老迈,此时落落寡合,话兴淡漠。来访者偶然谈起学历问题,终于发现了突破口。他问:"您老德高望重,资历这么老,一定是哪所名牌大学毕业的吧?"老校长答道:"我青年时期在日本早稻田大学留学。"青年一听暗自欣喜,告诉校长:"先父早年也是早稻田大学毕业的。""我是学法律的。""真巧,先父也是学法律的。"再一细谈,他们原来是隔一级的校友。青年便说:"这样看来,您是老前辈了,今后还请您多多指教。"老校长听后脸上绽开了笑容,将藤椅又拉近了一些。

这位青年利用其先父与老校长是日本早稻田大学同学这一"共同点"作为深入交谈的突破口,取得了初步的成功。因为"校友"这一特殊的关系在老校长心理上产生了"自己人"效应,既融洽了气氛,又为促膝长谈奠定了基础。攀认起了认同的作用。

3. 敬慕式

与有成就的人碰面或会谈,表示敬重、仰慕,是一种热情有礼的表现。例如,"王先生,久闻大名!""您的大作,我已拜读,得益匪浅!""见到您,不胜荣幸!"等,彬彬有礼,可以形成良好印象,促使交际顺利进行下去。

(三)寒暄语的基本内容

寒暄语的内容非常广泛,并非有固定的话题与格式,应根据交际双方的情况,因人、因时、因地制宜,恰当选择,灵活运用,使之真正成为交际的媒介,促成相互之间的了解与合作。其基本内容如下。

1. 从家乡、职业、家庭、阅历等方面找出有特殊联系的共同点,以引出共同感兴趣的话题

人们对家乡一般都有一种亲切、热烈的情感;对职业感受最具体,经历最丰富;家庭是一般人精神寄托的一个主要支点;阅历则往往与人的经验、教训、思想、性格、心理有千丝万缕的联系。从这些方面引入话题,往往容易找到对方的兴奋点和双方关心的共同点。

2. 从性格、爱好、烦恼等谈起,使双方心灵产生"共聚"的变化

有了这些思想、精神方面的切入点,就可以进入对方的心灵深处,窥见对方喜怒哀乐的发源点,并以自己的见解、感受去劝慰、开导,激发对方思想感情的共鸣,从而相互了解,加强友谊与合作。

3. 从交谈时的节令、气候、环境乃至时事、新闻等大家比较了解的客观情况谈起

从这些方面谈起可能会发现对方的兴趣点,从而引起双方交谈的兴致。

(四)运用寒暄语应注意的事项

(1)无论采取什么形式、选用什么内容来寒暄,都必须遵循诚恳自然、投其所好、谦虚谨慎、适可而止的原则,切忌夸夸其谈、装腔作势、不懂装懂甚至口是心非,那样是不利于交谈的。

(2)一般的交谈是有比较明确的目的与主题的,运用寒暄语是为进入主题达到目的服务的,因此,寒暄到适当的时候就应因势利导,及时引入主题,不可喧宾夺主,赘言不止。

三、体语式

体语式,指的是单独使用面部表情和身体姿势等作为招呼语的方式。体语式招呼语的含义,是由说话人本身的社会特征和交际双方之间的关系赋予的。在一般情况下,女士使用体语式打招呼,具有稳重、端庄的色彩;男士使用体语式打招呼,则表示矜持,在双方处于关系疏远或情感冷漠时,常用体语式打招呼。

总之,运用什么方式打招呼要因人、因时、因地而定,即针对不同身份的人,根据不同的时间和场合采用不同的打招呼方式。尤其是遇到一些难堪或特殊的场合,更要讲究策略,打好必要的招呼。如见到不愿见或不宜见的人在与你熟悉的人交谈,可以说声"你们谈吧",然后离开;又如走进房间发现两人正谈得亲密,他们也表现出不愿被人打搅的神情来,可搭讪一句"忙着哪",赶紧离开,不要搅了人家的谈兴。得体地打招呼是一个人交际能力强的表现,一般应做到俗而不陋,雅而不迂,适时、恰当、准确。

第二节　介　绍　语

一、介绍语的含义与作用

介绍语是不认识不了解的双方或多方通过介绍或自我介绍彼此相识时所用的言语。介绍可以使双方相识并初步了解,是攀谈式交际的第一步。交际中适当运用介绍语有以下作用。

第一,消除拘束感。经过介绍,交谈者互相认识了,有了初步的了解,交谈也就能比较自然地进行下去。

第二,明确"共同点"。通过介绍,交谈者往往会彼此了解各人的基本情况,就会找到"共同点",明确感兴趣的话题,使交流顺利深入地进行。

第三,建立广泛联系。通过介绍,使参与交谈者建立初步的联系,从而为扩大交际的范围奠定良好的基础。如某些人发现彼此之间的特殊联系,便可以保持日后的进一步交流。

二、自我介绍

(一)自我介绍的作用

自我介绍,就是把自己的情况介绍给陌生的交际对象,如姓名、身份、职业、特长等,意在使对方了解自己,尽可能为自己提供方便,建立联系。人们初次见面,都会产生一种了解对方并渴望得到对方尊重的心理,及时简明的自我介绍,可以满足对方的这种渴望,对方也会以礼相待,作自我介绍。这样,双方以诚相见,为进一步共事或相交奠定良好的基础。

(二)自我介绍的要求

1. 镇定自信

镇定自信的具体表现是,能清晰地报出自己的姓名,并善于用体态语尤其是面部表情和眼神传达出自己的友善与自信。对充满友善与自信的人,人们一般会产生好感。如果嗫嚅模糊地作自我介绍,言行之间流露出羞怯心理,就会使人感到你不能把握自己,缺乏自信,有碍于作进一步的沟通与交流。

2. 繁简适当

在一般情况下,自我介绍应简短明了,讲清姓名、身份、目的和要求即可。例如:"我是张明,是深圳皮革有限公司经销部的一名业务员,现来贵商店联系推销商品。"这番自我介绍为进一步洽谈业务打开了方便之门。不过,如果姓名用字比较冷僻少见,或者是与通常惯用的姓名用字谐音容易混淆时，可适当加以说明，如"我叫章曦，章是文章的章，曦是晨曦的曦"。这种认真的态度，是对对方的尊重，表明同对方有进一步交往的愿望。

在特殊情况下，如到新单位上任、招标、报考、求职等，自我介绍的内容就应详尽一些，不仅要讲清姓名、身份、目的、要求，还需介绍自己的学历、资历、性格、专长、经验、能力、爱好等。例如：

> 我叫许××，是哈尔滨工业大学机械专业1966年的毕业生，1981年又在省电大学习工业管理，获本科文凭。从1968年起我就在××汽车制造厂油泵车间当技术员，1980年晋升为工程师。从1983年起直到现在，承包厂服务公司的汽车修理厂。这些年来，我一直研究国内外关于机械加工方面的先进技术，对汽车油泵的品种、规格、型号、质量、工艺流程、销售情况也比较熟悉，有一定的管理经验。我今年45岁，正是年富力强的时期，很想干一番事业。我个人做事果断，敢于拍板，敢于负责。只要给我一定的时间，比如说10天吧，就能把全部情况弄清楚，拿出办厂的具体方案，提出上缴利润的指标。

这是某汽车油泵厂的许××同志在投标时所作的自我介绍，较为具体详尽，既全面介绍了自己的学历、经历、兴趣、专长、能力和性格，又表示了自己的愿望和信心，因而赢得了招标单位的初步信任，为后来的中标打响了第一炮。

自我介绍的详略应视具体情况而定，联系工作或纯礼仪性的自我介绍宜简单明了，自荐或交友的自我介绍则应具体详细些。

3. 自我介绍要适应对象

在一般情况下，把自己介绍给领导、长辈、名人时，言语要谦恭有礼；把自己介绍给小辈时，话语不妨幽默风趣些。

4. 自我介绍要把握分寸

对自己的业绩、能力、特长等，如果在自我介绍中必须涉及，可作适当的评价。自我评价时要留有余地，不要说"满"，不宜用"很""最""极"等极端的词语，以免给人留下"狂"的感觉；评价应实事求是，既要介绍自己"过关斩将"之功，也不回避"兵败麦城"之过，以留下诚信印象为宜。可恰当运用自谦、自嘲、自识的方式来表达。

1）自谦

自谦，即用作自我批评的话语来评价。例如：

> 我从小喜欢唱歌，自学却没有成才，今天在晚会上为各位朋友表演，诸位多多关照。

这段话首先介绍了个人的爱好与特长，接着作了自我评价，最后表明自己的心愿，既谦虚，又有礼貌。

2）自嘲

自嘲，即自己嘲笑自己。自我嘲讽，是通过自贬来自解、自慰，从而在幽默诙谐的自我揶揄中增强言语风趣，使人感到亲切可信。例如：

> 在下凌峰，我和文章不一样，虽然我们都得过"金钟奖"和"最佳男歌星"称号，但是，我是以长得难看而出名的（掌声）。两年来，我们大江南北走了一趟——拍摄《八千里路云和月》，所到之处呢，观众给予我们很多支持。尤其是男

观众对我的印象特别好,因为他们认为本人的长相很中国(笑声,掌声)。一般来说,女观众对我的印象不太良好,有的女观众对我的长相已经达到忍无可忍的地步(笑声、掌声)。但是,我要特别声明,这不是本人的过错,实在是家父母的错误。当初并没有征得我同意,就把我生成这样子(掌声,笑声)。

凌峰这段自我介绍,以自己长得难看为中心内容,从自我感觉、别人评价的角度,运用对比、夸张、比喻、铺垫等手法进行曲尽其妙的嘲讽,不仅幽默风趣,为晚会平添了许多欢声笑语,而且给观众留下了深刻的印象,"光头谐星"凌峰——观众想忘掉他怕也是十分困难的。

3)自识

自识,即有自知之明,能正确地认识和严格地剖析自己的短处,实事求是令人信服地评价自己,这样可以让人深入地了解自己,产生平易近人、诚实可信的交际效果。例如:

> 我就是王景愚,表演《吃鸡》的那个王景愚,人称我是多愁善感的喜剧家,实在是愧不敢当,我只不过是个走火入魔的"哑剧迷"罢了。你看我这40多公斤的瘦小身躯,却经常负荷许多忧虑与烦恼,又多半是自找的。我不善于向自己所敬爱的人表达敬与爱,却善于向憎恶的人表达憎与恶,然而胆子并不大。我虽然很执拗,却又常常否定自己,否定自己既痛苦又快乐,我就生活在痛苦与欢乐的交织网里,总也冲不出去。在事业上人家说我是敢于拼搏的强者,而在复杂的人际关系面前,我又是一个心无灵犀,半点不通的弱者。因此,在生活中,我是交替扮演强者与弱者的角色。

这段自我介绍,首先自报家门,接着点明自己的艺术特色与艺术追求,然后着重介绍自己在性格、为人处世、人生与事业及社会生活等诸方面的特点,表现出对自己的全面深入的了解,而向听众和盘托出则体现出性格的真诚与率直。

在自我介绍中,如实地数落出自己的弱点、缺点,不仅不会失去别人对你的信任,相反,自知之明的睿智和坦荡率直的品格,会赢得交际对方的尊重与信任。

(三)自我介绍的一般方式

自我介绍主要是用语言这个工具,还可以借助介绍信、工作证或名片等表明自己身份的其他材料,尤其是名片,已成为现代社会广泛应用的一种庄重文雅的社交方式。得体的介绍语加上名片,可以增强对方对自己的信任程度,使事情办得更为顺利。例如:

> 一位供销科长在一次工商界社交集会上介绍自己说:"我是××公司跑供销的,我叫王××,今后希望各位经理多加指教。"话毕面带微笑,向周围的人双手捧上自己的名片。

这番自我介绍将自然语言、体态语言巧妙结合在一起,很有艺术性:介绍时只是谦虚地说自己是跑供销的,而具体职位让名片替他作补充,这比直言"我是××公司的供销科长"更巧妙,充分发挥了名片的作用;"今后希望各位经理多加指教",自然、谦逊且顺理成章,无大包大揽、强人所难之嫌。这样就会给人留下谦恭得体的好印象。

三、介绍他人

（一）介绍的内容

介绍他人是站在中间人的立场上，使双方相识或建立关系的一种社交活动。介绍他人通常是把其姓名、职务、特长和使命等说清楚。例如：

我来介绍一下：这位是××大学哲学系美学教授金××。这位是××先生，目前就职于××广告公司，他对美学很感兴趣。

这番介绍语最常见，介绍了双方姓名、特长、工作单位及职务等，突出了双方的共同关注点——美学问题，使双方有了交谈的基本内容。

介绍他人的目的是使交际双方有初步的了解并建立一定的联系，促使交际顺利进行下去，因而内容的选择十分重要。介绍的主要内容如下。

1. 双方感兴趣的内容

只有选择双方都感兴趣的内容来介绍，才能引起重视，促使双方相识乃至相交。如果你把一位教师介绍给一位生意人："他叫×××，是一位教学经验丰富的教师。"这位生意人可能只是礼节性地应酬一下，引不出交谈的话题。但如果你对这位生意人说："×××是位教师，她丈夫是××贸易公司的经理。"这样介绍选择了其感兴趣的内容，使之激起交流的欲望。

2. 侧重介绍特长

介绍的内容除姓名、工作单位之外，还应根据被介绍人的情况，侧重介绍其特长。如："这是×××，我们单位的歌坛新秀。""×××曾是市里的围棋名将，现在棋艺愈来愈精，有机会的话你俩可以比试比试。"这样介绍可以促进双方深入了解，建立友谊。

（二）介绍的方式

1. 直言陈述

介绍他人往往只需用三言两语就要刻画出一个人的轮廓，因此，要避免故弄玄虚或拐弯抹角，可直接用简洁明了的语言表述出来。如："这位是我的朋友老刘，搞建筑设计的。""这是××同志，很有幽默细胞，同他交谈你会觉得是一种享受。"

2. 征询引见

征询引见，即采用先征询被介绍人的意见，得到同意后再用引见的方式来介绍他人。这种方式不仅能显示出你对他的尊重，而且询问句的语调会给人一种亲切感，易于让人接受。如："刘××同志，我可以介绍赵××同你认识吗？""××同志，你想了解××产品的销售情况吗？这是××公司的业务员小马，他会给你满意答案的。"

3. 评价推荐

给被介绍的人作一个简单、中肯的评价推荐给介绍对象，这样能使人产生良好的印象，从而奠定结识的基础。如："这位是我们厂妇女界首屈一指的人物，叫×××，是一位不老的'月下老人'。今后，诸位青年在个人问题上有什么难题，她可以给你们指点迷津。""你俩都是搞企业管理的。据我所知，张先生在这方面是行家，外号'管理通'。你们一定会谈得很有收获的。"

(三)介绍的顺序

介绍的顺序反映出介绍的礼节,在一般情况下,应将年纪轻身份低的介绍给年纪大身份高的,以示对后者的尊重。介绍多人的一般顺序如下。

(1)不同性别的两个人,在一般情况下应将男士介绍给女士,如:"李小姐,这是赵大壮,刚从东北来。"如果男士尊于女士,则应把女士介绍给男士:"赵老师,这位是从哈尔滨来的李小姐……"

(2)不同辈分、职务的两个人,应将年轻的职务低知名度低的介绍给年长的职务高知名度高的,如"汪老,这是×××报社的小陈,陈××先生。"

(3)把一对夫妇介绍给他人,在一般情况下应先介绍丈夫,后介绍妻子。

(4)同龄人聚会时应将未婚的介绍给已婚的,将自己熟悉的介绍给不太熟悉的。

(5)客人到家中拜访,应先把客人向家庭成员介绍,然后把家庭成员向客人作简单逐一的介绍。能简明地点出他们的爱好和特点更好,这样会给客人以愉快亲切的感觉,也显示出家庭的和睦与乐趣。

(6)对带有领导会见、工作谈判性质交谈的介绍,应按照地位职务由高到低依次介绍。

(7)对两个群体之间的介绍,一般只介绍带队的、职务高的,随员作笼统介绍。

(四)介绍他人时应注意的问题

(1)介绍时体态语要自然、协调。介绍时一般应起立,面带微笑,手掌朝上示意,切不可用食指指指点点。

(2)介绍语信息量要适中,能为双方攀谈引出话题即可。

(3)介绍语要热情、文雅,切不可伤害被介绍者的自尊心。介绍是为了联络感情,融洽气氛,建立交流关系,因此,介绍的话语应热情洋溢,切忌冷冰冰的,更不可有损被介绍人的尊严。例如:

约翰·梅森·布朗是一位作家兼演讲家,一次他应邀在某地演讲,被会议主持人作了这样的介绍:

先生们,请注意了。今天晚上我给你们带来了不好的消息。我们本想邀请伊塞卡·F.马科森来给我们讲话,但他来不了,病了。(下面听众发出嘘声)后来我们要求参议员布莱德里奇前来,可他太忙了。(嘘声)最后,我们试图请堪萨斯城的罗伊·格里根博士来,也没有成功。(嘘声)所以,结果我们请到了——约翰·梅森·布朗。(肃静)

这段介绍语的本意并不想贬低布朗先生,却一次又一次地刺伤了其自尊心。之所以出现这样的失误和恶果,原因有二:第一是介绍者将组织这次活动报一遍流水账(完全没有这个必要),客观上产生了这样的效应;第二更主要的是主观上考虑不周,或者根本没有考虑这样的问题——如何尊重演讲者? 如何促使来之不易的演讲活动能圆满、成功? 因此,从某种意义上讲,介绍语是介绍者认识水平、组织才能和表达才能的外现。

与上例形成鲜明对比的有这样一个人们乐于称道的范例:

某高校邀请话剧《光绪政变记》中慈禧太后的扮演者郑毓芝作演讲,主持人是这样介绍她的:"同学们,今天,我们好不容易把'老佛爷慈禧太后'请来了。

（掌声、笑声，听众的情绪热烈起来）'老佛爷'郑毓芝同志在戏台上盛气凌人，皇帝、太监、大臣见了都诺诺连声，磕头下跪，在台下却和蔼可亲，热情诚恳。她方才和我谈起，还曾扮演过《秦王李世民》中的贵妃娘娘，话剧《孙中山》中的宋庆龄。她是怎样把这些截然不同的人物演得栩栩如生的呢？下面就请听她的演讲。"（听众凝视主席台，热烈鼓掌）

这番介绍，周到得体。首先，直接切题，要言不烦、幽默风趣地把活动的主要内容介绍清楚了；其次，运用"角色转换"、借题发挥、对比等言语技巧来调动听众的情绪，使全场注意力集中起来，人人情绪高涨，造成一种和鸣共振的氛围；最后，介绍富于提示性、启发性，导引全场进入角色步入境界。这样的介绍很值得借鉴和仿效。

▶ 第三节　称　赞　语 ◀

一、称赞语的交际意义

称赞语，是在人际交往中，一方给予另一方褒奖和肯定时所形成的言语。称赞，是用言语表达对人或事物优点的喜爱与赞赏，就人而言，是对对方在外貌、气质、体能、智力、工作、学习、作风、交际等不同方面表现出来的优点或长处给予肯定，提出表扬，表示钦佩或欣赏。称赞的同义词有夸奖、夸赞、赞扬、赞美、赞赏等。

哈佛大学著名心理学家威廉·詹姆士教授认为："人类本质中最殷切的需求是渴望被肯定。"而美国一位哲学家则指出，人类天性中最深切的冲力是"做个重要人物的欲望"。正是由于人的内心深藏着做个重要人物、被人赏识的渴望，人类的文明才得以推进发展，而称赞语也就显得如此重要，因为它正是满足这种渴望的言辞。能否受到称赞，获得多少赞美，往往成了一个人社会价值实现的标尺，每个人都希望通过受到称赞来肯定自我价值，满足人性中的渴望。林肯曾在一封信中明确指出："人人都喜欢受人称赞。"莎士比亚则直言不讳："对我们的称赞就是给予我们最好的报酬。"马克·吐温则说得更为夸张："仅凭一句赞美的话语就可以活上两个月。"这些认识说明了赞美这种精神需求的普遍性和重要性。

从交际的角度讲，社交中的赞美语，是对对方人格、能力、成就等的一种尊重的表示，可以起到润滑剂和催化剂的作用，因此，称赞语是人际交往中的一种礼貌语言，也是统一认识、开展工作的一种重要手段。"赞美如阳光，人人不可少"，经常听到真诚的赞美，明白自身的价值，获得社会的肯定，就有助于增强自尊心、自信心，因而真诚的赞美在社会生活、人际交往中意义重大，它使一个人能经常发现别人的优点，它能激励对方对美德的光大发扬而自己也在不知不觉中受到感染，获取教益，更能使他人和自己在这真诚的赞美声中感到愉快和满足，生活更加丰富多彩。有时，真诚的赞美甚至可以消除人与人之间的怨恨。由此可见，真诚的赞美具有使家庭和睦，集体团结，人际关系和谐、协调的永恒魅力。

二、称赞语的表达要求

1. 称赞语一定要实事求是，措辞适当

这就要求善于发现对方的优点和长处，尤其是其身上潜在的美。如果虚情假意地恭维或客套，甚至把别人的缺陷当优点赞美，那交际效果就适得其反。

2. 称赞语要具体、深入、细致

称赞语若是停留在一般的简单的结论上，如"你的琴弹得太好了"，就会给人以敷衍甚至虚假的感觉。如果有可能，赞美得深入一点，细致一点，就会产生奇妙的作用。如"你的琴弹得太动人了，它使我想起了我的家乡，那黄昏归牧时微风吹拂柳叶的情景"，这必将使对方非常感动，将你视为知音。称赞语的内容应明确具体，如"你这件衣服真漂亮，颜色和你的肤色十分般配"，"小王的气质很好，高雅、大方"，"你从赣南来？赣南可真是个好地方，山清水秀，当年还是中央苏区所在地呢。那里的老表特别好客，民风很纯"。

3. 使用称赞语要注意区分对象、时间、场合

对象的性别、年龄、职业、阅历、性格不同，称赞语的内容则有所不同，如对男士要赞美其气质和风度，对女士则要赞美其容貌、体态和魅力；对青年人要赞美其创造才干和好学精神，对中年人要赞美其所获成就和敬业精神，对老年人则要赞美其经验丰富和身体康健。只有针对对象的不同特点特征特长加以赞美，才会取得好的效果。

称赞语的运用应选准时机。在一般情况下，对方急需鼓励的时刻，或有了微小进步的时候，及时给予赞美会产生极佳的交际效用，因为这时"赞美是一种有效而且不可思议的力量"（玛丽·凯语）。

使用称赞语还应注意在场人数的多寡。两个人交谈，一方的赞美可能形成互动效应，即相互表明对对方所肯定、赞赏的内容；如果多人在场，则会因赞美某个人而引起其他人的不自在甚至不满。如几位女士在场，若只夸一人漂亮，其他人就会认为你在故意贬低她们而产生不满情绪。针对这种心理和情形，作为单位领导在表彰好人好事时，一定要讲明表扬的原因，讲清表扬对象为工作所作的特有的努力，并可恰当运用对比方式来做较为详细的说明，这样才能令人信服地树立榜样，形成舆论，推动工作的顺利开展。

4. 使用称赞语要注意国家和民族的习惯

比如外国姑娘，你赞美她漂亮，她会很高兴地说"谢谢"，但中国女孩一般不习惯这种直率的赞美，反而很可能认为你居心不良。

三、称赞语的表述方式

1. 直言夸赞

直言夸赞是指直截了当地表白自己对对方的赞赏、钦羡，这是称赞最常用的一种方法。例如：

　　大音乐家勃拉姆斯出生于汉堡的贫民窟，少年时代便为生活所迫混迹于酒吧间里。他酷爱音乐，却由于是一个农民的儿子，享受不到应有的教育，更无从系统学习音乐，所以，对自己未来能否在音乐上取得成功缺乏信心。然而，在他第一次敲开舒曼家大门的时候，根本没有想到，他的一生的命运就在这一刻决定了。当他取出他最早创作的一首C大调钢琴奏鸣曲草稿，手指无比灵巧地在琴键上滑动，弹完一曲站起来时，舒曼热情地张开双臂抱住了他，兴奋地喊道："天才啊！年轻人，天才！……"正是这出自内心的由衷赞美，使勃拉姆斯的自卑消失得无影无踪，也赋予了他从事音乐艺术生涯的坚定信心。在那以后，他便如同换了一个人,不断地把他心底里的才智和激情流泻到五线谱上,成为音乐史上的一位卓越的艺术家。

这个例子说明,给人以发自内心的赞美可以激起对方无比的自信和无穷的创造力。直言夸赞一般采取描述的方式指明对方值得赞美的地方,从而给人以具体、实在和真诚的感觉。

2. 目标导引

目标导引是指在赞美对方某一方面的才能时,给他树立一个目标,这样就会增添其信心,坚定其信念,使其勇往直前,为实现这一目标而奋斗。例如:

文斯·伦巴迪是一位富有传奇色彩的绿湾足球教练,在率领队员训练时,他发现一个叫杰里·克雷默的小伙子,训练认真,思维敏捷,球路较多,他非常欣赏这个小伙子。一天,他抚摸着杰里·克雷默的头,轻轻拍着他的肩膀说:"有一天,你会成为国家足联的最佳后卫的。"

克雷默后来回忆说:"伦巴迪鼓励我的那句话对我的一生产生了巨大影响。"他在以后的足球生涯中,一直保持着那个肯定的自我形象,成为绿湾足球队的明星,并且是国家足联主力队员。

可以说,文斯·伦巴迪是一位独具慧眼的足球教练,因而他在给杰里·克雷默的鼓励中为他树立了一个奋斗的目标,这便给克雷默以极大的鼓舞和鞭策,使他充分认识到自己的潜能和优势。伦巴迪的这种赞美方式很值得借鉴和运用。

3. 充分肯定

充分肯定可以维护对方的自尊,使其燃起成功与奋进的希望之火。比如:有些人第一次干某种事情,即使干得不太好,但作为一名对此事有评判权的权威或相关人士来说,不管他们有多大的毛病,应该以表扬为主,说"第一次有这样的成绩就不错了"。如果十分出色,那更应该给予热情的赞赏。这种鼓励会给人十分深刻的印象并记取一辈子的。例如:

美国著名诗人惠特曼奔波多年,希望有人对自己的诗感兴趣,却毫无结果,因而郁郁寡欢。他的诗集《草叶集》出版后,一个月内书店只卖出两三本。当他把凝聚自己心血的书送给母亲时,被母亲毫不客气地扔到纸篓里,因此,惠特曼十分伤心。这时,拉尔夫·沃尔多·爱默生给他寄来了一封短信,信中写道:"亲爱的先生,对于《草叶集》这份美好礼物的价值,我无法做到视而不见。我觉得,这是美国有史以来最不同凡响的礼物,充满了机智与智慧,我祝贺你开始了一项伟大的事业。"爱默生还在报纸上著文推崇《草叶集》。不久,《草叶集》受到普遍重视,被认为开了美国一代诗风。

爱默生对《草叶集》在美国诗坛上的地位和贡献的充分肯定,对惠特曼以后的成功起到了巨大的作用,而且,在惠特曼茫然无望、心灰意冷之时,这些热诚中肯、高度评价的话语,无疑是雪中送炭。当然,这种充分肯定要建立在卓有见地的基础之上,否则,就可能是痴人说梦了。

充分肯定的另一种表现形式是赞美对方在同一事件、事情中所作出的贡献、所取得的成绩。例如,有些人可能因某些情况在某件事上采取不合作不支持的立场,甚至持反对态度,这时,采用赞美对方在这件事上所作的贡献的方式来维护其自尊,消除其抵触情绪,因而取得圆满的交际效果。例如：

1973年2月，尼克松访华，随访的国务卿罗杰斯因尼克松没有安排他参加毛泽东主席的会见而感到不满，因此对中美联合公报的内容持有异议。周恩来得知这一情况后，主动到美方下榻的锦江饭店会见罗杰斯。一见面，周恩来就说："国务卿先生，我受毛泽东主席的委托来看望你和各位先生。这次中美两国打开大门，是得到罗杰斯先生主持的国务院大力支持的。……我尤其记得当我们邀请贵国乒乓球队访华时，贵国驻日使馆就英明地开了绿灯，说明你们的外交官很有见地。……"

罗杰斯为周总理的主动来访和热情得体的赞扬所感动，他十分高兴地笑着说："总理先生也是很英明的。我真佩服你想出邀请我国乒乓球队这一招，太漂亮了！一下子就将两国疏远的距离拉近了。"

后来，罗杰斯曾对记者说："周恩来这个人真是令人倾倒。"

周恩来主动拜访罗杰斯的目的是消除其不满情绪，这种不满产生的根源是罗杰斯等人误认为自己及所领导的部门在建立中美关系的重大决策与行动中无足轻重。周恩来看准了这一点，于是，会见一开始就对罗杰斯及其所领导的国务院作客观的实事求是的评功摆好，充分地肯定对方的优点，真诚地赞美对方的功绩，使罗杰斯和他手下的官员消了气。他们在对周总理表示钦佩的同时，为中美联合公报的顺利发表起到了重大的作用。周总理的赞扬与肯定的言语策略达到了预期的效果。

4. 对比评赞

对比评赞是指对对方已取得的成绩采用与他本人或别人对比的方式来夸赞，从而使其取得更大的成就。例如，说："你这次比上次干得好多了，继续努力，下次会干得更好。"

称赞与阿谀、奉承、谄媚具有本质区别，关键在于是否出于诚心，是否出于好意。哲人说：友谊像清晨的雾一样纯洁，奉承并不能得到友谊，友谊只能用忠实去巩固它。席勒说："人们阿谀奉承的目的，就是要装出温驯的外貌来支配别人。"巴尔扎克说："谄媚从来不会出自伟大的心灵。"因此，赞美他人一定要是发自内心的，热情真诚，做到嘴上说的与心里想的、当面说的与背后讲的一致。

四、自赞自夸的要求与技巧

自赞自夸在当今社会已成为一种必要的交际手段。现代社会人际交往频繁，新的行业、新的知识、新的人才不断涌现，许多新鲜事物闻所未闻，见所未见，而在一般情况下，人们又处于高度紧张的工作状态中无暇他顾，因此，不自夸自赞，别人就得不到较为全面深入的了解。可以说，现代的广告业、推销业都属于自赞自夸的行业，而在招标答辩、招聘口试、谋职求业中都要有自赞自夸的本领。有必要说明的是，自赞自夸与自吹自擂不同，自赞自夸要以事实为基础，讲究说话的方式方法，进行适当的艺术加工；而自吹自擂则是不顾事实真相的吹牛皮、说大话。

自夸自赞的要求和技巧是：第一，实事求是，不可夸大其词，以免降低可信度，造成事与愿违；第二，目的明确，注重效果，比如在求职时，你的优点非对方所需，你的长处非对方能用，自夸自赞非但无益，反而有损形象，因此，赞美自己要因人、因事、因地制宜，做到有的放矢;第三,讲究策略和技巧,如用转述他人的话来赞美自己,可以显得较为自然,如果再辅之以奖状、奖品、名人评介、新闻传媒表彰等旁证,更能增加可信度和说服力,还可用小贬大褒、轻贬重褒的方式来赞美自己,即在自赞的同时,也承认自己的某些不足,这样既体现出实事求是的态度,又给人以比较谦虚的好印象,从而得到更进一步的形象肯定,促使交际取得成功。

第四节　感谢语和道歉语

一、感谢语

(一)感谢语的作用

感谢语,是在对方对自己作出了善意言行之后,自己在言语上所作的一种情感回报。感谢语的作用如下。

1. 表达自我情感

一般人在接受别人的帮助之后,都会产生一种感激之情,感谢语正是这种情感的自然流露。

2. 显示礼仪规范

自觉地感谢别人善意的言行与帮助,是一种讲文明有教养的表现,不仅合乎社会礼仪规范,而且推动社会精神文明的不断发展与进步。

3. 调节情感距离

成功的人际交往,应当持有适当的心理距离,感谢语的使用正可以起到这种调节双方情感距离的作用。在一般情况下,人际交往是一个互动过程,一方善意的言行引起另一方的"酬谢",而"酬谢"又使对方产生好感,并作出新的善意的言行,双方的人际关系进一步融洽,情感距离进一步缩短。有时,感谢语也可以拉大双方的情感距离。如恋人、亲人、密友之间,如果故意使用特定社交场合中标准的彬彬有礼的感谢语,就是在显示一方对另一方的冷漠态度,以此拉大双方的情感距离。

(二)运用感谢语应注意的问题

1. 要真心诚意,表情自然恰当

真心诚意、情感真挚是感谢语表达的首要前提。情动于衷,言为心声,表达时应做到:第一,语调欢快、明亮,不沉缓喑哑;第二,吐字清晰,节奏抑扬有致,不含混不清;第三,眼睛要看着被感谢人,脸上应有诚恳生动的表情,并配合以紧紧握手之类适当的手势动作。

2. 要注意交际对象的不同心理需要

"感谢"在很多情况下是一种对对方心理需求的满足,而不同的人心理需求是不同的,感谢的内容也就有所不同。具体地说,感谢的内容有:①其言行本身,如"谢谢你帮助了我";②其言行的动机或效果,如"谢谢你提醒了我,要不我会犯错误的";③其人自身,如"你这个人真好,够朋友"。有鉴于此,感谢一定要针对对方的心理需求而发,满足其心理需求;否则,即使感谢了,也可能产生不了效果。

心理需求不同往往与年龄、性别有关,如老年人自信自己的经验对青年人有一定的作用,青年人在表示感谢时应着重于对方言行的结果,如"谢谢您,您这一番话使我明白了许多道理",这会使老年人感到满足,并产生"孺子可教"的快感。女士常以心地善良、体谅别人为独特的人际魅力,因此在感谢时应用"你真好""幸亏你帮我想到了这点"之类的话语,以适应其心理需求。

3. 要注意交际场合与人际关系

两个人的私下场合表示感谢,一般会取得好效果;在公众场合中,如果感谢的是几个人,最好能一一感谢,注意不可遗漏,以免造成误解。在一般情况下,不应该在众人之中挑出某个人来表示感谢,那样会使被感谢人难堪,同时也使旁人觉得受到了冷落。

感谢还应注意双方的人际关系。一般熟人或同事之间,可直接感谢,如"谢谢您""非常感谢";双方是至亲或好友时,则不用此类的话,而用称赞语或陈述语来表达谢意,如儿子对妈妈可以说:"妈妈,您真好,是天底下最好的妈妈。"

二、道歉语

(一)道歉语的作用

道歉语是就自己某个错误的言行向交际对象表示歉意或认错的话语。道歉语在社交中既必要又重要,及时的道歉语,不仅诚恳地表明了自己的态度,从而取得对方谅解宽恕,而且传出希望修复关系的信息,有利于交际双方关系的改善和融洽。

(二)运用道歉语应注意的问题

1. 道歉应诚心诚意

道歉时,目光友好地凝视对方,语气温和坦诚,多用"打扰""对不起""请包涵""请指教"等礼貌用语。

2. 道歉应简洁明了

道歉时,若已表明态度,而对方也已表示谅解,就切忌再重复啰嗦。

3. 道歉不能推客观原因,作过多辩解

如果边道歉边推客观原因,甚至一味辩解,就会使人认为你对自己的错误实际是抱着抽象否定、具体肯定的态度。这种道歉,被视为缺乏诚意或对错误缺乏正确深刻的认识,不但不利于弥合双方思想感情的裂痕,反而会扩大裂痕,加深隔阂。

4. 道歉应注意对方的心境情绪

在一般情况下,道歉应在双方心平气和时进行,这时态度比较冷静、客观,因而也就比较容易接受并加深认识,很可能互相作起自我检讨来。如果对方正处于气头上,火气正大,好话歹话都听不进去,最好先通过第三者转致歉意,待对方火气平息后,再当面赔礼道歉,这样才会取得最佳效果。

思考与训练

1. 常用的招呼语有哪几种? 为什么说招呼语是"交际的起始语",是交际"登堂入室"

的首要步骤？

2.介绍语在交际中有什么作用？自我介绍的要求是什么？介绍他人要注意什么问题？

3.称赞语的表达要求是什么？称赞语的表述方式有哪几种？

4.感谢语和道歉语有什么作用？使用感谢语和道歉语各要注意哪些问题？

5.《斯诺和红小鬼》是个有趣的故事。刚开始，斯诺与红小鬼的关系不融洽；后来，他们的关系为什么融洽了？

斯诺和红小鬼

斯诺初到陕北革命根据地时，有关方面为他安排了两个小兵照料他的生活。开始的时候，他们之间的关系总不大融洽。

一次，斯诺对正靠近他身边站着的一个小兵说："喂，给拿点冷水来！"

小兵绷着脸不理他，慢悠悠地转过身去，走了。

这时，另一个小兵正向他走来，斯诺又这样叫这个小兵，结果也完全一样。

斯诺初来中国，显然还不太了解中国人民军队中的交往礼节，因此很纳闷。一次，他把这件事告诉了红军领导人李克农。

李克农笑了。他告诉斯诺："你可以叫这些小兵为'小鬼'，或者叫他'同志'，可你却不能叫他'喂'，因为在我们这里什么人都是同志。"

斯诺听了才恍然大悟，感到自己一时失检，没有注意与这些小兵交往中的"言之有礼"，于是，就去向这两个"红小鬼"道了歉。

这一道歉倒使这两个"红小鬼"不好意思起来。从此以后，斯诺与"红小鬼"之间，彼此关系处理得很好，双方都能以礼相待，互相关心，互相帮助。

6.诚意地赞美别人应视为人的一种美德，因为通过它可以建立起一个美好温馨的世界。下面选录的是一位教师赞美家乡的演讲稿，他的演讲为什么获得家乡广大学子的热烈欢迎？

我喜欢的民歌——《回娘家》

某大学一位教师应家乡宜城县团委的邀请，为家乡一千多名青年作题为《在改革大潮中创造有价值的人生》的演讲。这位老师回到久别的家乡，看到家乡变美了，变繁荣了，心里非常高兴。当他站在讲台上望着家乡的青年们时，觉得他们是那样可爱，于是情不自禁地以一段赞美之辞开始了演讲："曾经有人问我，你最喜欢哪首民歌？我脱口答道《回娘家》。是的，宜城是我的娘家，是我母亲的土地。我热爱宜城，赞美宜城，也许首先就是因为我们宜城人外貌美。古代宜城有个叫宋玉的大文豪就说过：'天下最美的人在楚国。楚国最美的人在宜城。'"他这番赞美的话语一下子博得广大青年的热烈掌声。

7.叶惠贤是上海电视台的知名主持人，他随机应变，巧舌如簧，是随机应变的高手；他介绍台上的嘉宾也别具一格，耐人寻味。试分析叶惠贤高超的语言艺术。

在上海市体育馆举行的第四届上海国际电视节开幕式上，主持人叶惠贤在介绍了中国著名电影演员巩俐后，由于她从后台走到前台有几十米远，观众掌声稀稀落落停了下来。叶惠贤见状利用巩俐衣着外貌仪表的特点，用串联法作了如下精彩的即兴发挥。

巩俐小姐是:

新潮的时装　领先一步;

时髦的短发　恰到好处;

微微的笑容　含而不露;

举手投足　都是明星风度!

叶惠贤的话音刚落,台下又是一阵暴风骤雨般热烈的掌声,那绝不仅仅是在欢迎巩俐,观众同时也在用热烈的掌声赞美叶惠贤高超的连场技巧。

第十三章　口语交流的话语艺术
——会话口才

　　会话也叫对话,是由两个以上的人参与的谈话,也是通过两方或多方进行的言语交际过程。会话是由对话者互相配合进行的言语活动,参与会话的人,必须说与听或者听与说兼顾并行。在人际交往和社会生活中,交谈、讨论、质询、辩论等都是会话的具体表现形式,本书只介绍交谈和辩论这两种形式的有关知识。

▶ 第一节　交　　谈 ◀

一、交谈的含义与特点

　　交谈是由两个或两个以上的人共同参与的双向性信息交流的口语表达活动,是人际间最广泛、最直接、最简便的一种言语交往形式,又是一种十分有意义的交际行为。同事之间、家人之间、亲朋之间,在假日工余,聚在一起,或在茶楼酒肆、厅堂居室,或在林荫小道、湖畔游廊,谈笑风生,愉快轻松,实为乐事。进而言之,交谈还是统一认识、协调行动的重要的双向沟通方式。在交谈过程中,双方可以交换信息,交流思想,切磋技艺,探讨学识。这对解决思想问题,提高工作效率,加强人与人之间的了解,融洽乃至促进关系,增长见识,深化认识,培养和提高口语表达能力,都十分重要,非常有益。

　　成功的交谈,需要交谈双方根据交际目的相互配合地组织自己交谈的内容和语言。交谈具有自身的特点和规律,掌握了这些特点和规律,就会不断提高交谈的技艺,从而较有把握地实现既定的交际目的。

　　交谈具有以下特点。

　　1. 事前无"预",相互制约

　　"预",就是准备。交谈是由说、听两者共同进行的,但事前往往不可能进行共同的准备,交谈过程中又会产生各自的想法,因而双方的话语都要受到对方的制约。只有紧密配合,前呼后应,才能促使交谈顺利进行,这就要求注意力高度集中,思维敏捷,及时组织言语,快速作出反应。

　　2. 话题灵活,聚散纷呈

　　交谈时可凝聚在某个话题上作深入全面的展开,也可由一个话题发散开来,跳入另一个话题。无论是话题的集中深入,还是发散转换,都应注意对方的兴趣和共同完成的话域,以保证交谈的正常进行。

　　3. 口说耳听,听说并行

　　交谈是一种双向乃至多向的信息交流传递活动,说与听须相互配合,相互支持。既不能搞"一言堂",又不能随意插话;既要正确全面地理解别人的发言,又要能围绕话题,在集思广益的基础上发表自己的意见。只有这样,才能促进交谈的深入展开。

4. 体态语多,口语化浓

交谈是面对面进行的,不言而喻之事,心照不宣之意,往往用非常经济的话语来表达,也可使用体姿、动作、表情、眼神和副语言(如笑声、哭泣和叹气等)来补充或代替交谈中省略的言语成分,因而体态语较多。

双方交谈一般是现想现说,信息组成与传递非常快捷,往往来不及对语言加工润色,因而停顿多,易位现象多,短句多,语调富于变化,这就使交谈言语具有非常鲜明的口语化特征。

二、交谈的模式

交谈要考虑自己和对方的社会角色,要考虑言语交际环境,要考虑交谈的目的和现场气氛。综合以上因素,交谈的话语会异彩纷呈,不过,就其话语展开方向和表现形式而言,交谈有以下几种模式。

1. 互补式交谈

所谓互补式交谈,是指乙方顺承甲方说话的意思,对甲方所说的内容进行补充,深化甲方的意思,甲方对乙方亦然。如甲说:"苏州园林,建筑古朴典雅,引人入胜。"乙说:"苏州还有不少名胜古迹,处处都有典故、传说,令人流连忘返。"这种交谈形式,往往是在两个人观点一致的情形下运用,起到协调感情、加深认识的作用。

2. 正反式交谈

所谓正反式交谈是指双方在说话内容上一正一反。双方有时是为了达到一个目的从正反两方面说,有时是对事物的观点截然相反。前者,能使交谈相互衬托,使交谈生动、深刻,交相辉映;后者,容易使交谈变成争论,在交谈时要注意说话的分寸。

3. 相映式交谈

所谓相映式交谈,是指交谈中双方各说一件事,各自具有一个完整的意思,而双方又能和谐地统一在一个题旨之中,相映生辉。如,甲说:"上海锦江饭店的工作人员服务精神很好,接待客人总是面带笑容。"乙说:"北京饭店也很重视服务员的精神状态,上班前先开个会,问问有什么困难,宁愿让有病的人请假,也不能不带笑脸去工作。"

4. 委婉式交谈

在社会交际中,有时不便说明本意,出于礼貌而用委婉含蓄的话来烘托、暗示。在交谈中,运用婉转、避讳言语,可以使本来很难启齿的话,说起来好听,不伤人,双方都高兴。

委婉的说法,常把"坏的"说成"不是顶好的",把"应该去一次"说成"最好去一次"。过去在船上生活的人避讳说"翻"字,有意将"船帆"说成"抹布";北京人讳言"鸡卵",把"鸡卵"叫作"松花""流黄"等。

5. 无效式交谈

有些话不愿讲,可又不得不讲,便使用无效式交谈来应对。无效式交谈,形式上是表达了某种意思,实际上没说出什么内容,传播的信息等于零。例如:

一男青年纠缠一女青年,女青年想摆脱,又不想得罪他。

男:我好像在哪里见过你。你贵姓?

女：我姓我家的姓。

男：那么，你父亲姓什么呢？

女：当然姓我祖父的姓。

男：你做什么工作？

女：干四化的。

男：你的家住在哪儿？

女：祖国的大地上。

6. 含糊式交谈

在实际交谈中，常常会因某种情况，对某种事物持模棱两可的态度，交谈时用含糊其词的语言搪塞应付。如甲问："个人问题解决得怎么样了？"乙答："看怎么说呗。"又如甲问："最近工作好吗？"乙答："就那样吧。"

三、交谈的基本要求

根据交谈内容和目的的不同，交谈可分为两种类型：一种带有很强的随意性，从内容、形式到表达都不受任何约束，以表达谈话人自己的意愿为主，话语可多可少，话题可随时转换，内容海阔天空，说者可任意说，听者也随便听；另一种则是听、说双方围绕共同关心的话题面对面展开的对话，表现出较强的目的性和相互制约性。不管哪一种类型，在具体的交际过程中都应遵循以下基本要求。

1. 了解对象，讲究方式

了解对象，就有可能对交谈话题作深入全面的探讨。了解对象，主要是通过事前的调查研究和交流中的察言观色来了解其愿望、要求、心境、情绪与性格等。知己知彼，然后才能选择恰当的时机，确定恰当的方式来与之交谈，以取得交谈的成功。在一般情况下，对方有交谈的欲望，则是交谈的最佳时机，用开诚布公的方式作坦率的交谈，往往会取得令人满意的效果；对方无交谈的要求，则应采取适当策略，相机行事，可在建立起感情与信任的基础上再进行交谈。心境与情绪的好坏，往往直接关系到交谈者对一些事物的看法与行动。因此，只有了解了对方的心境与情绪，才能正确地选择交谈的内容与方式，达到预期的目的。对不同性格的人，往往需要用不同的表达方式和言语策略来与之交谈。如对性格憨厚者，应实实在在，不要旁敲侧击；对性格直爽者，应痛痛快快，直言快语，不要吞吞吐吐，啰啰嗦嗦；对性格孤僻者，则应推心置腹，循循善诱，不能拐弯抹角。

了解对象，还包括分析、把握对方与自己的关系。关系密切，便于直说，深谈；关系一般，则应注意分寸，以避免出现僵局。

2. 注意态度，讲究体态

交谈是一种双向性信息交流活动，双方必须相互尊重，密切配合，才能促使交谈的成功。保持诚恳热情的态度和灵活务实的精神，就能建立起信任感，创造良好的交谈氛围。

交谈是面对面的谈话，相互之间的表情、动作自然受到对方的密切注视并对交谈产生重要的影响，因此，应讲究体态语的协调与配合。如果心不在焉，东张西望，甚至玩东西，看书，写字，就会大扫对方的谈兴；坐立不安，或者手舞足蹈，也不能使交谈顺利进行。在交谈过程中,要注意做到目光表情自然大方,手势体姿贴切恰当。

3. 言语文明,讲究礼貌

在交谈过程中,交际双方必须相互尊重,用语文明,讲究礼貌,这样才能创造良好的气氛,保证交谈顺利进行。文明礼貌的语言,主要表现在以下三个方面。①准确地使用称呼语、敬谦语和委婉语。礼貌的称呼,敬谦语和委婉语的运用,不仅反映出交谈者文雅的风度和良好的教养,还可以表示对交谈对象的尊重,使交谈者的关系融洽,形成"必欲吐之而后快"的交际氛围,获得满意的交谈效果。②内容正确,情感鲜明,语调和谐,语气适宜。③语言优美,简洁明快,生动幽默。

4. 不失时机,讲究策略

交谈总离不开一定的现实言语环境,交谈的双方都处于一个特定的时间、地点和特定的人物关系之中,这就要求交谈者应把握时机,讲究策略。把握时机,就是根据交谈的内容和进程,该剖析的应剖析,该解释的应解释,该指明的应指明,该补充的应补充,该发挥的应发挥,该深化的应深化,须讲理处必讲理,该动情时须动情。讲究策略,就是根据不同的对象和场合,采用适当的表达方式来交谈。该直说时直说,该委婉时委婉,既可幽默风趣,也可一本正经,以取得良好的交际效果。

5. 理解准确,回应正确

交谈是听说并行的双向双边活动,每个人不仅要善于说,而且要善于听。善于听,首先就是能准确理解对方话语的意思,尤其是能及时迅速地察言观色,联想琢磨,听出言外之意;其次能品评判断对方话语的正与误、周密与疏漏、情趣的雅与俗;最后是能迅捷地选择和判断自己所要应对的内容,做好说的准备。

回应,是顺着对方的话题表明个人的见解、体会和感情。回应正确主要表现在:①回应有针对性,能根据话题和对方所谈内容作进一步深化或补充,使交谈围绕共同的话题,既各抒己见,又互相衔接,彼此顺承,完善升华,产生新颖的认识,形成独到而深刻的见解;②能用正确的观点、得当的表达方式指出错误,澄清糊涂认识,使交谈产生净化心灵、陶冶情操的作用;③创造融洽的交谈气氛,保证交谈顺利进行,实现双方共同期望的目标,使交谈产生积极的令人满意的交际效果。

四、交谈技巧

交谈就样式而言,主要包括聊天、谈心、劝导等诸多方式,它们都涉及话题的选择、导入、展开、控制、转换、终结等内容与形式问题。下面分别探讨这些具体过程的交谈技巧。

(一)话题选择技巧

在一般情况下,任何题材都可以成为交谈的话题。从社会现象到个人爱好,从天文地理到风俗人情,从天下大事到轶闻趣事,从读书心得到学术研究,都可以信手拈来,成为合适的话题。但由于场合不同,对象不同,交际目的、气氛等的不同,话题的选择会受到较大的制约,因此,应注意运用一定的技巧来选择合适的话题。合适恰当的话题是:①对方感兴趣或擅长的事情;②自己熟悉而对方又愿意了解的事情;③双方共同关心的事情。例如:

有位"毛脚女婿"初登女友家门时,发现她家的茶杯、茶盘、碗碟都是青花瓷器,就情不自禁地赞道:"这青花瓷器古朴典雅,真美!"这句发自肺腑的话引得女友的父亲十分高兴。他眉飞色舞地把珍藏的各种青花瓷器一一拿出来介绍,两人说得十分投机。女友的母亲在一旁打趣说:"一谈起青花瓷器,这老头可有三天三夜的知心话喽。"

在内容上看,话题的选择最好是就地取材,即在所处的言语交际环境中觅求话题。这位"毛脚女婿"观察敏锐,就地取材,话题选得十分恰当——女友之父十分感兴趣并作为收藏品的青花瓷器,从而轻松地过了"上门关"。

(二)话题导入技巧

话题往往反映交谈的动机,限制交谈的内容和范围。根据交谈时不同的言语环境、交谈对象和交际目的,话题的导入主要有以下四种方式。

1. 开门见山

开门见山,即直截了当地从正面向对方提出要询问的问题或探讨的重点,很快进入切进中心的交谈。向别人请教问题,了解情况,相互交流信息等都用这种方法。运用这种方法的前提:一是双方有相互信任的关系或共同交谈的意思;二是交谈的内容对双方都有吸引力和强烈的兴趣。例如:

> 耿建跃在外交部国际司从事世界经济的调研工作,年纪轻,是个低级外交官。有些想法需要和别人交流,他决定在实践中锻炼提高胆识,丰富知识。在一次宴会上,他找到了某国经济参赞,互相自我介绍之后,小耿开门见山地说:"我刚刚参加了国际货币基金组织和世界银行的春季例会。""有何感想?"那位参赞一下子来了兴趣。在小耿对会上情况作了分析并谈了自己的感受以后,那位参赞不得不刮目相看这位年轻人。席间这位参赞又专门找到小耿进行热烈讨论,并端起酒杯走到我驻联合国代表团的参赞面前说:"希望今后能有机会和耿先生进一步交换意见。"

世界经济是小耿和某国经济参赞共同关心的问题,而小耿对此又有独到的见解,曾在一些国际会议上发表了有分量的论文,因此,在与比自己地位要高的这位经济参赞交谈时,必须开门见山,迅速切入主题,说出自己的真知灼见,从而取得交谈的成功。

2. 迂回切入

迂回切入,即先不提出正题,而是从对方感兴趣的事情谈起,创设良好的交际环境,然后引出正题。有时,正题引出后,对方还不愿意合作,对此不可着急,要进一步了解对方的真实见解、真实情况,用恳切的请求、耐心的劝导,缩短情感距离,融洽交谈气氛,为顺利交谈奠定基础,然后巧妙地选择"突破口"切入正题。例如:

> 在会见英国女王和她丈夫爱丁堡公爵时,邓小平迎上前去,对女王说:"见到你很高兴,请接受一位中国老人对你的欢迎和敬意。"接着,邓小平说:"这几天北京的天气很好,这也是对贵宾的欢迎。当然,北京的天气比较干燥,要是能'借'一点伦敦的雾,就更好了。我小时候就听说伦敦有雾。在巴黎时,听说登上巴黎铁塔,就可以望得见伦敦的雾,我曾经登上过四次,可是很遗憾,天气都不好,没有看到伦敦的雾。"爱丁堡公爵接过话题说道:"伦敦的雾是工业革命时的产物,

现在没有了。"邓小平风趣地说:"那么,'借'你们的雾就更困难了。"公爵笑着应道:"可以借点雨给你们,雨比雾好,你们可以借点阳光给我们。"

作为两国领导人之间的会谈,除了增强两国人民的友谊和联系之外,更重要的是加强两国在政治方面的了解和经济方面的合作。邓小平与英国女王的会谈,在切入正题之前,说了一段十分高雅而得体的寒暄应酬话。邓小平同志的话说明英国贵宾到来不仅占人和(中英友好),而且占天时(天气很好),也点明了他留学法国的经历和对雾都伦敦的了解与认识,具有较强的人情味;公爵的答话则流露出英国环境治理成效显著的自豪感。而借雾、借雨、借阳光,隐含着双方互通有无的意向,为切入正题创造了良好的氛围。

3. 引而待发

引而待发,即耐心地用与话题相关、相近的题外话启发对方,让其提出自己所需要探讨的话题。例如:

> 1950年,年仅30岁的朱开印被任命为中华人民共和国驻印度大使馆陆、海、空首席武官。印度情报部官员反复推敲认为,按中文的字义,朱表示红色,开印就是开发印度,这三个字就意味着要用红色来赤化印度。他们商定让记者找机会向朱开印提问,暗查他的反应。不久,在欢迎苏联军事代表团的宴会上,一位《印度斯坦时报》记者坐在朱开印旁边,盛情地为他斟酒,寒暄之后说道:"恕我冒昧提问,朱先生的名字有出处的吧?"朱开印风趣地说:"看来记者先生也对我的名字感兴趣。听母亲说,孩提时,我家很穷,我是兄弟中唯一念书的,私塾先生见我聪明好学,字又写得好,说我将来要做大官,就给我取名叫开印。"记者听后恍然大悟,开心地笑着说:"哦! 原来如此,领教了,朱先生的名字很有意思! 你现在不是真的当大官了吗? 恭喜! 恭喜!"

印度情报部门将一名武官的姓名推出了带有政治色彩的含义,似乎很可笑,然而若不认真对待,势必会造成误解、误会而有损两国之间的关系。受情报部门的委托,记者在与朱开印的交谈中,运用引而待发的方式导入话题,朱开印则借机解释,从而消除了误解和隔阂。

4. 反面激将

当对方不愿就某一话题进行交谈,或一开始就以"不知道""没意见"之类的话搪塞时,可以用"激将法"激起对方交流的冲动,从而达到合作的目的。所谓激将法,就是有意适当压抑对方的自尊心,调动其潜在的积极性。运用此法要因人而异,掌握火候,不可"激僵",造成感情裂痕。

(三)话题展开技巧

展开话题,就是能将一个话题进行深入全面的谈论。深入,是纵深发展,或探讨事物的本质,或作出合乎逻辑的推论;全面,是横向包容,或涉及一个事物的方方面面,或找出事物的关联之处。展开话题,既需要适时用自己的话激发对方的谈兴,又要察言观色,及时作出正确的反应。促使话题充分展开的技巧如下。

1. 商榷

在发表自己意见的同时,不时征询对方的看法,给对方表达的机会,这样可以激发对方共同探讨的兴趣。

2. 补正

对方如果讲述不全面或有偏差,可采用适当的方式作补充或予以纠正,使话题沿着正确的方向发展完善。

3. 充实

充实是用具体得当的事例论证对方提出的抽象观点,这样可以相得益彰,产生"情投意合"的激励作用。

4. 设疑

针对对方讲述简单的情形,可以提出若干具体的小问题,让对方作进一步的解释,促使交谈的深入。

5. 恭听

洗耳恭听的姿态,热切期盼的神情,关注的目光,都好像是在请对方讲下去,都会促使对方不自觉地继续发表自己的意见,更充分更全面地展开话题。

例如:

①梅杰是靠自学成才的,47 岁便成为本世纪最年轻的首相。有人对此颇为疑虑,曾当面对他讲:"先生,你太年轻了,还不够老练。"

梅杰却环顾四周说:"如果一个人成熟了,也应衰老了。我认为社会应该支持我在未老之前成就大业。"

②有一次,李燕杰同一位胸前挂耶稣像十字架,实际上对基督教一无所知的男青年谈心。

李:比如,有个姑娘长着一对水汪汪的大眼睛,笑起来还有两个小酒窝,表面看,还挺美。可是有人告诉你,她就是爱在电车上干这个(做一个扒手的动作),你还认为她美么?

青年:内外不一致,不美。

李:有这么一幅油画:一个修女,外表穿得很肃穆,内心对耶稣很虔诚,胸前挂着一个十字架,你觉得美吗?

青年:内外相和谐,对基督徒来说,还是美的。

李:那么阁下,既不懂耶稣教,也不信耶稣教,胸前挂着十字架,你是美在哪儿呢?

青年:……李老师,我以后保证不戴了……

例①中,梅杰接过对方"年轻""不够老练"的话题,用警语式的回答更正了对方认识的偏差,给人以镇定从容、干练机警的印象,赢得了选民的称赞。例②中,李燕杰同志采用设疑的方式循循诱导那位青年去思考盲目追求外表美的错误做法,不仅使交谈取得了积极的效果,也为我们提供了一个使交谈对象心悦诚服地接受正确意见的范例。

(四)话题控制技巧

在话题展开过程中,常常会出现偏离话题的情形。为了达到交谈的目的,有必要学会控制话题。控制话题的常用技巧有以下三种。

1. 直接提醒

发现对方偏离话题,就直接向对方指出来,使交谈重新回到话轨上来。直接提醒的方法,要因人而异,因情而异。对长者和权威人士,不可采用武断地打断对方的方式,而应选择适当的时机(如谈话内容告一段落),有礼貌地重新提起话题,要求予以回答。如"这件事很有趣(或很有意义),希望以后能有机会继续请教您。不过,我还是希望您谈谈刚才的那件事……"对其他的一般人,可以采用有礼貌的言语和手势,在适当的地方要求对方停下来,如说"请您停一下!""请允许我打断一下您的话!"待对方停止谈话后,重申话题,继续展开。粗暴的态度,不礼貌的言语,强行把对方纳入"话轨",只能刺伤对方的感情,影响甚至中断交谈。

2. 引导提示

当对方在话题展开上出现因情绪紧张或思维不清而言语表达困难时,可采用点拨提示的方式给予引导,或询问人物、时间、地点、情节、原因、结果,或询问其看法、例证与分析,让对方根据提示把内容讲述清楚。例如:

　　1927年4月26日早晨,莫斯科刑事调查处值班员别兹鲁科夫桌上的电话铃响了,他拿起听筒听到一个很激动的男人的声音。

　　"别着急,公民!"别兹鲁科夫说,"按顺序讲:你是谁? 从哪儿打电话? 发生了什么事?"

　　听筒里沉默了一会儿,接着传来喘息声,像是在喘气。然后那个声音略微平静地说:"我是沃尔洪卡美术馆的科研副秘书长,姓斯特拉霍夫。我们这儿出了一件大事,刚才发现,德国画家一些仅存的名画被盗,其价值相当于一百万金币……"

　　经刑侦员的提示,报案者冷静下来并迅速理清了"言路",按要求把问题逐个讲清楚了。

3. 迂回"攻坚"

有时,由于某种特定的情况,交谈中有一方不愿就某个中心话题展开,另一方又必须实现原定的目标,这就需要采用迂回"攻坚"的方式,以迂为直,水到渠成,切入正题。迂回"攻坚"的另一种表现形式是,虽然不断地在更改话题,但总是不断地相机适时地将原话题改头换面地提出来,使交谈进入实质性内容,取得预期的交际效果。例如:

　　有一次,一位南方奴隶制维护者在同林肯交谈,听林肯说南方的黑人在受压迫时,竟大言不惭地说:"南方的黑人不是在受压迫,而是在受保护。"

　　林肯一听,略微一怔,便机敏地先问了一个似乎毫不相干的问题:"如果你把一条羊尾巴也称作腿的话,那么这只羊有几条腿?""五条。"对方不假思索地回答。"不,还是四条,"林肯深刻地指出,"因为你把尾巴称作腿,但不能改变羊只有四条腿这个事实! 同样,你所作的谎言般的假设,也不能改变黑人受压迫的事实。"

　　那位奴隶制维护者无言以对了。

在对方不承认事实真相并且还捏造事实时,林肯没有直接去反驳,因为那样不仅要费很多口舌,而且很难争出结果。运用巧妙的迂回,避开分歧点,引导对方显示谬误,露出"尾巴",并敏锐地捉住它,作出机智的反驳,从而收到事半功倍的效果。

（五）话题转换技巧

明确地提出话题，充分地展开话题，机智地控制话题，是交谈成功的重要条件，但在交谈过程中，也常常需要转换话题。如某一话题已经谈完或大家已无谈兴而出现冷场时，某一方对话题失去兴趣甚至表示不满时，交谈出现紧张气氛或僵持局面时，都应及时设法转换话题。转换话题，要掌握时机和方式，其主要技巧有以下三种。

1. 直接提出

在预期的交际目的已经达到或某一话题已详尽讨论之后，直接提出新的话题，进行更广泛更深入的交谈。运用直接提出的方式转换话题，应先总结已交谈的情况，肯定对方的积极配合，然后提出尚需交谈的话题，争取对方的理解与合作。

此外，在某一方提出有损人格、涉及机密等不适宜交谈的话题时，可运用直接提出新的话题这一方式予以转换，避免出现尴尬或泄密的情形。

2. 自然引申

自然引申是指从一个话题自然谈到另一个话题。在交谈过程中，某一方就已谈过的问题提出了新的观点和情况，就会使交谈自然地转入另一个内容上去，这就需要对此加以肯定和明确。出现自然引申的交谈情形时，应注意自觉认识和把握，因势利导，促使交谈深入下去。

3. 承上启下

承上启下是指巧妙地抓住对方话语中的某一点，顺势提出一个启发思维或追根究底的问题而转入另一个话题。运用承上启下方式转换话题，应注意自然得体，不可影响他人的谈兴。例如：

俄国伟大的十月革命刚刚胜利的时候，象征着沙皇反动统治的皇宫被革命军队攻占了。当时，俄国的农民们打着火把叫嚷着，要点燃这座举世闻名的建筑，将皇宫付之一炬，以解他们心中对沙皇的仇恨，一些有知识的工作人员出来劝说，但无济于事。

列宁同志得知此消息，立即赶到现场。面对着那些义愤填膺的农民，列宁同志很恳切地说：

"农民兄弟们，皇宫是可以烧的。但在点燃它之前，我有几句话要说，你们看可不可以呢？"

农民们一听这话，列宁同志并不反对他们烧，立即允诺道："完全可以。"

列宁同志问："请问这座房子原来住的谁？"

"是沙皇统治者。"农民们大声地回答。

列宁同志又问："但它又是谁修建起来的？"

农民们坚定地说："是我们人民群众。"

"那么，既是我们人民修建的，现在就让我们的人民代表住，你们说，可不可以呀？"农民们点点头。

列宁同志再问："那还要烧吗？"

"不烧了！"农民们齐声答道。

皇宫终于保住了。

面对愤怒的农民,面对他们要将皇宫付之一炬的要求,列宁首先肯定对方的意见,以创造转换话题的时机,然后提出问题引导对方作进一步的考虑,使其认识到皇宫也可以让人民代表住,从而不仅成功地转换了话题,也成功地保住了皇宫这座举世闻名的建筑。

(六)话题终结技巧

在非正式交谈中,话题往往是自然而然地完结,即谈到哪儿便止在哪儿。此时出于礼貌或确有必要应向交谈对方表示感谢或叙述交谈的体会,如"与君一席话,胜读十年书"等,这样可以进一步加深感情,并便于以后进一步联系和交往。在正式交谈中,则有必要做话题终结工作。终结话题的主要技巧有以下三个。

1. 归纳

归纳是指将交谈内容的要点作系统的总结。

2. 强调

强调是指将双方共同关心的问题或达成的共识特别提出来予以说明,以加深印象。

3. 征询

在交谈即将结束之际,用征询意见的方式来终结话题。如说"你看,还有什么重要问题没有谈?"就会使对方明白谈话已近尾声。这种终结话题的方式可以表现谈话者谦逊的态度,还可以提供一个就遗漏或谈论不够透彻的内容发表意见的机会,使交谈效果更加圆满。

▶ 第二节　辩　　论 ◀

一、辩论的含义与作用

辩论,是观点对立的双方或多方,就同一论题,阐述己见,批驳或说服对方时所进行的言语交锋。辩论的最终目的是辩明事理,彰扬真理,否定谬论。

在口语表达中,辩论具有重要的作用:辩论是发扬真理、揭穿谬误的重要武器,是保护公民正当权益、捍卫法律尊严的重要手段,是推进学术发展的重要途径,是保证决策科学化的重要条件。在口才训练中,辩论同样具有重要的作用,这主要表现在以下两个方面。

1. 激发求知欲,深化对事物本质的认识

通过辩论,人们会发现有许多问题看似明白,追根究底却又说不清楚,这就促使他们扩大视野,学会灵活运用所掌握的知识去分析解决问题。

在一般情况下,由于受主客观条件的制约,个人思想认识存在着局限性,容易被表面现象所蒙蔽,因而对某些事物的真相认识不清;与某些思辨能力强或对某些事物有研究的人进行争辩,就会受到启发,提高认识,掌握规律。

2. 培养综合能力,全面提高口语表达水平

在辩论过程中,要求能迅速提取个人知识储备的有关信息进行思辨,具有确定自己立论的能力,边听边归纳对方话语要点的能力,判断对方见解正误的能力和快捷组织语言作出有针对性反应的能力。这种思辨能力强的具体表现是:论述自己观点时逻辑严密,条理清晰;反驳对方观点时判断准确,分析透辟,制其要害。通过辩论训练,人们注意力的集中性、指向性,思维的敏捷性、灵活性,表达的准确性、条理性,都会得到很好的培养;逻辑推理能力、现场应变能力和即兴讲说能力,都会得到有益的锻炼,从而能全面提高口语表达水平。

二、辩论的特点

1. 观点的对立性

辩论双方的观点是截然对立的,至少具有明显的分歧。辩论者既要千方百计地证明并要对方承认自己观点的正确性,又要针锋相对地批驳对方的观点,迫使对方放弃之。这就决定了双方的立场、观点具有鲜明的对立性。

2. 论述的严密性

辩论是不同观点的人用言论作直接的对抗,一方面必须使自己的思路清晰,观点正确鲜明,论据充分有力,阐述逻辑性强,战术灵活适当,令对方无懈可击;另一方面要善于从对方阐述中寻找纰漏,抓出破绽,打开辩驳的突破口。这就决定了辩论必须有更严密的逻辑性,说理不周,破绽百出,就将使本方陷入困境,导致失败。

3. 表达的现场性

辩论,即使是做了充分准备的赛场辩论,都难以事先完全把握对方的论点和论据,都难以事先洞悉对方的战略和战术,都必须面对辩论现场的风云变幻,作出及时有效的反应,予以正确的应对,这就决定了辩论具有表达的现场性。

4. 思维的机敏性

辩论时双方唇枪舌剑,交锋激烈,既要阐述自己的观点,又要明察对方的策略,应付其"明枪暗箭"。这一切往往来不及深思熟虑,这就决定了思维必须机敏。充满智慧的机敏,是取得辩论胜利的关键。

三、辩论的基本要求

1. 观点鲜明,理据充分

在辩论时,持不同见解的双方要鲜明地表达自己的观点,不模棱两可,不含含糊糊;在辩论中,无论是阐述自己的观点,还是辩驳对方的错误,都必须做到理据充分,即在引证公理、典籍、法规,列述事实,援引数据时,都做到典型、准确、充分,从而产生强大的逻辑力量。

2. 辨清辩题,理解原意

辩题即辩论双方认识相悖,需要通过辩论分清是非曲直进而取得共识的问题。辨清了辩题,才能把握住关键,有针对性地进行言语交锋。辨析辩题的要领如下。第一,分清辩题的共认点。共认点又可称为共识,即在辩题范围内,辩论双方观点一致的认定,它成为辩题范围内不辩的部分。分清了共认点,有助于划定辩题的外延,明确辩论的展开方向。第二,分清辩题的异认点。异认点就是分歧点,即双方观点的对立点所在。准确地把握住辩题的异认点,就能抓住核心,抓住关键,牢牢把握辩论的方向和中心。在辩论实践中,这种异认点在中心论点、各级分论点甚至在论据上逐步逐层显露出来,因此需要理清这些异认点的层级,逐层依次辩驳,取得辩论的胜利。第三,分清异认点的主次。有些辩题较为单一,分歧点鲜明且集中;有些辩题异认点多且不甚分明,这就需要把握分歧点的主次,抓住分歧点的核心,形成集中而明确的辩论焦点,而东一榔头西一棒子,就不可能是辩论了。

理解原意是指真正弄清对方的观点,不能误解甚至曲解。误解对方原意,甚至把观点强加给对方,不仅不能产生辩驳效力,而且也不可能演出针锋相对、旗鼓相当的辩论"活剧"来。

3. 态度诚恳,有理、有度、有德

辩论的目的在于明是非、权利弊、求真理,在于促进学术的完善深化,法律的正确实施,决策的科学得当,因此,必须讲究高尚的辩论道德,树立正确的辩论作风。这就要求做到有理、有度、有德。

有理,即要以客观事实、科学道理和严密推理去论证和反驳,以理服人,以据服人,不以势压人,以声吓人。

有度,即议论要有分寸,对不同意见的辩驳要适度。适度就是坚持实事求是,不将认识问题硬扯成立场问题,不将学术问题或是非问题硬扯成政治问题。

有德,即讲究辩论的基本道德。其要求是:不故意歪曲他人原意,篡改对方论点;不在对方申述其观点和理据时拦腰截断,抢话反驳;不在对方已经真诚地承认失败并已经停止辩护时"穷追不舍""得理不饶人";不粗暴地进行人身攻击,恶语中伤,辱骂恫吓;不恶意挖苦讽刺。要尊重对方,谦和礼让,语言文明,幽默诙谐,表现出良好的修养和风度,不仅用语言而且用人格形象的力量去征服对方。

四、辩论的种类

辩论按其目的划分,有应用辩论和赛场辩论两大类型。

1. 应用辩论

应用辩论是根据社会生活中某种特定需要而进行的辩论,一般以辨清某种特定问题的是非、曲直、真伪、优劣为目的。如法庭辩论、外交辩论、学术辩论、决策辩论等。

2. 赛场辩论

赛场辩论又叫模拟辩论,是就某一特定辩题,组织参赛双方展开论争,以决胜负的辩论。赛场辩论以培养机变能力、培养辩才为目的。它起源于由英美等国的专家学者发起和组织的"国际雄辩运动"。

五、辩论的阐述类型

辩论的主要表达方式是阐述,阐述兼具论证和反驳两大功能。也就是说,辩论是用阐述的方式来表达内容的。按照阐述内容的侧重点不同,辩论言语可分为以下三种基本类型。

1. 申辩

申辩就是表明自己的立场,提出自己的立论,说明自己立论的理由和根据。例如:

我方立场是：人性本恶。

第一，人性是由社会属性和自然属性组成的，自然属性指的就是无节制的本能和欲望，这是人的天性，是与生俱来的；而社会属性则是通过社会生活、社会教化所获得的，它是后天属性。我们说人性本恶当然指的是人性本来的、先天的就是恶的。

第二，提到善恶，正如一千个观众会有一千个"哈姆雷特"一样，一千个人心目当中也许会有一千个善恶标准。但是，归根结底恶指的就是本能和欲望的无节制地扩张，而善则是对本能的合理节制。我们说人性本恶正是基于人的自然倾向的无限扩张的趋势。那个曹操不是说过"宁可我负天下人，不可天下人负我"吗？那个路易十五不是也说过"在我死后哪怕洪水滔天"。还有一个英国男孩，他为了得到一辆自行车竟然卖掉自己三岁的妹妹。对这些对方还能说人性本善吗？

第三，虽然人性本恶，但是我们这个世界并没有在人欲横流中毁灭，这是因为人有理性（时间警示）。人性可以通过后天教化加以改造。当人的自然倾向无限向外扩张的时候，如果社会属性按照同一方向推波助澜，那么人性就会更加堕落；相反，如果我们整个社会倡导扬善避恶，那么人性就有可能向善的方向发展，这一点也正说明了儒家思想所倡导的修齐、治平、内圣、外王是何等的重要！对方辩友，如果真的是人性本善的话，那么孔老夫子何必还诲人不倦呢？

这是首届国际华语大专辩论会决赛关于"人性本善"论辩反方复旦大学队一辩论证"人性本恶"的辩词。这段辩词开头鲜明地表明立场观点，然后采用定义正名、举出实例、引用名言和辩证分析等方式进行论证，不仅明确了"人性""善""恶"等概念的确切含义，而且立论气势磅礴，分析透辟深刻，产生了极大的逻辑征服力。

2. 驳辩

驳辩是揭露对方认识上的谬误，反驳其错误观点，以击败对方的立论；或者是指出对方论据的虚假之处，使其立论因失去依据而站不住脚；或者是指出对方论证方法的错误，揭示其论点与论据缺乏联系或论点未得到证明。例如：

"嘴上无毛"就是一定"办事不牢"吗？古今中外许许多多军事活动家，恰恰都是风华正茂的时候，建立起了不起的功业的。民族英雄岳飞 20 多岁即带兵抗金，当节度使时只有 31 岁；其子岳云 12 岁从军，14 岁打随州率先登城，成了军中骁将，20 岁时就当了将军。曾经统帅大军席卷欧洲大陆的拿破仑，在土伦战役中击溃保皇复辟势力，被晋升为少将时，才 24 岁；统兵攻意大利，战胜奥地利的时候才 27 岁。俄国十月革命的军事统帅伏龙芝，不到 30 岁时即当了东线和南线的指挥官，独当一面，任国防部部长时才 40 岁。在我国军队中，许多老帅老将们，多数不也是在二三十岁的时候就当了师长、军长、军团长以至方面军总指挥了吗？可见嘴上没毛与"办事不牢"之间并没有必然联系，关键是有才与无才，套用一句古话来说，"有才不在年高，无知空长百岁"。

军队现代化革命化建设需要许多有才干的年轻人，可是有人对启用年轻人不那么放心，理由是年轻人"嘴上无毛，办事不牢"。针对这一错误观点，辩驳者列举古今中外许多军事家年少有为的事实进行反驳,并且在"破"的基础上立论:"关键是有才与无才"。反驳尖锐有力,立论稳妥可靠,给人以深刻的启示。

3. 答辩

答辩就是在对方不理解己方立场观点或对己方立论提出责难时,对己方观点或立论作出解释,或进行辩护,以解除疑惑,阐明真理的言语交锋。答辩根据目的的不同,可分为说服性答辩、解释性答辩和反驳性答辩三种。论辩中的答辩,主要是针对对方对己方观点、立论的反驳而进行的论辩,因而具有两大功能:第一,为己方的观点辩护,是继续"立论";第二,驳斥对方的责难,是继续"反驳"。因此,答辩要求做到:思维机敏,逻辑严密;针锋相对,语言犀利;唇枪舌剑,讲究策略。例如:

> 1985年12月,成都军区武术总教练海灯法师和高徒、成都军区武术教练范应莲访问美国。在一次记者招待会上,一位美国记者问:"法师,您和您的高徒担任成都军区武术总教练和教练,而成都军区担负着打越南的任务,这岂不是犯了你们佛教的杀戒,坏了佛门的规矩?"
>
> 海灯法师莞尔笑道:"朋友之言须作些修正,不能称打越南,而谓之自卫反击,此其一;我佛慈悲,善恶须分,惩恶扬善,佛门之本,此其二。越南当局忘恩负义,与邻反目,骚扰边境,杀害无辜,吾为中国一佛徒,岂能坐视?"
>
> 一席话,博得众人的连声称赞。

海灯法师回答美国记者责难之前,首先纠正了对方概念上的错误:不是"打越南",而是"自卫反击";然后据佛门之本,揭露越南当局之暴行,说明了"中国一佛徒"义不容辞的责任,从而反驳了对方的观点。

辩论的阐述类型主要有申辩、驳辩和答辩,而贯穿于这些辩论言语中所形成的技巧主要是逻辑技巧。逻辑技巧本书有专节介绍,这里不再赘述。

六、辩论比赛与辩手分工

(一)辩论比赛的含义与特征

辩论比赛即赛场辩论,或称辩论演讲赛,指在辩论比赛主持者的组织下,围绕一个事先拟定的辩题,由扮演为观点截然相反的双方各寻论据、各施技法进行辩论以决胜负的一种模拟辩论。辩论比赛的特征是:

第一,辩论比赛的主要目的不仅仅是为了探求真理,而且是要通过辩论来训练和提高队员们的思维能力,因此双方永远不可能被对方所说服;

第二,辩论比赛以获胜为目的,所以在辩论词上,只要能自圆其说即可,双方的言论并不一定是自己平时所持有的观点;

第三,辩论赛的胜负决定于评判员的评判,所以双方辩论队员在充分表现辩才的同时,应注重说服评判员,而不是说服对方辩论队员;

第四,辩论比赛为体现竞赛的公平合理化,必须事先制定一套严格的比赛规则,其中包括辩题的选择,双方人数的限制,辩论程序、时间的规定,赛场主席、评判员的聘请和评分的标准等。

（二）辩题的审立

辩题及其相应的立场是辩论的出发点和归宿，对辩题的理解和把握直接关系到据此制定的辩论方案质量，这就要求必须进行辩题的审立工作。辩题的审立包括三项内容：一是确定辩论的立场；二是把握辩题的性质判断；三是建构立论的框架。

1. 确定辩论的立场

辩论的立场是辩论中所要阐明的观点和坚守的阵地，是辩驳的依据、立足点和出发点。辩论比赛一般采用限定比赛双方立场的比赛规则，因而无论正方还是反方都必须按照规定的立场制定辩论方案。如果规则只限定正方立场，反方自由立论时，反方在审题的基础上，必须确定自己的辩论立场。比如，1988 年第二届亚洲大专辩论会决赛场的辩题是"儒家思想可以抵御西方歪风"，反方观点是"儒家思想不能抵御西方歪风"。制定辩论方案的首要任务是确定立场，"抵御西方歪风要靠综合治理"是权衡利弊之后确定的立场。又如第三届上海大学生辩论赛上有一个命题为"当前我国环保的主要问题是缺乏资金"，规定反方的观点是"当前我国环保的主要问题不是缺乏资金"。这个辩题实际上没有对反方作立场的限定。在辩论中，正方会对反方提出质询：环保的主要问题是什么？所以，反方应该亮出自己的立场。反方既可立论为"当前我国环保的主要问题是缺乏环保意识"，也可立论为"当前我国环保的主要问题是环保法制不健全"等。对这类辩题进行立场限定，反方立论就有较大的余地并奠定辩驳的基石。

2. 把握辩题的性质判断

辩题的属性，通常不是单一的，至少都有价值判断的要求。审题时必须作价值判断，以使辩论达到一定的高度，产生号召力和感染力。同理，对辩题也应作事实判断和理论判断，只有立足于充分的事实和权威的理论的支持，才能获得辩论的胜利。例如，持"人性本恶"的立场时，提出"人性本恶，但（社会）人心向善"的价值判断，并将其贯穿于辩论始终，不仅使辩论达到一定的价值高度，而且顺民心、合民意，论述证明容易被评委和观众接受。对辩题作性质判断时，必须"多管齐下"，进行综合性质判断，分析辩题的逻辑内涵、价值内涵，寻求辩题理论的支持和社会现实的支持，为建构立论的框架和设计辩论的方案打下必要的基础。

3. 建构立论的框架

确定了辩题和己方的立场，必须对辩题进行立论分析，这是因为辩论比赛的辩题和立场是由抽签决定的，要理解、把握辩题的正确内涵必须进行"立论"的相关工作，必须经历一个由他人立论内化为自己立论的过程。在立论的过程中需要做的事及其先后次序、相互关系构成的逻辑图见图 13-1。

逻辑框图上的分析工作是交叉反复进行的。特别值得注意的是，对于辩论对立方的辩论方案必须作充分的预测，要站在对方立场上作设计，并据此不断调整己方的"立论"，进而对己方的方案反复调整、分析和优化。

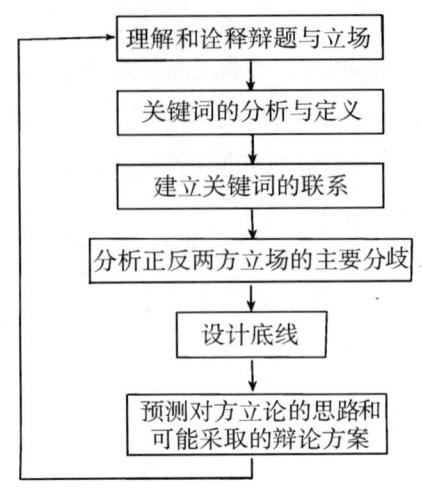

图 13-1 对辩题立论分析的逻辑图

下面以对"人性本善(恶)"的分析看正反方如何立论。

①对"人性本恶"的立场分析。

总体分析:人性由自然属性和社会属性构成;

人性本恶;

人有理性。

通过后天的教化,人性可以改变,甚至可以产生伟大的人格。

关键词定义:人——人类;

人性——由自然属性和社会属性构成,自然属性是指有无节制的本能和欲望;

本——先天的、本来的;

恶——本能与欲望的无节制扩张。

关键词联系:在这个辩题及相应立场上关键词的联系直接由立场给出,即人性"本"恶。

②对"人性本善"的立场分析。

总体分析:人与其他动物有区别也有联系;

人是最高等的动物;

人是理性的动物;

人类高贵性体现在人性本善。

关键词定义:人——人类;

人性——人区别于其他动物的根本属性;

本——先天的、本来的;

善——吉祥、和好、善良。

关键词联系:人性"本"善。

以上是复旦大学代表队分别对"人性本恶"和"人性本善"的立论。由于是同一方建构的两种立场，所以针锋相对，逻辑处于同一个层次。而实践中，持正方立场的台湾大学代表队的立论则与此有很大差别。透过其辩论陈词分析出其立论如下。

　　立场：人性本善。

　　总体分析：人有理性；

　　　　　　　人有恻隐之心。

　　关键词分析：人——有理性的个人；

　　　　　　　　人性——人的道德性；

　　　　　　　　本——人之初；

　　　　　　　　善——恻隐之心。

　　关键词联系：恻隐之心人皆有之。

就实际比赛时正反两方立论而言，关于"人"的外延反方大，正方小。反方的定义把区别于动物的"人类"作为前提，正方把抽象化的"单个的人"作为前提，前者的"人类"定义外延包含后者的"单个人"的外延，其逻辑层次、立论基础高于正方。

（三）辩手的分工

辩论比赛是有组织的合作行为，不仅要求辩手素质好，表现优秀，而且要求辩手之间合理分工，相互配合。如"4：4"辩论阵式，4位辩手的辩词，分别为起、承、转、合，形成有机的整体，表现出良好的团队精神。一般来说，4位辩手的分工如下。

一辩为"起"，即对辩题的内涵加以界定，从理论上阐明本方的立场，为全队下一步辩论作出开启和铺垫。要做到提纲挈领，观点简明，条理清晰。既要让观众和评委了解本方主要观点，又不能把话讲得太直太透，以免过早暴露本方的战略意图，给对方提供辩驳的可乘之机。

二辩为"承"，即从宏观和微观或理论和实践上进一步展开论证，要做到论据充实，论证有力，折服评委和听众。

三辩为"转"，即既要针对对方前两位辩手出现的谬误和矛盾发起攻击，又要强化本方的论述，尽可能做到从新的思维角度论证，巧妙地使出"杀手锏"，打对方个措手不及。

四辩为"合"，承担总结陈词的任务。结辩要根据辩论的情况，选择有利的条件，既透彻地尖锐地指出对方观点中的谬误、矛盾与不合理之处，又要巧妙地强化、补充、修正和完善本方的观点。结辩形成辩论的高潮，成功与否往往关系到论辩的胜负。

整体配合除了辩手们合理分工、明确职责以外，还应注意辩手之间的相互补充、相互配合，增强语言的战斗力、论辩力和幽默感，依靠集思广益和团队精神，把整个辩论推向高潮。

起、承、转合只是一种程式，运用这个程式更需要在内容上进行精心设计，以便于辩手们充分发挥其应有的作用。作为反方的复旦大学队就"温饱是谈道德的必要条件"进行辩论时，对辩手作了以下的具体分工。

一辩：（逻辑判断）

说明底线：温饱的概念；道德和谈道德的概念；对必要条件的理解；设计对方立场；交代本方辩论格局。

二辩：（理论判断）

道德的起源；道德的本质；道德的目的；道德的功能；道德的层面。

三辩：（事实判断）

自古美德出自饥寒；饱暖思淫欲之类；经济发展需要谈道德。

四辩：（价值判断）

重申本方基本立场；道德是人类社会发展的基本保证；今天全人类更需要谈道德；最后康德名言的引证。（具体表述言语参见王沪宁、俞吾金主编的《狮城舌战》，复旦大学出版社，1993年版第283页至304页）

从实际辩论过程看，这4位辩手不仅完成了所承担的任务，而且充分发挥了所处地位的优势和作用，相互配合，协同作战，取得了巨大成功。

思考与训练

1.交谈的特点是什么？交谈的基本模式有哪些？

2.交谈的基本要求是什么？交谈有哪些技巧？

3.辩论的特点是什么？辩论有哪些基本要求？辩论有哪些类型？试述辩论比赛与辩手的分工。

4.1997年6月6日，《重庆晚报》刊登了李钢写的《与一个孩子的谈话》。这个孩子有问必答，而且对答如流，毫无保留地充分地表达了内心的想法。这个孩子的想法对吗？他的表达有什么特点？

与一个孩子的谈话

这是一个早熟的儿童，口齿伶俐，学习成绩优良。我首先向他祝贺节日，我们的谈话就从节日开始。

（我先问）"今天上哪儿去玩了？"

"没上哪儿，在家和同学玩电脑。还看了柯受良飞车过黄河。"

"当时有什么感觉？"

"还是很紧张，心都提到了嗓子眼儿。不过……我更希望他掉下去。"

（我大吃一惊）"为什么？"

"叔叔，你不觉得那才更刺激吗？许多人急得团团转，追踪、打捞、抢救……当然，他最后成功了，也挺不错。"

"你崇拜柯受良这样的勇士吗？"

（眨眨眼，坚决地）"不，不崇拜，我有自己的理想。"

"你的理想是什么？"

（笑起来，很干脆）"挣大钱。"

"我是问你将来想当什么样的人，比如工程师、科学家、商人……"

"那还用问，哪个挣钱多就当哪个。"

"你为什么想挣大钱呢？"

"叔叔，你想想，这个世界没有钱怎么行？有很多钱才能享受，我将来要买汽车、买房子,还要周游世界。"

"如果你的老师让你谈理想,你也这么说吗?"

"不,那可不行。跟他随便谈一个他希望听的就行了。反正将来他也不会跟着我调查。"

"你说你将来要买汽车,有了汽车,你会不会像柯受良一样去冒险?"

(轻蔑地一撇嘴)"我才不会像他那么傻呢,那多危险呀,一不小心,命就没啦。"

"你不是说你要挣大钱吗? 像他那样冒险也能挣大钱呀。"

"咦,叔叔,钱挣得再多,也得活着花呀,人死了,钱就是一堆纸,这个道理,你还不明白。"

"你这么喜欢钱,如果身上的钱突然有坏人来抢,你会跟他们搏斗吗?"

"不会。我会把钱给他们,然后再去报告警察。"

"你喜欢警察?"

"喜欢。"

"将来愿意当警察吗?"

"不愿意。"

"这么说你只喜欢别人帮助你,却不愿帮助别人?"

"世界上这么多人,干嘛非要我当警察不可呢? ……叔叔,你怎么比老师还要讨厌啊!"……

5.下面是周总理与美国前国务卿基辛格的一次调侃与回答。文中可见周总理思维敏捷,反应迅速,给予了基辛格适当的恰如其分的回击。请说说周总理的语言风格。

据说,有一次,美国前国务卿基辛格在交谈中对周总理说:"我发现你们中国人走路都喜欢躬着背,而我们美国人走路都是挺着胸的,这是为什么?"不能说这话是十分友善之谈,但对立的气氛并不浓,本身带有较强的调侃色彩,如果回击过分就不适合了。于是总理笑笑,同样用调侃的口吻说:"这个好理解,我们中国人在走上坡路,当然是躬着背的,你们美国人在走下坡路,当然是挺着胸的。"说完哈哈大笑。

6.下面是1980年里根与卡特竞选美国总统的一场辩论。里根不正面回答卡特的提问,而是转换角度、答非所问,左右顾盼而言他,从而获得一种机智、幽默的效果。这是一种什么辩论法? 有何作用? 请具体分析。

1980年美国总统大选期间,里根与卡特在10月28日进行了一轮全国性的电视辩论。当卡特在辩论中攻击里根在"公助医疗方案"上的立场态度时,里根觉察到卡特又像上一轮辩论那样,歪曲了他的立场。于是,里根歪着脑袋,像一个父亲看着不守规矩的小孩那样看着卡特,说:"你又来这一手了。"里根不直接回答卡特的攻击,却从卡特的辩论作风入手展开反击,并辅以夸张的体态,取得了极好的效果。对此,有人评论道:"'你又来这一手了'在那一时刻真是恰到好处的话,这使卡特在人们眼里渺小不堪,卡特一直也未能从这个打击下恢复过来。"

参 考 文 献

[1] 李元授,邹昆山.演讲学[M].3版.武汉:华中科技大学出版社,2013.

[2] 邵守义.演讲学[M].长春:东北师范大学出版社,1991.

[3] 刘德强.现代演讲学[M].上海:上海社会科学院出版社,1996.

[4] 季世昌,朱净之.演讲学[M].南京:江苏教育出版社,1986.

[5] 演讲学编写组.演讲学[M].郑州:河南人民出版社,1988.

[6] 管金麟,梁遂.演讲学教程[M].长沙:湖南大学出版社,1989.

[7] 郭永泉,李祖超.演讲教程[M].武汉:湖北人民出版社,1991.

[8] 邵守义,谢盛圻,高振远.演讲学教程[M].北京:高等教育出版社,1993.

[9] 李燕杰.演讲美学[M].上海:上海人民出版社,1985.

[10] 范明华.交际美学[M].武汉:华中理工大学出版社,1997.

[11] 李国庆,胡坚.讲演心理探讨[M].长沙:湖南人民出版社,1988.

[12] 沙德全.演说心理学[M].长春:吉林人民出版社,1988.

[13] 谭大容.演讲·论辩与逻辑[M].重庆:重庆大学出版社,1987.

[14] 涂伟谦.现代演讲艺术[M].成都:四川人民出版社,1990.

[15] 王希杰.修辞学通论[M].南京:南京大学出版社,1996.

[16] 李燕杰,郭海燕.青年演讲文选[M].成都:四川人民出版社,1985.

[17] 高瑞卿.演讲稿写作概要[M].长春:东北师范大学出版社,1985.

[18] 汉唐,刘树科,邢世凤,等.演讲妙语[M].沈阳:辽宁古籍出版社,1994.

[19] 李溢.演讲的艺术[M].广州:科学普及出版社广东分社,1987.

[20] 武传涛.著名演讲辞鉴赏[M].济南:山东人民出版社,1992.

[21] 陈中南,范康生,陶代汉,等.世界名人演讲赏析[M].合肥:安徽人民出版社,1990.

[22] 邵守义.外国名人演讲选[M].北京:中国青年出版社,1991.

[23] 王洁,贾蕴青.中外著名讲演词选粹[M].长沙:湖南文艺出版社,1987.

[24] 蔡顺华,彭树楷.演讲与说话艺术辞典[M].西安:陕西人民教育出版社,1989.

[25] 凌建英,陈翰武.中外优秀演讲辞鉴赏[M].天津:天津社会科学院出版社,1999.

[26] 郑远汉.现代汉语修辞知识[M].武汉:湖北人民出版社,1979.

[27] 宋振华,张士文,张国庆,等.现代汉语修辞学[M].长春:吉林人民出版社,1984.

[28] 王德春.修辞学探索[M].北京:北京出版社,1983.

[29] 亚里士多德.修辞学[M].罗念生,译.北京:生活·读书·新知三联书店,1991.

[30] 黎运汉.公关语言学[M].广州:暨南大学出版社,1994.

[31] 潘肖珏.公关语言艺术[M].上海:同济大学出版社,1989.

[32]　郑远汉.言语风格学[M].武汉:湖北教育出版社,1990.

[33]　赵传栋.论辩胜术[M].上海:复旦大学出版社,1995.

[34]　李军华.幽默语言[M].北京:社会科学文献出版社,1996.

[35]　姚亚平.人际关系语言学[M].沈阳:辽宁教育出版社,1988.

[36]　邓斯·P.B,平森·E.M.言语链[M].曹剑芬,任宏谟,译.北京:中国社会科学出版社,1983.

[37]　祝畹瑾.社会语言学译文集[M].北京:北京大学出版社,1985.

[38]　李军华.口才学[M].2版.武汉:华中科技大学出版社,2003.

[39]　欧阳友权.口才学[M].长沙:中南大学出版社,1996.

[40]　王东,高永华.口才艺术[M].北京:光明日报出版社,1991.

[41]　李元授,白丁.口才训练[M].3版.武汉:华中科技大学出版社,2016.

[42]　国家教育委员会师范教育司.教师口语(试用本)[M].北京:北京师范大学出版社,1994.

[43]　白岩松.在哈工大的即兴演讲[J].演讲与口才,2004(6).

[44]　彭真平.马云:"英雄会"上秀口才[J].演讲与口才,2008(9).

[45]　张斗和.领略"新东方"总裁俞敏红的演讲风采[J].演讲与口才,2008(10).

[46]　朱文妮,李军华.口才训练教程[M].武汉:湖北人民出版社,1998.

[47]　陈大海.公关口才教程[M].广州:中山大学出版社,1995.

[48]　张霭珠.谋略之战[M].上海:复旦大学出版社,1997.

[49]　理查德·L.威瓦尔.交际技巧与方法:人际传播入门[M].赵微,叶小刚,等译.北京:学苑出版社,1989.

[50]　李仲师.口语交际艺术与技巧[M].长春:长春出版社,1990.

[51]　李志强,徐佩印.交际与口才[M].南昌:江西人民出版社,1987.

[52]　顾兴业.现代人的口才素养[M].南京:江苏人民出版社,1988.

[53]　冯一德,许匡一.古代口才掌故[M].武汉:湖北教育出版社,1990.

[54]　颜永平.演讲艺术与实践[M].北京:海潮出版社,2002.

[55]　李元授,李鹏.少儿口才指导师通用教材[M].广州:世界图书出版公司,2018.

后　记

　　我们重视教材的修改，唯其如此，才能与时俱进。自本书第三版以来，我们对书稿作了一定程度的调整与修改。本书可分为三大部分：演讲、口才、实践。演讲部分有演讲与演讲学、演讲的准备、演讲稿、即兴演讲、演讲的表达技巧、演讲者的控场艺术。口才部分有口语表达的原则、口语听解能力与反馈、口才基本技法（上、中、下）。实践部分有礼貌用语和会话口才。

　　我们对教材内容这样的选择与安排，是否符合学校的教学需要，还要恳请使用本教材的师生及时提出宝贵的意见与建议，这就有待本书再版时进一步修改。

　　这次修订，我们又认真审读全书，删除了过时的内容，增加了新鲜有趣的内容，对全书文字进行了细致的润色。

　　本教材的修订，是由主编李元授教授提出修改构想，编列写作大纲，编写各章的思考与训练题，最后统稿成书。李军华老师参与了口才部分的修订，邹昆山老师参与了演讲篇的初稿执笔。徐启明老师参与了第七章口语表达的原则和第八章口语听解能力与反馈的修订；邓楚杰老师参与了第十二章礼貌用语和第十三章会话口才的修订。这里一并表示衷心的感谢。

作者

2021 年 8 月 8 日修订